- 中国国际经济交流中心智库丛书
- 中国特色社会主义经济建设协同创新中心研究成果

互联网革命与中国业态变革

中国国际经济交流中心课题组　著

·北京·

图书在版编目（CIP）数据

互联网革命与中国业态变革 / 中国国际经济交流中心课题组著 .
北京：中国经济出版社，2016. 6（2023. 8 重印）
ISBN 978 - 7 - 5136 - 4245 - 3

Ⅰ. ①互… Ⅱ. ①中… Ⅲ. ①互联网络—影响—中国经济—研究 Ⅳ. ①F12

中国版本图书馆 CIP 数据核字（2016）第 104663 号

责任编辑 邓媛媛
责任审读 贺 静
责任印制 马小宾
封面设计 任燕飞工作室

出版发行 中国经济出版社
印 刷 者 三河市同力彩印有限公司
经 销 者 各地新华书店
开 本 787mm × 1092mm 1/16
印 张 22
字 数 400 千字
版 次 2016 年 6 月第 1 版
印 次 2023 年 8 月第 3 次
定 价 78. 00 元
广告经营许可证 京西工商广字第 8179 号

中国经济出版社 **网址** www. economyph. com **社址** 北京市东城区安定门外大街 58 号 **邮编** 100011
本版图书如存在印装质量问题，请与本社销售中心联系调换（联系电话：010 - 57512564）

课题组名单

课题组负责人：

中国国际经济交流中心总经济师　陈文玲

课题组组长：

南开大学校长助理、经济与社会发展研究院院长　刘秉镰

课题副组长：

刘维林　南开大学经济与社会发展研究院副教授

刘向东　中国国际经济交流中心副研究员

课题组成员：

杜传忠　南开大学经济与社会发展研究院教授

李兰冰　南开大学经济与社会发展研究院副教授

焦志伦　南开大学经济与社会发展研究院讲师

徐长春　中国国际经济交流中心副研究员

张影强　中国国际经济交流中心副研究员

蒋笑梅　天津师范大学讲师

胡玉莹　天津工业大学副教授

目 录

总报告

分报告

总报告

互联网开启了一个崭新的时代，这项20世纪人类的伟大发明，在正式走向社会的短短20多年间，已经渗透到全世界经济、社会、生活的各个角落，改变着人类社会的运转方式，加快了人类文明的步伐。互联网革命是人类发展史上历次科技革命的发展和延续，但其作用范围远超过前几次科技革命。国家主席习近平在第二届世界互联网大会上发表的主旨演讲中提出："以互联网为代表的信息技术日新月异，引领了社会生产新变革，创造了人类生活新空间，拓展了国家治理新领域，极大地提高了人类认识世界、改造世界的能力。"今天，人类社会正在从以实体经济为主体的工业化进程进入到实体经济与虚拟经济共同构成的信息文明时代，人类社会赖以生存和发展的技术基础、经济基础、社会形态和上层建筑都在经历着一场伟大重塑，这些共同构成了信息化时代下的经济社会大变革。我们就是身处在这样一个时代，旧有的体系、规则和价值观正在动摇和坍塌，新的体系、规则正在重建生成。

互联网革命再一次将中国推向历史发展的十字路口，一个全新的战略机遇摆在崛起的中国面前。如何认识新时代、适应新时代并引领新时代，将这一历史机遇转化成中国由经济大国迈向世界强国的新驱动力，是中国在"新常态"下面临的一项重大课题。为此，中国国际经济交流中心将这项研究列为2015年度重大基金课题，成立了由中国国际经济交流中心研究骨干与南开大学研究团队组成的联合课题组，经过一年多的攻关，从13个方面对互联网与中国业态变革进行了系统研究，形成了长达40万余字的研究成果。

在关于互联网浩如烟海的国内外著述中如何独树一帜，站在引领中国乃至世界未来的战略制高点，突出研究的战略性、前瞻性、储备性、理论性和应用性，从而为国家制定国家战略和重大规划和重要政策提供智力支持，成为本课题研究的着力点和突破点。

一、本课题系统研究互联网对人类社会和生产经济发展会产生革命性和颠覆性影响，在当前和今后一个时期具有重大理论与应用价值，其重要意义不言而喻

课题研究认为，互联网的发展已经给世界带来了翻天覆地的变化，在全球范围

内，互联网的应用和普及以不可逆转的态势快速推进，对经济社会各个方面产生着战略性和全局性的影响。在国家陆续出台“互联网+”各项行动计划之际，分析其对中国业态变革产生的深远影响并提出应对战略具有重大意义与价值。

互联网的诞生是继造纸和印刷术发明以来，人类信息存储与传播的伟大创造，互联网的发展不仅改变了信息的传输、交换、储存方式，更改变了人们学习、沟通、交往和生活方式；不仅改变了社会资源配置的方式，更推动了人类的社会结构与治理方式的变革，是人类发展史上又一次里程碑式的革命。互联网革命有其独特而丰富的概念内涵，其所开创的经济社会运行新方式，动摇了过去200多年经济学的理论基础，从经济学的基本假设到研究范式都将面临重塑或重建。

中国的互联网应用在短短20年的时间里发展成为全球最大规模的用户市场，具有中国特色的产业体系与互联网相互融合渗透正在产生一系列化学变化，2015年中国《“互联网+”行动计划》的正式推出，标志着人类社会“互联网+”新时代的大幕已经徐徐拉开。纵观世界经济与政治的发展史，每逢新技术革命来临，全社会都会经历一场翻天覆地的变化，在这一进程中，企业被重新排序，产业被颠覆和重组，国家在竞争力的位次上也发生此消彼长的变化，从而带来国际经济政治秩序的调整和重塑。世界各国纷纷通过制定推动互联网发展的国家战略，抢占新一轮科技革命的制高点。

我国虽然已经成为世界第二大经济体，但产业结构大而不强，大量传统产业处于价值链的中低端，而传统产业的发展变革是解决13亿人口大国实现现代化的关键。互联网的快速发展与渗透为传统产业实现转型升级提供了重要契机，当前，我国应紧抓互联网革命的机遇，发挥技术创新的市场优势和制度创新的体制优势，大力推进互联网对传统产业的融合和改造，并将互联网作为改善国计民生和解决社会问题的重大抓手，进而推动国家军事实力、政治影响力、经济竞争力和社会治理能力的综合提升，实现赶超战略。

二、本课题通过一系列深入研究，提出互联网革命变革，产生五个“下一代”对人类社会的生产生活方式带来全方位改变

课题指出，互联网革命是一种改变世界的强大力量，正在强烈地冲击和颠覆着人类经济与社会运行体系。互联网革命加速了世界进程，深刻地变革着信息传播方式、生产生活方式、政府治理方式和思维逻辑方式，互联网革命的内涵非常丰富。

（一）互联网革命对人类社会的生产生活方式带来全方位改变

在互联网环境下，从个人的思维方式到生活方式，从一国的产业业态到国家治理都在发生深刻的改变。因此，互联网作为信息技术革命发肇、发酵和发展的核心支撑，其作用范围远超以往的科技革命，必将对人类的经济、社会、政治、文化发展带来全方位的革命性的改变。

互联网正在革新信息传播方式。在互联网背景下，互联网促使传播方式的交互性增强、传播方式更加多向化、传播渠道更加多元化，提升信息传播效率、降低传播成本、增强传播时效。互联网正在创造新的生活方式，基于互联网的购物方式更加多元化，互联网革命更好地满足了人类对于衣、食、住、行等最基本的生理需求；基于互联网革命的商业模式及服务方式创新，更好地满足了安全需求；基于互联网革命的社交方式变革，更好地满足了情感和归属需求；互联网也有利于创新创业，为满足尊重需求和自我实现需求提供了更多机会。互联网促进政府治理模式转型，互联网革命将促进政府网络化管理和服务创新；互联网革命促使政府决策从精英型决策向科学型决策转变；互联网革命有利于提高政府治理的公开透明程度。互联网改变了传统思维方式，互联网思维催生了指用户思维、迭代思维、流量思维、社会化思维、大数据思维等。

（二）互联网革命具有不同于以往科技革命的独特特征

互联网革命的主要标志是互联网技术的发展、应用与普及，互联网革命与第一次以蒸汽机为代表，第二次以电力为代表的技术革命不同，以往的技术革命主要发生在实体经济领域，通过推动生产力变革间接推动生产关系变革，而互联网革命不仅作用于实体经济和虚拟经济领域，同时还直接驱动着社会生产力与生产关系的变革。互联网革命的典型特征可以归纳为四个方面：①高度智能化特征——互联网革命以云计算、物联网、大数据、移动互联网等新一代信息技术发展为重要依托，信息技术集成应用实现了智能化识别、定位、跟踪、监控与管理，充分体现了高度智能化特征。②大数据化特征——随着全球范围内个人电脑、智能手机等设备的普及，互联网数据正在以前所未有的速度增长和积累。③强融合性和渗透性特征——它不仅通过提供新技术手段实现对生产以及生活方式等诸多领域的影响和渗透，而且通过与产业链、价值链的协同互动，创造新的生产模式、管理模式和服务模式，实现更深层次的融合发展。④移动化及泛在互联网化特征——互联网实现了由桌面互联网向移动互联网转变，将继续向“泛在互联网”演进。“泛在互联网”以实现在任何时间、任何地点、任何人、任何物都能顺畅地通信为目标，终端形式是泛在终端的，网络形式是云端共享网络，具有自动反馈的特征，影响的经济社会领域包括全部产业以及所有的生活模式。

当前，我们正处于互联网革命的时代，同时也处于大数据变革的时代，随着全球范围内个人电脑、智能手机等设备的普及，互联网数据正在以前所未有的速度增长和积累。2015年全球产生的数据量将达到10ZB，据预测2020年全球数据总量将超过40ZB，大数据时代已经来临。大数据将重塑生产力发展模式，重构生产关系组织结构，提升产业效率和管理水平，提高政府治理的精准性、高效性和预见性。毋庸置疑，大数据将创造下一代互联网生态、下一代创新体系、下一代制造业形态以及下一代社会治理结构。

（三）互联网革命推动传统业态发生深刻化学变化，并创造衍生新的服务业态、制造业态和贸易业态

互联网的渗透与融合使得传统产业业态发生一系列化学变化，互联网带来了农业的精准化、智能化和自动化生产模式，基于互联网、大数据和云计算技术的新型农业交易模式得以实现，推动了供需信息的精准对接与资源的高效配置。互联网深刻改变了传统制造业生产模式与全球价值链分工体系，工业制造开始转向大规模定制化生产，智能制造、数字制造、网络制造等新的生产组织模式大量涌现。互联网与贸易和服务业的融合带来一系列的新型服务发展模式，包括新的信息获取模式、新的产业组织模式、新的服务产品特征、新的盈利模式特征、新的产品创新特征、新的市场营销特征、新的市场竞争特征、新的市场资源组织与管理形式。在平台和大数据的支持下，线上线下的分工合作更加紧密，一系列新兴业态正在快速兴起。

三、本课题在理论研究方面取得重大突破，对互联网革命与传统经济变革的经济理念与理论基础，进行创新研究，提出了一系列崭新的理论理念与概括

课题研究指出，现有的经济学理论诞生于工业经济社会，传统经济学理论对于生产要素的构成、生产函数的形式以及市场均衡的实现等基本问题的认识都是基于工业化的生产方式所形成的经济系统。然而在互联网革命的推动下，全球已经从工业时代进入信息时代，社会的生产、生活方式及运行机制已经发生改变，在工业时代下作为经济学理论基石的部分基本假设和基本规律被打破。这些基本假设与规律的打破或颠覆使得传统的经济学理论体系暴露出诸多缺陷，已经难以解释和指导互

联网时代下经济的运行。

（一）信息时代打破传统经济学的基本假设和规律

一是“社会人”假设日益取代“理性人”假设。传统经济学的核心是“理性人”假设，即每一个从事经济活动的人所采取的经济行为都是力图以自己的最小代价去获得最大经济利益。但在互联网时代下，人类的“社会性”特征日益凸显。互联网使个体之间的沟通更加便捷，个人成为真正意义的“社会人”。互联网使人们共享社会信息的程度大大提高，在社会活动的各个阶段或环节博弈中，所有参与人的行为信息日趋共享。二是打破“资源稀缺”假设。在传统经济学理论中，资源的稀缺性和“理性人”假设一样，是经济学的基本假设。无论农业经济时代还是工业经济时代，人类在经济活动中所利用的土地、劳动、资本、企业家才能等都是稀缺资源。在信息经济时代，互联网革命衍生出的新要素信息，具有非独占、易复制、非损耗性等特征，致使信息资源不再稀缺而是极其丰富。三是颠覆了部分传统经济学规律，包括边际效用递减规律和边际成本递增规律。传统经济学认为，随着所消费物品数量增加，其边际效用是递减的；随着生产要素不断投入，其边际成本是递增的；在信息经济时代，随着占有的信息资源越来越多，其带来的效用是递增的；此外，在互联网背景下，企业的生产边际成本几乎为零，致使互联网企业可以在不增加成本的前提下，不断扩大生产规模。

（二）理论信息与理论表述

信息经济时代的革命性新变化与新现象需要新理论的诠释，本报告在理论创新方面进行了重大探索，提出了包括信息进入流通领域将产生显著的价值倍增效应、信息本身成为独特的重要资源、信息使虚拟经济成为与实体经济并驾齐驱的两种基本经济形态等重要观点。进而从经济增长、产业经济、社会分工和治理体系四大领域提出了互联网时代下的相关理论的应用与拓展，以期为中国互联网的发展实践提供理论层面的指导。

首先，在经济增长方面，研究提出了互联网革命驱动经济增长的理论框架。互联网驱动经济增长的动力来源于三个方面：一是信息自身作为新要素投入所带来的经济增长；二是信息新要素间接作用于资本、劳动力、技术等其他生产要素驱动经济增长；三是通过提高全要素生产率促进经济增长。其次，在产业经济方面，提出了互联网影响产业结构升级与产业组织演进的机理。信息具有渗透性、融入性与嵌入性，是资本等传统要素所不可比拟的。当信息和其他的产业交融时，便成为传统产业变革的引领性力量，从重塑产业结构、推动产业组织形态演进、改变产业市场结构、提升产业市场绩效和调整企业组织形态等纬度，深刻影响产业结构升级和产业组织演进。再次，在社会分工方面，重构了社会分工演进的理论基础。与以往社会分工网络不同，互联网主导型社会分工网络呈现出范围经济、边际成本递减、实时协同、级数扩张、长尾效应等运行特征。最后，在社会治理方面，提出了互联网驱动社会治理模式变革的机理。互联网革命正通过变革社会治理体系的各项基本要素而对其实施全方位改造。社会治理理念正在受到革新，治理主体日益多元化，治理结构趋向扁平化，治理手段日益现代化；同时，由于互联网在社会发展中所具有的战略基础性地位，其本身也成为一国乃至全球社会治理关注的核心与焦点。

四、本课题系统分析互联网在革命与传统变革在我国的现状与发展趋势，提出中国已经具备在世界互联网发展中的先发优势

课题对中国互联网发展现状进行了深入分析，认为中国作为世界第二大经济体，庞大的产业规模和互联网用户规模使中国成为互联网产业应用最具潜力的市场，自中国引入互联网短短20年来，中国的互联网用户规模已多年位居世界第一，在全球上市互联网公司前30强中，中国企业占据四成，阿里巴巴、腾讯、百度、京东4家企业进入全球互联网公司10强；网上零售额已经达到社会消费品零售总额的一成，并以年均50%左右的速度递增。这种爆发式的增长速度很大程度上得益于中国政府对互联网的高度重视以及为互联网发展营造的宽松环境。中国政府制定了一系列国家信息化发展战略，包括实施“宽带中国”战略，部署发展第三代、第四代移动通信，在全国推行“三网融合”，积极发展物联网、大数据、云计算，加快推动电子商务、电子政务、智慧城市等互联网应用，大力促进信息消费等。在2015年3月的十二届全国人大三次会议上，李克强总理在政府工作报告中首次提出“互联网+”行动计划，标志着中国的互联网发展又将步入一个崭新的发展阶段，互联网与个人、企业、政府将实现深度融合，催生出经济社会发展的新形态。

我国属于发展中国家，在很多方面还处于赶超过程中，互联网在我国应用呈现出不同于发达国家的典型特征，主要是：一是互联网产业应用需求广泛，已成为经济转型升级的重要支撑；二是大数据行业应用快速推广，引领经济社会运行方式变革；三是互联网企业规模大，发展潜力强劲；四是互联网重塑中国商贸流通模式，新型商业模式不断涌现；五是生产制造与互联网融合加深，产业加速转型；六是生产制造与互联网融合加深，产业加速转型；七是“互联网+”金融、医疗、教育发

展迅速，服务模式不断创新；八是基于互联网和大数据的政务服务平台建设迅速推进。

在我国互联网发展面临重大机遇的同时，我国互联网发展也面临诸多挑战。从全球来看，中国互联发展水平整体仍然处于相对落后状态。一是互联网人口渗透率处于世界中后水平。据“世界互联网统计机构”的统计数据，截至 2014 年第二季度，互联网对北美人口的渗透率为 87.7%，居全球第一；对大洋洲人口的渗透率达 72.9%，居全球第二；欧洲高达 70.5%，居全球第三；拉丁美洲和加勒比海地区达到 52.3%，居全球第四；亚洲和非洲的渗透率分别仅为 34.7% 和 26.5%，在世界排名中分列倒数第二和第一，还低于全球平均值 42.3%。同样，根据该机构的统计，就互联网对人口的渗透率指标而言，截至 2014 年 12 月底，互联网对中国人口的渗透率为 49.5%，高于亚洲平均水平，也高于全球平均水平，但低于拉丁美洲和加勒比海地区的平均水平，更低于欧洲、大洋洲和北美的平均水平，后发迹象极其明显。二是互联网硬件发展水平处于世界中下水平。就数字接入能力指数指标来看，最高的是瑞典，其该项指标值高达 0.85，美国为 0.78，英国为 0.77，日本为 0.75，德国为 0.74，新加坡为 0.75，中国为 0.43，与斐济、乌克兰、加纳、菲律宾水平相当，世界排名第 85 位。三是中国不掌握世界互联网关键基础设施。在全球互联网基础设施领域，中国的地位十分低下。如在架构全球互联网的根服务器领域，要用来管理互联网的主目录，全世界共有 13 台，1 个为主根服务器，其余 12 个为辅根服务器。唯一的主根服务器和 9 个辅根服务器放在美国，其他 3 个辅根服务器，2 个放在英国和瑞典，1 个放在日本。美国政府授权的“互联网名称与数字地址分配机构”（Internet Corporation for Assigned Names and Numbers，ICANN），通过管理所有根服务器，负责全球互联网域名根服务器、域名体系和 IP 地址等的管理。

此外，近年来国际社会信息安全事件频发，我国信息安全的挑战与日俱增，并经受了一些重大信息安全事件的考验。网络安全已经成为影响大国关系最重要的变量之一。由于关键核心技术缺失和网络基础资源短缺，网络攻击、网络失窃密等安全事件时有发生。信息安全保障必须警钟长鸣、未雨绸缪。必须充分发挥互联网在经济结构调整中的关键作用，深入推进信息通信技术与经济社会发展的密切融合，加快互联网产业发展，努力实现国际赶超，高度重视和主动把握网络空间的国家安全和战略利益。否则，可能错失互联网大发展和国际格局大调整所带来的全新机遇，使我国在新的发展变革和国际竞争中掉队，阻滞经济社会又好又快发展，并有可能危及国家政治、经济、社会、军事和信息安全。

五、本课题做出的一个重大贡献是，首次提出互联网革命引发传统业态变革的作用领域、作用方式、作用机制和作用模式

课题研究认为，“互联网＋”在服务、制造、农业等领域深度融合，使得一部分传统业态和商业模式正在逐步消失，新的业态和商业模式不断涌现，推动着中国业态的转型升级。本研究基于互联网对服务业、制造业和农业三大产业体系所发挥作用的系统研究，比较全面地总结概括了互联网引发传统业态变革的作用领域、作用方式、作用机制和作用模式，为相关产业拥抱互联网，推进实施“互联网＋”行动提供了可参照和借鉴的战略路线图。

（一）互联网革命加速了我国服务业创新发展，推动了一系列新业态的出现并带动服务水平提升

互联网对我国服务业的影响是深刻的，带来的冲击和机遇也是巨大的。特别是以电子商务、现代物流、互联网金融、软件和服务外包为代表的新型生产性服务业，加速了我国服务业创新发展。

互联网革命对于服务业的信息获取模式、产业组织模式、服务产品特征、盈利模式特征、商业决策特征、产品创新特征、市场营销特征、市场竞争特征以及市场资源组织形式九大方面带来革命性的改变。

在贸易和物流领域，互联网通过改变信息获取、展示、连接的形式，推动整个社会向新一代商业贸易和流通体系加速演化。大宗 B2B 贸易平台和零售 B2C 平台开始冲击传统实体渠道，线上贸易体系和线下交易体系可能形成边界清晰、相辅相成、共生发展的新一代流通产业。电子商务平台经济成为流通市场各类资源、服务的网络集散门户和新型集聚形态；第三方中立平台模式改善了传统流通模式在信用、融资等方面的信息不对称问题；各类垂直平台推动了流通市场的极致细分化、专业化，提升了流通体系的整体服务水平；O2O 通过全渠道、场景化推进了流通市场业态向“消费主权”时代迈进；社群、微商、社区化众包等关系型销售网络和共享经济快速发展；C2B 定制将进一步重塑未来的流通体系。此外，互联网跨境电商对外贸流通服务业的新变革，出口链环节缩减，带来跨境贸易的零售革命；出口更加依赖品牌和渠道；进口倾向小批量和低关税，并且更加依赖平台；贸易流通更加平台化、碎片化、全程化、专业化与智慧化。

在金融领域，互联网利用在信息传递、数据积累、工具平台搭建等方面的优势，为金融服务提供了新的创新载体和平台，传统金融业务不断演进，新的金融业态渐

成雏形。互联网延伸了金融服务的广度和深度，互联网金融通过与传统金融的互补性竞争促进了两种金融企业双方效率的共同提升，大大提高了金融体系的整体效率，推动金融市场从效率相对低下的传统模式向活跃高效的新时代过渡；互联网金融改变了传统金融的服务方式，打开了民间资本参与传统金融的通道，第三方支付、互联网理财、众筹、P2P 等新的互联网金融模式不断涌现。

在旅游、餐饮、医疗、教育等领域，互联网改变了传统的消费形式、商业模式和服务方式，即时性消费、场景化营销、极致化体验、众包化参与、分享式传播、社区 O2O、平台化沟通、智慧化养老、碎片化教育等不断更新和涌现，推动着这些行业服务水平的提升。

在酒店和旅游行业，酒店和旅游行业也是最早引入互联网的服务业形态，互联网平台在很大程度上影响和改变着这一行业。移动互联网让旅游和酒店消费更加便利，满足了消费者即兴、临时的旅行住店需求。移动互联网创新“场景化”营销渠道，互联网开启了酒店和旅游资源线上直销渠道，新的去中介化的营销渠道和模式不断涌现。互联网对旅游和酒店业市场的本质影响是商业民主化和消费者主权，互联网时代的信息透明化让“用户至上”成为企业生存的基本市场竞争逻辑。

在餐饮行业，互联网对餐饮行业的改变日趋深入。以互联网为依托，创业者开始对餐饮行业的运营模式不断创新，并引领了消费模式的变化。尤其是移动互联网和 O2O 的发展，进一步推动了餐饮行业消费和运营模式的变革，消费模式与运营模式相辅相成、共同演变，外卖上门日益流行，远程排队和基于位置的餐饮服务日渐增多，“点评”与“分享”成为营销引流的重要通道。

在医疗、健康和养老产业，互联网平台和“智慧医疗”提升了医患沟通与信息交流效率，以互联网为依托的商业模式不断解决了传统医疗模式痛点，远程医疗也能有效解决了医疗资源分布不均问题；医药电商和医疗信息网站冲击着传统医疗体制，医药电子商务有望突破“医药分开”的改革“瓶颈”；互联网平台通过整合供应链推动医药流通和健康产业转型升级，直销平台模式推动上游医药供应链的扁平化，互联网推动健康产业在服务模式和产品开发方面的创新发展。互联网推动养老产业向社区化、智慧化转型升级；互联网进一步提升了教育的均等性、普遍性和知识传播效率；互联网在内容、模式上推动了教育的专业化和高效化；互联网推动了社会教育向“碎片化”和“终身学习”转变。

（二）互联网、大数据、云计算等新一代信息技术正在加速与制造业的深度融合

在制造领域，传统集中式大规模生产方式开始走向大规模个性化定制化，以满

足日趋个性化、社会化的消费需求。互联网为中国制造向数字化网络化和智能化迈进提供了平台与支撑，基于信息物理系统的智能装备、智能工厂等智能制造正在引领制造方式变革。在线采购、线上线下协同营销、产品服务化、平台化交易等改变了中国制造企业传统的商业模式，网络众包、协同设计、大规模个性化定制、精准供应链管理、全生命周期管理、电子商务等正在重塑产业价值链体系，为制造业价值链的融合式发展和高端攀升提供了有利契机，垂直化、中心化传统金字塔式管理方式逐步被更加高效的扁平化、信息化的新型企业管理方式所取代。可穿戴智能产品、智能家电、智能汽车等智能终端产品不断拓展制造业新领域。随着互联网革命影响的进一步深入，“软性制造”、工业互联、协同创新、绿色制造等将成为制造业发展的新潮流，未来我国制造业转型升级、创新发展将迎来重大机遇。

（三）互联网技术与农业生产、加工、销售等各环节紧密结合，加快了我国农业的现代化进程

农业作为国民经济的基础性行业，互联网的作用主要体现在改变农业生产方式、经营模式和产业组织结构等方面。对农业生产方式的影响主要体现在促进智能农业生产方式和管理方式的形成，提升农业生产的标准化程度，实现新型高效设施农业生产模式以及构建农副产品质量安全追溯体系，保障农副产品安全四大方面。互联网还推动了农产品销售模式的创新，如电子交易平台有效整合了农业生产者、经营者和消费者，保障了农产品供销渠道的畅通；农业大数据支持的市场分析，大大提高了农产品市场预判的准确性，对于打造知名农业品牌、培育龙头企业产业化经营模式等，互联网都发挥了重要的推动作用。此外，互联网凭借便利化、实时化、感知化、物联化、智能化等优势，为农地确权、农技推广、农村金融、农村管理等提供精确、动态和科学的全方位信息服务，促进了农业经营管理体系和服务方式的现代化，开辟了我国农业现代化发展的新道路。

六、本课题对，如何实施互联网领域的赶超战略进行了顶层设计，提出引领我国乃至世界利用互联网发展共同创造发展新动能力的战略布局

课题研究证明，在互联网经济迅猛发展的形势下，迫切需要将互联网发展战略纳入当前国家发展转型的总体战略布局。从全球视角来看，推动互联网发展，抢占发展先机已经成为世界各国战略部署的重点。本研究对美国、德国、日韩和欧盟推进互联网发展的历程和经验进行了系统的回顾和总结，这些国家都是通过战略性、前瞻性、系统性地制定推动互联网发展的政策、战略和计划，实现了互联网对传统

业态的渗透、改造和重构，从而实现了产业的升级。

当前，我国经济正面临着前所未有的错综复杂局面，正处于增长速度换挡期、结构调整阵痛期、前期刺激政策消化期“三期”叠加的阶段，再加上世界经济还处于深度调整之中，使我国经济发展的内外环境更趋复杂，经济已经进入了增速放缓、结构调整、动力转换的“新常态”。尽管西方发达国家在金融危机中遭到重创、复苏缓慢，但如果我国经济依然保持粗放式增长模式不变，即使现在率先回升，到时还将落后于别人，并将面临更为严峻的挑战。面对“保增长、调结构、惠民生、防风险”的新形势、新任务，必须依靠科技进步和提高人才素质，加快培育新的增长点，实现总量与结构、速度与质量、效率与效益的均衡发展。互联网成为切实转变我国经济发展方式的根本途径，推进信息化与工业化深度融合，发挥互联网技术在绿色、低碳、智能、可持续发展中的作用，将有效改造传统农业、发展现代农业、培养新型农民；将有力振兴装备制造业，塑造现代产业体系，促进工业由大变强；将不断催生培育出新业态和新的经济增长点，激发社会投资、增强中小企业和非公有制经济活力，促进高端生产性服务业和新兴服务业发展；将大幅提升社会劳动力素质与技能，变革创新方式，发挥信息与知识等新型生产要素作用，不断提高劳动生产率；将及时抢占新一轮经济发展和技术进步的制高点，迎接新科技和产业革命的来临。

我国具有互联网大国和后发优势，大力发展互联网不仅是我国转变经济发展方式、提高基本公共服务均等化和推进政府治理能力现代的关键，同时也是保障国家安全、争取国家利益，开展大国外交、提升国际竞争力和我国在全球治理体系话语权的尖兵利器。要从人类科技革命发展史和国家发展战略出发，牢牢抓住全球互联网革命机遇，顺势而为、勇于赶超，对内以支撑经济社会发展为出发点，以保障网络与信息安全为基本要求，以发展和改善民生为落脚点，将互联网打造为未来我国经济社会发展最基本的基础设施；对外与各国本着相互尊重、相互信任的原则，深化国际合作，尊重网络主权，维护网络安全，共同构建和平、安全、开放、合作的网络空间，建立多边、民主、透明的国际互联网治理体系。

为此，应从国家战略高度制定互联网发展战略，统筹制订一揽子互联网发展行动计划，按照夯实发展基础、强化创新驱动、营造宽松环境、拓展海外合作、加强智力建设、加大引导支撑的互联网发展思路，重点推动技术创新、产业转型升级、公共服务均等化和生活低碳便捷，将互联网打造成国家治理能力现代化的创新要素，成为完善社会主义市场经济体系的基础设施，成为提升国家软实力、抢占网络空间制网权的战略基石，打造新动能、壮大新经济、引领“新常态”，拉长我国经济社会发展的战略机遇期，将互联网作为经济社会发展最基本的基础设施和提升国家竞争力的重要战略资源。

一是将互联网作为未来国家和社会发展最基本的基础设施。互联网将成为像铁路、公路、航空等交通基础设施，像水、电、气等公用基础设施一样，成为国家、企业和社会发展最基本的基础设施，这一基础设施日益与经济社会各领域深度融合，推动技术进步、效率提升和组织变化，减少社会贫困，传播社会主义先进文化，提升实体经济的创新力和国家治理能力现代化水平，形成更广泛的以互联网为基础设施和创新要素的经济社会发展新形态。

二是将互联网作为产业转型升级的先导力量。互联网具有通用性、交互性、开放性和共享性四大基本属性，依托便捷优势、扁平优势、规模优势、聚集优势和普惠优势五大优势，加速与各产业融合，不断催生新产品、新业务、新模式、新业态，改变着传统的生产方式、商业模式和管理模式。应利用好互联网的优势推动传统产业转型升级、培育壮大新兴产业。互联网能实现机器、车间、工厂、信息系统、劳动者乃至产业链与价值链各环节的全面深度融合，有效提高制造业产品、装备、工艺、管理、服务的智能化水平，带动柔性制造、网络制造、绿色制造、服务型制造等新型生产方式的发展，引领制造业向数字化、网络化、智能化转型升级。以互联网为载体，线上线下互动的新兴消费带动了以网络化、平台化和智能化为特征的现代服务业发展，能激发传媒、娱乐、餐饮、零售、批发、金融等领域的消费潜力。

三是将互联网作为创新驱动发展的基础创新平台。实施创新驱动发展战略是我国党中央国务院在经济“新常态”下的重大战略部署，是实现“两个一百年”奋斗目标的历史任务和要求的关键所在。互联网不仅是创新的主战场，同时也是驱动社会治理和经济发展全面创新的最重要技术手段。我国发展互联网，不仅要在互联网领域持续创新，营造更加公平的市场竞争环境，改善大数据、云计算、互联网金融、跨境电子商务等新兴业态的监管，争取在下一代互联网规则、地址资源分配、网络空间等国际竞争中掌握主动权。此外，更要注重互联网与其他领域的全面融合，即实施好“互联网＋”行动计划，加快实施“中国制造 2025”计划，大力发展基于互联网的现代服务业，推动“大众创新、万众创业”。

四是将互联网作为社会基本公共服务均等化的重要渠道。我国公共服务不均是当前我国经济社会发展面临的主要矛盾，医疗资源过于集中在大医院，教育资源过于集中在大城市，城乡间、东西部之间，大小城市之间社会公共服务发展不均衡现象严重。互联网作为一种通用技术，能有效缩短物理距离，突破区域限制，通过远程教育、远程医疗等“智慧解决方案”将城市优质教育和医疗资源与全社会共享，偏远落后和农村地区也可以通过互联网手段，获得优质的教育资源和医疗资源，推动全社会基本公共服务均等化。

五是将互联网作为提升国家国际竞争力的战略基石。互联网使得全球成为地球村，网络空间日益成为公民友好往来、文化传播、经济贸易、国际交往、国家角逐的重要空间，网络空间已经成为继大陆、海洋、天空、太空之后的人类社会第五大疆域，网络空间同样包含政治、经济、军事、文化、社会、生态等诸多维度，正发展成一个与物理世界平行的新世界，我国应抓住新一代信息技术发展的重大机遇，掌握下一代互联网资源分配主动权，构建和平、安全、开放、合作的网络空间，建立多边、民主、透明的国际互联网治理体系。

争取到“十三五”期末，基本建成安全可靠、泛在高速、绿色健康的下一代互联网基础设施，基本形成公平竞争、诚实守信、创新活跃的市场环境，产业互联网成为经济增长的新动力，互联网普及率大幅提高、数字鸿沟大幅缩小、关键领域核心技术自主可控，互联网已经成为经济转型升级、公共服务均等化和政府治理能力提升的重要手段。

争取到2025年，互联网与经济社会各领域深入融合，基于互联网的新业态成为新的经济增长动力，网络化、智能化、服务化、协同化的“互联网+”产业生态体系基本完善，互联网成为“大众创业、万众创新”的主战场，互联网成为提供公共服务的重要手段，网络经济与实体经济协同互动的发展格局基本形成，“互联网+”成为经济社会创新发展的重要驱动力量，互联网经济成为拉动GDP增长的主要力量，我国基本成功迈入互联网强国。

七、本课题坚持把创新研究作为提升课题价值的重要使命，从国际国内两个大局对互联网发展与影响及战略思想进行了全方位的审视和思考

创新是科学研究的关键价值之所在，在“互联网+”快速推进的背景下，课题在国内外理论与实践梳理总结的基础上，以人类科学技术进步的历史为出发点，重新审视互联网环境下社会经济运行的内在规律与理论机理，试图打开人们认识互联网的一扇窗户，从理论上撕下互联网神秘面纱的一角，由此来推动“互联网+”的理论变革。本研究所提出的互联网发展战略是在国务院所出台的“互联网+”行动计划的基础上，进一步从国家战略层面所做的前瞻性、战略性、全局性思考，不仅

限于互联网对经济社会各领域的影响，而是站在国家总体战略布局和国际竞争的高度，将互联网打造成国家治理能力现代化的创新要素，成为完善社会主义市场经济体系的基础设施，成为提升国家软实力的、抢占网络空间制网权的战略基石。

综上所述，本书不同于目前市面上关于互联网的研究成果，突出了研究的战略性、前瞻性、理论性、系统性和政策性，立足于历史视角、理论视角、全局视角和国际视角对互联网对中国经济发展的影响进行了全方位的审视和思考。对于中国“互联网+”行动计划的推进以及寻求经济转型升级的突破口具有参考价值。

本书的内容共分为十四章，第一章是对互联网革命的总体概述，从历史视角和宏观视角探讨互联网革命与人类历史上的历次技术革命的关系以及互联网对当今世界所带来的改变。第二章从微观市场主体的视角分析了互联网与大数据所引发的市场主体行为所发生的变化与特征。第三章是对互联网时代下的重大理论变革进行的思考与创新，涵盖了经济增长、产业经济和社会治理等领域的一系列核心理论。

从第四章开始，本书从理论过渡到现实，在第四章中对互联网在中国应用发展的总体情况进行了系统的描述。第五章进一步梳理和分析了互联网给中国的消费者、企业和政府带来的新机遇与新挑战。

从第六章到第十一章对互联网引发中国业态变革的各个具体领域进行了深入细致的分析，由于互联网在不同产业中应用普及的程度存在差异，在章节篇幅安排上做了有针对性的区分。其中，从第六章到第九章用了四章的篇幅探讨了互联网对服务业变革的作用，分别为互联网对服务业的总体影响与趋势、互联网与贸易流通产业、互联网与金融业以及互联网与其他服务业。第十章分析了互联网对中国制造业业态的影响。第十一章探讨了互联网革命与我国农业现代化的关系。

本书最后三章为国际比较、战略设计和案例分析，第十二章归纳总结了主要发达国家推动互联网革命的战略与经验启示，在比较和借鉴的基础上，第十三章中提出了中国互联网发展的总体思路、战略选择、目标任务以及保障措施，第十四章的阿里巴巴平台案例为互联网引发的业态变革进一步提供了案例和数据支撑。

总报告执策人：陈文玲　刘宋谦　刘维林

分报告

第一章 互联网革命改变世界

互联网革命已经成为创新驱动发展的先导力量，互联网技术的发展和应用正以前所未有的广度和深度，全方位地影响着经济、社会、军事、外交、政府管理等领域，尤其是深刻地推动着工业、服务业乃至农业的业态变革和产业升级。本部分将依次重点梳理互联网革命与人类发展史上历次技术革命的关系、互联网与大数据之间的关系、互联网革命的基本特征以及互联网如何改变世界，为后续研究奠定理论基础。

第一节 互联网革命与历次技术革命

技术革命是人类在一定历史时期内进行的关于制和作的系统知识和技艺的全面的本质性的变革，产业革命是人类在一定时期内进行的关于生产的方法、设备和产业结构的全面的和本质性的变革①。纵观技术革命与产业革命的演进历程，产业革命无不是以技术革命为先导，技术革命无不是以产业革命为结果，产业革命与技术革命呈现出有机耦合的显著演进特征。技术革命与产业革命之间呈现“重大技术的发明创造→技术改革→新产业产生→产业革命→产业结构高级化和高效化”的典型耦合关系和演进路径。迄今为止，人类已经经历了三次技术革命和产业革命，正在经历以互联网革命为先导的新一轮技术革命和产业革命。互联网革命与三次技术革命的相同之处在于必将强烈冲击传统业态、引发新一轮产业革命，独特之处在于其影响力范畴远超产业乃至经济领域，正在掀起深刻的社会变革。

一、第一次技术革命和产业革命

第一次技术革命爆发于18世纪中后期的英国，以约翰·维亚特的机器纺纱机技

① 阎康年．三次技术革命和两次产业革命的历史经验［J］．世界历史，1985（5）：1－9.

术为开端，以蒸汽机为代表的蒸汽动力技术为标志，实现了生产工具从手工到机械化的转变，用动力机械取代人力、畜力乃至水力。

第一次技术革命推动了第一次产业革命的发生，人类社会由手工操作过渡为大机器生产，由农业经济时代迈入工业经济时代，初步形成了完整的工业体系。纺纱机和蒸汽机等技术变革，实现了生产过程的机械化，带动了纺织业、采矿业、冶金业、机械制造业以及蒸汽火车、轮船为代表的交通运输业等新型产业的崛起，实现了产业结构及整个生产体系的革命性变革。①

二、第二次技术革命和产业革命

第二次技术革命发生于19世纪70年代至20世纪初，以1831年法拉第发现电磁感应定律的科学革命为前导，以电机为代表的电力技术为标志，由英国向西欧和北美蔓延。以电力技术为基础，发电机、内燃机、电动机、远距离输电技术等一系列技术变革为大工业的发展提供了新的动力基础，推动人类社会由“蒸汽时代”进入“电气时代”，机械化和半自动化是这一时期工业体系的主要特征。

随着以电力技术为核心的新主导技术群对以蒸汽动力为核心的旧主导技术群实现更替，以及电力技术的广泛应用与推广，第二次产业革命随之产生。工业重心由轻纺工业转为重工业，煤炭业、冶金业、机械制造业发展水平得以提高，带动了电气、化学、石油、化工等一系列新产业的产生和发展。

三、第三次技术革命和产业革命

第三次技术革命开始于第二次世界大战末期，由发源地美国迅速向欧洲、日本以及世界各地扩散，以电子计算机、原子能、空间技术和生物工程技术的发明和应用为主要标志，是各国经济、社会、政治、文化、军事等因素相互作用的结果。在这一次技术革命中，除了电子计算机、原子能和空间技术的发明，微电子技术、航天技术、分子生物学和遗传工程、生物工程技术、新型材料技术等一批科学技术发明的快速涌现，技术创新速度显著提升。

在大规模技术创新和技术普及的进程中，信息技术、生物技术、新能源技术、新材料技术等一系列高新技术产业发展，实现了第三次产业革命，自动化生产成为这一时期工业体系的主要特征。在第三次产业革命过程中，工业结构实现了显著的

---

① 李兰冰．区域产业结构优化升级研究［M］．北京：经济科学出版社，2014：47.

优化升级，劳动密集型工业和资本密集型工业比重逐步下降，技术密集型以及知识密集型的产业比重逐步提升。

综上所述，三次技术革命与产业革命的历史演进体现出如下特点：①技术革命的爆发与广泛应用，对传统产业所依赖的技术或技术群实现提升，促使传统产业的技术水平提升；②基于技术革命而产生的新技术，可能为新兴产业的诞生提供技术支持，衍生一系列的新产业，促使产业结构优化与升级；③“蒸汽机→电力→高新技术”的技术更替，不仅推动了“纺织工业→重工业→高新技术产业”的主导产业进化，也推动了“机械化→机械化和半自动化→完全自动化”的生产体系变革，进而促使产业结构沿着农业产业、工业产业、高新技术产业为主导的方向不断升级。

四、正在兴起的互联网革命

互联网革命具有技术革命和产业革命的双重复合属性。从技术革命的视角出发，互联网技术的出现可以追溯至第三次产业革命期间。1945 年，第一台电脑问世。1969 年，美国国防部建立分组交换网——阿帕网（ARPANET）。1974 年，TCP 开发成功。1978 年，TCP 被分为 TCP 和 IP。1994 年，美国 Netscape 公布用于 Internet 的浏览器 Navigator，Internet 进入商品化时代。

具体来看，互联网技术的产生与应用经历了以下三个阶段：①1969—1994 年，政府出资、免费使用、网络规模小、速率低以及操作复杂、应用以文件传输和电子邮件为主的实验阶段；②1994—2001 年，由实验室走向社会，以 1994 年美国允许商业资本介入互联网为标志的社会化应用初始阶段；③2001 年至今，以无线移动通信等技术为依托、网络内容和用户规模迅速增加、社会影响力和普及程度不断提高的社会化应用发展阶段①。

随着现代科技的孕育，交换技术、传输控制协议和因特网互联协议、互联网网页三大信息传输技术逐渐突破，移动互联网、物联网、大数据、云计算等新技术逐渐兴起，基于互联网进行实时、高速度、多媒体、多向交互的信息交流成为可能。自 21 世纪初期开始，互联网技术得到日益广泛的应用与普及，标志着全球开始迈入互联网时代，正在掀起新一轮的产业革命和社会变革。

互联网革命与三次技术革命和产业革命之间的关系错综复杂。一方面，互联网

---

① 信息产业部电信研究院．互联网技术发展研究：发展脉络与体系架构［J］．现代电信科技，2007（7）：1-6.

革命是对三次技术革命及产业革命的传承和延续，同样遵循了技术革命先导的规律。随着互联网技术群的不断开发和广泛应用，对传统业态产生强烈冲击，逐渐引发产业革命，如德国提出的“工业4.0”以及中国提出的“中国制造2025”。另一方面，互联网革命是在三次技术革命及产业革命基础上实现的重大突破与飞跃，与三次技术革命及产业革命截然不同。

第一，三次技术革命与产业革命发生的主要标志分别是“蒸汽机”“电力”“电子计算机、原子能、空间技术和生物工程技术等”，互联网革命的主要标志则是互联网技术的发展、应用与普及。随着信息技术飞速进步，互联网已经由实验室应用、逐渐商用到普遍应用，全球近30亿网民的庞大用户规模，为互联网革命奠定了基础。与此同时，互联网的应用范围由桌面终端发展到多种类型的移动终端，并不断催生物联网应用模式，推动了互联网革命的进一步深入发展。

第二，互联网革命以信息技术群创新为依托。互联网革命离不开移动互联网、物联网、大数据、云计算等新兴技术的诞生与普及，这些新兴技术为扩大互联网普及程度、扩大应用范围、创新服务模式提供了技术支撑。其中，移动互联网打破了互联网使用的空间局限性；物联网将推动泛在互联网的发展；大数据为互联网革命中的数据分析和决策支持提供基础；云计算为互联网平台的大数据存储、应用、共享提供基础支持架构。

第三，互联网革命影响远超产业范畴，对经济与社会发展系统产生了巨大变革。三次技术革命和产业革命的演进历程表明，技术革命主要引发产业革命，更具体地讲是工业革命，进而推动生产力进步。互联网革命则是以互联网技术对信息传播、生产、生活、政府治理以及思维方式等领域冲击为核心，呈现更大程度的融合性与渗透性，不仅引发工业革命、产业革命，而且将引发社会诸多方面的彻底变革，对既有经济与社会运行体系的“破坏性创新”程度前所未有。

第二节　互联网革命及相关概念解析

随着信息技术的高速发展，人类正在迎来互联网革命。互联网革命冲击着既有的经济与社会运行方式，带来了广泛而深入的创新性发展路径。伴随着互联网革命的到来，物联网、大数据、云计算、智能终端等相关技术和产业也快速发展。互联网与这些技术密切相关，但在本质内涵和侧重点方面有所不同。同时，在互联网应用领域，一些相关概念也广泛兴起，本节将对其中一些内容进行简要的比较说明。

一、互联网的基本内涵

互联网（Internet），又称网际网路，是网络与网络之间所串联成的庞大网络，这些网络以一组通用的协议相连，形成逻辑上的单一巨大国际网络。①

互联网具有虚拟性、交互性和多样性等传播特征：①虚拟性。互联网上每台计算机的 IP 地址、域名以及电子邮件地址都是逻辑地址，不能准确表示出互联网上计算机所处的地理位置，域名与实际的地理空间不具备一一对应关系②。②交互性。互联网改变了传统媒介自上而下单向传播的特点，可以实现多种传播方式和多种信息的交互，其信息传播具有交互性特征③。③多样性。从传播内容来看，互联网融合文字、声音、图片、图像、视频等多种表现形式；从传播范围来看，互联网融合了点、点—点，面、面—面的传播④。

二、互联网革命与大数据时代

（一）大数据的内涵

2012 年美国政府宣布推出大数据的研究和发展计划，将大数据上升到国家战略网；同年达沃斯论坛发布《大数据，大影响》的报告，宣称数据已经成为一种新的经济资产类别，就像货币或黄金一样⑤。

大数据是指需要新处理模式才能具有更强的决策力、洞察力和流程优化能力的海量、高增长率和多样化的信息资产，是一系列超出了传统计算机或软件获取、管理、分析以及处理能力的数据。

从对象角度来看，大数据是大小超出典型数据库软件采集、储存、管理和分析等能力的数据集合；从技术角度来看，大数据技术是从各种各样类型的大数据中，快速获得有价值信息的技术及其集成；从应用角度来看，大数据是对特定的大数据集合、集成应用大数据技术、获得有价值信息的行为。⑥

大数据具有 4V 特征，即 Volume（大量）、Variety（多样）、Velocity（高速）、

---

① 中国报告大厅．互联网行业定义及特点分析［EB/OL］．http：//www. chinabgao. com/k/hulianwang/14801. html，2015－01－04.

②③ 胡志兵．互联网生产和消费三个模式的微观研究［D］．北京邮电大学博士学位论文，2008.

④ 彭兰．网络传播概论［M］．北京：中国人民大学出版社，2001：289.

⑤ 杨颖．大数据时代 何处掘金［EB/OL］．经济日报，2013－01－08，http：//paper. ce. cn/jjrb/html/2013/01/08/content_ 140225. htm.

⑥ 大数据的三重内涵［EB/OL］．http：//www. ciotimes. com/bi/sjck/81456. html，2013－07－01.

Value（价值）。Volume 是指体量巨大，互联网搜索的发展、电子商务交易平台的覆盖和微博等社交网站的兴起显著提升了大数据产生的量级。Variety 是指种类多样性：一是数据形态类型多样化，二维码、视讯、图像和地理位置信息等逐渐兴起；二是存储结构的非标准化；三是数据获取途径多样化。Velocity 是指处理速度快，数据处理做到实时处理，能够实现快速处理与分析，以满足实时需求和保持数据的时效性。Value 是指价值密度低，海量数据中有价值信息的比例下降，需要对大规模数据进行正确分析与合理利用。

（二）互联网时代与大数据革命的比较

首先，大数据时代主要强调了海量数据的产生、积累与分析，以及这种分析应用对人类社会生产生活的影响，尤其是在科学化、定量化、智能化和自动化方面的推动作用。在此基础上，互联网革命强调了随着互联网的广泛应用，互联网对诸多产业和领域产生的强烈冲击与颠覆，基于强融合性和渗透性进而实现的经济与社会运行体系的全面变革。

其次，大数据是互联网革命的基础。与以往技术革命和产业革命相比，互联网革命最大的不同就在于数字化和数据化特征。根据美国《科学》杂志的一篇文章统计，数字化在全部数据的占比在 20 世纪八九十年代只有 1% ~4%，2000 年上升到 25%，2007 年则达到占绝对多数的 94%。数字化使得数据的大规模存储成为可能。[①]互联网革命对生产生活方式和政府治理模式等诸多领域产生了融合性和渗透性影响，很重要的基础在于大数据分析以及进而产生的决策支持。

最后，互联网高速发展产生了大量的数据，极大地提升了人类存储数据的能力，使得大规模数据——大数据的收集、存储和实时应用成为可能。互联网已经成为大数据的主要来源，如以搜索著称的百度与谷歌的数据规模都已经达到上千 PB 的级别，FACEBOOK、亚马逊、雅虎、阿里巴巴的数据都突破上百 PB。其中，百度拥有两种类型的大数据——用户搜索表征的需求数据、爬虫和阿拉丁获取的公共 Web 数据；阿里巴巴拥有交易数据和信用数据，还通过投资等方式掌握了部分社交数据、移动数据；腾讯拥有用户关系数据和基于此产生的社交数据，这些数据可以分析人们的生活和行为，从里面挖掘出政治、社会、文化、商业、健康等领域的信息，甚

① 殷剑峰．数字革命、数据资产和数据资本［EB/OL］．第一财经日报，2014 - 12 - 23，http：//www. yicai. com/news/2014/12/4055212. html.

至预测未来。①大数据从获取到分析均需要信息技术的支持，主要包括分布式文件系统和非关系型数据库等数据存储和查询技术，网格计算、数据流技术、云计算等数据处理技术，图像识别、各种数据可视化技术数据等应用技术。

三、互联网革命与信息通信技术产业发展

电子信息、通信和技术（Information，Communication and Technology，ICT）产业既是互联网发展的技术基础，也是互联网产业自身的重要组成部分。ICT 产业领域覆盖硬件设备、软件和应用开发、技术服务等多个方面，覆盖了互联网技术谱系和应用发展的主干内容，为互联网革命的发展起到了基础支撑作用。随着互联网革命的深化，信息和通信产业自身也在快速发展，形成二者相辅相成、互相推动、协调共生的密切关系。

2014 年，我国电子信息产业规模稳步扩大。规模以上企业个数超过 5 万家。其中，制造业企业 1.87 万家，软件和信息技术服务业企业 3.8 万家。电子信息产业全年完成销售收入 14 万亿元，同比增长 13%。其中，制造业实现主营业务收入 10.3 万亿元，同比增长 9.8%；软件和信息技术服务业实现软件业务收入 3.7 万亿元，同比增长 20.2%②。我国电子信息产业已经成为互联网产业发展的重要支持力量。

同时，在支撑互联网革命的发展过程中，我国电子信息和通信产业也存在一些问题。例如，高端芯片核心技术缺乏，相对依赖进口；传感器技术标准不统一；知识产权保护和自主创新能力有待进一步提升；等等。此外，中国也需要提升在电子信息通信技术领域的国际话语权，如加快 IPv6 等互联网技术研发与推广，打破现有国际互联网 13 个根服务器的既有数量限制等。

四、互联网革命与“互联网+”

（一）“互联网+”战略的提出

2015 年 3 月 5 日，在中共第十二届全国人民代表大会第三次会议中，李克强总理在政府工作报告中提出制订“互联网+”行动计划，并推动移动互联网、云计算、大数据、物联网等与现代制造业结合，促进电子商务、工业互联网和互联网金

---

① 罗超．BAT 三巨头开挖大数据［EB/OL］．http：//www.huxiu.com/article/15251/1.html。2013-05-31.

② 工信部．2014 年电子信息产业统计公报［EB/OL］．http：//www.miit.gov.cn/n11293472/n11293832/n11293907/n11368223/16471095.html，2015-02-27.

融健康发展，引导互联网企业拓展国际市场。

"互联网+"战略一经提出就引起了全社会的广泛关注，各界人士也纷纷提出了自己的解读。作为国家发展战略，"互联网+"并不是简单地将互联网技术应用到各产业的发展过程中，为传统业态提供简单的工具和渠道，而是通过各行业与互联网的结合，形成依靠互联网形成改造传统产业的新业态模式，从而加速产业的转型升级。

（二）"互联网+"与"+互联网"的差异

进一步深入理解"互联网+"战略内涵，可以将"互联网+"和"+互联网"概念进行比较。"+互联网"是产业发展过程中，将互联网作为提升产业自身的运行效率和运行水平的工具，其中产业本身的形态并没有发生明确变化；"互联网+"则是通过传统行业的互联网化改造，采用合理、适度的形式形成传统产业在互联网时代的转型甚至异化，从而适应互联网时代下新的客户需求、生产方式、技术环境和商业环境。更进一步比较，"+互联网"是把互联网看作工具和要素，是用拯救的思维维持本产业既有的核心竞争力，对社会商业领域的整体影响是物理变化，不产生新业态；"互联网+"是把互联网看作载体和生态，是用变革的思维重构和形成本产业新的核心竞争力，对社会商业领域的整体影响是化学变化，产生新业态。

五、互联网革命的典型特征

高度智能化特征。互联网革命以云计算、物联网、大数据、移动互联网等新一代信息技术发展为重要依托，信息技术集成应用实现了智能化识别、定位、跟踪、监控与管理，充分体现了智能化的特征。如工业4.0是互联网革命智能化特征的集中表现：一是"智能工厂"，重点研究智能化生产系统及过程，以及网络化分布式生产设施的实现；二是"智能生产"，主要涉及整个企业的生产物流管理、人机互动以及3D技术在工业生产过程中的应用等；三是"智能物流"，主要通过互联网、物联网，整合物流资源，充分发挥现有物流资源供应方的效率，需求方则能够快速获得服务匹配，得到物流支持。①

大数据化特征。随着全球范围内个人电脑、智能手机等设备的普及，互联网数

① ZDNet. 物联网与工业4.0：互联网+竞变中的新机遇［EB/OL］. http：//www.eepw.com.cn/article/273922_2.htm，2015-05-11.

据正在以前所未有的速度增长和积累。2015 年全球产生的数据量将达到 10ZB，据预测，2020 年全球数据总量将超过 40ZB①，大数据时代已经来临。

强融合性和渗透性特征。它不仅通过提供新技术手段实现对生产以及生活方式等诸多领域的影响和渗透，而且通过与产业链、价值链的协同互动，创造新的生产模式、管理模式和服务模式，实现更深层次的融合发展。如工业与互联网融合实现了网络制造、云制造、智能制造，服务业与互联网融合实现了电子商务、互联网金融、远程医疗等新兴业态。

移动化及泛在互联网化特征。互联网实现了由桌面互联网向移动互联网转变，将继续向“泛在互联网”演进。“泛在互联网”以实现在任何时间、任何地点、任何人、任何物都能顺畅地通信为目标，终端形式是泛在终端的，网络形式是云端共享网络，具有自动反馈的特征，影响的经济社会领域包括全部产业以及所有的生活模式。

第三节　互联网革命如何改变世界

互联网革命是一种改变世界的强大力量，正在强烈地冲击和颠覆着人类经济与社会运行体系。互联网革命加速了世界进程，深刻地变革着信息传播方式、生产生活方式、政府治理方式和思维逻辑方式，不仅正在产生广泛而深远的影响，而且将为未来发展提供无限可能。

一、互联网重塑国家核心竞争力

纵观历史，每一次科技革命和产业革命都将引发国家核心竞争力的转变，也将重塑国家间的竞争格局。互联网是新一代技术革命发展的表现，随着互联网对经济、社会和人们生活影响的不断加深，信息技术、信息产业的发展水平将成为国家竞争力的重要组成部分。同时，互联网产业的发展，也为新兴国家改写世界经济格局、实现“弯道超车”提供了难得机遇。基于此，发达国家和新兴国家无一不将信息产业作为国家未来发展的重要战略，将提升互联网和信息技术的技术和应用水平作为谋求国家在未来世界经济地位的着力点。例如，美国提出了“信息高速公路”“联

---

① 2020 年全球数据总量将超 40ZB 大数据落地成焦点［EB/OL］. http：//net. chinabyte. com/139/12703139. shtml，2013 - 08 - 29.

邦云计算”“大数据的研究和发展倡议”等计划。

二、互联网革新信息传播方式

互联网极大地促进了信息流动，信息传播速度和传播范围都是传统信息传播渠道难以比拟的。在互联网革命的浪潮中，信息传播方式改变既是最直接的影响之一，也是生产、生活、思维方式以及政府管理等诸多方面产生变革和创新的重要基础。简言之，随着互联网的应用普及，信息传播方式由传统的单一方向、单一渠道向多元方向和多元渠道转变。

首先，互联网革命促使传播方式的交互性增强。互联网调动了用户获取信息过程的主动性和能动性，不仅能够高效地接收大容量的信息，而且能够及时快速地对信息做出反馈，显著加强了信息传播过程中的交互性。传统媒体的单方向的传播适用于一方对另一方或另外多方的主→客关系，这是一种自上而下的关系；与此相反，互联网这种交互性或互动性则适用于每一方与其他每一方的交互主体或主↔主关系，这是一种上下左右互动的对话关系或民主协商关系。①如用户通过购物网站进行采购，既可以在线与卖家进行采购前或采购后的沟通，也可以通过发表产品评论为其他购买者提供信息参考；通过政府自媒体应用，公众既可以广泛地参与政策讨论，也有利于政府与公众之间良性的评价、反馈和互动机制。

其次，互联网革命凸显传播方式的多向化特征。报纸、杂志、广播、电视等传统信息传播方式大多是单方向的一对多的传播，互联网则是双向以及多对多的“网络化”传播方式。在互联网浪潮中，一方面，信息技术的飞速发展使得人类对于信息捕捉和传播能力增强；另一方面，信息创造主体的广泛化和多元化特征显现，数量庞大的网络用户通过上传文字、图片、视频、音频等内容均可参与信息创造。尤其是移动互联网打破了信息传播的时间限制和空间限制，如通过移动端的 Instagram、Vine 等图片（视频）App、唱吧等音乐 App 以及知乎、果壳等科普类 App，用户可以随时随地参与信息的创造。

最后，互联网革命实现了传播渠道的多元化。伴随着互联网技术的不断发展，信息传播渠道也经历着不断创新和演进的历程，人类获取信息的渠道快速实现多元化。如从古老的 BBS 等论坛网站，到新浪、网易、雅虎等门户网站和 Google、百度

---

① 杨深．互联网创新的精髓在于交互性［EB/OL］．http：//study. ccln. gov. cn/fenke/xinwenchuanboxue/xwxmt/53799. shtml，2014－02－08.

等搜索引擎，再到Twitter、微博等自媒体，已经成为信息发布、交流、共享与传播的多元化平台。互联网不仅为信息传播提供了多种渠道，更重要的是使信息获取的方式更加便捷、准确和及时，实现了随时随地进行信息搜索与信息处理。互联网信息传播终端也经历了由台式机到笔记本电脑、由笔记本电脑再到手机、PAD等移动端的转变，实现了由桌面互联网向移动互联网的转变。在此过程中，微信作为一种新媒体方式逐渐兴起并得到广泛应用。

三、互联网创造新的生活方式

根据马斯洛提出的需求层次理论，人类需求由低到高可分为生理需求、安全需求、情感和归属需求、尊重需求、自我实现需求五个层次。基于互联网革命，人类对于上述五个层次需求的满足方式均产生了创新性的变革，创造着崭新的生活环境和生活方式。

首先，基于互联网的购物方式多元化，更好地满足了人类对于“衣、食、住、行”等最基本的生理需求。一方面，基于PC互联网和移动互联网，使用户足不出户采购全国乃至全球商品成为可能。与此同时，互联网海量信息为网络用户购物提供了更多的参考甚至价格比对、同类产品搜寻等功能，使购物变得更加便利和高效；加之网络购物方式大幅缩短流通环节和压缩流通成本，使得购物价格相对更低，用户购得“物美价廉”产品的可能性提升。基于互联网的采购可涵盖商品和服务广泛范畴，如机票订购服务、家政预约服务、餐饮团购等。另一方面，购物方式更加多元化，如互联网通过与实体店铺融合产生新购物方式——OAO模式（Online And Offline），即线下（实体店）和线上（网店）有机融合的一体化“双店”经营模式，线下商圈和线上商圈双层运作的“双圈”业态模式，可满足同一区域内线下实体店和线上网店的积分、促销、商品、消费等信息的共享，将是继供销社时代、百货大楼时代、商超时代之后的第四代实体商业模式。[①]

其次，基于互联网革命的商业模式及服务方式创新更好地满足了安全需求。如基于互联网和大数据等技术基础，能够提供更加准确的交通道路信息、信息追溯功能、实时监控和定位功能、医疗服务信息、教育资源信息等，为人类实现和谐、和平、有序、安全的社会秩序提供支撑。

---

① 杜斌．OAO模式：实体商业的未来［EB/OL］．http：//column.iresearch.cn/u/dubin_1983/624554.shtml，2012-11-27.

再次，基于互联网革命的社交方式变革，更好地满足了情感和归属需求。以社交需求为例，Facebook、Twitter、Myspace、微博、微信等网站或应用革新了传统社交方式。美国马里兰大学帕克分校的杰西卡·维塔克（Jessica Vitak）对400多名Facebook用户开展的一项研究指出，Facebook对于居住地间隔超过几小时车程的朋友特别有价值，友人之间住得越远，在Facebook上的交流就越密切①。二是社交渠道多元化和社交成本低廉化成为并行特征，社交关系的建立与维护变得更为简单。尤其是在免费网络情况下使用QQ、微信、Line、Kakaotalk、Kik等通信应用进行信息沟通的成本很低甚至不耗费成本，使得社交更加简便、快捷。三是基于互联网的社交方式打破了地域性的束缚与时间上的局限性，有效地扩大了社交范围。如以六度分隔理论为基础而建立起来的SNS（Social Network Site，社交网站），其最基本的理论依据是你与一个陌生人之间只需要6个左右的朋友就能够互相发生信息的传递。②因此，正是基于这样一种用户之间可以相互传递信息的网状结构，就可以通过友人抑或是友人的友人所形成一种互联网上的弱连接，这一种看似黏性很不稳固的人际网络，实则构成了一种相当紧密的人脉关系。③

最后，互联网有利于创新创业，为满足尊重需求和自我实现需求提供了更多机会。如互联网提供了更加优良的创新与创业环境。一是互联网时代已经培育了多种多样的平台，以平台整合和信息交流为基础，创业成本大幅降低。二是基于互联网的海量信息交互更有利于激发创新火花和识别创新的机会窗口。三是互联网与诸多产业之间的交融互动发展，为产品创新、服务创新、模式创新和管理创新提供了巨大的发展空间。

四、互联网促进产业业态变革

首先，互联网农业的精准化和自动化生产模式。一方面，移动互联网、物联网、二维码、无线射频识别等信息技术在农业生产加工中的推广应用，将推动农业生产模式的自动化。如国外发达国家已经由高度自动化机械化精确生产的3.0模式向融合互联网的高度智能化的4.0模式进化④。早在20世纪80年代，美国就提出精确农

---

① Michael Bond. 社交网络如何改变我们的友谊［EB/OL］. http://www.guokr.com/article/438754/, 2014-07-07.

②③ 郭鹏程. SNS的大潮 互联网时代的社区化及其意义［EB/OL］. http://news.mydrivers.com/1/168/168954.htm?fr=m, 2010-07-07.

④ 五年内农业互联网将成为中国经济支柱产业［EB/OL］. 2015-03-25. http://www.nongcun5.com/news/20150325/34/04.htm/.

业的构想，20 世纪 90 年代初全球定位系统应用到农业生产领域，目前在利用物联网科技促进智能、精准农业上处于领导地位①。另一方面，互联网有利于建立健全农业信息体系，促进农业精确化生产。如基于互联网、大数据和云计算等技术，农业供需信息的共享与交流更加便捷高效，将有效缓解买卖双方以及农产品生产者之间的信息不对称程度，实现农业精准化生产和资源高效配置。

其次，互联网推动了工业制造业的定制智能化生产。新工业革命将产生以互联网为支撑的大规模定制智能化生产方式，这一生产方式是由计算机控制的联网智能化制造设备通过互联网，在收到指令后，随时进行更快的感知、自我反应、计算判断、分析决策进而进行操作上的变化，如此符合需要的个性化产品的大规模定制生产即成为可能②。当前正被大力推进的工业 4.0 就是这样一种利用开放、全球化的网络，将人、数据和机器连接起来，实现产品制造的个性化、智能化、定制化的工业生产模式。与此同时，通过互联网与制造业融合，将有助于提升制造业数字化、网络化、智能化水平，加强产业链协作，发展基于互联网的协同制造新模式。

最后，互联网将加速服务发展模式创新。在互联网革命背景下，服务业发展新模式主要表现出以下特点：新的信息获取模式——信息泛在及去中介化；新的产业组织模式——去中心化和平台整合；新的服务产品特征——长尾化、极致化和体验经济；新的盈利模式特征——间接化、多维度化；新的商业决策特征——大数据化；新的产品创新特征——迭代更新与大众创业；新的市场营销特征——社会化媒体和搜索引擎优化；新的市场竞争特征——跨界竞争与过顶传球；新的市场资源组织与管理形式——内部创业与众筹。

五、互联网促进政府治理模式转型

首先，互联网革命将促进政府网络化管理和服务创新。如通过加快互联网与政府公共服务体系的深度融合发展，将有利于促进公共数据资源开发和共享，实现公共服务创新供给以及服务资源的整合，建立面向公众的在线公共服务体系，提供政府服务质量和服务效率。

其次，互联网革命促使政府决策从精英型决策向科学型决策转变。基于大数据

---

① 五年内农业互联网将成为中国经济支柱产业［EB/OL］. http：//www. nongcun5. com/news/20150325/34104. html，2015－03－25.

② 芮明杰. 新工业革命推动全球制造业变革［N］. 中国社会科学报，2013－11－01［A06］http：//www. csstoday. net/xueshuzixun/guoneixinwen/85659. html.

和云技术等信息技术发展，政府决策将具有更加坚实的数据支撑和技术支持。这将有利于促进领导者决策的精英型决策向依赖大数据分析的科学型决策转变。

最后，互联网革命有利于提高政府治理的公开透明程度。如政府通过构建政务新媒体等方式，可以有效加强政府与公众之间的沟通、交流、响应与反馈速度及能力，有利于提高政府决策和政府治理的公开性。与此同时，互联网营造了强力的舆论监督功能，促进了公众、传媒、政府三者之间良性互动关系的形成，促使政府治理透明度的提高，这将有利于实现社会和谐发展。

六、互联网改变传统思维方式

互联网思维是对传统思维方式的挑战与颠覆。只有具备互联网思维，才能够适应互联网时代和互联网革命。具体来看，互联网思维是指用户思维、迭代思维、流量思维、社会化思维、大数据思维等①。

用户思维主要强调“以用户为中心”，应积极改变用户作为产品被动接受者的地位，充分认可用户已经具备参与产业链各环节并创造价值的可能性，使用户参与产品乃至服务创新的过程。迭代思维主要强调应积极适应大量新观念、新思想、新产品迅速产生又迅速被淘汰的时代特征，既应通过多次迭代实现产品及服务功能的完善，也应快速及时应对各种变化抓住商机。流量思维强调应拥有大规模的用户群，其中获取流量的关键策略就是免费或者优惠，通过这一策略实现大量的用户积累，在此基础上不断进行产品创新进而实现持续发展。社会化思维强调利用互联网对社会关系进行重塑、整合和优化利用的重要性。大数据思维强调大数据的快速产生、积累与分析利用，应充分利用大数据进行更加精准的企业管理与企业决策。

（撰稿人：李兰冰　南开大学经济学院副教授）

① 赵大伟．互联网思维独孤九剑［M］．北京：机械工业出版社，2014.

第二章　互联网革命下市场主体行为变革与特征

随着信息技术应用的深入发展，市场主体业务在增加活动便利性的同时，活动成本也大幅降低。与此同时，市场主体行为也随着信息技术的应用而发生着大幅改变，并进一步根本改变着政府与市场的关系。信息技术应用造就的大数据时代（活动轨迹被记录和可查询的时代），正逐步改变着市场主体行为，并展示出一幅全新的市场主体行为图景。

第一节　全球信息技术应用已初具规模

在经历了包交换技术（Packet Switching）、传输控制协议/因特网互联协议（Transmission Control Protocol/Internet Protocol，TCP/IP）、互联网页（World Wide Web，即万维网）技术三大信息技术突破之后，人类在模拟人脑信息处理传输功能方面取得了革命性进步。[①] 现代信息交流沟通设施逐步进入人类政治、经济、文化、社会等生活生产的方方面面，并表现出无与伦比的影响力，全球互联网正快速覆盖全球所有人口。

一、全球信息技术应用规模持续扩张

随着关键技术的日趋成熟，全球信息技术的应用进入了大规模拓展期。当前，互联网应用虽然已初具规模，但普及进度不一，各地区和国家的进展速度差异较大。

（1）全球信息技术应用规模持续扩张，首先表现为虽然在五大洲互联网用户数占全球用户总数的比例不同，但已覆盖全球。根据世界互联网统计机构的数据，如图 2 - 1 所示，截至 2015 年第二季度，亚洲互联网用户数占全球总数的比例继续上

① 徐长春，贾文学. 2014 年全球互联网引发的变革研究［M］//国际经济分析与展望（2014—2015）. 北京：社科文献出版社，2015：403.

升，已经占到47.8%，依然保持用户数居全球第一的位置；欧洲地区用户数居世界第二位，占到全球用户总数的18.5%；拉美和加勒比海地区用户数居世界第三位，占全球总数的10.2%；北美地区互联网用户总数居世界第四位，占全球总数的9.6%；非洲和中东地区的互联网用户总数分别占全球总数的9.6%和3.5%；大洋洲仅占全球互联网用户总数的0.8%，比例最低。虽然各地区互联网用户数占全球总数的比例不一，但全球互联网用户已经遍布全球已经成为个不争的事实，人类社会已经进入了信息技术引发的大数据时代。

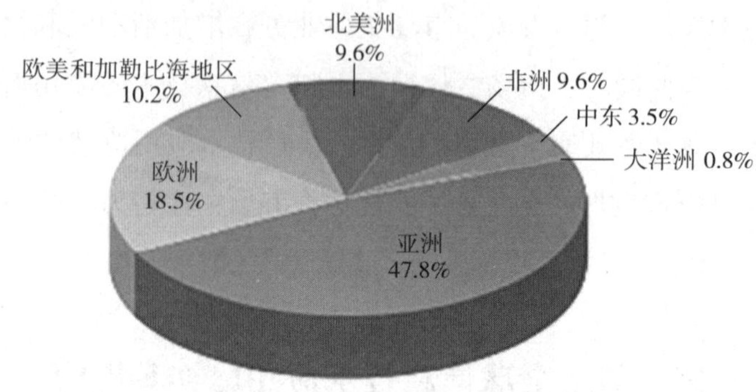

图2-1　全球互联网用户地区分布（截至2015年第二季度）

资料来源：Internet World Stats - www. internetworldstats. com/stats. htm.

（2）全球信息技术应用规模持续扩张，不仅表现在各大洲所占比例不一上，还表现在各大洲互联网实际用户数分布不均衡，但都在扩张上。据世界互联网统计机构的数据显示，如图2-2所示，截至2015年6月底，亚洲地区互联网用户规模最大，约为15.6亿户；其次是欧洲，有6亿多户；位于世界第三位的是拉丁美洲和加勒比海地区，约为3.3亿户；北美地区变化不大，用户数保持在3.1亿户左右；大洋洲仅有约2710万户。可见，全球网民分布十分不均匀，亚欧两大洲用户较多，中东和大洋洲网民数量相对都少。亚欧两大洲是世界互联网应用的主要地区，网民数呈现快速攀升态势。

（3）信息技术应用规模持续扩张，在互联网对人口的渗透率上表现为发达经济体渗透率远高于发展中国家的特点，而后者扩张的步伐呈现不断加快态势。据世界互联网统计机构的数据显示，如图2-3所示，截至2014年6月底，互联网对北美人口的渗透率就已经达到87.9%，占据全球第一的位置；大洋洲人口的互联网渗透率为73.6%，处于世界第二位置；欧洲人口的互联网渗透率为72.9%，位居世界第三；拉丁美洲和加勒比海地区人口的互联网渗透率为53.9%，位居世界第四；而亚

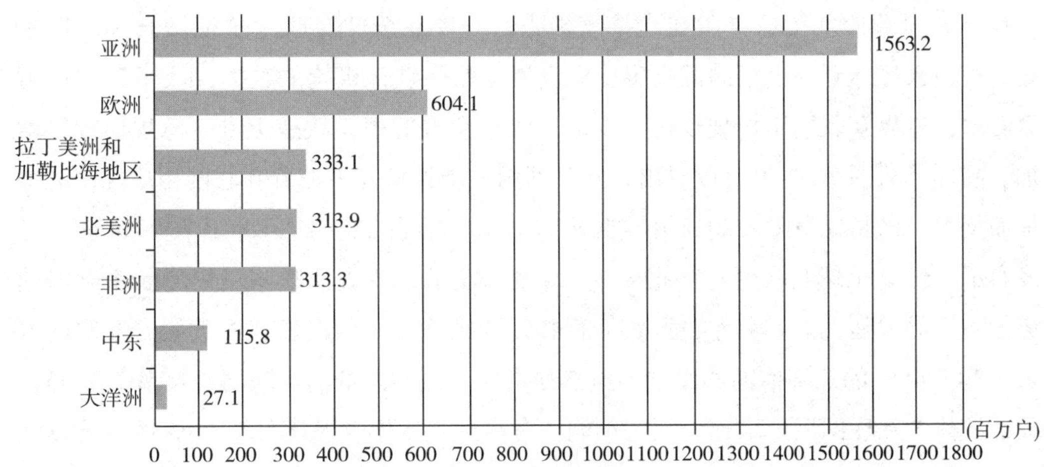

图2－2　全球互联网用户人口的区域分布（截至2015年第二季度）

资料来源：Internet World Stats－www. internetworldstats. com/stats. htm.

洲和非洲人口的互联网渗透率分别仅为38. 8%和27%，远低于世界平均值45%，分列世界倒数第二位和第一位。渗透率是指一国网民数占其总人口的比例，反映了互联网在该经济体的普及率。全球互联网渗透率的现状表明，与亚非发展中国家在当今世界竞争格局中的落后状态相适应，其在世界信息技术革命中也处于落后状态，但随着信息技术硬件成本降低，扩张步伐在加快。

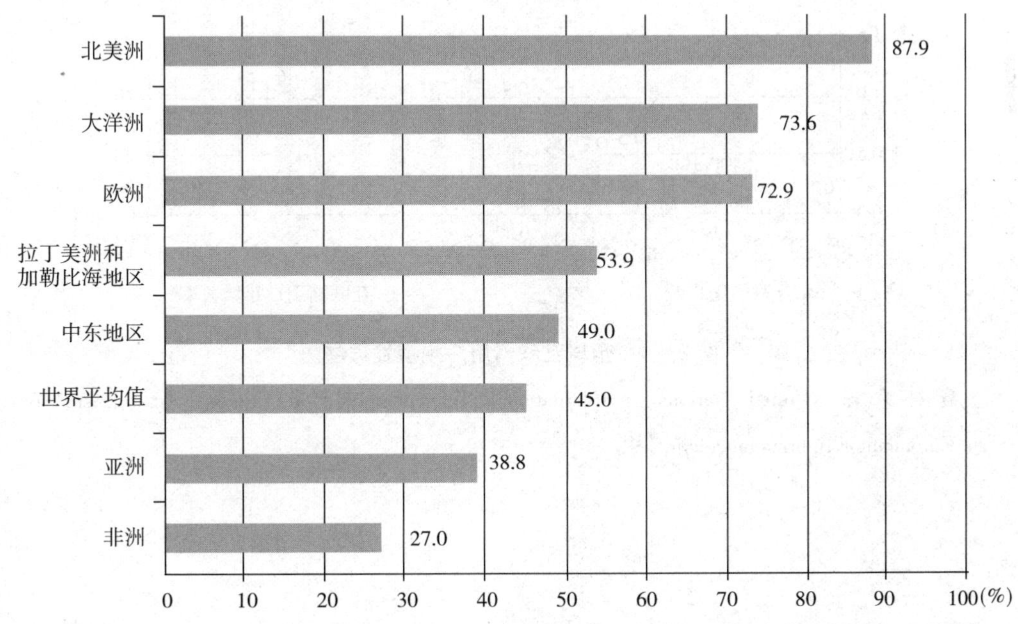

图2－3　全球互联网用户的人口渗透率（截至2015年第二季度）

资料来源：Internet World Stats－www. internetworldstats. com/stats. htm.

（4）全球信息技术应用规模持续扩张，表现在全球互联网规模增长率增速放缓，规模已经达到一个很高的高度。据世界互联网统计机构的数据，从图2－4中可以看出，世界互联网用户规模还在以每年2亿左右的规模快速上升，总规模持续增加。同样，从图2－4中可以看出，互联网用户增长率并不随着互联网用户规模的增加而增加，而是在下降，2012年增长12%，2013年增长9%。KPCB在2014年5月发布了一份《全球互联网趋势报告》。该报告显示，造成互联网用户增长率下降趋势的主要原因是，“互联网普及率高于45%的经济体的网民增速在放缓，互联网普及率低于45%的经济体的网民增速虽然在增加，但难以抵消互联网普及率高于45%的经济体的互联网用户增速放缓的影响。考虑到互联网普及率低于45%的经济体经济发展的滞后性，经济发展收益增加难以支撑其国民购买网络设备的需求，难以形成互联网用户快速增长的局面，但增长趋势不会改变。”① 所以，总体来讲，在现有的技术平台上，互联网已最大可能地覆盖了现有技术条件下能够覆盖的人口，世界互联网用户规模增长率增速放缓将是未来一段时期的常态。

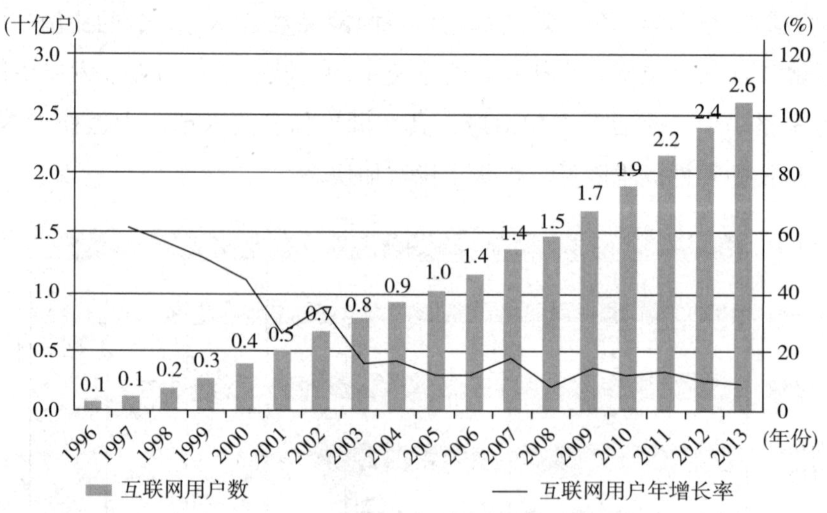

图2－4 全球互联网用户规模发展趋势

资料来源：United Nations / International Telecommunications Union, US Census Bureau. Euromonitor International. 有调整。

① 徐长春，贾文学.2014年全球互联网引发的变革研究［Z］//国际经济分析与展望（2014—2015）.北京：社科文献出版社，2015：406.

二、现有信息科技平台将维持较长时间

当前，三大互联网关键技术革命已经过去很多年，世界互联网技术应用开发已经十分完备。展望未来，现有技术平台上的信息技术不会有很大突破，技术创新更多表现为应用方式的创新。

（1）从科技公司每年 IPO 的数量发展趋势来看，关键技术创新不会有很大的实质性突破。如图 2－5（a）所示，“三大互联网关键技术面世以后，科技公司 IPO 数量的高峰期发生在 1999 年，而相关科技公司 NSDAQ 市值高峰出现在 2000 年。随后，科技公司 IPO 数量一路震荡走低，2013 年 IPO 的数量较 1999 年降低了 87%。科技公司市值增加的新科技要素没有增加，科技创新活跃度降低。而科技公司 NSDAQ 指数在波动中走高，表明科技公司现有信息技术的应用创新活跃，新产品使用价值得到市场的认同。2014 年，科技公司 IPO 数量较 2013 年下降了将近 50%，NASDQ 指数也随之出现回调，总体不如前一年的表现。”① 总体来看，当前，科技公司不是进行新的原创技术开发，而多在进行信息技术向应用领域的转化工作，即创新，满足人们对信息交流沟通的各种需求。

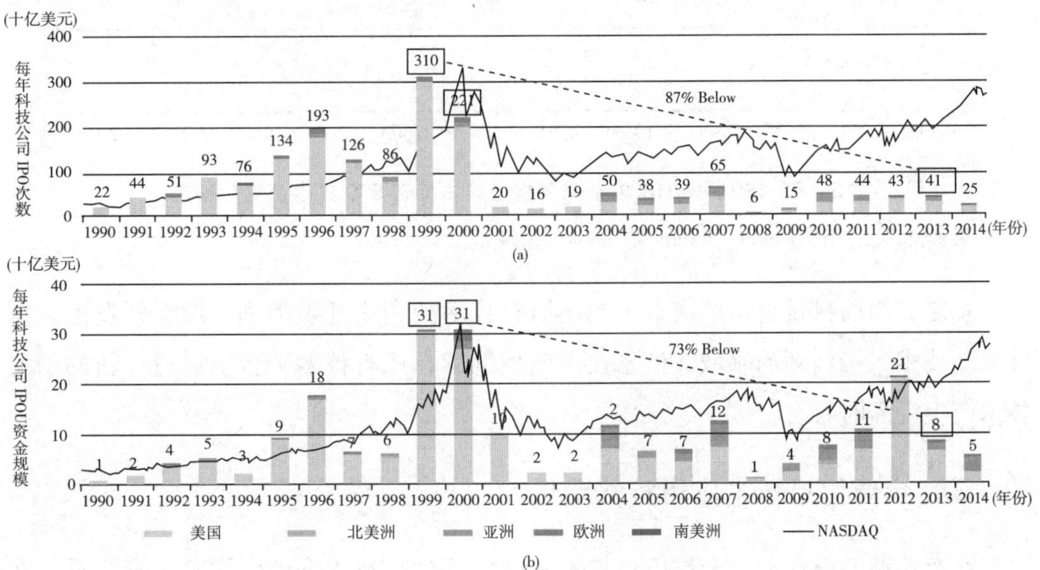

图 2－5　1990—2014 年全球科技公司动态

资料来源：Mary maker：Internet Trebds，2014.

---

① 徐长春，贾文学．2014 年全球互联网引发的变革研究［M］//国际经济分析与展望（2014—2015）．北京：社科文献出版社，2015：406.

（2）科技公司每年IPO的资金规模走势也在证明一个结论：核心技术开发还没取得实质性突破。如图2－5（b）所示，三大互联网关键技术开发应用取得实质性突破，1999年、2000年，科技公司IPO资金规模也迅速达到顶峰。此后，由于信息技术开发应用进展缓慢，科技公司IPO资金规模快速回落，并开始箱体震荡。2013年，IPO资金总额较1999年降低了73%；2014年科技公司IPO的资金总额降低了约40%。这都说明，随着科技创新活跃度的降低，科技公司通过重组可吸纳的科技要素价值在降低，新的科技创新步伐在放慢。如图2－6所示，由于革命性科技开发的支撑能力减弱，投资人对科技公司的投资愿望降低，科技公司的市值在2000年约占标普500市值的35%，而目前仅约占标普500市值的19%。这说明，由于科技开发成果的减少，科技公司对市场的吸引力在降低，投资人正将注意力转移。

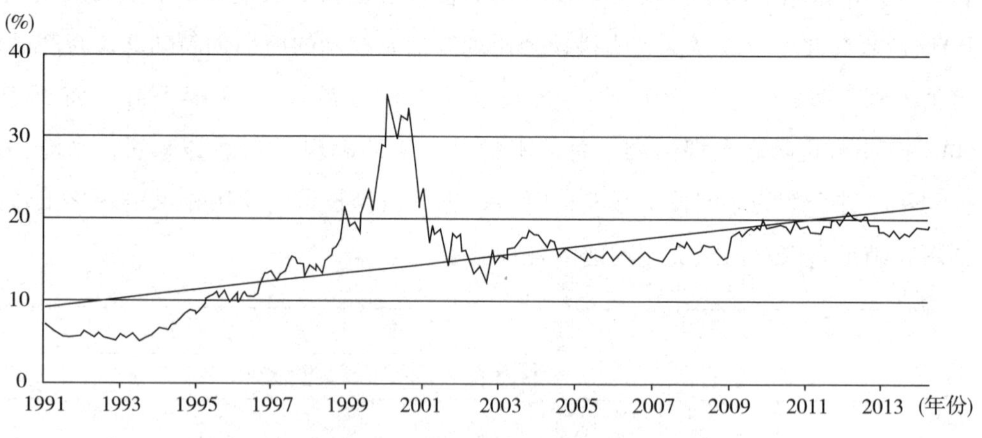

图2－6　1991—2013年全球科技公司占标普500的市值变化动态

资料来源：Mary maker：Internet Trebds，2014.

总之，当前科技公司的成果主要是原有技术的用途开发类别，没有开发出关键性原创技术，拓展新的领域，信息技术应用继续在原有技术平台上进行，新的信息技术产生尚需时日。

三、全球信息技术应用将移动化

在产业链的纵向上，全球信息技术领域的革命性技术突破尚没有实现，只是在原有技术平台是横向应用领域取得了一定发展。随着移动设备的增加和廉价化，全球信息技术出现了移动化趋势。

首先，全世界利用移动设备上网用户的规模呈现爆发式增长态势，可以说，用“井喷”形容一点儿都不为过。如图2－7所示，2014年5月，全球利用移动设备浏

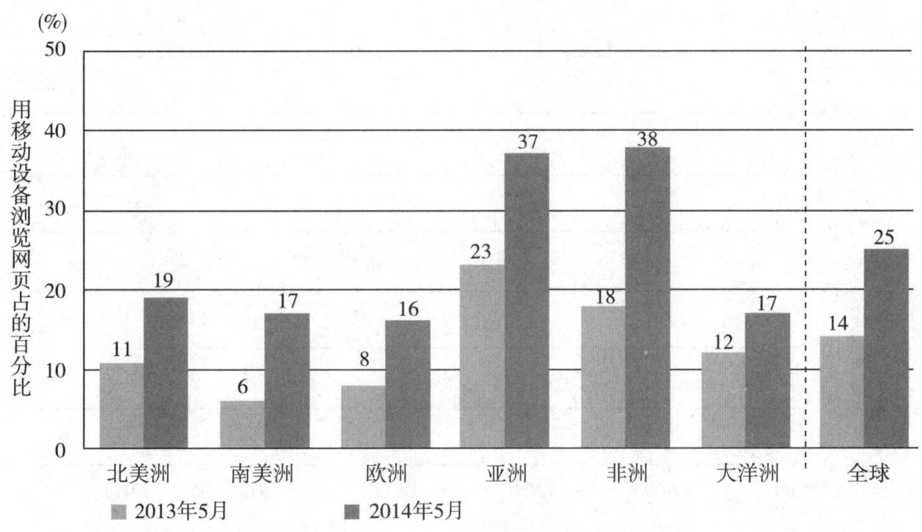

图 2 –7　全球移动互联网的用户快速增长

资料来源：Mary maker：Internet Trebds，2014.

览网页的用户规模增长幅度较 2013 年同期几乎全部翻倍，出现拐点式快速增长。其中，亚洲和非洲移动用户规模增长幅度明显高于其他经济体，该两洲利用移动设备浏览网页网民所占比例分别为 37% 和 38%，较 2013 年同期分别提高了 14 个和 20 个百分点，明显高于全球平均值的 11%，加速增长态势十分明显。这主要是因为亚洲和非洲在信息化过程中启动较晚，有后发优势，信息化发展直接搭上了移动化的便车，直接跨越台式电脑期进入了移动设备期。北美和欧洲引领信息化发展，其信息化过程是个自然演化过程，网民对传统上网设备的依赖性很强，面对移动化浪潮，走了一条逐步用移动设备替代传统台式电脑的路径，移动化方面进展稍慢，但增长率也分别实现了 8% 的提高。

其次，随着移动设备应用的快速增加，移动流量快速增长成为显而易见的现象。从图 2 –8 中可以看出，2010 年 5 月、2011 年 5 月、2012 年 5 月、2013 年 5 月的全球移动流量分别同比增长了 3.6%、4%、5%、10%，增长速率呈逐年攀升态势。移动互联网流量的爆发式增长意味着全球信息技术应用移动化趋势日趋明显。

全球互联网移动化步伐加快，有其经济和技术的合理性。近年来，随着信息化技术的进步和完善，计算设备、记录设备、连接设备等信息化设备的成本大幅下降，上网资费也大幅下降，手机等移动设备上网在经济和技术上都具备了大众化普及的基础。

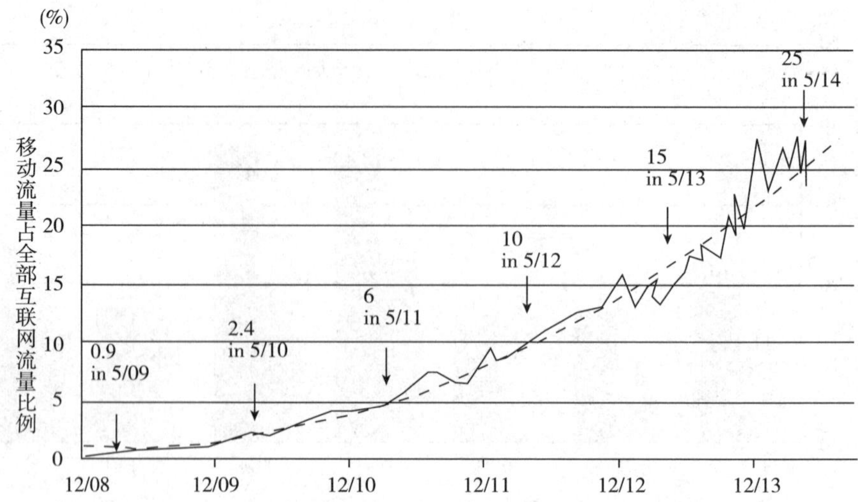

图2-8　全球移动流量占全部互联网流量比例的变化趋势

资料来源：Mary maker：Internet Trends，2014.

四、人类已经迈入大数据时代

随着信息技术和网络技术的进步和日趋成熟，数据采集成本、数据处理成本不断降低，大数据时代的经济合理性日渐具备。全球信息技术应用的大数据时代加速到来。

（1）科技进步使得数据存储成本和数据处理成本大幅降低，为大数据时代加速到来奠定了坚实的物质基础。据KPCB的统计，自1990年至2013年的24年，数据存储成本每年以38%的速度快速下滑，宽带使用成本每年以27%的速度降低。2008—2013年，智能手机的成本也以每年5%的速度降低。与此同时，数据计算处理成本每年以33%的速度下行。当前，数据的存储和计算成本都已经降到历史的低点，甚至普通百姓都能消费得起。这奠定了信息技术平民化的基础，推动了大数据时代的快速到来。

（2）在数据采集和处理成本的快速降低及网络技术进步的情况下，信息技术用户不仅成为信息设备的使用者，而且成为全球网络数据库的重要构建者，互联网上积累的数字信息量呈爆发式增长。在互联网技术日益普及的情况下，网民不仅成为已有数据的使用者，而且还通过把图片、视频以及文字和音频等数字信息上传网络，变身为网络数字通用信息数据库的构建者。互联网既是全世界互联网用户的乐园，也是全球各领域信息的汇聚池。如图2-9所示，据IDC研究预测，自2005年以来，全球互联网信息积存量强劲增长，2013 年的同比增长率已经达到 50%，纯数据增量已经超过 4ZB。在全球互联网信息积存量持续增长的基础上，2016 年的增长量将达到 13ZB。全球互联网信息呈现爆发式增长，为大数据时代的到来提供了数据资源基础。

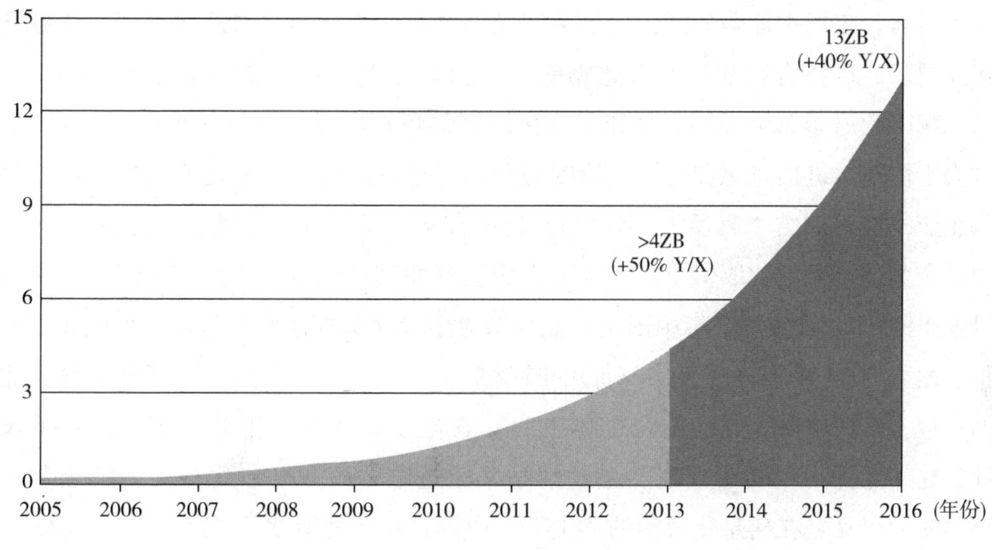

图 2-9　数字通用信息增长趋势

注：petabyte = 1MM gigabytes，1 zetabyte = 1MM petabytes.

资料来源：IDO Digital Universe，data as of 5/14.

在诸多因素的共同推动下，互联网大数据时代的窗口已开启。2014 年，利用网络大数据给贷款客户进行信用评级、支撑信贷业务开展的网商银行已经获得政府批准进入市场运作。这标志着互联网大数据信息的价值已进入大规模商业开发应用时期，大数据时代窗口已开启，人类已经迈入大数据时代。

第二节　大数据条件下市场主体行为的变化

随着信息技术的完善和普及，市场主体纷纷采用信息技术开展业务，信息技术设施的应用已经遍及生产企业、流通企业、销售企业。这不断加大市场主体对信息技术的依赖，并造就了大数据时代。反过来，人类的信息技术应用使互联网思维成为一种时尚潮流，也在不断深刻地改变着市场主体的行为，改变着传统的政府与市场的关系。如果跟不上时代的变化，就会被淘汰。

一、市场主体争相强化信息基础设施建设

在信息技术应用日益普及、互联网成为全球最基本基础设施的大背景下，市场主体越来越多地把网络化作为面向未来自身核心竞争力建设的关键予以高度重视。

当前，市场主体争相强化信息基础设施建设，纷纷建立网站或在网络商务平台建立网店，以便为在互联网大数据时代抢占国际竞争制高点奠定基础。2013 年 8 月，我国政府颁布了《信息化和工业化深度融合专项行动计划（2013—2018 年）》，致力于快速推进信息化和工业化深度融合，通过信息化与工业化的良性互动破解我国企业发展遇到的“瓶颈”，借助信息化平台实现工业转型升级。经过多年的努力，中国企业的互联网化取得了巨大成绩。中国互联网络信息中心（CNNIC）2015 年 3 月发布的《2014 年下半年中国企业互联网应用状况调查报告》显示，如图 2 - 10 所示，截至 2014 年 12 月，41. 4% 的中国企业（不含个体工商）建立了独立的企业网站，17. 0% 的中国企业（不含个体工商）在电子商务平台上建立了网店。不仅如此，建站企业中，既建立独立企业网站又通过电子商务平台建立网店的企业占到 13. 4% 。可见，在信息化浪潮的冲击下，中国企业还将继续互联网化。

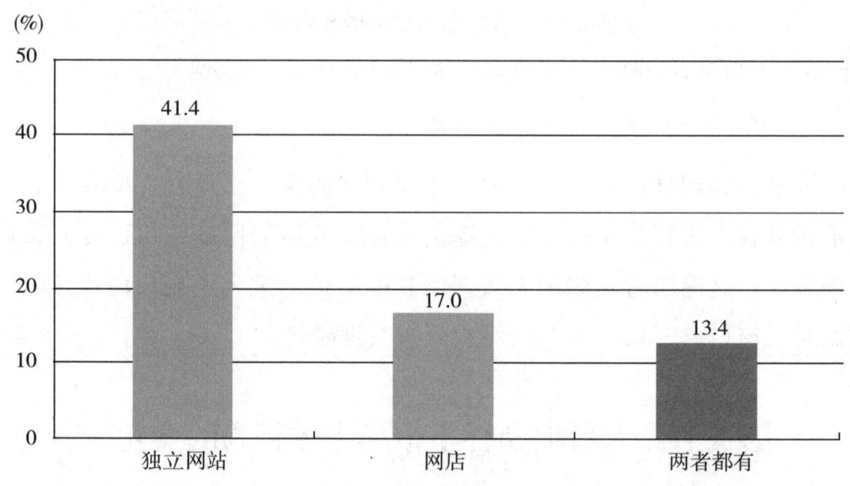

图 2 - 10　企业建站总体情况

资料来源：CNNIC 中国企业互联网应用状况调查（2014 年 12 月）。

统计调查数据显示，中国部分重点行业企业互联网化程度更高。根据 CNNIC 发布的这份调查报告，如图 2 - 11 所示，截至 2014 年 12 月，信息传输、计算机服务和软件业企业等以信息技术为主导业务的企业建立独立网站比例最高，达到了 52. 4% ；而计算机、互联网使用率较低的制造业建立独立网站的比例相对较高，超

过50%的制造业企业都建立了自己的独立网站。在网店开设方面，制造业企业比例最高，达到21.7%；排在第2名的为批发和零售业企业，网店开设比例为18.8%。可见，随着适应信息化浪潮的深入发展，在政府的推动下，中国重点行业企业在互联网化方面明显走在了全国前列。总之，顺应信息化国际大趋势，中国企业自身建设已经步入互联网化轨道，纷纷建立了自己的独立网站或借助公共商务电子平台建立网店。可以预计，在电子商务交易市场快速发展的利益诱导下，中国企业互联网化的步伐还会进一步加快。网络化已经成为市场主体面向未来国际竞争力建设不可回避的门槛。

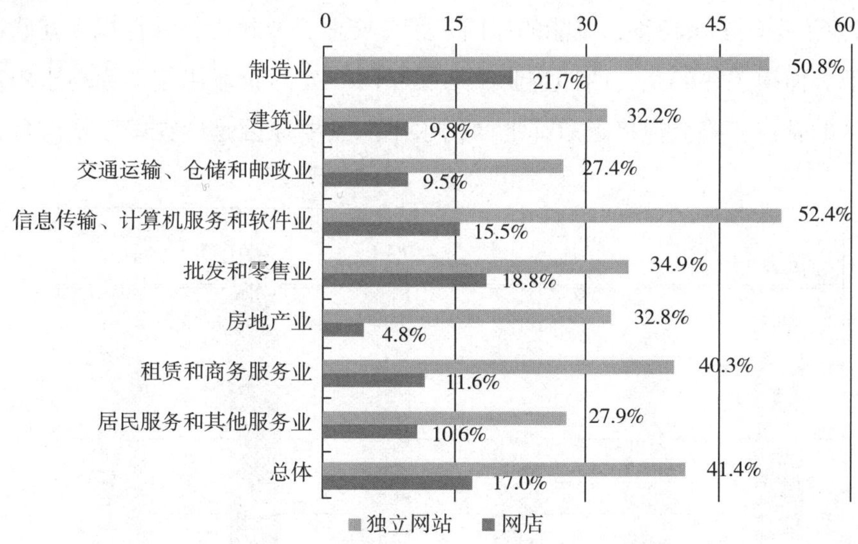

图2－11　部分重点行业企业建站情况

资料来源：CNNIC中国企业互联网应用状况调查（2014年12月）。

全球市场主体已经高度互联网化了。在互联网领域，中国是后来者和追赶者。欧美国家不仅走在了信息化的前列，而且走在企业互联网化的前列。中国企业互联网化的程度实际代表了全球企业互联网化的中等水平。全球企业特别是欧美国家企业，包括生产企业、销售企业以及各种服务型企业，互联网化的程度实际要高许多。全球市场主体越来越互联网化了。

二、市场主体办公行为日益互联网化

在建立了互联网平台之后，互联网在企业日常业务中的应用也快速攀升，并达到了历史的高位。市场主体办公互联网化不仅仅成为口号，而且已经成为不争的事实。

首先，使用互联网办公已经成为企业业务开展方式主流。以中国为例，通过查阅 CNNIC 发布的《2014 年下半年中国企业互联网应用状况调查报告》发现，截至 2014 年 12 月，全国使用互联网办公的企业比例已经高达 78.7%。

从企业规模来看，如图 2－12 所示，7 人及以下微型企业使用互联网办公的比例最低，为 66.4%；50 人及以上规模的企业使用互联网办公的比例均超过 80%。其中，100～299 人的企业使用互联网办公的比例最高，达 85.6%。从企业所在的地区来看，如图 2－13 所示，在全国所有统计企业中，东部地区企业使用互联网办公的比例最高，达到了 85.1%；中部与东北部地区的企业使用互联网办公的比例最低，分别为 67.0% 与 56.6%，可能的原因是第三产业企业较少，计算机和互联网使用比例偏低。值得关注的是，西部企业使用互联网办公的企业比例却远高于中部与东北部地区的企业，略低但接近东部地区的水平。主要原因是，在国际金融危机背

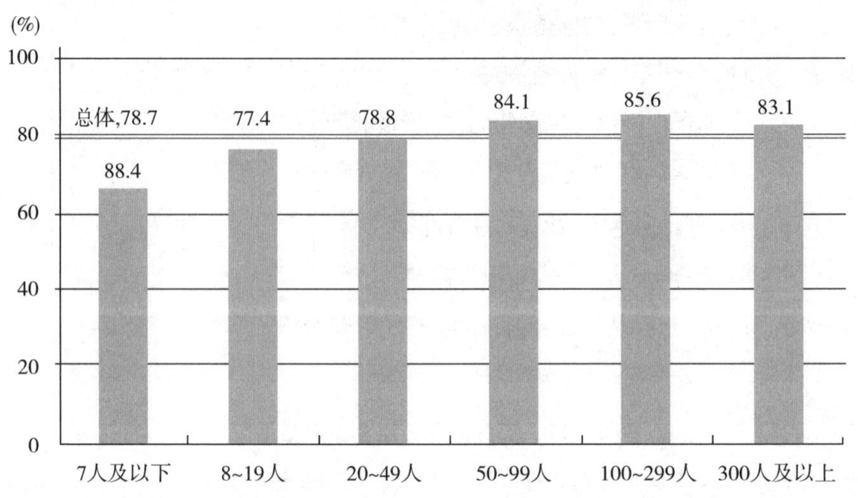

图 2－12　使用互联网办公的企业比例（按企业规模划分）

资料来源：CNNIC 中国企业互联网应用状况调查（2014 年 12 月）。

景下，西部地区经济发展增速一直处在全国前列，企业计算机与互联网使用状况发展较好。从重点行业来看，使用互联网办公企业的比例更高。如图 2－14 所示，信息传输、计算机服务和软件业等行业企业使用互联网办公的比例最高，达到 93.2%；租赁和商务服务业企业互联网办公的比例排在第 2，为 89.0%；制造业，交通运输、仓储和邮政业，批发和零售业等行业企业使用互联网办公的比例较低，均低于 78.7% 的全国平均水平。可以看出，不同重点行业使用互联网办公的比例差异虽然还比较大，但重点行业平均水平较高。

总体来看，虽然差异仍在，但使用互联网办公已经成为中国企业业务开展方式

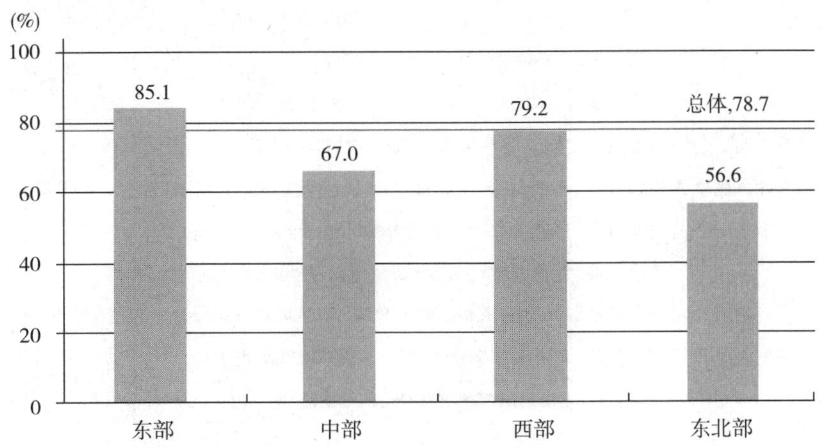

图2－13　使用互联网办公的企业比例（按企业所在区域划分）

资料来源：CNNIC 中国企业互联网应用状况调查（2014 年 12 月）。

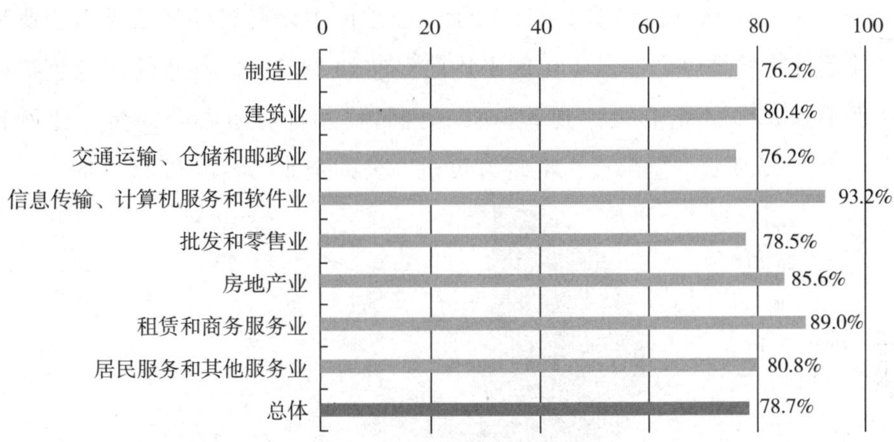

图2－14　使用互联网办公的企业比例（部分重点行业）

资料来源：CNNIC 中国企业互联网应用状况调查（2014 年 12 月）。

的主流。互联网已经成为中国企业业务活动不可或缺的工具，这是当前的基本现实。

其次，使用计算机办公已经成为企业员工的主流。以中国为例，CNNIC 发布的《2014 年下半年中国企业互联网应用状况调查报告》显示，截至 2014 年 12 月，虽然比例差异较大，但已有超过半数的企业员工经常使用计算机办公。

从行业来看，不同行业的企业员工使用计算机办公的比例还存在明显差异。如图 2－15 所示，在信息传输、计算机服务和软件业企业中，在办公中经常使用计算机的员工的比例平均达到 85%，比例最高；在租赁和商务服务业、房地产业企业中，员工计算机办公平均比例则分别为 72.3% 和 71.2%，排在第 2；制造业最低，

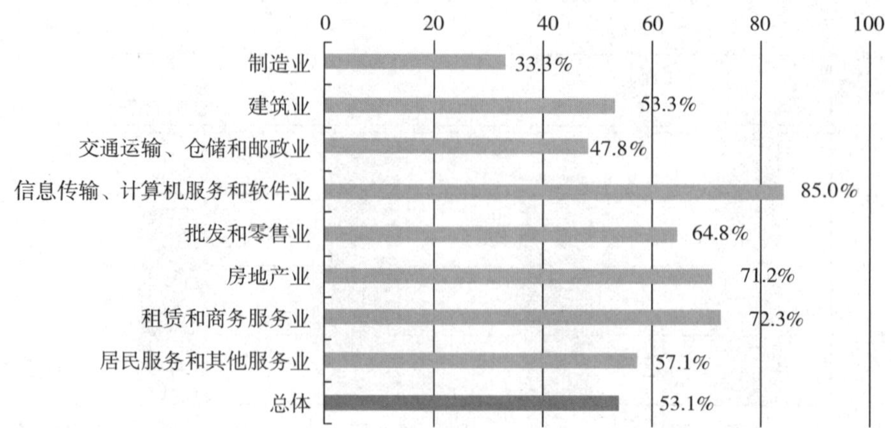

图 2－15　经常使用计算机办公的员工比例（部分重点行业）

资料来源：CNNIC 中国企业互联网应用状况调查（2014 年 12 月）。

仅为 33. 3%。但总体来看，如图 2－16 所示，经常使用计算机办公已成为企业员工的主流。使用计算机报告企业员工比例平均已经达到 53. 1%。经常使用计算机办公的员工比例不到 25% 的企业只占到 31. 6%；经常使用计算机办公的员工比例超过 50% 的企业占到 53. 1%，全部员工实现计算机办公的企业已经占到 25. 2%。

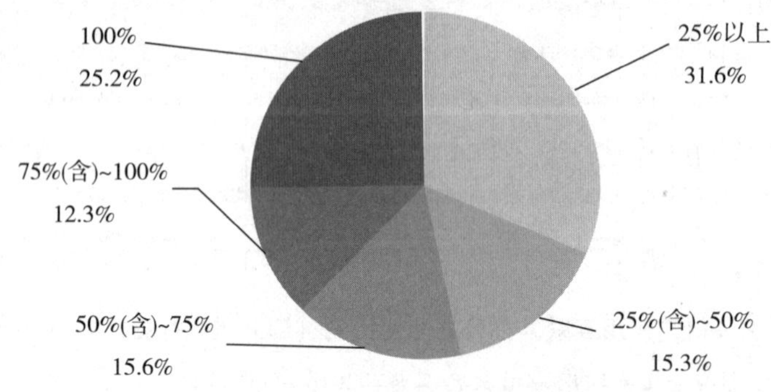

图 2－16　经常使用计算机办公的员工比例的分布情况

资料来源：CNNIC 中国企业互联网应用状况调查（2014 年 12 月）。

全球企业办公行为日益互联网化。依据中国的情况判断，全球企业办公对互联网的依赖度大致相当，发达经济体会更高。据 2015 年 7 月 CNNIC 发布的《第 36 次中国互联网络发展状况统计报告》，截至 2015 年 6 月，中国网民数量已达 6. 68 亿人，互联网普及率（渗透率）为 48. 8%。而截至 2015 年第二季度，全球互联网的渗透率为 45%。依此类推，全球企业办公对互联网依赖的平均水平与中国的平均水平大致相当，发达经济体企业的互联网依赖度会不同程度地高出这一水平。

三、市场主体市场行为日益互联网化

随着信息技术应用的快速推广，市场主体越来越熟练地开发互联网的信息沟通功能，并作为更有效的工具向传统业务领域渗透，改变着市场主体的市场行为方式，形成新的业态。

首先，市场主体对互联网功能的开发日益深入，互联网应用基本涵盖了企业经营的各个环节。以中国为例，如表 2－1 所示，CNNIC 发布的《2014 年下半年中国企业互联网应用状况调查报告》显示，截至 2014 年 12 月，中国企业开展的互联网应用种类十分丰富，基本涵盖了企业经营的各个环节。其中，作为互联网沟通类的最基本应用，电子邮件普及率最高，已达 83.0%；其次较为普遍的是互联网信息类应用，发布信息、了解商品和服务信息和从政府机构获取信息三大分项应用的普及率都超过 50%，而了解商品和服务信息这一应用分项的普及率已经达到 67.3%；虽然行业差异较大，但在商务服务类和内部支撑类两大类应用中，网上银行（见图 2－17）与政府机构互动的总体普及率较高，已达到 70% 以上，网络招聘这一应用的普及率也达到了 53.8%。其他应用，如在线员工培训与网上应用系统，普及率稍差，处于较低水平，还不及 50%。从行业来看，信息传输、计算机服务和软件业等行业对各类互联网应用的使用比例较高，交通运输、仓储和邮政业，居民服务和其他服务业对各类互联网应用的使用情况就相对较差。但受电子商务快速发展的推动作用以及工业 2015 规划引领作用，中国制造业、批发和零售业等商品生产和销售企业互联网应用的水平将步入发展的快车道。

表 2－1　主要企业互联网应用普及率一览表

分类	应用	普及率（%）
沟通类	发送和接收电子邮件	83.0
信息类	发布信息或即时消息	60.9
	了解商品或服务信息	67.3
	从政府机构获取信息	51.1
商务服务类	网上银行	75.9
	提供客户服务	46.5
内部支撑类	与政府机构互动	70.6
	网络招聘	53.8
	在线员工培训	26.7
	使用协助企业运作的网上应用系统	20.5

资料来源：CNNIC 中国企业互联网应用状况调查（2014 年 12 月）。

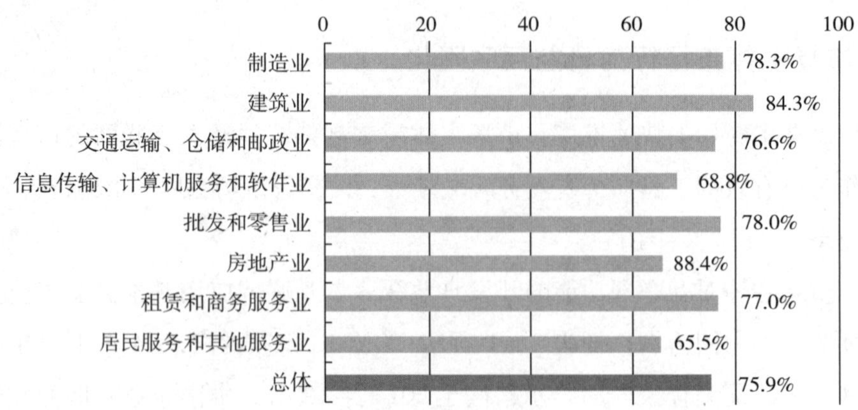

图 2－17　使用网上银行的企业比例（部分重点行业）

资料来源：CNNIC 中国企业互联网应用状况调查（2014 年 12 月）。

总之，虽然互联网应用还存在较大的差异，但市场主体对互联网功能的开发日益深入，互联网应用基本涵盖了企业经营业务的各个环节，应用普及率还在快速扩张。

其次，市场主体市场行为日益互联网化。一是市场主体销售行为日益互联网化。以中国为例，根据 CNNIC 发布的《2014 年下半年中国企业互联网应用状况调查报告》显示，如图 2－18 所示，截至 2014 年 12 月，开展在线销售即通过互联网接收订单的企业已经占到全国企业总数的 24.7%。从行业角度来看，建筑业，交通运输、仓储和邮政业，房地产业，租赁和商务服务业及居民服务和其他服务业等行业企业在线销售开展的比例相对较低。而制造业，信息传输、计算机服务和软件业，批发和零售业等行业企业在线销售开展的比例相对较高，分别为 38.4%、36.5% 和 34.9%。面向未来，2013 年开展在线销售的企业中，且预期未来在线销售额占总销售额的比例将不低于过去一年的企业占到 82.8%。其中预计在线销售额的占比将会有所提高的企业占比接近 50%。当前，互联网 O2O 商业模式将实体企业尤其是本地生活服务业和商业服务业与互联网紧密结合，线上、线下企业互动，已经成为互联网消费经济中重要的一环，并以惊人的速度发展。因此，在线销售将成为企业经营的主流，越来越多的传统企业将走上这条道路。由于中国市场空间巨大，市场主体网络销售行为发展要优于其他经济体。但是，这表明，在互联网发展大背景下，销售行为网络化代表了全球市场主体未来销售的发展方向。

二是市场主体采购行为日益互联网化。以中国为例，根据 CNNIC 发布的《2014 年下半年中国企业互联网应用状况调查报告》显示，如图 2－19 所示，截至 2014 年 12 月，全国 22.8% 的企业开展在线采购即通过互联网发送订单。与在线销售的开展

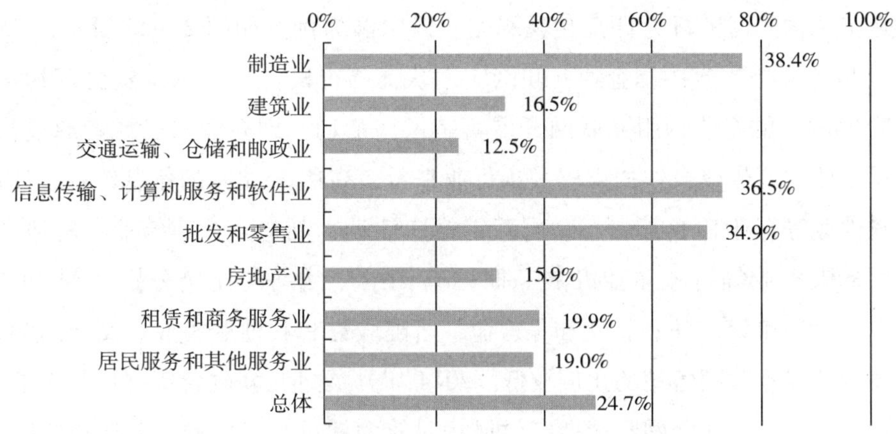

图 2－18　开展在线销售的企业比例（部分重点行业）

资料来源：CNNIC 中国企业互联网应用状况调查（2014 年 12 月）。

情况对应，从行业的角度来看，制造业企业开展在线采购的比例高达 34. 3%，信息传输、计算机服务和软件业开展在线采购的比例高达 36. 5%，批发和零售业开展在线采购的比例高达 33. 8%；租赁和商务服务业等行业的企业开展在线采购的比例也已经超过全国平均水平的 22. 8%，达到 24. 2%。交通运输、仓储和邮政业，房地产业，居民服务和其他服务业等行业企业开展在线采购的比例较低，均低于 20%。虽然各行业在线采购的水平存在较大差异，但是，2014 年开展在线采购的企业中，81. 3% 预期未来在线采购额占总采购额的比例将不低于 2013 年，其中有 47. 5% 的企业预计在线采购额的占比将会提高。可见，在线采购的发展空间还很大。中国市场主体的市场采购行为尚且如此，发达经济体市场主体采购行为会更加互联网化。

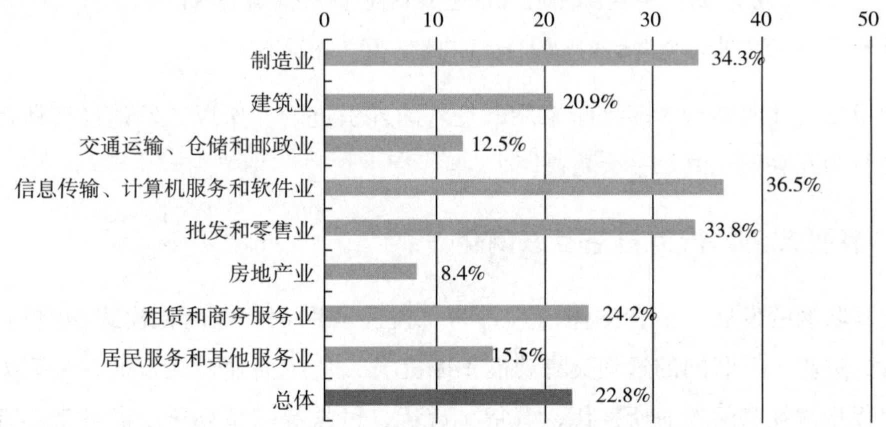

图 2－19　开展在线采购的企业比例（部分重点行业）

资料来源：CNNIC 中国企业互联网应用状况调查（2014 年 12 月）。

三是市场主体营销行为日益互联网化。以中国为例，如图 2-20 所示，CNNIC 发布的《2014 年下半年中国企业互联网应用状况调查报告》显示，截至 2014 年 12 月，全国 24.2% 的企业利用互联网开展营销推广活动，即企业自己或者通过代理/广告公司投放的广告或合作的推广。从行业来看，高达 35.8% 的信息传输、计算机服务和软件业等行业企业开展互联网营销推广活动；制造业，建筑业，房地产业，租赁和商务服务业等行业企业开展互联网营销推广活动的比例分别达到 28.7%、23.1%、23.2% 和 25.5%；批发和零售业，居民服务和其他服务业，交通运输、仓储和邮政业开展互联网营销的比例较低。2014 年开展过互联网营销推广的企业，未来投入意愿较高，对互联网营销推广效果相对较为认可，80% 的企业还将继续投入更多至少是持平的资源。可见，互联网营销推广已经取得了巨大进步，而且还有巨大的发展空间。

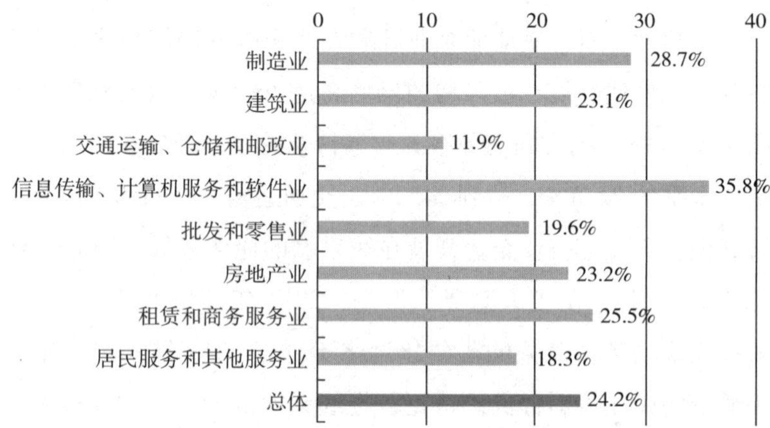

图 2-20　开展互联网营销的企业比例（部分重点行业）

资料来源：CNNIC 中国企业互联网应用状况调查（2014 年 12 月）。

中国市场主体营销行为多是舶来品，是从国外引进的。所以，发达经济体市场主体营销行为互联网化的水平会更高。

四、消费者个体行为日益互联网化

适应互联网的发展，消费主体消费行为日益互联网化，电商化模式横空出世。随着科技的进步，互联网的远程交易功能不断完善，传统商业模式下的一系列人工面谈过程逐步被互联网沟通所替代，看货、订货、付款等一系列传统商务活动环节也能够便利且低成本地由互联网来完成，这推动消费主体行为日益互联网化。如图 2-21所示，据中国电子商务研究中心统计，从 2008 年到 2013 年，中国电商市场的规模已由3.2万亿元上升到9.4万亿元，年均增长率为24.5%。eMarketer公司的统计显示，2013年全球电商的市场规模将达到12210亿美元。另据全球无卡支付网（cardnotpresent.com）联合国际支付方案提供商Payvision公司的调查显示，与当地社会的信息化程度相适应，北美已成为全球最受欢迎的市场，欧洲已经成为全球规模最大的跨境电子商务市场，亚洲是全球增长最快的市场，如图2-22所示，由于中国人口规模大，中产阶级规模增速相对较快，中国的跨境电商飞速增长。2008年至2014年的6年，中国跨境电商年均增速达到31.1%，成为世界经济的一道亮丽风景线。全球互联网的发展，为国际贸易提供了新的无所不及的渠道。越来越多产业的产品进入电商销售渠道营销，如图2-23所示，当前，日用百货、服装鞋帽、箱包、通信器材、化妆品等传统渠道销售的商品是电商销售的主导产品，增长速度高达30%。其中，服装鞋帽类产品的销售增长率更是高达75.6%。互联网电商的兴起，正快速改变销售领域的生态，传统销售行业受到电商的强烈冲击。几年后，传统实体店将逐步被电商替代，成为电商的体验店，体验功能将替代传统的销售功能，成为电商的附属机构，这已经成为许多专家的共识。这种快速发展的态势迫使我国海关总署发布第56号文——《关于跨境贸易电子商务进出境货物、物品有关监管事宜的公告》（2014年7月23日）之后，于7月30日又发布第57号文：《关于增列海关监管方式代码的公告》，推进通关便利化和监管的有效性，以适应跨境电商快速发展的新态势。在互联网快速发展态势的冲击下，全球商业模式正在发生大规模的调整，消费者个体消费行为正日益互联网化。

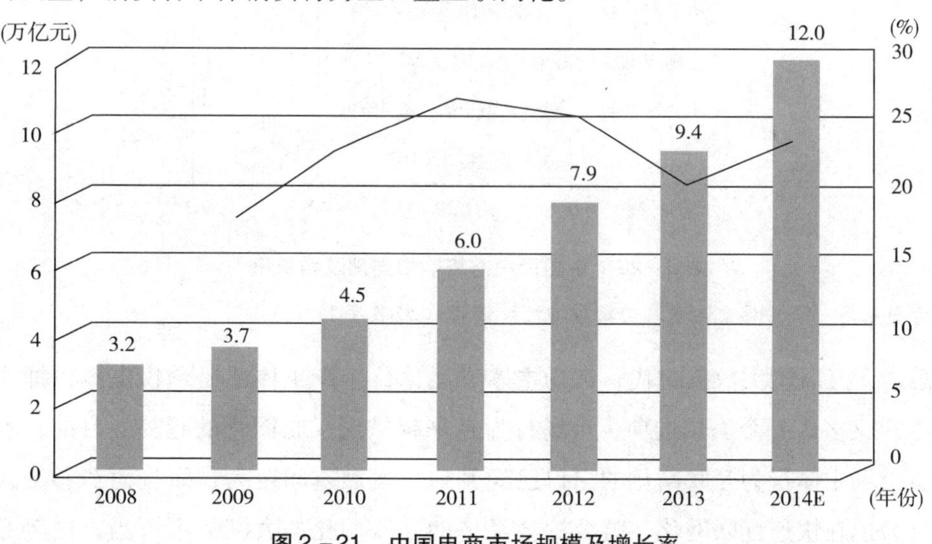

图2-21　中国电商市场规模及增长率

资料来源：iResearch《2013年跨境网购调查报告》。

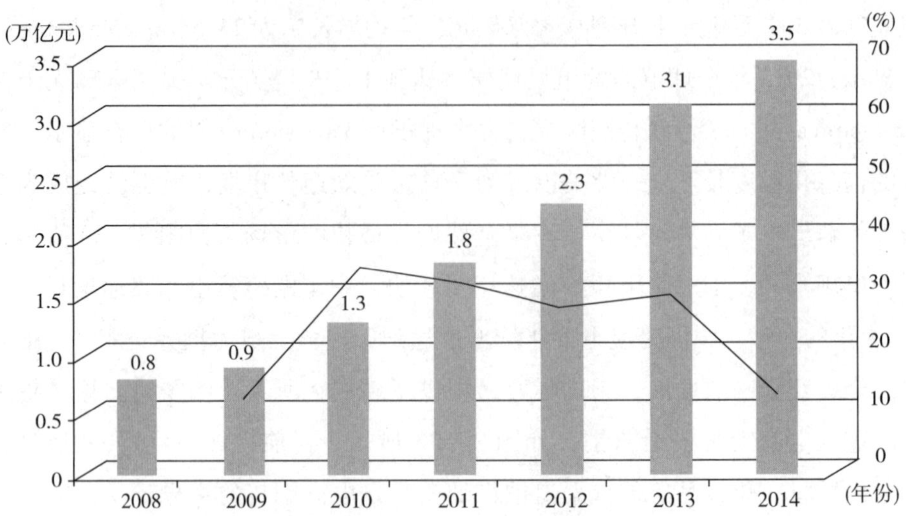

图 2-22　中国跨境电商市场规模及增长率

资料来源：iResearch《2013 年跨境网购调查报告》。

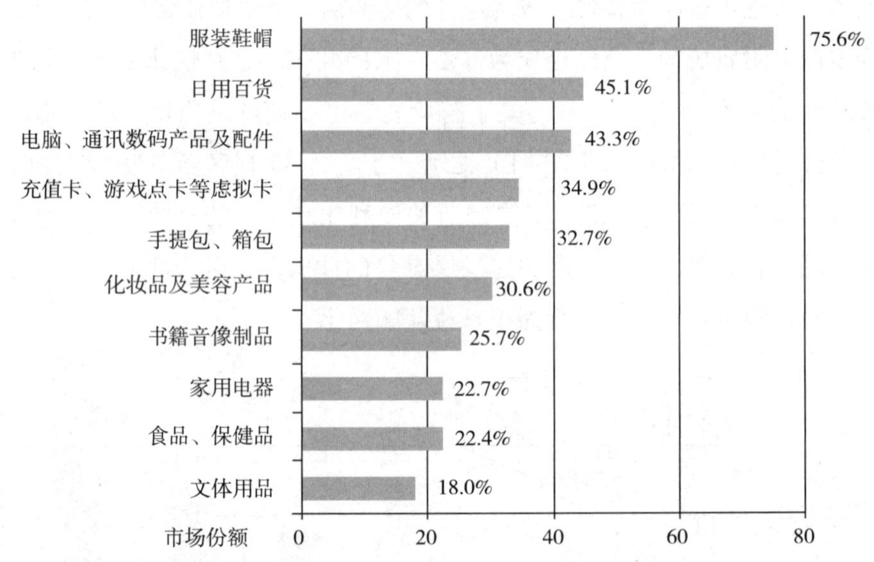

图 2-23　中国用户网络购物类别及增长率

资料来源：CNNIC 中国网络购物市场统计调查（2013 年 11 月）。

总之，互联网大数据时代，市场主体（无论是生产主体还是销售主体，抑或消费主体）又多了一个工具选项，市场行为越来越呈现互联网化的趋势。目前，不仅企业型市场主体行为互联网化的窗口已经开启，发展空间巨大，而且消费者个人的消费行为也在快速互联网化，整个社会经济的互联网化的大潮势不可当，这势必会推动政府与市场关系的重大变革。

第三节 大数据条件下市场主体行为变化的特征

信息及技术的进步以及信息技术设施的普及，改变了市场主体赖以生存发展的市场环境。市场信息交流环境的变化，进一步推动市场主体行为发生了多维度的变革，以适应环境的变化。具体来讲，在信息化大数据条件下，市场主体行为的变化呈现出以下几个方面的特征。

一、信息基础设施的依赖性

信息技术革命是人类继物质革命和能量革命之后的又一次革命性技术革命，必将给人类带来新的信息基础设施。信息技术革命以及信息技术设施普及为市场主体沟通交流提供了更为便捷有效、经济合理的交流沟通工具，为市场主体开展业务提供了新的工具。新的沟通交流工具的使用，进一步引导市场主体利用信息技术整合原有的工作流程、生产流程、业务流程、对外交往流程，以提高企业效率，提高竞争力。而交流沟通效率提高带来的竞争优势又会反过来推动市场主体加大信息化、网络化改造的力度，使整个市场主体以信息技术设施升级改造为核心进行各环节、各层面的再造，最终把自身变革为适应新的信息交流沟通环境条件的新主体，人类越来越依赖网络生存（见图2-24）。信息基础设施的记录功能又推动大数据时代变得越发深厚，反过来成为市场主体回顾历史、面向未来决策的依据，进一步从运营源头上加大市场主体对信息基础设施的依赖，使信息基础设施成为市场主体开展活动不可或缺的基础条件。在这个不断收紧的逻辑链条中，信息基础设施成为市场主体资源配置和组合的核心平台，成为人类离不开的基础设施。

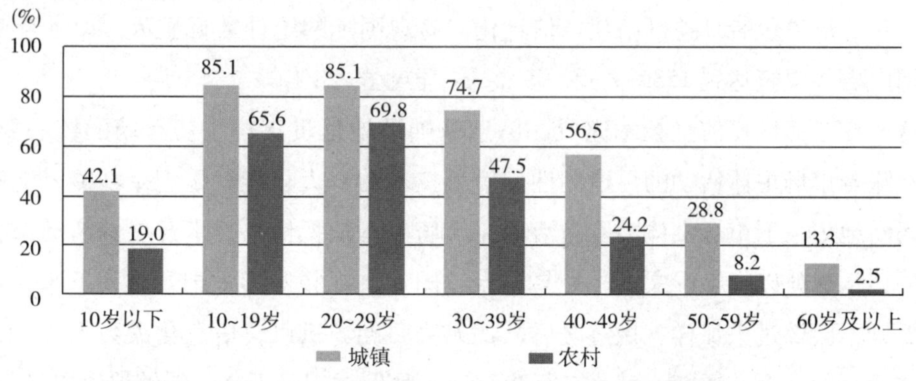

图2-24 2015年中国各年龄段互联网普及率

资料来源：CNNIC中国互联网络发展状况统计调查（2015年6月）。

总之，在大数据条件下，市场主体行为会不断加大对信息基础设施的依赖性，表现为信息基础设施依赖症：沟通离不开信息基础设施，决策离不开信息基础设施，运营离不开信息基础设施，资源配置也离不开信息基础设施，市场主体所有的活动都越来越离不开信息基础设施的支撑。信息基础设施成为人类最基本的基础设施之一，成为人类迈向未来的不可或缺的基本要素。

二、行为轨迹的可追溯性

依托信息技术应用推动了社会经济的信息化变革。适应信息技术的进步，一波“互联网+”的浪潮席卷市场，移动互联网、云计算、大数据技术等以互联网为主的一整套信息技术在经济、社会生活等领域大规模应用，快速改变着传统业态，市场信息化明显。第一，适应电子信息沟通便利化的趋势，市场主体自组织行为内网化，生产制造环节信息化，出现了生产制造柔性化，个性订单大规模出现，生产和在线市场需求紧密相连，生产大数据化趋势明显。第二，企业销售电商化倾向日益明显。据咨询机构统计，2014 年我国网上零售额达到 2.8 万亿元，同比增长 49.7%，占同期社会零售总额的 10.6%。2014 年我国跨境电商进出口交易额约 4 万亿元，根据商务部预测，2016 年跨境电商进出口额将增至 6.5 万亿元。在传统外贸年均增长不足 10% 的情况下，我国跨境电商却连年保持着 30% 以上的增长。可见，电商发展速度之快。第三，金融结算也越来越多依靠互联网来完成。根据 iResearch 的统计数据，截至 2014 年底，中国第三方互联网支付规模已经达到 80767 亿元，同比增长 50.3%；全国活跃的 P2P 网上借贷平台 1575 家，贷款余额达到 1036 亿元；众筹融资平台 116 家，新增众筹融资平台 78 家，融资金额 9 亿多元。第四，在电商飞速发展的大背景下，与之配套的现代物流也呈现网络化、信息化趋势。第五，市场主体对外形象包装日益网络化、信息化。易观国际的统计数据显示，2014 年我国互联网广告业规模达到 1535 亿元，占整个广告业的 28%。

这些变革都依托信息技术完成，信息基础设施是贯穿这一切活动的核心要素，也就意味着市场主体活动的可追溯性。信息技术的一大功能就是记录功能，能够连续无间断地记录下市场主体的所有活动。市场主体依托信息技术开展的活动都会被相关的记忆材料以文字、文案、交易记录、图片、视频等形式记录堆积下来，形成大数据，不会像过去那样，做过之后，就无法回溯。所以，信息化大数据时代，市场主体行为的一个重要特点就是其行为被以各种形式记录下来，能够追溯以往。

市场主体行为的可追溯性，给市场监管从传统向现代转型、从单兵作战向协作共享转型、从粗放向精细转型、从被动响应向主动预见转型、从柜台式向自助式全天候转型、从纸质文书向电子政务转型、从事前事中监管向事后监管转型、从廉政风险隐蔽型向风险防范型转型提供了基础，为现代服务型政府建设提供了宏观环境支持。

三、以生产经营为核心的行为数据逻辑一致性

市场主体的行为都是围绕自己的经营目标展开的。为了在市场上站稳脚跟并谋求进一步的发展，市场主体不仅在最高层面上有一个统领全局的发展战略，指导最高层面的资源配置和行动计划，而且在中观层面也会有围绕战略目标的行动方案，在基础层面也会有一定时期的行动计划。这些战略、方案和计划都是支撑其战略目标的，意在保证战略目标的实现，有其内在逻辑一致性，是一个有机的整体。

反映市场主体活动轨迹的大数据，也是以生产经营为核心的数据，具有内在逻辑一致性。针对某一特定市场主体的行为数据，记录了该市场主体在各种战略、方案、计划的指导下的行为轨迹，即这些战略、规划、方案和计划的实施轨迹，是市场主体为达到战略目标所有活动轨迹的集合。所以，这些大数据必然像市场主体的那些战略、方案、计划一样，具有围绕市场主体战略目标的逻辑一致性。这为我们立足已有合法行为数据甄别、筛选市场主体违法行为提供了逻辑基础，从而也为实行事后市场监管，提高监管效能，建立诚信社会提供了依据。

四、依托大数据的行为可预测性

从理论上讲，反映市场主体行为的大数据具有围绕其战略目标的逻辑一致性，市场主体的战略目标就是其行为的终点。那么，如果知道该主体已有的活动轨迹数据，以该市场主体的发展目标为准绳，那么就可以预测该市场主体未来的行为。即，在大数据条件下，市场主体的行为具有逻辑上的可预知性。

大数据时代使预测市场主体行为成为现实。在大数据时代，互联网平台能将市场主体的行为数据不间断地记录下来。记录这些行为大数据是可以追溯的，而累积的数据序列能够帮助预测分析未来的行为轨迹。这使市场行为主体的行为预测成为现实。

五、自由、平等和民主参与性

大数据及其分析让所有市场主体在信息获取方面具有了最大限度的对称性，消

除了过去以信息不对称获取利益的盈利模式赖以存在的土壤，信息流动变得更公开、透明，产业链分工、主导权遭遇重塑分化，世界变得越来越扁平，“去中心化”特征日益鲜明。大数据时代的来临，敦促各利益相关者广泛应用数据分析工具，以掌握更精确的信息，理性地解决处理问题。这就意味着整个消费生态链中更多地体现自由平等的参与，即消费民主特征明显，消费者是上帝真正落实。消费者不再是被动接受的上帝，而正成为新产品设计的参与者。普通消费者的参与感和互动，正成为移动互联网时代生产和消费模式的重要特点。在大数据条件下，市场监管不只是政府的职责，更拓宽了社会民众参与的空间，增强了新闻媒体和消费者个体的参与度，强化了对监管者权力运行的制约和监督，从而提高了市场监管的社会化水平。所有这些都意味着，在大数据条件下，世界变得更加扁平化，市场主体行为具有自由、平等和民主参与的特征。

第三章　互联网革命影响经济运行的理论分析

互联网革命推动全球从工业时代进入信息时代，社会生产、生活方式及政府治理方式等已经发生深刻变革。信息经济时代的革命性新变化与新现象需要理论诠释，建立在大规模工业生产方式基础上的传统经济、管理、社会学等理论亟须拓展与创新。鉴于此，本部分立足于互联网革命背景下产业与社会实践的突出变化，尝试应用与拓展经济增长、产业经济和社会治理等相关理论，对互联网革命推动经济增长、产业结构升级与产业组织演变、社会分工网络演化、社会治理体系变革等重要议题进行理论探索与分析。

第一节　互联网革命背景下传统经济理论面临的重大挑战

目前，占据主流地位的经济理论主要形成和发展于工业革命之后，并以工业经济实践为研究基础。技术结构决定经济结构与社会结构，工业经济是具有中心化、自上而下特征的简单同质系统，而信息经济则是以去中心化、自下而上为特征的复杂异质系统。互联网革命推动人类社会从工业社会步入信息社会，从根本上改变了传统经济理论的研究基础，动摇了部分传统经济理论的前提假设，增添了新的生产要素，改变了部分传统经济运行规律，信息时代传统经济理论已面临重大挑战，急需创新与发展。

一、动摇传统经济学假设

（一）“社会人”假设日益取代“理性人”假设

“社会人”假设源于梅奥的霍桑实验，认为经济活动个体不是孤立存在的，而是作为某一个或多个群体的成员有所归属的“社会人”。该假设指出经济活动个体不仅具有物质需求，更具有社会需求，人与人之间的关系和组织的归属感比经济利益最大化更重要。“理性人”假设是西方经济学理论体系的硬核。该假设认为，每一个从事经济活动的人所采取的经济行为都是力图以自己的最小经济代价去获得自己的最大经济利益。该假设是对在经济社会中从事经济活动的所有人基本特征的一般性抽象。

伴随互联网的普及，特别是移动互联网的快速发展，人类的“社会性”特征日益凸显。互联网的社交网络，如Facebook、Twitter、微博、微信的出现影响了舆论的传播，使个体之间的沟通更加便捷，个人成为真正意义的“社会人”。由重复博弈理论可知，在不同的社会环境约束下，使得个人对未来收益的理性预期存在较大差异。互联网使人们共享社会信息的程度大大提高，在社会活动的各个阶段或环节博弈中，所有参与人的行为信息日趋共享。经过多次交往或重复博弈后，人们发现遵循平等合作的规则要比通过欺诈获取少数几次不义之财更有利。依据重复博弈理论，则个体在社会活动中表现出来的主动合作意义越强，则亲社会性的行为越多。

此外，互联网革命加速了社会变动，使其呈现复杂性。根据行为经济学理论，人们在不确定条件下判断依赖于代表性原则、可得性原则、锚定调整原则和小数原则。这些判断原则决定人们在互联网背景下的经济行为并非理性。因此，“社会人”假设比“理性人”假设能够更贴切地描述互联网时代人的经济行为。

（二）信息打破“资源稀缺”假设

在传统经济学理论中，资源的稀缺性和“理性人”假设一样，是经济学的基本假设。无论农业经济时代还是工业经济时代，人类在经济活动中所利用的土地、劳动、资本、企业家才能等都是稀缺资源。在信息经济时代，互联网革命衍生出的新要素信息，具有非独占、易复制、非损耗性等特征。这致使信息资源不再稀缺而是极其丰富。只要有需要，就可以无限生产，且生产过程能够节约大量资源和能源，减少交易费用。如果说工业经济面对的主要矛盾是稀缺性与占有性的矛盾，而互联网经济的基础资源信息不再稀缺，消费方式也从占有性转为共享性，共享信息价值与追求超额利润已成为信息经济的主要矛盾①。这可能是互联网革命对传统经济理论带来的最大挑战。

二、丰富传统生产要素理论

在已有经济增长理论中，从新古典经济学中的哈罗德—多马经济增长模型、新古典索罗—斯旺模型、新剑桥模型，到新经济增长理论中的罗默模型，生产函数理

① 杨培芳．网络经济对传统理论的八大挑战［J］．中国信息界，2012（9）：79-81.

论实现了由注重劳动力、资本、技术进步到知识、研发、创新等的转变，但始终未将信息作为重要的生产要素纳入分析范畴。

互联网革命不仅推动社会经济不断发生变革，而且能够使信息日益成为新的主导生产要素。农业经济时代，土地与劳动力是所有生产要素的主导要素。18 世纪中后期，第一次技术革命与产业革命爆发，人类社会由手工操作过渡为大机器生产，由农业经济时代迈入工业经济时代。以第二次技术革命与产业革命为“分水岭”，工业经济时代分为前期与后期。工业经济时代前期，资本是工业生产过程中要素投入的主导要素；工业经济时代后期，企业家才能要素在生产过程中所起的作用日益凸显，它与资本共同成为该时期的主导要素。第三次技术与产业革命后，随着信息技术、生物技术、新能源技术、新材料技术等一系列高新技术创新和应用，技术进步、信息成为信息经济时代的主导要素。特别是伴随互联网革命的深入与延续，信息日益呈现透明化、实时传播和易获取等特征，正在不断衍生新业态、改变传统产业组织演进。生产要素理论的演进发展如图 3－1 所示。

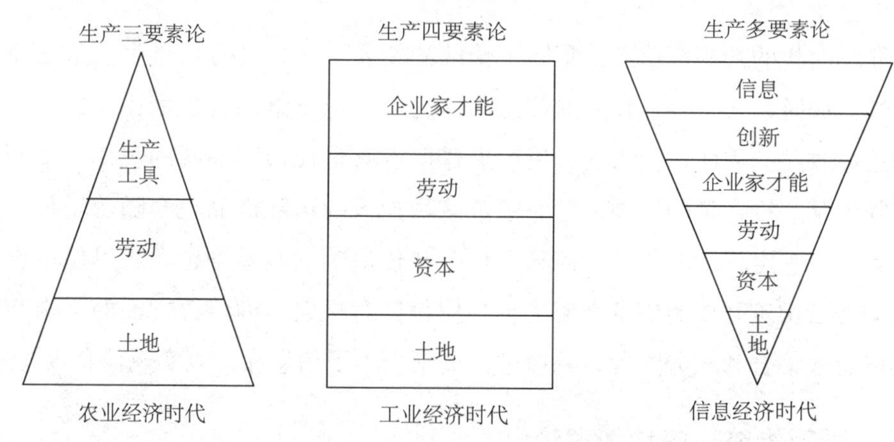

图 3－1　生产要素理论的演进

资料来源：作者研究整理。

三、颠覆部分传统经济学规律

（一）边际效用递增规律

根据传统经济学理论，一定时间内，在其他商品的消费数量保持不变的条件下，当一个人连续消费某种物品时，随着所消费的该物品数量的增加，其总效用虽然相应增加，但消费该物品的边际效用具有递减趋势，即边际效用递减规律。边际效用递减规律建立在人类对物质产品的生理体验的基础之上。

伴随着智能手机的迅速普及，移动互联网正逐渐渗透到生活的每一个角落，信息消费成为消费者的重要组成部分。由于互联网具有正向反馈效应，一条新信息对于已占有大量相关信息的主体则更有价值，边际效用呈现递增而不是递减。如“粉丝”就是由反复多次消费所构成的群体，“粉丝”的每一次消费效用高于最初消费的使用效用。“粉丝”形成原理在于，人们对一个信息产品的消费，需要一个培养、学习、养成的过程，其间包括通过互联网不断加深认识、呼应、强化与认同，所以呈现的过程不是“边际效用递减”，而是“边际效用递增”的反复使用和消费过程①。

（二）边际收益递增规律

传统经济理论中，在保持其他条件不变的情况下，随着某一投入要素的增加，每一单位该投入的边际产品下降，出现所谓的边际收益递减规律。边际收益递减在传统经济学中被认为是重要的客观规律，它规定了生产的成本与收益之间关系的性质。

互联网时代的新要素信息，不同于传统的物质资源，具有可再生、重复使用且非排他性。同时，作为要素投入的信息，通过与其他要素的有机配比，提高了投入要素的边际收益。因此，投入的单位产出非但没有呈现边际递减的规律，反而是递增。即随着某一投入量的增加，每一单位该种投入的边际产品也会随着增加。如携程网的成功在一定程度上得益于信息在积累和传递中的收益增值。它以旅游服务等专业化的经营构筑开放的信息交流平台，使得针对机票、酒店等方面的需求与供给信息得以有效集合和充分配置，并通过会员制积累了信息库，以实现信息收益递增。

四、更新传统一般均衡理论

从瓦尔拉斯创建的一般均衡理论体系，后经帕累托、希克斯、诺伊曼、萨缪尔森完善，发展到阿罗—德布鲁范式时一般均衡体系已相当完备。围绕一般均衡，新古典经济学探讨了解的存在性与稳定性及其均衡与效率的一致性。需要注意的是，该均衡理论体系的建立必须基于两个重要的假设：完全竞争市场和资源稀缺。

然而，互联网革命使信息成为新的生产要素，它具有可复制性、无损性，资源稀缺假设被打破，使新古典经济学的“均衡”理论受到极大挑战。同时，信息进入

---

① 黄江南，朱嘉明．传统经济理论的缺失［EB/OL］．http：//www. eeo. com. cn/2014/0816/265050. shtml，2014－08－16.

流通和消费领域，呈现出增值性、共享性与外部性等特征，成为经济上主要的一种创新要素，推动经济发展呈现出非均衡、自组织、自适应、动态等特征。因此，互联网革命影响的经济系统是一个复杂适应系统，其中心问题不是均衡与优化，而是演化与适应。作为传统一般均衡理论的均衡解——均衡价格就不再适用。新的一般均衡理论中心应当探索如何设计新的协调机制，推动经济系统的不断演化与适应，实现社会全面协调可持续发展。

五、生发新的经济理论

互联网革命时代，除了动摇了传统经济理论的部分基本假设、颠覆了一些经济运行规律以及改写了一些传统经济理论外，还可以基于信息技术和互联网应用对经济运行产生的影响，提炼总结出某些新的重要经济理论。

1. 信息进入流通领域将产生显著的价值倍增效应

信息作为一种可交易、可传输、可复制的新生产要素，被引入流通，将引发流通领域产生深刻的变革。传统经济条件下的一般生产要素从生产进入流通过程后，被最终消费掉，实现价值和使用价值的统一。而在互联网经济时代，信息作为要素禀赋进入流通，将产生明显的价值倍加效应，其被重复使用的次数越多，被消费的次数越多，增加的价值越大，其实现的效用就越大。信息作为流通要素在流通过程中非但不被消耗掉，而且还会实现价值倍增的特征，是其他任何商品都不具备的。

2. 信息本身成为独特的重要资源

在信息与互联网经济时代，信息作为独特的资源或要素禀赋，将衍生出诸多有特色、有价值的资源产品，如信用产品，即是由信息加工而成的一种市场产品。它是可以用来销售的，也是能够出让的。再如，基于特定信息构成的大数据，也是可以用来交易的信息产品，是具有特定价值的资源。在这种情况下，信息已成为一种独特的资源，且与物质资源表现出根本的差异，它具有明显的无形价值、无边界性且无限量大等特征。

3. 信息使虚拟经济成为与实体经济并驾齐驱的两种基本经济形态

信息作为基本的要素禀赋进入生产和流通过程，所引致的创新价值远远超过了熊彼特创新理论所揭示的创新内容，更超过了索罗创新理论的内容，这些创新经济模型都是在以实物经济为主体的经济形态下描述创新的。而在互联网革命时代，信息作为一种具有高度渗透性、外溢性、价值倍增性的资源，加入流通过程，将使世界经济形态产生革命性的变化，并由此将形成实体经济与虚拟经济两种基本的经济形态。在传统经济条件下，生产决定流通，实体经济决定虚拟经济，随着流通重要性的不断提高，虚拟经济的作用也在不断增强，但在传统经济环境下，虚拟经济的作用始终受制于或依附于实体经济，不可能成为与实体经济相并列的经济形态。而在互联网经济时代，信息的加入改变了生产与流通的关系，也使实体经济与虚拟经济作为两种基本的经济形态关系发生了重大变化。由于信息的高度渗透和广泛作用，在一定程度上流通决定了生产，虚拟经济成为与实体经济并驾齐驱的两种基本经济形态。在经济运行过程中，实体经济与虚拟经济两种基本经济形态之间会发生一定的内在作用或“化学反应”，相互之间需保持一定的相互适应性，有时也会发生一定的相互转化。当实体经济向虚拟经济转化过度的时候，就会产生泡沫，甚至演变为泡沫经济。协调这两种经济形态之间的作用关系，形成协调、有序、相互适应的作用关系，是新经济时代政府宏观调控的重要作用方面。从总体上来看，信息的加入使得虚拟经济成为一种基本的经济形态，一种与实体经济并存且相互适应的经济形态。

第二节　互联网革命驱动经济增长的作用机理

互联网革命无疑是一场技术革命，但仅从技术进步外生化或内生化的角度探讨互联网革命驱动经济增长的作用机理，难以揭示互联网革命区别于其他技术革命影响经济增长的特殊性。本节尝试从新要素投入视角切入，构建互联网驱动经济增长理论框架，系统阐述信息作为新要素的作用路径，信息对劳动力、资本等相关要素及其全要素生产率的影响，探讨互联网革命驱动经济增长的作用机理。

一、互联网革命驱动经济增长的理论框架

本节以信息作为新生产要素为切入点，借鉴熊俊（2006）[①] 的建模思想，构建互联网驱动经济增长的新框架。该框架以“经济增长源于新要素信息投入和全要素生产率提高”为主线。为了便于分析，该框架放松了索罗模型的完全竞争市场、规模经济、希克斯中性进步等理论假设。总生产函数为

$$Y=F(K,\ L,\ T,\ I,\ t) \tag{3-1}$$

① 熊俊．要素投入、全要素生产率与经济增长的动力［D］．四川大学博士学位论文，2006.

其中，Y 代表总产出，K 为资本存量，L 为劳动力，T 为技术，I 为新要素信息，t 表示时间。

式（3－1）两边对 t 求全微分得

$$\dot{Y}=\frac{\partial F}{\partial K}\dot{K}+\frac{\partial F}{\partial L}\dot{L}+\frac{\partial F}{\partial T}\dot{T}+\frac{\partial F}{\partial I}\dot{I}+\frac{\partial F}{\partial t}\dot{t} \tag{3-2}$$

对式（3－2）两边同时除以 Y 得

$$\frac{\dot{Y}}{Y}=\frac{\partial F}{\partial t}\frac{1}{Y}+\frac{\partial F}{\partial K}\frac{K}{Y}\frac{\dot{K}}{K}+\frac{\partial F}{\partial L}\frac{L}{Y}\frac{\dot{L}}{L}+\frac{\partial F}{\partial T}\frac{T}{Y}\frac{\dot{T}}{T}+\frac{\partial F}{\partial I}\frac{I}{Y}\frac{\dot{I}}{I} \tag{3-3}$$

将式（3－3）整理如下

$$\frac{\dot{Y}}{Y}=\frac{\partial F}{\partial t}\frac{1}{Y}+e_K\frac{\dot{K}}{K}+e_L\frac{\dot{L}}{L}+e_T\frac{\dot{T}}{T}+e_I\frac{\dot{I}}{I} \tag{3-4}$$

在式（3－4）中，e_K、e_L、e_T、e_I 分别表示资本、劳动力、技术及新要素信息的产出弹性。

分别定义资本、劳动力、技术与新要素信息的生产率为：$A_K=\frac{Y}{K}$，$A_L=\frac{Y}{L}$，$A_T=\frac{Y}{T}$ 和 $A_I=\frac{Y}{I}$，则 $\frac{\dot{K}}{K}=\frac{\dot{Y}}{Y}-\frac{\dot{A}_K}{A_K}$，$\frac{\dot{L}}{L}=\frac{\dot{Y}}{Y}-\frac{\dot{A}_L}{A_L}$，$\frac{\dot{T}}{T}=\frac{\dot{Y}}{Y}-\frac{\dot{A}_T}{A_T}$，$\frac{\dot{I}}{I}=\frac{\dot{Y}}{Y}-\frac{\dot{A}_I}{A_I}$，将它们代入式（3－4）可得

$$\frac{\partial F}{\partial t}\frac{1}{Y}=\frac{\dot{Y}}{Y}(1-e_K-e_L-e_T-e_I)+e_K\frac{\dot{A}_K}{A_K}+e_L\frac{\dot{A}_L}{A_L}+e_T\frac{\dot{A}_T}{A_T}+e_I\frac{\dot{A}_I}{A_I} \tag{3-5}$$

将式（3－5）代入式（3－4）可推导出

$$\frac{\dot{Y}}{Y}=\frac{\dot{A}}{A}+\frac{e_K}{e}\frac{\dot{K}}{K}+\frac{e_L}{e}\frac{\dot{L}}{L}+\frac{e_T}{e}\frac{\dot{T}}{T}+\frac{e_I}{e}\frac{\dot{I}}{I} \tag{3-6}$$

在式（3－6）中，$\frac{\dot{A}}{A}$ 是资本、劳动力、技术及新要素信息四种要素的单要素生产率增长率的加权平均数。e 为规模弹性，即 $e=e_K+e_L+e_T+e_I$。显然，$\frac{e_K}{e}+\frac{e_L}{e}+\frac{e_T}{e}+\frac{e_I}{e}=1$，根据全要素生产率的含义，$\frac{\dot{A}}{A}$ 可表示全要素生产率增长率。

互联网驱动经济增长的理论框架如式（3－6）所示。根据该理论框架，互联网驱动经济增长的动力来源于三个方面：一是信息自身作为新要素投入所带来的经济增长；二是信息新要素间接作用于资本、劳动力、技术等其他生产要素驱动经济增长；三是通过提高全要素生产率促进经济增长。以上述三方面动力来源为线索，下文将具体阐述互联网驱动经济增长的作用机理。

二、信息成为驱动经济增长的新要素

信息是指反映经济活动实况和特征的各种消息、情报、资料、指令等的统称。它同企业家才能、技术类似，属于知识性要素的具体形态，也是知识性要素的最基本的构成元素，可以作为独立的生产要素从生产、流通、消费等各经济运行环节及创新方面影响经济增长。

（一）转变社会生产方式

信息作为一种全新的生产要素，与传统要素相比，具有时效性、非物质性、无损耗性、增殖性、外部性与共享性等特征。这些新特征使新要素信息具备了转变社会生产方式的能力，并集中体现在生产力与生产关系两个方面。

首先，信息提高了社会生产力水平。传统的物质资源一旦被投入生产，就会失去其原来的使用价值，丧失其原有的功能。而信息在生产过程中，其内容不会损耗减少，不需要生产新的信息补充市场上因损毁而需要增加的信息。信息的无损耗性使其可重复使用，却不需要再额外付出成本。同时，通过与其他要素的有机配比，提高了投入要素的边际效用。因此，投入的单位产出非但没有呈现边际递减的规律，反而是递增。即随着某一投入量的增加，每一单位该种投入的边际产品在增加。随着生产规模的扩大，每一单位产品的平均成本出现持续下降的现象。信息无损耗性决定了其资源的“非稀缺性”。因此，信息要素在既定投入水平下，大大增加了产出，提高了社会生产力水平。

其次，信息引发了生产关系的成功变革。作为信息主要来源与传播媒介的互联网，是一个人人参与，人人互动，对等、公平的系统。通过互联网，人人都是信息的发布者，消除了中心化，使传统的单向静态线性生产关系形成互动的双向或多向交互生产关系。在新的生产关系中，终端决定型取代过去的生产决定型，主要矛盾则体现为单个个性化的需求与规模化生产之间的矛盾；企业生产的产权所属形式日趋多样化；组织运作形式更加平台化与虚拟化；生产的收益分配也日趋多元化与公平化。现实表明，这种新的动态非线性生产关系适应了互联网革命后的生产力发展水平，对生产效率和生产力发展速度产生了积极的影响，从而推动社会生产力的发展。

（二）释放消费潜能

互联网革命通过改变人们的生产与生活方式，引发巨大消费潜能的释放。具体体现为以下两个方面：一方面，信息消费自身已成为人们消费的重要组成部分。近年来，伴随着全球范围内信息技术创新的不断加快，信息领域新产品、新服务、新业态大量涌现，不断激发新的消费需求，成为日益活跃的消费热点。据统计，2014年中国信息消费规模达到2.8万亿元，同比增长18%①，占居民最终消费的8.53%。

另一方面，互联网革命打破了传统的供求信息不对称，消费者多样化与个性化需求不断释放。在互联网时代，消费者获取信息拥有门口网站、搜索引擎、电子商务、社会化媒体等多样化入口，已不再局限于传统媒体。消费者在社会阶层、价值观念、审美趣味、消费方式等方面的巨大差异得到彰显，大众消费正在向分众消费深入发展，市场正在裂变为难以计数的"碎片"，"碎片化"的市场恰恰反映了消费者多样化与个性化的消费需求。

（三）驱动全面创新与万众创新

信息具有增殖性，即信息作为生产要素投入生产的同时结合其他相关操作会产生新的信息，即企业在运用信息生产要素的过程中，不会仅仅停留在已有信息层面，往往运用相关技术手段在原有信息的基础上进行挖掘与分析，产生新的信息，实现增殖。事实上，运动中信息的增殖过程就是创新过程。

根据熊彼特的"创新学说"，创新主要包括以下五种情况：①引进新产品；②引用新技术；③开辟新市场；④控制原材料的新供应来源；⑤实现企业的新组织。伴随着信息成为独立的生产要素，由此带来的创新内容几乎涵盖了熊彼特创新学说的所有方面。如，新产品——信息产品（微信、微博），个性化产品（定制化）等；新技术——新一代信息技术，如下一代通信网络、物联网、三网融合、新型平板显示、高性能集成电路和云计算等；新市场——线上市场、大数据市场等；新供应来源——大数据；企业的新组织——虚拟企业、战略联盟等。可见，信息与其他要素相结合，实现了全面创新。

追根溯源，信息驱动万众创新的根本在于伴随网络技术的广泛应用，生产者供给与消费者需求乃至市场变化产生的海量信息，实现了快速流动、易被采集与加工，劳动者得到了空前的解放，其创新潜力得以释放。如工业时代，囿于生产工具、劳动对象的限制，劳动者依附于庞大的工业体系和机械化的流水作业，能力受到一定束缚。互联网革命使人们获取信息，互动交流成为可能，且信息资源可再生和重复

① 2014年全国信息消费规模达到2.8万亿元，同比增长18%［EB/OL］. http://www.ce.cn/cysc/tech/gd2012/201505/16/t20150516_5378911.shtml，2015-05-16.

利用，对其生产者无竞争性，对其使用者也无排他性，它的成本不随着使用量的增加而成比例地增加。伴随着信息基础设施不断地向公众开放，人们将会更便捷地获得、运用信息，竞争日益公平，协同日趋顺畅，就业也日益灵活，个人价值将得到充分体现。

三、信息对传统生产要素的影响

（一）劳动者的文化知识素质要求提高

互联网革命使信息日益成为主要的生产要素，生产工具的技术含量越来越高，对劳动力的知识素质要求同样也就日益提高。同时，伴随信息科技的高速发展，许多企业充斥着大量信息（大数据），这为了解和预测客户喜好和市场发展提供了良好的机遇。在竞争日益激烈的全球经济环境下，拥有正确的信息要素投入就意味着拥有竞争优势。但是，想成功地驾驭海量信息，企业就必须拥有相应的高素质人才，特别是文化知识素质。因为只有拥有数学、统计学、经济学等高文化素质的复合型人才，才能对数据进行甄别，做出预测性的、有价值的分析，以及将信息要素转化为真正的生产力。

（二）网络成为资产的重要组成部分

在互联网时代，信息作为主要的生产要素之一，其传送的重要载体网络日益受到企业的重视，成为企业资产的重要组成部分。截至 2014 年 12 月，我国使用计算机办公的企业比例为 90.4%，使用互联网办公的企业比例为 78.7%，其中 50 人及以上规模企业，互联网使用比例均超过 80%。[①] 在国内，大部分企业都已拥有 Web 服务器和门户网站，企业 E－mail 邮件服务系统，并且建立了综合查询、企业生产业务系统，积极开展电子商务。同时，以互联网为基础与核心的物流网，也日益引起了企业的关注。根据工信部预测，2015 年我国物联网市场规模将达到 7500 亿元，年均复合增长率超过 30%；2020 年将达到万亿元级[②]。此外，随着云计算技术的日益成熟，国内外很多企业开始部署了自己的云服务，通常中小型企业大多选择公有云，大型企业则选择私有云。据统计，2013 年 43.52% 的中国企业已经部署（或将

① 中国互联网信息中心（CNNIC）．第 35 次中国互联网络发展状况统计报告［EB/OL］．http：//tech. qq. com/a/20150203/047753. htm.

② 物联中国［EB/OL］．http：//www. 50cnnet. com/.

部署）云计算，61.7%接受私有云架构，公有云践行者中有23.33%采用阿里云服务。[①] 总之，网络资本投入已成为企业解决新生产要素信息不确定性及其跨时间配置问题的重要方式，企业资产的重要组成部分。

四、互联网对全要素生产率的影响

在新经济增长理论中，全要素生产率是一个国家或地区经济实现长期均衡增长的重要源泉。一般情况下，全要素生产率的提高往往来源于效率改善、技术进步和规模效应。因此，本文尝试从这三方面明晰互联网提高全要素生产率的路径。

（一）效率改善

互联网本质上就是一个提高效率的生产工具，其改善效率的表现大致分为三个方面：一是改善传统产业效率。通过“互联网+”，提高了传统产业的技术水平与生产面貌，促进了产品的升级换代与产品或服务质量。如通过传统互联网不断向产业链短且产品标准化的行业渗透，形成了消费互联网。目前，随着移动互联网的发展，互联网开始向非标准化并且产业链加长的服务性行业渗透，形成价值互联网。以旅游业为例，得益于移动互联网的发展，线上交易与线下服务贯通，旅游服务效率与质量大大提升。二是提升消费效率。如在消费互联网模式下，淘宝、京东、当当等一系列消费电商利用互联网努力打破信息不对称，形成了生产者直接面向消费者的商业形态。这实际上为消费者搭建了更加高效与便利的消费平台，大大减少了中间环节，极大地提升了消费效率。三是加速流通效率。互联网革命最直接的影响就是加速信息的流动。线下流通企业利用快速流通的信息优化供应链流程，从而提高流通效率；线上企业则通过完善信息管理系统，充分利用快速流通的信息，改善企业之间、企业与顾客间的沟通方式，从而彻底改变企业的经营方式、管理方式和组织形式，提高流通效率。同时，互联网革命还有利于实现线上企业与线下物流企业的融合，提高混合经营企业的流通效率。

（二）技术进步

在开放经济中，技术进步的途径主要有技术创新、技术扩散、技术转移与引进。[②] 互联网革命对通过技术进步提高全要素增长率的分析可尝试从上述三个方面

---

① CIO人际网络社区．IT决策者投资于生存状态调研报告［EB/OL］．http：//www.itvalue.com.cn，2014.

② 张雄辉．技术进步、技术效率对经济增长贡献的研究——基于中国、韩国比较分析视角［D］．山东大学博士学位论文，2010.

展开。在技术创新方面，互联网自1994年进入中国以来，经过了20多年的蓬勃发展期，从基础的建站服务到网络营销、移动互联网、即时通信、电子商务、新媒体崛起，等等，互联网技术创新取得了长足的发展。同时，互联网技术进步催生物联网、云计算等技术创新。在技术扩散方面，从O2O移动商务平台到“智慧城市”的建设，互联网技术已快速渗透到社会经济领域的各个角落。在技术转移与引进方面，依托互联网，跨越信息鸿沟，促进了国内外技术转移与引进，如网上技术市场模式的兴起。

（三）规模效应

互联网革命使规模经济发生了变化。尽管对规模经济性的追求仍然是提高经济效益、优化资源配置的重要途径，但是互联网革命通过互联网把企业联系在一起，使企业之间的交易突破了时间和空间的限制而得到延伸和扩展，最大限度地消除了交易的中间环节，实现了沟通交流的快捷与便利。通过互联网的交易和运用信息系统进行内部的生产管理共同导致了库存的减少，甚至可以实现零库存的状态。同时，由于网络把企业联系在一起，使企业形成网络组织，企业与企业之间形成企业网络，从而导致大规模企业与小组织管理并存。在互联网时代，社会经济获得规模经济效益的同时降低交易费用。

第三节　互联网影响下的产业结构升级与产业组织演进

互联网革命使人类步入信息时代，推动信息产业为代表的新兴产业成为主导产业。同时，信息具有渗透性、融入性与嵌入性，是资本等传统要素所不可比拟的。当信息和其他的产业交融的时候，便成为传统产业变革的引领性力量。此时，信息既是流通物、融化剂，又是催化剂。从而推动互联网实现重塑产业结构，推进产业组织演变。本节尝试依据产业经济学理论，从产业层面探究互联网对经济运行的影响。

一、互联网重塑产业结构

（一）信息产业正在成为新兴战略性基础产业

20世纪中期，互联网革命的爆发，使人类社会迈入了信息化时代。互联网通过改变传统信息采集、处理、加工、储存以及传递方式，不断以新技术推动信息产业的发展。世界各国纷纷将信息产业作为新兴战略性基础产业，制定并出台各种政策措施予以支持。如美国的联邦云计算战略、大数据研究与发展倡议；日本的智能云战略等。目前，在我国，已将下一代通信网络、物联网、三网融合、新型平板显示、高性能集成电路和以云计算为代表的高端软件为重点的新一代信息技术称为战略新兴产业。

信息产业成为新兴战略性基础产业的特征主要表现为高增长性、高渗透性与高关联性，这些特征与互联网革命息息相关。首先，互联网提高信息产业增长率。随着互联网的普及与应用，信息产业保持了较高的增长率。特别是金融危机之后，世界各国纷纷将信息产业作为新一轮经济增长的引擎。以我国为例，2014 年中国的电子信息产业总规模超过了 8. 32 万亿元，增长率是 10. 1%；软件业总规模为 2. 98 万亿元，增长率是 20. 1%①。

其次，互联网提高了信息产业关联性。根据罗斯托（1988）和赫希曼（1991）的相关理论，产业关联效应指标是一国或地区选取和界定主导产业的一项重要原则。信息产业作为综合性行业，既包括第二产业中的信息设备制造行业，又涉及第三产业中的信息服务业，具有较强的产业关联效应。信息产业通过“回顾效应”带动机械、化工等产业的发展；通过“前向效应”直接驱动通信、电力等产业的发展；通过“旁侧效应”，依靠云计算、大数据等新技术影响经济主体行为，引导产业投资与资本运作的方向。

最后，互联网提高了信息产业渗透性。以互联网作为媒介，信息产业通过信息技术向三次产业不断进行渗透。在互联网环境下，信息产业的渗透使农业呈现网络化、精准化特征；制造业呈现智能化、服务化、高端化特征；服务业则不断涌现出网络购物、网络游戏、网络广告、在线租车、在线教育等新业态。此外，在互联网的影响下，信息产业的高渗透性还使农业、工业与服务业在部分领域的界限不断模糊。

（二）互联网推动生产性服务业快速发展

互联网的深入与发展，大幅提升生产性服务业的比重。近年来，移动互联网、云计算、大数据、物联网、下一代互联网等新一代网络技术与传统产业广泛融合，催生出各种基于互联网的新兴服务业态，尤其在生产性服务业领域引发一系列深刻

① 杨学山．信息产业保持两位数高增长，软件存短板［EB/OL］．http：//soft. chinabyte. com/291/13168291. shtml.

变革。如，基于信息联网与共享的在线供应链金融等新工具推进了金融服务产品的创新；继钢铁、煤炭之后，一系列大宗物资进入了产业电商领域，带动商务模式和经济结构的划时代变革。物流业借助于 EDI（电子数据交换）、GPS（全球卫星定位系统）和 RFID（射频识别）等新兴信息网络技术，促进运输、仓储、配送等业务流程改造，提高供应链管理水平。在服务营销环节，基于网络技术的呼叫中心、网络营销平台、手机移动支付、商业智能 POS 等成为商务服务及市场营销服务的重要途径。由于信息网络技术的广泛应用和市场需求的影响，不断演化出来的新兴生产服务业形态，如信息技术服务、网络金融服务、现代物流、电子商务、云服务、大数据服务等，已成为互联网经济背景下成长性最高的产业群。①

（三）互联网推动产业业态更迭

互联网通过加速产业内与产业间要素流通，推动产业业态变革与创新，在重塑产业结构的同时促进产业结构升级。互联网的功能是连接，互联网的快速发展表明连接的范围日益扩大与程度不断深化，市场上各种要素信息的传递速度与透明度也日益提高。这一切加速了产业间与产业内各生产要素从报酬低的行业流向报酬高的行业。要素的快速流动意味着产业间与产业内行业的不断整合、融合与发展，导致部分行业逐步走向衰落，部分行业则融合出新兴的产业部门或日益发展壮大。以我国第三产业为例，在互联网的推动下，传统的服务行业走向衰落，传统金融业、物流业等生产性服务行业融合出网络金融、现代物流等新兴服务行业，跨境电子商务、大数据等服务行业获得蓬勃发展。

（四）互联网改变产业内部的产品结构

在互联网环境下，成功产品的衡量标准发生改变，即由功能型产品转变为服务型产品。在传统工业化时代，市场需要能够解决问题的产品，如电视机、洗衣机、汽车、手机等，这些产品的市场竞争力取决于其所具备的功能。但是，在信息化时代，市场需要的产品被赋予了新的含义——体验服务。以手机为例，没有人会认为苹果手机战胜诺基亚，是因为后者的功能不全和质量不好所导致。苹果手机操作简单、界面友好，构成了用户良好的体验感受，而体验本身与产品的功能多寡并无直接关系，传统评价产品好坏的标准不再适用②。由此可见，现在的市场需要的产品

---

① 章芳．产业互联网，生产性服务业的沃土［EB/OL］．http：//www.cctime.com/html/2014-7-8/201478104190402.htm，2014-07-08.

② 刘涛．信息时代带来三种关系变革，催生全新的互联网精神［EB/OL］．http：//www.miit.gov.cn/n11293472/n11293832/n15214847/n15218234/16164095.html，2014-09-17.

已不仅仅是全面的功能，而是一种体验式服务。体验式服务好与坏的衡量标准取决于消费者，然而，在互联网环境下，消费者需求又趋向于个性化与多样化。因此，面对市场产品需求的变化，产业内部的产品结构也由原来的集中化向分散化转变。

（五）互联网加速产业结构高级化

第一，互联网推动资本、技术密集型产业、高附加值行业快速发展。互联网革命作为一场技术革命，促使信息技术、生物技术、新材料新能源技术、环境科学技术、海洋技术、空间技术等获得极大发展，催生应用上述高新技术的产业成为新的产业增长极，而高新技术产业本身就是技术、智力和资本密集的产业。同时，互联网正在以云计算、物联网、大数据为代表的新一代信息技术与农业、制造业、服务业等传统产业进行融合创新，提高产业结构经济效益与技术效率。

第二，互联网有利于提高产业的国际竞争力。目前，互联网正逐渐从消费互联网向产业互联网转变。德国、美国等发达国家已先后提出了工业 4.0 概念与工业互联网概念，并付诸了实际行动。我国正处于从“中国制造”向“中国创造”和“中国智造”转型的关键时期，通过产业互联网，即以生产者为中心，通过互联网技术和模式，对研发、设计、生产、流通等各个环节进行改造，以提高生产者的运营效率，对提升我国企业或产业的国际竞争力具有重要意义。

第三，互联网有利于保障产业结构绿色化。云计算、物联网等新一代互联网技术有利于制造业施行清洁生产，通过监测发现设备上的瑕疵并加以改进，抬高“微笑曲线”底部并向专利、服务的两端延伸，加快经济发展与资源环境的“脱钩”；有利于农业生产方式实现网络化、智能化、精细化，从而促进农业绿色化发展。同时，能源产业通过集物联网、智能用电设施等硬件以及碳交易、互联网金融等服务于一体的能源互联网融合发展，可以提高能源利用效率，减轻环境压力，实现从源头推进绿色化。此外，互联网与大数据还为三次产业全产业链绿色化信息的流动、储存与追溯等提供了强有力的技术支撑。

总之，无论从产业结构的量方面还质方面考察，互联网对产业结构优化与升级都产生了重大影响。互联网重塑产业结构的作用机理总结如图 3－2 所示。

二、互联网推动产业组织形态演进

互联网革命通过推动信息生产要素的自由化流动，改变了企业的生产方式与竞争手段。而产业组织形态的演进与企业生产方式的变革，及其由此引致的企业内部

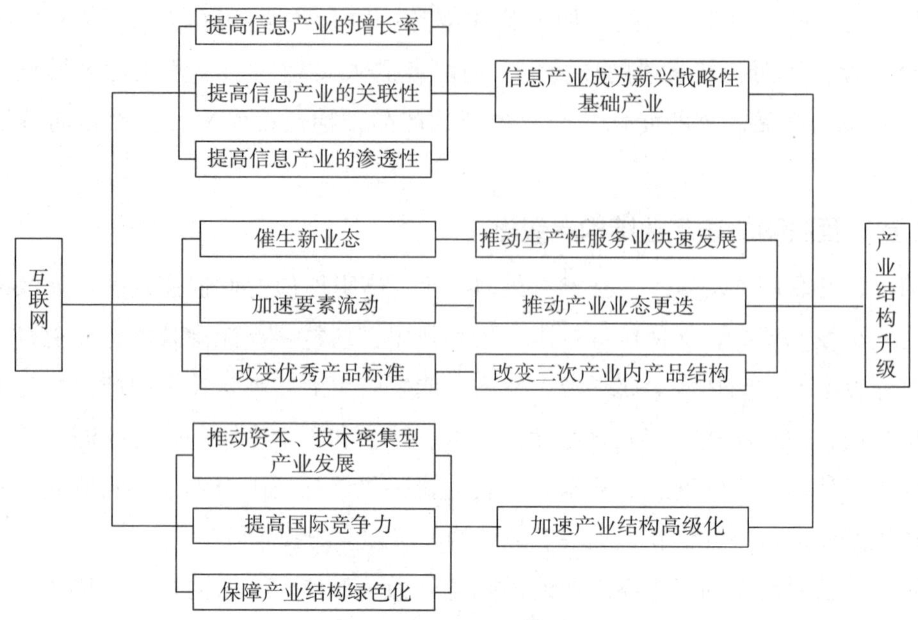

图3-2 互联网重塑产业的作用机理

资料来源：作者研究整理。

及企业之间合作方式及水平的变化有着必然的内在联系。[①] 因此，本节借鉴产业经济学中SCP范式，尝试从市场结构、市场行为、市场绩效三方面解析互联网对产业组织形态演进的作用机理。同时，鉴于企业组织在产业组织形态演进过程中的重要地位，本节单独分析了互联网对企业组织行为的影响。

（一）互联网的市场结构效应

1. 改变了传统的市场集中度态势

在过去，部分先行企业通过技术垄断或扩充资本，会形成对行业的长期垄断。然而，互联网的出现与发展在很大程度上逆转了市场结构的这一集中趋势。以手机行业为例，在GSM时代，诺基亚、摩托罗拉、索尼爱立信这些龙头企业垄断着整个手机市场，市场集中度较高。但苹果用一部iPhone改变了手机行业的市场结构，让那些没有跟上智能手机发展步伐的老品牌遭到前所未有的挑战，同时，一批新兴手机企业如华为、小米、联想等迅速崛起。据中国信息通信研究院公布的结果显示，2014年国产手机销量占比已达到整体手机市场的78.3%。事实上，在互联网时代，大量颠覆性创新的出现以及市场新主体的进入使大部分产品市场在竞争和垄断的双

① 柯颖，王述英．模块化生产网络：一种新产业组织形态研究［J］．中国工业经济，2007（8）：75-82.

强态势作用下呈现出竞争与垄断二律相悖的共生现象。伴随着互联网环境下高度的竞争，特别是技术创新以及需求的变化，可能随时导致寡头或垄断位置的企业更迭，占据寡头或垄断位置的不确定性非常大。

2. 产品或服务趋向差异化与多样化

伴随互联网释放消费需求，加速卖方市场向买方市场转换，消费者多样化、定制化与个性化的需求特征日益凸显。异质性的消费需求决定了多样化与个性化的产品供给。同时，互联网为生产者进行差异化生产和市场细分提供了更高级的生产工具。如大数据分析，通过互联网上的大数据，生产者可以挖掘消费者的消费特征和潜在偏好，从而展开精准营销与生产。此外，互联网为个人转变为多样化的生产者提供了便利。如具有写作爱好的白领，可以成为网络作家，大部分人并不期望成为畅销书作家，只希望他们的书能被他们所重视的特定群体所阅读，并与其分享。

3. 降低了部分行业的市场进入与退出壁垒

互联网使得大部分行业的进入壁垒大幅度降低。经济学家贝恩认为规模经济、绝对成本优势、产品差别优势、资本要求是各个行业普遍存在的进入壁垒。互联网主导型的社会分工网络使范围经济凸显，因此，规模经济在互联网时代逐渐不再是阻挡潜在进入者的壁垒。在互联网时代，行业内在位企业的绝对成本优势、产品差别优势也许是目前最主要的进入壁垒。但是，互联网时代技术的日新月异、大数据分析能力的提高，在位企业若不能加快技术创新，研发适应市场需求的产品，其绝对成本优势与产品差别优势也将可能最终不敌新进入者。互联网降低市场进入壁垒最突出的表现就是削弱资本壁垒。如在零售业以前开店需要门面，互联网时代可以开网店，只需要一部电脑，伴随移动互联网的发展，只要有部手机上网、上微信即可。此外，目前国内如火如荼的创客经济也是行业进入壁垒降低的最好例证。

在市场退出方面，互联网同样在一定程度上降低了大部分行业的退出壁垒。在互联网环境下，社会分工日益专业化，这使在位企业的规模经济与绝对成本劣势大大缩小。同时，由于企业资本、技术和人力资源等生产要素可以通过大数据分析的市场需求结果进行灵活的虚拟组合，企业的投资对外界具有充分的适应性和弹性。可见，互联网从上述两方面都大大减少了企业资产专用性风险，使企业在退出市场时所面临的各种限制和成本大大减少。

（二）互联网的市场行为效应

1. 企业之间的竞争呈现出新特质

互联网革命加剧了企业在市场中的竞争，企业之间的竞争方式趋于多样化。这些多样化的竞争方式呈现出以下新特质：

一是合作竞争。所谓合作竞争，是指两家经营同类产品或技术、互相竞争的公司意识到双方合作会有更多收益后转竞争为合作。它源于对竞争对抗性本身固有的缺点的认识和适应当今复杂的经营环境。企业通过合作中的竞争、竞争中的合作，实现共存共荣，一起发展。在互联网时代，企业合作竞争的原因主要有市场和技术两方面因素。市场方面，互联网降低了交易成本，大大拓展了交易空间，市场容量得以迅速扩大。面对广阔的市场，即使实力雄厚的跨国公司也无法掌握产业价值链的所有环节，而需要在共同的利益下，协同其他企业甚至竞争对手，开展互补和共赢的合作，以此达到降低成本、扩大市场份额的目标。技术方面，互联网时代，由于产品的生命周期越来越短，要求新技术更新速度日益加快，研发成本不断加大，加之不同价值环节技术的复杂性，这些因素驱使行业内或行业间的企业应广泛展开合作竞争。这样可以有利于共同分担技术研发的创新、投资风险和应对其他系统的替代性竞争。2015 年 8 月，阿里巴巴集团与苏宁云商集团达成全面战略合作就是一个很好的例证。二者由过去的竞争对手转变为合作伙伴。苏宁通过互联网工具，优化生产流程、缩减渠道成本、建立连接消费者的新通路；阿里巴巴则可以拥有苏宁的线下售后与物流等高水平服务，进一步拓展网络平台业务。根据合作共识，双方将全面打通电商、物流、售后服务、营销、大数据等线上线下体系。

二是长尾竞争。互联网时代，即使垄断性再强，也没有哪一家或哪几家企业能够完全占据整个市场，不可避免地出现“长尾现象”。这是因为有很多因素保持了市场的“可竞争性”，主要包括消费者对多样性的追求和对个性化的崇尚①。在互联网时代，消费者的个性化需求爆炸式增长，需求决定市场结构和价格，导致了产品市场的不断细分，使得很小的企业在激烈的市场竞争中也能存活。

三是注意力竞争。在互联网时代，信息非但不是稀缺资源，相反是过剩的。而相对于过剩的信息，注意力则变成了一种稀缺资源。在信息爆炸和产品丰富的网络虚拟经济和信息社会中，企业竞争力的提升不仅仅依赖于工业时代所注重的科技含

① 舒华英．比特经济［M］．北京：商务印书馆，2012.

量，更依赖于信息时代中人们对产品的注意程度。通过各种网站，人们可以享受各种免费服务甚至上网赚钱项目，其最终目的便是吸引网民的注意力，使其尽快转变为某项产品或服务的消费者，从而使注意力产生经济价值。事实表明，越来越多的产品和服务通过互联网入口提供给消费者，失去了互联网入口的支持，很多实体产业便将难以获得消费者。

四是延展产业链竞争。随着互联网技术的快速发展，部分企业之间的竞争已不再是单一产品与服务的竞争，而是通过延展产业链的深度竞争。企业已着力于通过线上线下整合，推动产业链深度应用延展，努力提高每个用户、每次点击的价值贡献，唤醒消费者潜藏在内心的、深层次、全方位的购物需求，实现消费者与商户线上和线下的无缝对接①。如百度打造了以地图为重心的生活服务 OTO 平台，阿里巴巴以支付宝的移动支付为突破并与苏宁云商合作来拓展 OTO 应用场景；腾讯以微信为平台同时依托财付通为移动支付手段而打造 OTO 应用场景。此外，一些互联网企业还不断向餐饮、汽车服务、酒店住宿、教育培训等细分领域延伸，通过改善产品线管理、消费体验、供应链管理、物流配送、售后服务等各方面的能力，延伸产业链进而提升流量增值变现能力。

2. 企业产品或服务的定价方式趋向多样化、透明化

互联网革命颠覆了传统的商业模式，企业定价方式也随之发生改变，趋向多样化与合理化。在多样化方面，目前企业定价方式除了传统价格大于零的定价方式外，还出现了价格等于零的免费经济定价方式以及价格小于零的定价方式。其中，价格大于零定价方式的一个新变化是虚拟经济以心理为支撑的定价方式在整个经济系统所占比例越来越多，并以压倒实体经济的成本加成定价而占据主导地位；价格等于零的免费经济定价方式的出现原因在于虚拟经济借助移动互联网获得了长足发展，企业平台商业模式的构建使得平台生态圈中存在大量的免费经济；价格小于零的定价方式是平台为了吸引用户并最终黏住用户的一种手段。② 在透明化方面，随着电子商务与互联网经济的发展，越来越多的消费者开始接受通过互联网提供的销售平台购物，比如，现在的淘宝、阿里巴巴等。在购物过程中，消费者往往先是货比三家后再进行购买决策，价格优惠成为关键，从而导致商品的价格也越来越透明化。

---

① 赵曙光．消失的入口价值：从注意力竞争到产业链竞争［J］．新闻与传播研究，2014（6）：114－125.

② 李飞．移动互联网时代下的定价方式研究［J］．郑州大学学报（哲学社会科学版），2014（11）：92－94.

（三）互联网的市场绩效效应

1. 优化了市场的资源配置

一是互联网加速了市场主体之间信息的沟通和传递。在市场中，商品或要素价格、供求等信息的快速传递可以促进要素从效率低的部门流向效率高的部门，提高市场的资源配置效率。

二是互联网影响下企业组织的变革有利于克服管理中的“X 非效率”。互联网的出现，降低了企业的交易费用，企业的组织结构也由金字塔型趋向扁平化、去中心化。此外，依托互联网，企业边界日益模糊。企业根据市场需求变化，通过多样化和灵活的经营方式去主动适应市场乃至创造新的市场需求，从而实现资源的优化配置。

三是在互联网背景下激烈的市场竞争保证了市场激励效应的发挥。正如前文所述，在互联网时代，企业之间存在合作竞争、长尾竞争、注意力竞争以及延展产业链竞争等各种竞争。企业为了在残酷的市场竞争中生存，只有不断努力创新、整合资源提高效率，才能提升产品或服务价值。在此背景下，任何没有附加价值产生的环节都会迅速被市场所淘汰。同时，目前所谓市场上的垄断，也并不在于价格垄断，而是技术或标准的垄断。因此，在市场竞争与垄断双双强化的情形下，使得竞争得以充分展开，不仅实现了其市场产品的生产效率，而且还提高了社会福利，优化了资源配置。

2. 加快了技术创新

在互联网时代，市场出现了大量颠覆性技术创新。如 3D 打印技术、物联网技术、大数据以及云计算技术等。这些颠覆性技术创新引发了市场的深刻变革。以物联网技术为例，物联网技术的创新与应用，不仅带来了“万种智能化产品、千台智能化机器、百套网络化装备”颠覆性大替换，还通过“机器换人”、物联网工厂推动着“绿色、安全”制造方式对传统“污染、危险”制造方式的颠覆性替代①。

在互联网环境下，消费者多样化、个性化的市场需求得以释放，消费需求驱动企业进行技术创新，主要表现为两方面：一是消费者需求的多样化、个性化给企业技术创新提供了方向和灵感；二是伴随着需求层次的不断提升，消费者对市场产品的新鲜感降低，边际效用逐渐递减，愿意支付的价格也随之降低，倒逼企业不断创

① 毛光烈．要重视颠覆性技术创新［J］．今日科技，2013（12）：2－6.

新以维持或重新获得市场份额。

此外，互联网营造的“开放、平等、协作、分享”的社会环境有利于加快技术创新。从社会学角度来看，人人互动本身就是一种社会结构，无论是“他人即地狱”，还是“他人即天堂”，人人互动都在创造着新的社会群体。而这些新的社会群体正是“互联网新社会”的入口：通过分析与研究人人互动，从而体验并把握消费者的行为。[①] 加之，信息“光速般”地无缝流动，驱动技术创新不再局限于一种专业创造，而演变为兴趣部落的一种生活。

（四）互联网对企业组织的影响

在互联网时代，企业面临的市场环境发生了巨大变化，特别是经营环境的不确定性增加。这些不确定性具体表现为：一是消费者需求的不确定性，互联网使消费者个性化与多样化的需求得以释放，直接导致以客户为中心的市场呈现非精确性，类似于随机游走；二是消费者对产品的要求除了功能、质量之外，更多的是体验服务，而这又以不同用户的满意程度为尺度，从而产生了判别标准的不确定性；三是技术更新速度快，且技术不在同一领域发生，产业边界变得不确定，从而导致企业竞争对手的不确定性。

面对市场经营环境的不确定性，传统的金字塔科层制组织的弊端日益暴露出来：一是难以适应瞬息万变的市场。在传统的科层制组织中，信息的传递要经历复杂的中间管理层，其有效性会被大大降低。一方面，高层管理者难以根据最有效的信息做出正确决策；另一方面，基层员工难以快速执行管理者决策，错失市场机会。二是过于精细的分工和森严的等级制度压抑员工的创新能力。在传统的企业组织中，精细的分工使得员工工作性质单一，工作内容重复，抑制了员工创新的积极性；森严的等级制度使得决策层与执行层之间有着相当距离限制，员工自主管理和参与决策的主动性也受到压抑。与此同时，互联网的发展打破了企业内部信息传递的壁垒，从而为企业组织变革提供了技术保障。因此，在互联网环境下，为适应市场需求的快速变化与日趋激烈的市场竞争，战略联盟、虚拟企业等大量网络组织应运而生，并日益成为社会经济生活的主导力量。这些网络组织呈现出企业组织结构日益扁平化、组织运行更加虚拟化与平台化、组织调整行为趋向跨界化等特征。

1. 企业组织结构日益扁平化

所谓扁平化，是相对传统的金字塔式科层制而言的，企业形成的一种紧凑且富

---

① 阿里研究院．互联网＋从 IT 到 DT［M］．北京：机械工业出版社，2015.

有弹性化的组织。扁平化组织具有动态、开放性特征，类似于自然生态系统的组织形态。在该组织中，每一个部门或者员工都是独立的个体，对外部环境能够自行做出最优的判断，不断地改变自身适应环境，最终使整个企业在渐进式的进化中去应对不确定性的外部影响。

与传统组织相比，企业组织扁平化具有以下五个独特的作用与优势：第一，扁平的组织机构，有利于精简机构和人员，节约开支；第二，扁平的组织结构，有利于促进信息快速、准确的沟通与传递；第三，扁平的组织结构和分权化的管理模式，有利于增加组织的快速反应能力；第四，扁平的组织结构，更有利于组织成员的有效激励；第五，扁平的组织结构，为组织间的协调与合作创造了空间。此外，组织扁平化的革命同时也带动了企业再造，使企业的各方面都发生了巨大的变革。①

2. 企业组织运行更加虚拟化与平台化

在市场经营环境快速变迁，加上国际化与全球化的趋势发展的情况下，为提高企业组织的运作效率，以创造更高的企业价值，企业组织运行更加虚拟化和平台化。虚拟组织，即虚拟企业是由一些独立的厂商、顾客甚至同行业的竞争对手，通过信息技术联成的历史性网络组织，以达到共享技术、分摊费用，以及满足市场需求的目的。它通过集成各成员的核心能力和资源，在管理技术资源等方面拥有独特的竞争优势，通过分享市场机会和顾客实现“共赢”的目标。它作为一种动态性联盟，具有“基于机遇和动态”的特性，使得“追求对市场的有效反应速度”成为虚拟企业的主要动机。②

企业组织运行平台化最早起源于互联网行业，但该企业组织运行方式同样适用于传统企业。目前，平台化组织改革正在以服务业为代表的三次产业体系内如火如荼地进行。在传统企业进行平台化组织变革过程中，关键是让平台成员成为创业的主体，实现平台企业与用户紧密互动，以最快的速度了解并满足用户的需求。不同的平台化组织具有各自的生态圈，这是其生存与发展的前提。事实上，平台就是连接和吸聚外部资源的媒介，为可以创造价值的团队或力量提供支撑和资源；平台企业通过获取平台资源快速成长，为平台吸引更多的外部资源，从而在互联网环境下实现双边市场新的盈利模式。

---

① 李红勋．企业组织扁平化的作用探析［J］．理论与改革，2013（1）：114－116.

② 王庆功，杜传忠．垄断与竞争：中国市场结构模式研究［M］．北京：经济科学出版社，2006：206.

3. 企业组织调整行为趋向跨界

在互联网时代，跨界成为企业的生存之道。如微软转向设备与服务、英特尔开放代工业务、AMD 打入微服务器市场、乐视生产和销售电视机、苏宁转型电商等。究其原因，主要有两方面：一是信息技术在各领域的不断推广与渗透，催生智能移动终端（IT + 移动通信）、汽车电子（IT + 汽车）、电子商务（互联网 + 传统商业）、物联网（信息空间 + 物理世界）等新兴市场，吸引企业进行跨界经营；二是互联网的开放性驱动创新，使技术生命周期日益缩短。

第四节 互联网主导型社会分工网络的形成与运行

互联网主导型社会分工网络是指以互联网革命为主要驱动力，社会各行业相互协作、相互渗透的实时协同网络化分工体系。社会分工的深化往往产生迂回生产，在提高生产效率的同时伴随着交易成本的上升。互联网革命解决了这个两难冲突，释放市场需求，扩大市场规模、深化社会分工的同时降低企业内部与外部交易成本，推动互联网主导型社会分工网络的形成。与以往社会分工网络不同，互联网主导型社会分工网络呈现出范围经济、边际成本递减、实时协同、级数扩张等运行特征。

一、社会分工网络的演进规律

（一）社会分工网络的演进历程

社会分工是超越一个经济单位的社会范围的生产分工，本文所指的社会分工网络是分工内生的社会网络体系。社会分工网络的形成与演进与生产力水平息息相关。根据社会历史形态的演进，社会分工网络的演进历程大致分为三个阶段：

第一阶段，农业时代。在农业时代，随着生产力水平的不断提高，人类社会经历了两次社会大分工。即畜牧业与手工业先后从农业中分离出来。农业时代的社会分工以物本为导向。

第二阶段，工业时代。适应商品生产和交换发展的需要，社会中开始出现了专门从事商品买卖的商人阶层，于是在工业时代有了人类历史上的第三次社会大分工。工业时代的社会分工以资本为导向。

第三阶段，信息时代。服务业，特别是信息服务业成为当代经济的重要部门。它与农业、牧业、手工业一样都提供某种产品，只是农业、牧业和手工业提供的是有形产品，而服务业提供的是无形产品。与商业相比，服务业提供的大部分服务属于生产性服务，发生在其他部门的生产过程中，而商业提供的服务都是在商品生产出来以后的交换过程，所以二者存在本质区别。因此，可以将服务业视为第四次社会大分工①。信息时代的社会分工以人本为导向。

（二）社会分工网络演进的影响因素

1. 市场因素

经济学中的分工理论最早可以追溯到亚当·斯密的《国富论》，斯密认为分工受市场广狭的限制。杨格拓展了斯密定理，提出分工取决于市场规模，而市场规模又取决于分工。可见，市场因素在分工深化与演进过程中发挥着重要作用。当市场规模达到一定程度以后，才可能产生分工。随着市场规模的日益扩大，分工也会越来越细。市场规模与分工之间存在正向关系，即无论市场在时间范围上的延续还是在空间范围上的拓展，均将推动分工不断地向前演进。

2. 交易费用

根据专业化分工的相关理论，交易费用与专业化分工之间存在负向关系。社会分工网络的日益广化和深化，会引起交易主体增加、交易客体扩大和交易种类繁杂，带来高额的交易费用。若分工的收益不足以补偿交易费用或是被交易费用所抵消，则理性的经济人会选择自给所有的中间产品和消费品，即一体化经营。因此，交易费用的上升会遏制社会分工网络的演进。

3. 技术水平

技术的可行性是实现分工的一个必要条件。技术的进步和不断创新一方面，增加了专业化分工的可行性，生产活动能否被分拆、生产工序能否被分离取决于技术上的可分性，技术决定了可被分解的最小单位的大小；另一方面，技术的进步和不断创新也使得专业化分工成为一种必然的趋势，随着技术创新速度和更替频率的加快，掌握某一技术需要耗费的时间和精力也就日益增多，单个的经济主体越来越难以完全依靠自身积累的知识和拥有各种相关资源去完成某一独立的生产过程或产品的全部生产工序。②

---

① 李羽中. 论社会分工、企业分工与企业网络分工——对分工的再认识［J］. 当代经济研究，2005（2）：17－22.

② 周健生，陶爱萍. 分工演进视角下报酬递增规律的探析［J］. 学术论坛，2009（9）：123－126.

（三）社会分工网络演进机制

社会分工网络演变是在自组织机制和他组织机制的叠加作用下的演化过程。根据系统哲学观点，自组织机制揭示了系统演化的关键在于内部要素或子系统的运动力量互动所创造出的一种“自生自发的秩序”，这种秩序是源于内部的或者自我产生的；而一个自组织系统同时也是一个开放系统，所以总是存在外力作用对系统内各要素施加影响，指导和控制其运动的方式，从而确立成为整体建构的秩序。这是他组织机制。[①] 简言之，自组织机制是指社会分工网络无须外界的特定干扰而仅靠自身内部要素的运动或子系统相互作用下形成某种特定结构状态的过程；他组织机制则是指社会分工网络在外界干扰作用下形成某种特定结构状态的过程。

在市场经济条件下，社会分工网络可看作一种由社会个体、企业等微观经济主体空间行为选择所主导的自组织过程。即在一个处于动态均衡的社会分工网络中，某一网络节点的调整都意味着其偏离均衡状态，从而便会成为一种网络信息扰动；也许这种信息扰动很小，但其通过社会分工网络内部的作用机制，可能会引发其他网络节点的调整行为，导致大量节点对原有网络均衡状态的偏离，最终在一个新的水平达到一种新的动态均衡，社会分工网络内外部形成一种更有效、有序的秩序。事实上，社会分工网络演变过程是“均衡—非均衡—均衡”的动态循环演化过程。

在社会分工网络演进过程中，它不仅受到企业等微观经济主体选择的影响，而且受政府规划调控和政策引导。即在一个处于动态均衡的社会分工网络中，政府通过规划、制度、政策或其他行为改变部分企业的市场行为，进而引发关联企业的重新定位，使得社会分工内外部形成一种新的有效、有序的结构状态。在这一过程中，虽然政府行为是社会分工网络调整或治理的初始动力，但是它必须通过企业的市场行为才能达到促使社会分工网络结构变化的目的。也就是说，他组织过程和自组织过程紧密相关，他组织过程最终还是通过自组织过程发生作用。

二、互联网主导型社会分工网络的形成机理

（一）扩大的市场规模深化社会分工网络

互联网通过释放市场需求，扩大市场规模。互联网革命使信息实现了跨越空间与时间的传播，缓解了市场信息不对称的状况。消费者和生产者之间的关系由传统

① ［美］哈耶克．法律、立法与自由［M］．邓正来，译．北京：中国大百科全书出版社，2000.

的主、被动关系变为网络上消费者和生产者之间的双向互动关系，市场需求获得了极大程度的释放。如阿里巴巴、天猫、京东、当当网等通过平台搭建，释放了传统被禁锢的供求关系，且随着消费者个性化需求的不断凸显，基于对大数据的分享和交换，生产者提供的特色产品或服务也越来越多，社会分工日益精细化、柔性化。同时，伴随着互联网技术的日新月异，互联网逐渐向传统产业分工渗透与融合，引导和释放传统生产需求，推动产业互联网、互联网金融、服务互联网等新商业模式或新业态出现，大大提高市场容量，深化社会分工网络联系。

（二）降低的交易费用促进社会分工网络化

1. 互联网降低了企业内部交易成本

交易费用理论认为，企业的本质是对市场价格机制的替代，即企业内部交易代替市场交易，但这种替代是有成本的。企业内部亦同时存在着组织生产、协调管理等内部交易费用，因此存在一个企业效率边界的确定问题。当企业内部用于组织生产及协调管理等的边际费用恰好等于通过市场进行交易的费用时（MR = MC），企业即达到了其最佳的规模，也即是企业的规模边界。互联网使企业大大降低了内部交易成本。企业管理的数字化（如建立企业内部网，Intranet），使企业组织结构扁平化。部门之间可以即时传递信息，互动交流；可实现生产、批发、零售的联网管理，从而降低库存，减少积压，降低管理成本，减少部门间的无效率，提高了企业效率。根据美国 APICS 协会的统计，企业内部建立起完善的管理信息系统（MJS），一般可为企业降低库存 35%，减少交货延期 80%，缩短采购期 50%，减少误工误时 60%，降低制造成本 12%，减少管理人员 10%，提高生产能力 10% ~15%。[①] 这无疑为企业提供个性化服务创造了条件。

企业内部环境的改善降低了大型企业由于规模增长而导致的内部组织成本的上升，突破了管理组织等方面的约束而向更大规模发展。对于中小企业而言，可以通过国际和国内的各种信息网络来建立在工业经济时代只有大公司才有财力和人力来建立的国际联系，来开拓在工业经济时代只有大公司大批量生产的产品才能开拓的国内、国际市场，以及进行在工业经济时代只有大公司才有技术力量进行的技术转移。

2. 互联网降低企业外部交易费用

互联网技术的先进性同样也对企业外部交易产生了积极的影响，而企业外部交

---

① 韩国盛．网络经济及其对传统经济理论的挑战［D］．武汉理工大学硕士学位论文，2006.

易的主要场所则是市场。市场的产生是企业间交易增加的结果，市场的功能很多，除了提供交易场所这一主要功能外，还有着资源配置的重要作用。然而传统市场存在着一些与生俱来的痼疾，如占地面积巨大、市场管理费用高昂、资源配置时滞等，这些都增加了企业的交易成本。

互联网经济的发展导致网上市场的产生和巨大发展，从而使得传统市场在一定程度上出现萎缩。虚拟市场相对传统市场而言有如下优点①：

一是信息反映及时准确，节省了查找定位所需的交通和时间等费用。市场主体进入信息网络后能在极短的时间内迅速完成对信息的收集、处理、加工和分析工作，因而使信息资源同物质资源有机地结合起来，产生极大的“互补效应”，对企业之间以及企业内部的交易方式及交易成本产生一种根本性的变化，创造了一个全新的企业生存环境；同样地，对于消费者而言，也节省了许多获取信息的费用。

二是提高企业资源利用效率。在传统经济环境下，企业由于资金和技术局限，因此不可能在大范围内收集用户信息并对其进行分析，很难针对用户的特别需要提供定制服务或个性化服务，很难面对不同市场、不同消费者实施针对性的营销策略。而在网络环境下，企业可以以很低的成本，广泛采集用户信息，可以制定并实施针对性的营销策略，提供个性化服务，可以低成本地为更多的消费者服务。

三是无须固定的场所，减少了场地和管理费。网络极大地突破了现实世界的时空限制，信息在网上的传送十分迅速、便捷，时空差距不再是网络世界的障碍，网络极大地降低了时空成本，相对于传统市场而言，不需要大块场地和由此衍生的巨大的管理费用。

四是交易过程方便、快捷。四通八达的互联网可以简化市场交易过程，消解市场中介组织，可以低成本地进行精确的统计与分析。在传统经济环境中，许多的经济行为不可能做精确细致的统计分析，因此许多结论或对未来的期望都是十分不准确的。而在网络环境下的经济行为可以采用先进的信息技术对经济行为进行实时的统计、分析，并能借此做出总结，预测未来以及做出较为精确的决策。网络可以减少交易双方之间信息不对称程度，提高社会资源的配置效率。经济学理论认为，信息不对称会导致市场交易效率的低下，减少信息不对称意味减少用于搜寻信息的时间、精力和财力，意味着社会运行成本的降低和社会净剩余的增加。

因此，互联网的快速发展突破了传统经济理论中的交易费用理论，市场交易成

① 韩国盛. 网络经济及其对传统经济理论的挑战［D］. 武汉理工大学硕士学位论文，2006.

本和企业内部交易成本都得以不断下降，改变了原有的交易成本经济学关于市场交易成本和企业内部交易成本是两种作用方向正好相反的交易成本的看法，形成信息经济新的交易成本论。

（三）创新的商业模式与组织形式拓展社会分工网络

互联网为人们提供了一个开放性、虚拟性、交互性、平等性与共享性的网络环境，使处在不同地域的人可以随时随地进行双向或多项信息交流，打破了信息壁垒。信息的壁垒一旦被打破，企业那些依赖信息不对称建立起来的若干商业模式与管理模式，如金字塔式的管理组织模式、渠道代理模式、广告推广模式，都会面临巨大挑战。社会分工网络的信息冗余度增加，有利于实现网络创新。

同时，互联网革命还改变了传统企业的商业环境，如消费者权力上升，价值个性化、网络传播效应、大规模协作等。商业环境的变化倒逼企业商业模式的调整与变革，旧的组织结构和层级制无法产生竞争所需的灵活性、创造力和分享机制，对传统商业流程“零星的改革”已经无济于事，只有战略性的、企业级的、贯穿整个价值链的深度变革才能使企业真正获得制胜的先机。商业模式与组织变革无疑会细化产业分工，增加社会分工网络节点，从而拓展社会分工网络。

三、互联网主导型社会分工网络的运行特征

（一）范围经济凸显

范围经济是指企业规模发展到一定水平，企业利用已有设备与渠道等，增加产品种类的生产，其成本非但不会显著增加反而使得产品的平均成本降低。它不同于工业经济时代的规模经济。在信息经济时代，面对消费者多样化、个性化与动态化的需求以及日新月异的技术创新，互联网环境下的企业生产不可能再专注于某一种产品的大规模生产，而是倾向多种相关产品的研发与生产，追求范围经济。这种互联网影响下的生产新特征势必驱使其主导型社会分工网络运行，也凸显范围经济。如在商务生态作用下，以平台形式存在的固定成本被零成本复制，促成了增值应用的轻资产运作，形成以租代买的分享型经济新商业模式。在这种信息经济平台化商业模式下的社会分工以追求范围经济为目标，倾向不同服务种类的多样性，不同于工业经济大规模生产模式下的专业化分工。

（二）边际成本递减

在工业经济背景下，传统分工的取向是专业化，生产趋向同质化，在自上而下

的中央控制的企业组织中，交易费用随专业化的扩大而相对递增，产品的边际成本递增；在互联网环境（如商业生态系统）中，分工的取向是多样化、协调化，生产趋向异质化（如个性化、定制），在自下而上的分布式的网络组织中，交易费用随多样化的增加而相对递减，产品的边际成本递减。

（三）实现实时协同

伴随生产方式由“工业经济”的线性控制向“信息经济”的实时协同转变，互联网主导的社会分工网络也逐渐实现实时协同。互联网为实时协同的工作方式提供了可能，由于沟通、协作的门槛降低，评价和信用制度的完善，专业技能的价值进一步凸显，个人能力可以得到充分发挥，就业的灵活性进一步提高。年轻一代经由网络、利用外包方式，可以充分安排自己的工作时间和工作地点，为多家企业提供服务工作，比如翻译、设计、客户服务等工作。企业的雇佣方式和组织形式可以根据自身需要实时调整。

（四）网络效应明显

在互联网主导型社会分工网络中，各部分相互依赖，系统内部的个体效率不仅与其他人的效率有关，而且与参与网络的人数相关。一般而言，参与的人越多，网络效应就越明显。在传统市场内部，每个人都根据分工的比较优势选择商品交易活动链条上的一个环节，专业化商人及配套服务供应商围绕某一类商品的贸易活动组成一种互动的贸易网络体系。随着互联网革命的到来，信息流动日益加快，这种贸易网络体系不仅面积增大，而且在网络中每个节点上的商人的资源能量获得了放大效应。当某种产品的直接网络效应充分体现时，用户可以得到规模经济的好处。平均收入（用户获得的价值）随着规模的增加而增加。

（五）级数扩张性

互联网主导型的社会分工网络可以带来爆炸性的价值增长。例如，从公司成立到拥有 10 亿美元的市值所需时间来看，惠普用了 47 年，微软用了 15 年，Yahoo 用了 2 年，而 NetZero 只用了 9 个月①。这就是前所未有的网络经济速度。可见，在互联网主导型的社会分工网络中，网络平台的扩张不仅仅是平面的拓展，而且是参与主体的增加，这种扩张是多层次、多角度的。对等的互联网技术使得每一个节点能够直接与其他的任何一个节点交流；对等的信息传递方式使得无论信息处于何处，每个网络分工者都能够容易地得到；对等的知识联网，使得无论他人的知识位于何

① 周丛根．网络经济背景下的商业模式创新路径研究——基于经济学内涵的思考［D］．上海社会科学院博士研究生毕业论文，2011.

处，网络参与者都能够获得它。这说明在互联网主导的社会分工网络中，只要增加一个网络节点，将成几何级数增加信息交互和传递量。

（六）长尾效应

在统计学中，“头”是指正态曲线中间的突起部分；“尾”是指两边相对平缓的部分。根据人们的需求，企业出于生产成本等因素考虑，往往只关注大多数人的需求，即正态分布曲线占比比较大的头，而对于分布在尾部的个性化或零散的小量的需求，常常被企业所忽略。而所谓的长尾效应正好与这种出发点相反，它本质上是强调“个性化”“客户力量”和“小利润大市场”，也就是要赚很少的钱，但是要赚很多人的钱。即将市场细分到很细很小的时候，即社会分工越来越细化，然后会发现这些细小市场的累计会带来明显的长尾效应。

第五节　互联网革命驱动下的社会治理体系全面变革

社会治理体系是国家治理体系的重要组成部分，其本身也是一个复杂系统，由价值理念、治理主体、治理客体、制度结构、治理手段等多种基本要素构成。自互联网革命兴起以来，其通过重塑社会生产方式以及信息的传播与生产方式，使人类经济社会的低复杂性和低变动速度发展特征被高复杂性和高不确定性特征所取代，从而成为驱动社会治理体系变革的重要力量。在互联网革命的驱动下，社会治理体系正在实现全面变革，社会治理理念得到革新，治理主体日益多元化，治理结构趋向扁平化，治理手段日益现代化，同时由于互联网在社会发展中所具有的战略基础性地位，其本身也成为一国乃至全球社会治理关注的重点对象。

一、互联网驱动社会治理模式变革的机理

（一）工业时代的一元社会治理模式及其形成背景

社会治理模式作为上层建筑，由特定的社会条件和经济基础决定。人类进入工业社会以来，长期占据统治地位的社会治理模式是以政府为唯一主体的一元治理模式。这种治理模式形成的经济社会背景是，工业革命使资本主义市场经济大发展，由手工工场过渡到大机器生产的工厂，流水生产线使得大规模生产成为制造业的基本生产组织方式，高产量、高同质化、低成本成为产品需求和供给的主要特征。与此相适应，这一时代公共服务的需求规模较小，种类也比较单一，并且随着市场经

济与公民权利的确立，私人领域与公共领域的分野逐渐形成，人类事务也被划分为公共事务与私人事务，并实施不同的制度安排。私人事务的目的是私人利益，其收益由私人所得、成本由个人承担，因而由市场交易和个人自主处理；公共事务则以实现公共利益为目的，其成本由社会共同承担、收益由社会共同享有，因而由按照代议制原则组成的政府以“国家”的名义加以处理。政府不得随意干预私人事务，以防止私人利益遭到公共权力的侵害；私人也没有义务且不得介入公共领域的事务，以防止私人利益的渗透导致公共利益的异化①。

由此，以社会复杂性程度较低和社会变动速度较缓慢为典型特征的工业时代，形成了以政府为唯一主体的控制型社会治理模式。在该模式下，政府垄断了全部社会管理的职责，以纵向层次模块和权力等级构成的科层制结构，实施由上至下和全面的管理控制。同时，政府将工业生产中的分工与专业化思想应用到社会管理之中，横向上分化出许多专门的领域和按业务设置的政府管理部门，各部门围绕其单一职能形成独立服务的系统。

（二）互联网引发人类经济社会发展特征产生根本性变化

20 世纪 80 年代，特别是 90 年代中期互联网时代开启之后，人类的经济与社会发展特征开始发生巨大变化，低复杂性和低变动速度特征逐渐被高复杂性和高不确定性特征所替代，互联网的出现与发展则是引发这一巨大变化的根本原因之一。

20 世纪 90 年代中期，发端于美国的互联网开始向全球拓展，使人类社会进入了以知识和信息为特征的后工业时代。在经济方面，互联网驱动制造业从自动化迈向数字化，从规模化向个性化方向发展，用户的创新、创意在产业发展中所扮演的角色更为突出，产品的种类大幅增加，以满足消费者广泛的个性化需求，企业过去依靠规模经济降低成本的竞争战略受到挑战。在社会方面，互联网所具有的开放性、分布式、互动性、去中心化等特点，一方面，使其成为信息、知识广泛快速传播的载体，知识和信息量呈爆炸增长状态；另一方面，导致信息的生产方式发生了根本性变化，公众和社会组织不仅是信息的消费者，也开始成为信息的生产者。同时，每个单独的个体还可以通过网络与无数其他个体建立广泛联系和进行频繁互动，个人的声音得以通过互联网传播和放大，个体的影响力大大增加。

与工业时代社会复杂性程度较低和社会变动速度较缓慢的特征相比，互联网时代的人类经济社会逐渐呈现出高复杂性和高不确定性的特征。首先，消费者对产品

① 刘翔. 中国服务性政府构建研究［D］. 复旦大学博士学位论文，2010.

和服务需求开始由单一化向多元化发展，这一变化也体现在消费者对公共产品和服务的需求方面。公众要求政府能够提供更多的个性化产品和服务，并且对满足需求的时间、成本、专业性等方面也提出了更高的要求，如灾后的紧急救援、心理辅导服务等。其次，信息传播与生产方式的根本性变化，打破了政府部门对信息的垄断，公众和社会组织在获取信息方面变得空前容易和方便，大量突发事件信息经由互联网迅速传播，个体和社会组织的意见经由互联网汇集和发酵，并形成强大民意，政府的管理者角色受到挑战、削弱或冲淡。

（三）互联网时代多元合作治理模式的确立

产生于工业时代的一元垄断治理模式，在工业社会低度复杂性和低度不确定性的条件下，在社会的普遍联系程度和有机互动要求不甚强烈的条件下，政府职能的碎片化以及按部就班办事的行为模式还不至于使政府的功能障碍显现出来[①]。但在社会复杂性程度高和变动速度快的社会中，这种模式则表现出了严重的不适应。

现代社会复杂多样化的发展趋势，要求社会治理体系对复杂多样的公众诉求做出快速、合理和专业的反应，需要政府调整组织纵向权力结构和权力关系，让更多具备专业经验、专门技术知识以及不同意见的多元主体共同参与治理。由此，公众和社会组织正日益成为政府之外的新兴社会治理主体，包括政府、公众和社会组织在内的多元合作治理模式正在加速形成。

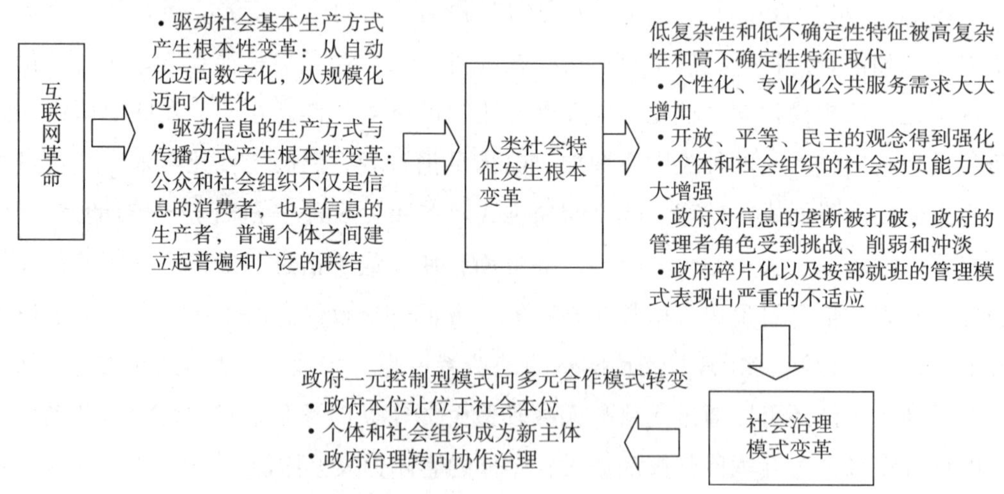

图3－3　互联网驱动社会治理模式变革的作用机理

资料来源：作者研究整理。

① 张康之．论多元主体条件下的社会治理［J］．中国人民大学学报，2014（2）：2－13.

二、互联网驱动社会治理体系变革的主要途径

（一）社会治理体系的基本构成要素

社会治理体系是国家治理体系的重要组成部分。从系统的角度来看，其本身也是一个复杂系统，主要由价值理念、治理主体、治理客体、制度结构、治理手段等多种基本要素构成。

价值理念是构建社会治理体系的首要要素，价值理念体现了一国社会治理体系建设的根本目标。治理主体是实施社会治理的行为主体，各类行为主体通过依法为社会提供公共服务，规范社会成员行为，维护社会成员权益，协调社会成员关系，管理社会成员事务，实现公共利益最大化。治理客体是社会治理体系的治理对象，通常由各类社会问题所构成。治理结构是指社会治理体系的权力结构和组织形式，治理手段通常包括法律、政策、教育、经济和技术等。

互联网革命正通过变革社会治理体系的各项基本要素而对其实施全方位改造。社会治理理念正在受到革新，治理主体日益多元化，治理结构日趋扁平化，治理手段日益现代化，同时由于互联网在社会发展中所具有的战略基础性地位，其本身也成为一国乃至全球社会治理关注的核心与焦点。

（二）互联网驱动社会治理理念变革

随着全球互联网的深入发展，一个具有与传统社会明显不同特点的网络社会已经形成。互联网信息技术本身具有的超时空性、交流主体的隐匿性与对等性、去中心化、强连接性等塑造了网络社会不同于传统社会的独特特点。与传统社会相比，网络社会缺乏稳定的等级层次结构，不存在稳定的权威中心，没有明确的社会产生规则，受到原有社会规则的限制也较少，具备协同和自组织等特性①。

网络社会并非独立存在，而是与真实世界紧密相连，已对真实世界产生了巨大影响，并进而对传统社会治理理念形成重大冲击。网络社会改变了个体的思维和行为方式，强化了个体的平等和民主思想，同时提升了个体的社会动员能力，这要求“政府本位”让位于“社会本位”，传统的政府控制和管理社会的观念必须让位于调控、引导、服务和整合社会的观念，社会治理体系要从“一元主体”走向“多元主体”，从“社会运作行政化”走向“社会运作社会化”，从“政府统治”走向“协

---

① 何哲．网络社会的基本特性及其公共治理策略［J］．甘肃行政学院学报，2014（3）：56－66.

同治理”。从“强化管制”走向“优质服务”，从“人治”走向“法治”。[①]

（三）互联网驱动社会治理主体多元化

互联网正在加速驱动社会治理主体由政府单一主体向由政府、公众和社会组织等构成的多元主体转化。互联网通过为公众、社会组织等社会主体提供参与公共事务的便捷渠道，以及提升他们参与社会事务的能力，使其真正成为社会治理主体的有机组成部分。

首先，互联网通过构筑开放的公共网络空间和平台，为包括弱势群体在内的所有公众、社会组织等新兴主体提供了参与社会治理的直接和便捷渠道，提高了其参与社会治理的意愿，增加了其参与社会治理的机会。随着互联网的普及，特别是移动互联网的快速发展，各类公众和社会组织都可以通过各种网络终端随时随地进入网络论坛（BBS）、微博、“脸谱”（Facebook）、“推特”（Twitter）等社交网络，以及各类政府网站，平等自由地参与公共议题的讨论，直接提出自己的意见或建议等。借助公共网络空间和平台渠道，公众、社会组织与政府组成的多元主体，彼此之间可以通过平等的协商与对话，在公共决策和社会立法等方面达成共识，实现合作共同治理。

其次，互联网打破了时间和空间的限制，将千千万万个分散的个体参与者和社会组织连接起来，这种基于时空的连接进而带来行动倡导方面的连接，使普通人也具备了强大的社会动员能力，大大提升了普通个体和社会组织的话语权，其社会治理的主体地位也因而得以强化，并使其在社会治理中扮演越来越重要的角色。2008年韩国大学生朴志源发起的进口牛肉风波事件、2012 年我国青岛市民潘琦发起的关于城市绿化的网络问政事件、邓飞等 500 多名记者和国内数十家媒体联合中国社会福利基金会发起的“免费午餐”公益项目等均是这方面的典型案例。

（四）互联网推动社会治理结构扁平化

互联网通过改变信息传递的数量和模式，正在驱动社会治理结构从传统多级科层制向现代的扁平化结构转变。

互联网时代到来之前，信息的传递规模较小。在传统多级科层制治理结构中，信息的传递模式为金字塔型，基础信息从下至上单向层层传递，然后基础信息经过一层一层的筛选、重构和处理，再由上至下传递到基层。科层制结构信息传递的特

---

① 严翅君．理念变革是社会管理创新的前提［N］．学习时报，2012－10－15.

点是规模小、层级多、速度慢，政府对信息具有垄断性。但互联网时代的信息传递完全突破了这种结构限制，不仅信息可瞬时抵达各个层级，而且下层和上层可以突破层级限制，建立直接对话，并双向互动，政府对信息的垄断完全被打破。这就要求社会治理体系能够对突发事件做出迅速反应，治理体系的顶层要掌握对信息的收集和掌控能力、对问题的发现和分析能力，基层要提高对现场突发事件的处置能力，尽可能地掌握信息，就地处理信息，避免发酵成新的事件。

这使得传统科层治理体系受到前所未有的挑战，互联网时代的社会治理结构必须向扁平化方向发展。扁平化的社会治理结构，首先要求压缩现有过多的治理层级，政府要探索实行中央到省，省直接对县进行管辖和治理，县以下实施大平台治理的结构。其次要打破部门条块分割，逐渐融合，构建大部制管理结构。此外，还要积极发挥基层社区私营部门和社会组织的作用，强化基层自组织，鼓励私营部门和社会组织参与公共服务的提供。

（五）互联网推动社会治理手段现代化

互联网和大数据技术为各国社会治理提供了更加现代化的治理手段，不仅提高了社会治理的效率，降低了治理成本，而且使各国社会治理更加科学化和民主化。

基于互联网的电子政务已在各国政府得到广泛应用，美国等还率先将云计算等最新互联网技术引入政府政务管理。电子政务实现了政府办公自动化、政府部门间的信息共建共享、政府实时信息发布、各级政府间的远程视频会议、公民网上查询政府信息、电子化民意调查和社会经济统计等功能，不仅有效削减了政务管理成本，而且有利于推进政府政务公开，提高公民参与度，改善政府与民众之间的关系，增强政府信任度等。

互联网技术还可以改进公共服务提供方式，优化公共资源配置，提升社会治理的科学化与公平化。互联网特别是自移动互联网兴起以来，以教育、医疗、养老、交通等为代表的公共服务正在快速互联网化，为破解公共服务的供需矛盾、提升公共服务质量，提供了新的有效的解决方案。通过桌面和各种移动端口，人们可以方便地获得在线教育、在线医疗、在线订火车票、打车服务、交通和天气信息、在线缴纳水电费等公共服务，大大节约了时间和成本。互联网还通过实现跨时空资源配置，将集中在少数大中型城市的医疗、教育等优质公共服务资源，以在线教育、远程医疗等方式使其服务于农村偏远地区，提高了公共资源的配置效率，促进了公共服务的均等化。

大数据技术在提升社会治理方面蕴含着巨大机遇。大数据技术可被应用于海量数据的快速收集与挖掘、及时研判与共享，从而成为支持社会治理科学决策和准确预判的有力手段。通过对社会大数据进行历时性和实时性分析，还可以加强社会风险控制，提高政府预测预警能力和应急响应能力。例如通过大数据技术对舆情进行监测、分析和预判，提高政府对公共突发事件的应对能力，化解社会风险。

（六）互联网本身成为社会治理的重要对象

随着互联网技术的快速发展及其向政治、经济、社会和文化等领域的广泛渗透，一国乃至全球的经济社会发展对互联网的依赖程度日益加深，互联网正在成为全球最为重要的战略性基础设施。经济社会活动更加依赖网络但也加剧了系统脆弱性，包括互联网自身安全，以及空间中的国家安全、社会安全、经济安全在内的网络空间安全问题已引起各国政府的高度关注。另外，随着互联网的深入发展，网络空间也暴露出一系列不良问题，如网络色情、网络谣言、垃圾邮件、网络病毒、网络诈骗、网络洗钱、网络赌博等。这使得互联网本身成为社会治理的重要对象之一。

（七）国际互联网治理成为全球治理的核心焦点

制网权是指一个主权国家对广义上的计算机互联网世界的控制权和主导权，主要包括国家对国际互联网根域名的控制权、IP 地址的分配权、互联网标准的制定权、网络舆论权等。制网权是继制陆权、制海权、制空权和制天权之后，伴随互联网深入发展而出现的一种新型国家权力形态，制网权也是一个主权国家在网络空间生存的根本保障，各国对制网权的高度关注与争夺使国际互联网治理成为全球治理的核心与焦点问题。

目前，以互联网名称与数字地址分配机构（ICANN）为核心的互联网治理制度是国际互联网治理的基本制度，该制度能较好地适应互联网架构和技术性问题，但并不能有效解决出现的政治关切及公共秩序问题。[①] 美国通过对 ICANN 的实质性影响，在国际互联网治理中占据绝对优势，在互联网的快速发展及各国日益重视网络主权的新背景下，国际互联网治理制度亟须改革和完善。

互联网的国际化特征，决定了任何一个国家都很难单独对互联网进行有效治理。另外，虽然互联网具有高度全球化特征，但每一个国家在信息领域的主权权益都不应受到侵犯，互联网技术的发展不能侵犯他国的信息主权。在信息领域没有双重标准，各国都有权维护自己的信息安全。国际社会要本着相互尊重和相互信任的原则，

---

① 王明国．全球互联网治理的模式变迁、制度逻辑与重构途径［J］．世界经济与政治，2015（3）：47－73.

通过积极有效的国际合作，共同构建和平、安全、开放、合作的网络空间，建立多边、民主、透明的国际互联网治理体系。①

第六节 互联网环境下的消费理论变革与经济协同演化

消费是社会再生产循环的重要环节，在市场经济条件下更加受到重视。在互联网革命的背景下，消费需求的深层逻辑发生了变革，进而影响消费形态、消费模式和消费行为的转变。微观消费规律是构建现代经济学的重要基础，消费理论的变革又要求整个经济学理论也随之调整。对于中国而言，如何将基于工业经济时代的消费理论和经济理论转变为互联网时代具有解释力的经济理论，形成有深度、有特色的中国经济理论，是中国学者从事经济理论研究的重要任务。

一、消费需求逻辑变迁及其带来的理论变革

（一）对个性化需求的满足能力是工业时代与互联网时代的突出差别

工业时代是人类战胜自然，确立在地球占据统治地位的一段时期。总体上解决的主要矛盾是人口增长和基本供给不足的矛盾。工业时代的基本逻辑是，使用机器征服自然，标准化生产，大规模生产。这种逻辑下，人类千差万别的需求被格式化成一个个精细化不足的标准模块，如衣服的款式有限，批量生产，分销全球，尺码也被分成有限种；又如车辆的外观只能依靠设计师提前确定等。在互联网时代，既有的产品标准被打破，“撞衫”成为人们不愿意看到的事情，人类个性化的需求开始被无限细分，并且具备了满足这种需求的信息传送条件和生产供给条件。

在互联网时代，人类社会的物质供给已经大大丰富，尽管在不同国家（地区）人类社会发展水平仍存在差异，但总体已呈现出供给相对过剩的格局。如何突出需求的精细化、个性化，回归人性基本需求层面的千差万别，已经成为需求变化的主要方向和消费经济新的底层逻辑。互联网时代社会生产要解决的主要矛盾开始转向全部社会资源在“帮助”消费者挖掘自身需求，从而满足和服务于人类的多元化和高幸福感生存问题。同时，消费者自身也会产生越来越深入的自我认知，忠实于越来越个性化、独有的自身需求。相应地，生产端的柔性、敏捷性和智慧化开始逐步凸显，满足个性需求的能力不断增强。

① 新华网．习近平巴西谈互联网治理［EB/OL］．http：//news. xinhuanet. com/2014/07/17/c_ 1111673270. htm.

（二）个性化需求和“个性化生存”推动生产生活的空间分散和部落分散

消费需求的个性化引发了与之相关的经济、社会运行方式的变化，社会个体会进入“个性化生存”的阶段，社会生活方式开始多元化，进一步改变需求模式。例如，互联网带来的远程会议、文件分享云服务、无纸化办公等使居家工作成为可能；个性化、小批量的生产以及项目管理组织方式使弹性工作制越发流行；旅行作家、网络主播、共享住房等新的生活方式不断出现；跨区域文化交流日益便利、频繁，文化差异被人们认同、尊重，并逐步形成全球趋同的主流文化体系。

在生存方式多样化的条件下，需求将进一步个性化，且生产生活的空间分布也将发生变迁，实体空间上，原本人口追随服务要素而形成的集聚模式可能逐步变化，互联网服务的普及可能让分散的生产生活重新被人们接受；在网络空间上，有共同兴趣的人们在社交平台上逐步形成固定化、主流化的社群，更容易形成信任和交易关系。总之，物理空间联系与网络空间联系的互补和替代，空间经济和区域经济理论的更新和重塑，也将是消费经济和需求理论要研究的重要问题。

（三）需求个性化要求治理组织的小型化和治理模式的功能化

如上文我们分析的，互联网时代也将对政府治理模式产生影响，政府主导的一元治理模式也将变化，分区域的纵向层次模块和权力等级构成的科层制结构与互联网对空间划分的模式不相融合。区域条块化的治理模式可能演变为以流程节点或功能需求为分工模式的政府组织。在很多具体商业和社会活动中，一些政府职能得以大幅弱化，各类平台、自组织社群将替代部分政府功能，政府组织将更多地发挥公共法律的制定执行功能，强化网络活动的治理能力，实现政府组织规模的进一步小型化。

二、互联网影响下的供给理论变革和有效需求提升

传统经济学的“供给学派”一直主张“供给创造自身的需求”，萨伊定律认为供给是实际需求得以维持的决定因素。政府应将政策着力点放在供给侧，不应当过分强调刺激需求。供给学派的基本思路为当时的美国总统里根接受，并付诸实施，被理论界称为“里根经济学”。里根经济学采用供给学派的减税理论治理经济停滞，以货币学派的控制货币供应量发行理论治理通货膨胀。在治理当时美国面临的“滞胀”问题方面取得了显著成效。

（一）互联网与中国供给侧改革

中国政府正在推动“供给侧改革”。即从供给、生产端入手，通过解放生产力，

提升竞争力促进经济发展。具体措施包括淘汰落后产能、优化产业结构、构建宽松的经济环境、创造新的经济增长点等。供给侧改革的核心是提升全要素生产率，即提升总产量与全部要素投入量之比。全要素生产率提升的来源主要包括技术进步、组织创新、专业化和生产创新等。

互联网在供给侧改革中涉及的理论研究方向包括：首先，互联网的发展提升了劳动力、资本、知识等生产要素的供给和利用效率，其本身也作为一种生产要素，完善了供给要素的结构，进而提升了有效需求。

其次，互联网是推动技术进步、产业转型升级、生产和管理创新等方面的重要影响因素，作为高新技术的互联网可以为供给侧改革提供重要的技术支持，作为产业和生态的互联网可以为政府的供给侧改革提供政策着力点。如何利用互联网的作用，完善供给侧改革，是值得理论界共同思考的问题。

此外，在互联网革命新的社会技术和经济条件下，传统的供给学派理论、全要素生产率提升理论都发生了不同程度的变化，需要从理论研究的视角进行新的分析论证。同时，互联网带来的信息快速向全球传播的特征，也对财政、税收和货币政策理论产生了不同程度的影响，并可能影响经济周期、宏观经济运行等相关领域内容。这些都需要理论研究层面的更新和拓展。

（二）供给侧改革与有效需求提升

供给层面的改革可以通过一系列降低企业经营成本，改善企业要素获取和经营环境的政策来实现，从而推动供给与有效需求的快速匹配和对接。在新技术革命条件下，互联网提供了实现这种对接的新的技术工具和方法。例如，互联网平台创造了需求方与生产方的信息快速互联的环境，快速实现供求对接；又如，大数据反映的真实需求可以直接传导到生产端和服务提供商。因此，在互联网革命条件下的供给侧改革也要考虑精准对接互联网革命带来的新需求和消费模式。

在互联网环境下，需求的个性化要求供给侧企业充分掌握需求大数据，通过极其敏捷的供应链实现快速对接市场需求，在要素配置上也要更加兼顾信息要素和知识要素的供给，提升非物理性要素的产出弹性和要素生产率。在理论研究方面，如何解释互联网环境下各类投入要素的作用机理，形成以客户需求为核心的要素供给和组织理论十分重要。同时，在政策环境梳理、政府边界界定、公共服务需求、货币政策和税收政策对新兴产业的影响方式，全球化条件下信息在社会经济发展中的作用机制等领域，也存在诸多需要研究的课题。

三、演化经济学视角下互联网与经济系统的协同变迁

互联网这一新兴事物在经济系统中的具体作用机理是什么，对未来经济社会的制度变迁产生什么影响，回答这些问题较好的理论可能是演化经济学。在互联网革命的新时代，以动态的、演化的方法看待经济发展过程，更加有利于分析经济发展的具体影响因素，从而更加明确地分析经济制度变迁的基础和过程。

从消费和需求模式变迁的角度来看，中国的实体经济经历了改革开放后短短几十年的发展，各种与居民消费相关体系、制度并不完善，各个产业链在很多环节上都存在诸多问题，例如流通渠道方面，诚信不足、价格波动、供需不稳等问题在很多产业链条上一直存在。这种环境构成了互联网经济发展的前期基础条件，反而在一定程度上为互联网经济快速渗透到各个产业提供了机会，也使得互联网经济在发展路径上并没有受到太多制度壁垒的影响。

随着对互联网相关产品需求的井喷式增长，传统经济越来越感受到来自互联网发展的压力。2015 年“双十一”购物节，天猫、速卖通等电子商务平台实现当天销售额约 912 亿元，再次创造了线上销售额的神话。虽然目前线上零售商品在社会消费品零售总额中的比例仅为 1/10 强，但这种量变积累效应已经引起了全社会的关注。

在互联网经济加速与传统产业融合的过程中，演化经济学可以提供基于系统变迁视角的综合分析，以量变质变、路径依赖、有限理性等理论解释互联网经济的发展，避免传统经济学的“优化”思维的局限。当然，如何实现经济理论对实践的有效解释，需要理论研究学者们的不懈努力。

（撰稿人：胡玉莹　天津工业大学经济学院副教授）

第四章　互联网在中国的应用与发展

中国正式接入互联网始于1994年4月20日，国内第一个示范网络NCFC工程通过美国Sprint公司正式开通连入Internet的64K国际专线，标志着中国正式成为国际公认的实现全功能Internet的国家。在短短20年的时间里，互联网在中国呈现出爆发式的增长态势。1999年第一家中国网络公司中华网在美国纳斯达克上市，紧随其后2000年中国三大门户网站——搜狐、新浪、网易也成功在美国纳斯达克挂牌上市。到2014年，全球市值最高的10家互联网公司里，有四家是中国公司——阿里巴巴、腾讯、百度和京东，分别位居第3位、第5位、第6位和第10位。在2015年3月的十二届全国人大三次会议上，李克强总理在政府工作报告中首次提出“互联网+”行动计划，标志着中国的互联网发展步入了一个崭新的发展阶段，互联网与个人、企业、政府将实现深度融合，催生出经济社会发展的新形态。

第一节　互联网在中国发展的总体现状

自互联网进入中国以来，通信网络规模快速增长，互联网、智能手机、智能芯片大范围应用普及，在企业、人群和产品中广泛安装和使用，信息和数据对生产力促进的巨大潜力即将被挖掘出来，成为财富增长的新源泉。

一、中国互联网用户的规模与结构特征

（一）互联网用户规模大，移动互联网用户快速增加

中国既是世界上人口最多的国家，同时也是互联网用户最多的国家。根据中国互联网络信息中心（CNNIC）发布的《第36次中国互联网络发展状况统计报告》，截至2015年6月，中国网民规模达6.68余亿人，半年共计新增网民约1894万人。

互联网普及率为48.8%，较2014年底提升了0.9个百分点①。

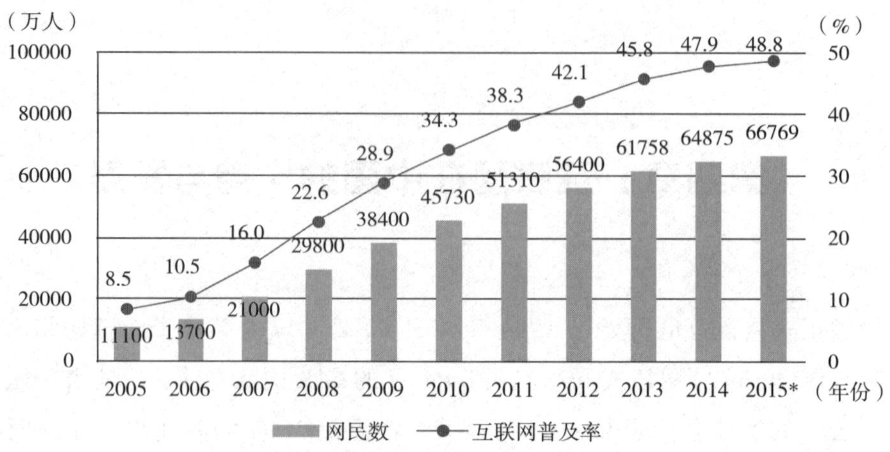

图4－1　中国网民规模和互联网普及率

注：*表示2015年为截至6月数据，其余年份为年底数据。

资料来源：CNNIC. 第35次中国互联网络发展状况统计报告，第36次中国互联网络发展状况统计报告. 2015.

从移动互联网用户来看，截至2014年12月，我国手机网民规模达5.57亿人，较2013年增加5672万人②。根据最新发布的《第36次中国互联网络发展状况统计报告》，到2015年6月，手机网民数量进一步增长到5.94亿人。网民中使用手机上网的人群占比由2013年底的81.0%提升至2014年底的85.8%，首次超过传统的电脑上网比例，成为第一大上网终端设备，到2015年6月进一步提升至88.9%。从手机网民的增速来看，2014年上半年为5.4%，下半年为5.6%，尽管增速相对于互联网用户整体来说发展较快，但移动电话的普及率也已基本进入饱和阶段。根据工信部发布的《通信业主要指标完成情况》显示，2014年我国的手机普及率已经由90.8%提高到年底的94.5%，未来进一步提升的空间已经十分有限。

（二）互联网用户的区域分布差异明显，城乡互联网普及率差异不断扩大

CNNIC发布的《第35次中国互联网络发展状况统计报告》表明，截至2014年12月，中国31个省（自治区、市）中有25个网民数量超过千万人，从互联网普及率来看，前三位分别为北京、上海、广东，其中北京最高达到75.3%，最低的三个

① 中国互联网络信息中心（CNNIC）. 第36次中国互联网络发展状况统计报告［EB/OL］. http://www.cnnic.net.cn/hlwfzyj/hlwxzbg/hlwtjbg/201507/P020150723549500667087.pdf，2015－07－22.

② 中国互联网络信息中心（CNNIC）. 第35次中国互联网络发展状况统计报告［EB/OL］. http://www.cnnic.net.cn/hlwfzyj/hlwxzbg/201502/P020150203551802054676.pdf，2015－02－03.

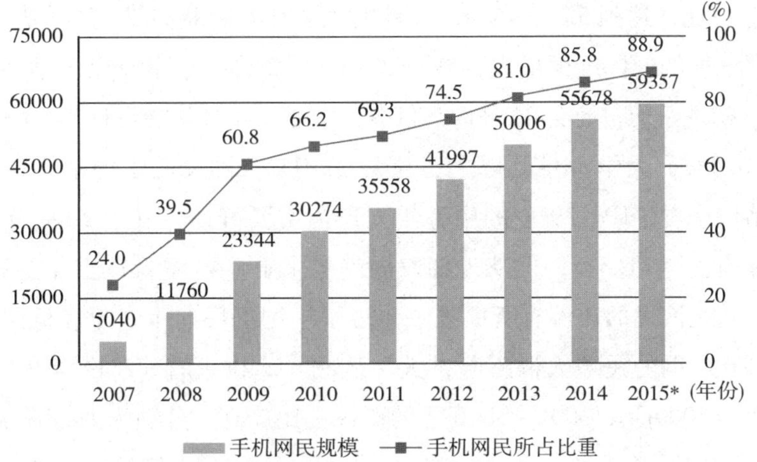

图4-2　中国手机网民规模及其占网民比例

注：*表示2015年为截至6月数据，其余年份为年底数据。

资料来源：CNNIC. 第35次中国互联网络发展状况统计报告，第36次中国互联网络发展状况统计报告，2015.

省从低到高依次为江西、贵州和云南。分区域来看，东部地区10省中，有8省的互联网普及率超过全国平均水平，中部地区6省中仅有1省，西部地区12省中有2省，东北地区三省中有1省，不同经济区域间互联网普及率差异非常明显。[①]

从网民城乡分布来看，我国农村网民占比为27.5%，规模达1.78亿人，较2013年底增加188万人。城镇网民占比为72.5%，增长幅度较大，相比2013年底增长2929万人。近年来，我国农村地区的互联网普及水平得到了稳步提升，但从城乡间差异来看，二者依然存在巨大的数字鸿沟，2014年城镇地区互联网普及率为62.8%，农村为28.8%，差距高达34个百分点。因此，改善农村地区的互联网基础设施和覆盖水平不仅是缩小城乡差距的必要手段，同时也是实现互联网泛在化目标的重要内容。

（三）性别结构、学历结构相对稳定，年龄结构呈年长化趋势

中国互联网络信息中心发布的报告还对中国网民的性别结构、学历结构、年龄结构和收入结构进行了分析。近年来，中国网民男女性别比例差距不断缩小，总体维持在男女比例56∶44左右，2014年12月，中国网民男女比例为56.4∶43.6，到

① 中国互联网络信息中心（CNNIC）．第35次中国互联网络发展状况统计报告［EB/OL］．http：//www.cnnic.net.cn/hlwfzyj/hlwxzbg/201502/P020150203551802054676.pdf，2015-02-03.

2015 年 6 月这一比例达到 55.1∶44.9，女性网民占比略有提升①。从学历结构来看，具备中等教育程度的群体规模最大，截至 2014 年 12 月，小学及以下学历的网民占比为 11.1%，初中学历占比为 36.8%，高中、中专、技校学历占比为 30.6%，大专学历占比为 10.4%，大学本科及以上占比为 11.0%，网民的学历结构保持基本稳定。从年龄结构来看，10～39 岁的中青年人群为主要群体，其中 20～29 岁年龄段的网民占比最高，达 31.5%，但从近期发展趋势来看，40 岁及以上年龄段和 19 岁及以下青少年儿童网民的比例有所提升，体现了中国网民向中老年和低龄人口扩散的趋势，中国互联网的覆盖人群不断扩大。从收入结构来看，2014 年 12 月网民中月收入在 2001～3000 元、3001～5000 元的群体占比最高，分别为 18.8% 和 20.2%，到 2015 年 6 月分别进一步上升为 21.0% 和 22.4%。与 2013 年相比，网民的收入水平有一定的提升。②

二、中国互联网基础设施发展现状

互联网基础设施是衡量一个国家信息化发展水平的重要评测因素，不仅包括光缆线路长度、移动电话交换机容量、局用交换机容量等传统互联网资源，还包括 4G 移动互联网的更新换代，以及下一代互联网的战略布局。

（一）电信通信基础设施快速发展，接入质量显著改善

我国的电信基础设施投资长期保持较高的投资规模，自金融危机以来，年投资额一直保持 3000 亿元以上且增速较快。2014 年，通信运营业全行业固定资产投资规模完成 3993 亿元，相对于 2013 年增长 238 亿元，增速达到 6.3%。③ 移动通信的投资额为 1619 亿元，所占份额有所提升，在总投资额中占比为 40.5%，相对于 2013 年提高了 4.6 个百分点。从投资的地区分布来看，区域差距明显缩小，东、中、西部地区电信固定资产投资占全国的比重分别为 47.2%、27.8% 和 25.1%，从近年来比重变动的趋势来看，东部地区的比重下降，而中西部地区的比重明显上升。

大规模的固定资产投资推动了我国电信通信基础设施的飞速发展，2014 年中国光缆线路总规模为 2046 万公里，其中，当年新建的光缆线路长度就达到 301 万公

① 中国互联网络信息中心（CNNIC）. 第 36 次中国互联网络发展状况统计报告［EB/OL］. http://www.cnnic.net.cn/hlwfzyj/hlwxzbg/hlwtjbg/201507/P020150723549500667087.pdf，2015-07-22.

② 中国互联网络信息中心（CNNIC）. 第 35 次中国互联网络发展状况统计报告［EB/OL］. http://www.cnnic.net.cn/hlwfzyj/hlwxzbg/201502/P020150203551802054676.pdf，2015-02-03.

③ 中国工业和信息化部运行监测协调局. 2014 年通信运营业统计公报［EB/OL］. http://www.miit.gov.cn/n11293472/n11293832/n11294132/n12858447/16414615.html，2015-01-20.

里。移动电话交换机容量20亿户，局用交换机容量3亿门，固定长途电话交换机容量1022万路端。2000—2013年互联网基础设施的变化情况如表4-1所示，总体来看，各项互联网基础设施在数量上保持了较快的增长态势。

表4-1 中国互联网基础设施发展情况

年份	光缆线路长度（公里）	移动电话交换机容量（万户）	局用交换机容量（万门）	固定长途电话交换机容量（万路端）	长途光缆线路长度（万公里）
2000	1212358	13986	17826	564	28.66
2001	1818939	21926	25566	704	39.91
2002	2252564	27400	28657	773	48.77
2003	2734807	33698	35083	1061	59.43
2004	3519225	39684	42347	1263	69.53
2005	4072788	48242	47196	1372	72.3
2006	4279559	61032	50280	1442	72.24
2007	5777289	85496	51035	1709	79.22
2008	6778496	114531	50863	1691	79.8
2009	8294565	144085	49266	1685	83.1
2010	9962467	150285	46537	1641	81.81
2011	12119303	171636	43428	1602	84.23
2012	14793300	184024	43749	1580	86.82
2013	17453709	196557	41089	1281	89
2014	20460268	204537	34624	1022	92.84

资料来源：国家统计局历年《中国统计年鉴》及工业和信息化部《2014年第四季度通信业主要通信能力》。

近年来，我国互联网宽带接入的质量也有较大的改善，2014年我国已经拥有超过4亿个Internet宽带接入端口，相对于2014年增加了4160万个，年增速达11.5%。在宽带接入方式上，“宽带+光纤”逐步取代“窄带+铜缆”，各种类型的DSL（Digital Subscriber Line）相对于2013年下降了969万个，端口数为1.38亿个，所占份额仅为34.3%，较2013年下降了近7个百分点。光纤端口则相对于2013年增加了4764万个，端口数为1.63亿个，所占份额达到40.6%，较2013年增加了8个百分点。用户的带宽水平也明显提升，8M和20M以上的网络使用者的份额分别为41%和10%，相对于2013年分别提高了18个和6个百分点，标志着我国主流固定宽带接入速率逐渐进入8Mbps时代。互联网用户的网络服务质量得到显著提升，但从城乡服务水平分布来看，二者差距仍然呈扩大态势，2014年新增的城市宽带用户数量为1021万户，而农村新增用户数量大约仅相当于城市的1/8。

（二）以4G业务为代表的移动互联网络建设全面铺开

从移动互联网发展来看，由于4G牌照正式发放，各大电信运营商都迅速进行了4G移动网络的布局。2014年，新建99万个移动通信基站，将近3倍于2013年的建站数量，移动通信基站总量为339.7万个。在工信部发布的“宽带中国”2015专项行动的意见中，提出2015年新建4G基站要超过60万个，4G网络覆盖县城和发达乡镇的目标，使我国的移动网络服务质量和覆盖范围显著提升。2014年WLAN热点的覆盖水平也得到显著提升，新增的公共运营接入点接近31万个，总接入点为605万个。从移动通信业务的使用比例来看，总体呈现2G用户加速下降，3G、4G用户大幅上升的格局，2014年有1.24亿用户放弃2G业务，相当于2013年的2.4倍，在手机用户中所占份额为55%，比2013年下降了22个百分点。而使用4G业务的用户新增数量将近1亿，超过了3G用户的新增数量，但3G用户由于存量较大，4G业务和3G业务在手机用户中的渗透率分别为8%和38%。[①] 按照“宽带中国”2015专项行动的部署，2015年新增4G用户还将超过2亿户。

（三）“宽带中国”推进中国信息基础设施服务水平跃升

2013年8月，国务院正式颁布《关于印发“宽带中国”战略及实施方案的通知》，在该文件对未来8年中国宽带网络的发展目标与发展路径做出总体部署，标志着“宽带战略”正式被列为国家战略，宽带成为国家战略性公共基础设施。“宽带中国”战略正式提出将“加快构建宽带、融合、安全、泛在的下一代国家信息基础设施”。该通知明确提出了2015年和2020年互联网基础设施的发展目标，其中到2020年的量化目标包括：“宽带网络全面覆盖城乡，固定宽带家庭普及率达到70%，3G/LTE用户普及率达到85%，行政村通宽带比例超过98%。城市和农村家庭宽带接入能力分别达到50Mbps和12Mbps，发达城市部分家庭用户可达1吉比特每秒（Gbps）。”

“宽带中国”明确了互联网基础设施发展的时间表，将建设任务分解为三个阶段，即全面提速阶段（至2013年底）、推广普及阶段（2014—2015年）和优化升级阶段（2016—2020年）。同时，制定了推进区域宽带网络协调发展、加快宽带网络优化升级、提高宽带网络应用水平、促进宽带网络产业链不断完善和增强宽带网络安全保障能力五大重点任务[②]。为了贯彻落实“宽带中国”战略，工信部还联合国

---

① 中国工业和信息化部运行监测协调局.2014年通信运营业统计公报［EB/OL］.http://www.miit.gov.cn/n11293472/n11293832/n11294132/n12858447/16414615.html，2015-01-20.

② 中央政府门户网站.国务院关于印发“宽带中国”战略及实施方案的通知［EB/OL］.http://www.gov.cn/zwgk/2013/08/17/content_2468348.htm.

家发展改革委等部门分别发布了 2013 年、2014 年和 2015 年各年度专项行动的意见。其中 2015 年专项行动的主要引导目标包括三个方面：一是宽带网络能力，目标涵盖了新增光纤到户覆盖家庭数量、新建 4G 基站数量等定量指标；二是普及规模和网速水平，目标包括新增光纤到户宽带用户数量、新增 4G 用户数量、8Mbps 及以上接入速率的宽带用户份额等；三是对智能制造的支撑和服务，对工业企业新模式、新业态的支撑以及高带宽专线与 M2M（智能机器）终端数量等方面都制定了量化的发展目标，保障了“宽带中国”战略的可操作性。[①]

三、个人互联网应用的基本现状

（一）个人互联网应用总体普及状况

根据 CNNIC《第 35 次中国互联网络发展状况统计报告》的统计，2014 年，中国网民每星期平均在网上花费的时间约为 26 小时，相比上一年延长了 1 小时[②]。这主要是互联网在中国网络用户的工作和生活中应用范围日益扩大所造成的，因而这种趋势还将在未来一段时间延续。移动互联网流量高速增长，工信部的《2014 年通信运营业统计公报》显示，2014 年，由于使用 4G 业务的移动设备用户占比不断提升，同时电信企业提供的套餐中流量费用逐渐降低，推动了移动互联网接入流量的迅猛增加，全年共消费约 21 亿 G 流量，相对于 2013 年增长率为 62.9%。按月对用户的移动设备进行统计，平均每户产生的流量已经超过 200M，相对于上一年增长率为 47.1%。其中手机流量约为 18 亿 G，增速达到 95%，在各种移动互联网流量中所占的份额达到 87%。从网民对互联网的态度来看，《第 35 次中国互联网络发展状况统计报告》显示，网络信任、网络分享、网络评论和网络依赖的程度逐年提高，2014 年有 54.5% 的网民表示对互联网信任，有 60.0% 的网民对于在互联网上分享行为持积极态度，有 43.8% 的网民表示喜欢在互联网上发表评论，网络空间已经成为人们发表言论的重要场所。有 53.1% 的网民认为自身依赖互联网，在大学本科及以上的网民中这一比例达到 63.9%，在社会精英和都市白领的群体中，互联网是日常工作与生活最基础的构成要素，值得注意的是，有 47.9% 的农村网民认为自己比较或者非常依赖互联网，表明互联网在农村网民生产、生活、娱乐中的重要性已经

① 苗圩．“宽带中国”2015 专项行动动员部署电视电话会议讲话［R］．2015－02－26.

② 中国互联网络信息中心（CNNIC）．第 35 次中国互联网络发展状况统计报告［EB/OL］．http://www.cnnic.net.cn/hlwfzyj/hlwxzbg/201502/P020150203551802054676.pdf，2015－02－03.

逐步体现出来。

从个人互联网应用的方式来看，即时通信是互联网应用中用户规模最大的一类，CNNIC 的《第 35 次中国互联网络发展状况统计报告》显示，2014 年即时通信在网民中的使用率达到 90.6%，比 2013 年进一步提升①，而在 2015 年 7 月发布的《第 36 次中国互联网络发展状况统计报告》中这一比例已上升到 90.8%；在《第 36 次中国互联网络发展状况统计报告》中，网络新闻和搜索引擎两类信息获取应用的网民使用率依次居第二位和第三位，分别为 83.1% 和 80.3%；第四位至第七位分别为网络音乐、博客/个人空间、网络视频和网络游戏，使用率分别为 72.0%、71.1%、69.1% 和 56.9%，除博客/个人空间外均为网络娱乐类应用；第八位到第十位分别为网络购物、网上支付和网上银行，用户使用率分别为 56.0%、53.7% 和 46.0%②。2013—2014 年我国各类互联网应用的使用率如表 4－2 所示。

表 4－2　2013—2014 年中国各类互联网应用的使用率

排行	应用	2015 年 6 月		2014 年 12 月		半年增长率（%）
		用户规模（万户）	网民使用率（%）	用户规模（万户）	网民使用率（%）	
1	即时通信	60626	90.80	58776	90.60	3.10
2	网络新闻	55467	83.10	51894	80.00	6.90
3	搜索引擎	53615	80.30	52223	80.50	2.70
4	网络音乐	48046	72.00	47807	73.70	0.50
5	博客/个人空间	47457	71.10	46679	72.00	1.70
6	网络视频	46121	69.10	43298	66.70	6.50
7	网络游戏	38021	56.90	36585	56.40	3.90
8	网络购物	37391	56.00	36142	55.70	3.50
9	网上支付	35886	53.70	30431	46.90	17.90
10	网上银行	30696	46.00	28214	43.50	8.80
11	网络文学	28467	42.60	29385	45.30	－3.10
12	电子邮件	24511	36.70	25178	38.80	－2.60
13	旅行预订	22903	34.30	22173	34.20	3.30

① 中国互联网络信息中心（CNNIC）. 第 35 次中国互联网络发展状况统计报告［EB/OL］. http://www.cnnic.net.cn/hlwfzyj/hlwxzbg/201502/P020150203551802054676.pdf，2015－02－03.

② 中国互联网络信息中心（CNNIC）. 第 36 次中国互联网络发展状况统计报告［EB/OL］. http://www.cnnic.net.cn/hlwfzyj/hlwxzbg/hlwtjbg/201507/P020150723549500667087.pdf，2015－07－22.

续表

排行	应用	2015 年 6 月		2014 年 12 月		半年增长率（%）
		用户规模（万户）	网民使用率（%）	用户规模（万户）	网民使用率（%）	
14	微博客	20432	30.60	24884	38.40	-17.90
15	团购	17639	26.40	17267	26.60	2.20
16	论坛/bbs	12007	18.00	12908	19.90	-7.00
17	互联网理财	7849	11.80	7849	12.10	0.00
18	网上炒股或基金	5628	8.40	3819	5.90	47.40

资料来源：CNNIC. 第 36 次中国互联网络发展状况统计报告，2015.

随着智能手机和移动互联网的普及，无论是购物、社交、看视频，还是阅读、办公等用户的所有上网需求，已经都可以在网上完成，用户的上网习惯已经由传统的 PC 端正式转向移动端，移动端的 App 应用开始进入高速发展阶段。根据易观数据发布 2015 年 7 月移动 App 排行榜，居前 20 位的主要以交流沟通类、信息获取类、影音娱乐类和购物消费类应用为主，其中微信、QQ 长期位居冠亚军，活跃用户量分别增至 5.56 亿户、4.24 亿户。前 10 位中 BAT 三大巨头占据 8 席，其中腾讯旗下占据 4 席、阿里旗下占据 3 席、百度占据 1 席，搜狗输入法和 360 手机卫士凭借各自在输入法和手机安全领域的独特优势也跻身前十强。

表 4－3 2015 年 4 月活跃用户数前 10 名移动 App 排行

排名	App 名称	活跃用户数（万户）
1	微信	55648
2	QQ	42428
3	百度	19003
4	淘宝	16939
5	搜狗手机输入法	15026
6	UC 浏览器	13752
7	QQ 浏览器	12835
8	腾讯视频	12135
9	360 手机卫士	11087
10	优酷视频	10871

资料来源：易观数据 2015 年 7 月移动 App 排行榜［EB/OL］. http：//www.199it.com/archives/376398.htm.

（二）信息获取类应用发展状况

信息获取是互联网最基础的一项功能，搜索引擎、新闻和博客是互联网用户获取信息的最主要方式，然而由于交流沟通类应用的迅速崛起，在用户普及率上逐渐让位于社交通信类应用，尽管如此，信息获取类应用仍然保持着较快的发展速度。

1. 搜索引擎服务用户数量渐趋饱和，多样化、个性化和主动化成为新特征

搜索引擎是在互联网上搜集信息最简单和基础性的工具。CNNIC 的《第 35 次中国互联网络发展状况统计报告》显示，2014 年底，中国使用搜索引擎的用户数量约为 5.2 亿，80% 的互联网用户都使用过搜索引擎。相对于上一年用户数量增加了 3257 万，增速达到 6.7%。其中来自手机使用者的数量约为 4.3 亿人，相对于上一年增加了 6411 万人，增速达到 17.6%，无论是增长规模还是增速都超过了全部网民平均值。从搜索引擎的市场格局来看，使用过百度搜索的比例用户比例最高且占据绝对优势，达到 92%，其次为搜搜/搜狗搜索，用户比重约为 46%，第三位是 360，用户比重达到 39%。[①]

总体而言，搜索引擎已经进入产品生命周期中的成熟期，但搜索服务的多样化、个性化和主动化正在成为搜索服务的新热点。搜索内容的呈现方式已经从单一的文字搜索形式发展到语音搜索、图片搜索、音乐搜索。百度 CEO 李彦宏表示，目前百度 10% 进入搜索请求是以语音方式作为表达，对越来越多的人来说，对语音搜索的依赖度越来越大[②]，未来 5 年使用语音和图片搜索来表达需求的比例会超过文字搜索。随着搜索引擎大数据的积累与应用，搜索引擎已经开始提供结合用户偏好、搜索记录、社交活动及地理位置等信息的个性化搜索服务，与地图数据的结合为用户提供了线上线下融合的一站式生活服务平台。此外，搜索引擎与社交网络、交易信息的对接逐步改变了搜索引擎被动式搜索的传统方式，变为主动为用户进行判断从而帮助用户进行决策，当用户希望自己需要的信息时，能够即时地呈现在眼前。

2. 门户和垂直网站为主的新闻传播方式向个性化、本地化、社交化、推送式转变

在 PC 互联网时代，新闻的获取方式主要是以新浪、网易、搜狐等综合化的门户网站为主，其主要特征是内容广泛、覆盖各行各业，而在一些专业领域或地域，

---

① 中国互联网络信息中心（CNNIC）. 第 35 次中国互联网络发展状况统计报告［EB/OL］. http://www.cnnic.net.cn/hlwfzyj/hlwxzbg/201502/P020150203551802054676.pdf，2015－02－03.

② 李彦宏. 5 年后语音和图片搜索会超文字搜索［EB/OL］. http://tech.qq.com/a/20140903/025825.htm.

则主要以垂直网站为主，如专注于 IT 领域的“中关村在线”，专注于汽车的“汽车之家”，专注于体育的“虎扑 NBA”，专注于财经的“东方财富”，专注房产的“搜房网”，等等，其主要特征是专业和权威。然而随着移动互联网的普及，人们的信息获取方式开始趋于“移动化”“分散化”和“碎片化”，人们对于新闻的诉求也开始转向更简单、更直接和更精准，越来越多的信息开始通过朋友圈、微博等方式获知，从而削弱了传统门户和垂直网站的竞争力。在移动互联网和社交网络快速兴起的条件下，海量新闻信息与个人特征的匹配在新闻传播中所起的作用愈加重要。如在 2012 年上线，2013 年闪电崛起的“今日头条”通过将用户与社交网络账户绑定，根据账号的标签、好友、转发等信息对用户的兴趣爱好进行分析判断，进而通过推荐引擎向用户精准推送其感兴趣的新闻，到 2015 年 3 月已经积累了 2.4 亿用户，并且凭借 6892 万活跃用户列易观数据 2015 年 4 月移动 App 排行榜的第 17 位，在新闻类 App 中仅次于腾讯新闻和搜狐新闻。

3. 博客的交互式功能减弱，逐渐转向专业化和信息发布功能

2000 年，博客作为一种新的社交形式开始进入中国，2005 年，国内各门户网站，如新浪、搜狐等纷纷开通博客业务，在经历了五年左右的成长期、高峰期发展后，在 2010 年，以微软公司宣布彻底关闭博客服务为标志，传统博客逐渐进入了缓慢增长阶段。CNNIC 的《第 35 次中国互联网络发展状况统计报告》显示，2014 年中国使用博客的网民数量约为 1 亿，超出上一年 2126 万人，增速达到 24%，全部网民中使用博客的用户所占比重约为 17%，相比上一年增加了 2.6 个百分点。博客自身的发展也伴随着时间的推移功能定位有所变化，早期主要是交互与自媒体二者兼而有之，一方面，作为普通大众提供与分享他们自身的事实、新闻的途径；另一方面，公众相互交流、展示自我的平台。但由于近年来社交通信应用发展迅猛，交互功能转移到社交通信应用中，博客主要集中于信息的发布与传播。博客原有的多中心、平民化、普泛化的特征减弱，博客信息的主要创作者以精英、专业人士为主，博客内容的质量要求也不断提高。①

（三）交流沟通类应用发展状况

1. 社交通信类应用高度普及，用户规模持续增长

即时通信服务也是互联网最基础的应用之一，在即时通信的基础上所形成的社

① 中国互联网络信息中心（CNNIC）．第 35 次中国互联网络发展状况统计报告［EB/OL］．http：//www.cnnic.net.cn/hlwfzyj/hlwxzbg/201502/P020150203551802054676.pdf，2015－02－03.

交网络服务已经成为互联网高度普及和广泛使用的应用之一。根据《第35次中国互联网络发展状况统计报告》发布的数据，2014年中国使用即时通信服务的网民数量为5.88亿人，比上一年的统计人数超出5561万人，增速超过10.4%，90%以上的网民都在使用此类服务，并且比上一年还增加了4.4个百分点，在较高水平的基础上加速渗透。而根据最新发布的《第36次中国互联网络发展状况统计报告》，到2015年6月，即时通信用户的规模已达到6.06亿。随着智能手机的不断普及，移动端的即时通信用户规模也不断上升，在2014年有5.08亿人在利用手机使用即时通信服务，比2013年的统计数字超出7683万人，增速为17.8%①，到2015年6月更达到5.40亿人。社交通信应用的快速发展直接影响了移动运营商的原有短信业务，2013年，中国移动短信使用量首次下滑，其全年短信使用量从7445亿条降低至7341亿条。短信收入从442亿元减至413亿元②。

由于社交通信类应用的便携性、及时性特征，同时能够满足人们的社交需要，再结合基于定位的服务，已经从单一的信息交流工具发展成综合化服务平台的用户入口，微信支付、游戏、O2O等高附加值业务纷纷推出，正在实现从海量用户向商业价值的转化。

2. 微博用户规模下降，新浪微博一家独大格局明朗

自2007年开始，微博这种通过关注机制分享简短实时信息的广播式的社交网络平台在全球开始兴起，2009年8月新浪启动"新浪微博"内测版，在国内门户网站中率先开始布局中文微博市场，微博这种新型互联网应用很快被中国网民所接受，在微博中诞生的各种网络热词也迅速走红网络。然而随着微信等社交App功能的逐渐丰富，微博的用户数在近年来呈下降趋势，根据《第35次中国互联网络发展状况统计报告》发布的数据，2014年中国使用微博的网民数量达到2.49亿人，相对于上一年流失了3194万人，目前仅有38.4%的网民使用这一服务，比上一年发布的数据减少了7个百分点。其中，手机端的网民数量达到1.71亿人，呈现出同样的下降趋势③。

在微博领域的竞争格局也有所变化，除新浪微博外，腾讯、网易和搜狐等原来

---

① 中国互联网络信息中心（CNNIC）. 第35次中国互联网络发展状况统计报告［EB/OL］. http: //www. cnnic. net. cn/hlwfzyj/hlwxzbg/201502/P020150203551802054676. pdf, 2015-02-03.

② 陈宝亮. 微信电话本来了，运营商淡定的真相［EB/OL］. 21世纪经济报道, http: //finance. sina. com. cn/roll/20141113/021820802029. shtml, 2014-11-13.

③ 中国互联网络信息中心（CNNIC）. 第35次中国互联网络发展状况统计报告［EB/OL］. http: //www. cnnic. net. cn/hlwfzyj/hlwxzbg/201502/P020150203551802054676. pdf, 2015-02-03.

的几大微博提供商之间战线逐渐收缩，大量的用户群体纷纷投向新浪微博，所以仅从新浪微博的市场规模来看，其用户数量不降反升，新浪微博一家独大的市场格局基本形成。在微博的呈现方式上，也逐渐在交互功能上与社交类应用进行了差异化竞争，如2014年上半年的"马航事件"和2014年下半年的"冰桶挑战"等社会热点事件中，新浪微博扮演了新闻发布和话题传播的重要角色，体现了微博这一新型媒体在新闻发布、传播速度、引发讨论和公众参与等方面的巨大优势。

(四) 商务交易类应用发展状况

商务交易类应用是近年来无论从普及程度还是从交易金额方面来看成长最快的一类应用，目前在我国用户规模较大的应用主要为网络购物、网上支付与理财、在线旅游预订三类。

1. 网络购物呈现普及化、移动化和全球化发展态势

在互联网高度普及的条件下，网络购物由于具有商品信息深入全面、销售的人力和场地成本较低、节约消费者的时间和体力、消除了消费者与商家的面对面冲突等优势，并且伴随着我国快递网络的飞速发展，网络购物的方便、快捷、低成本等特点迅速凸显。自2009年起的"双十一"不断刷新互联网的销售纪录，网购群体由一二线城市扩大到三四线城市及农村，网络化消费已经成为网络大众的共同消费趋势。

根据《第35次中国互联网络发展状况统计报告》发布的数据，2014年中国有3.61亿网民进行过网络购物，相较于上一年的统计数字增加了5953万人，增速达到20%，占全部网民的比重达到了56%，比上一年提高了7个百分点。而来自移动端的网络购物发展更快，2014年的网民数量为2.36亿人，增速达到64%。移动购物的快速发展也为重塑线下商业形态提供了新的线上线下融合契机。从网购群体的年龄分布来看，年龄跨度呈现扩大趋势，年龄在20~29岁的网民是最主流的用户群体，其增速约为24%，而年龄在10~20岁的网民增速也达到10%，值得注意的是，50岁及以上的老年人也达到了33.2%的增速[①]。

互联网平台由于具有无国界的特性，中国已经有大量的网络购物超越国境，2014年中国跨境B2C业务有了较大飞跃，在进口方面主要体现为中国消费者对海外优质商品的旺盛需求，在出口方面则体现为物美价廉的"中国制造"在全球市场的

---

① 中国互联网络信息中心（CNNIC）. 第35次中国互联网络发展状况统计报告［EB/OL］. http://www.cnnic.net.cn/hlwfzyj/hlwxzbg/201502/P020150203551802054676.pdf，2015-02-03.

畅销，使得跨境电子商务的进出口都有了较大幅度的增长。2014 年，海关总署顺应跨境电子商务的发展，开发了一套跨境电子商务出口的通关管理系统并在全国推广，进一步便利了跨境电商物流。根据海关总署的统计，截至 2014 年底，我国跨境电子商务试点进出口额已突破 30 亿元[①]。天猫、京东、苏宁等各大网络零售平台也纷纷上线跨境 B2C 业务，表明跨境电商在中国已经步入全球化大众消费时代。

网络购物的市场格局目前已经趋于稳定，《第 35 次中国互联网络发展状况统计报告》显示，排名第一位的是淘宝网，使用率为 87%，第二位是天猫，使用率为 70%，京东居第三位，使用率为 45%，这三大平台的渗透率显著高于其他市场竞争者。如排在第四位的唯品会使用率为 19%，主要以特卖形式树立了自己的独特优势，在激烈的市场竞争中占领了一席之地[②]。

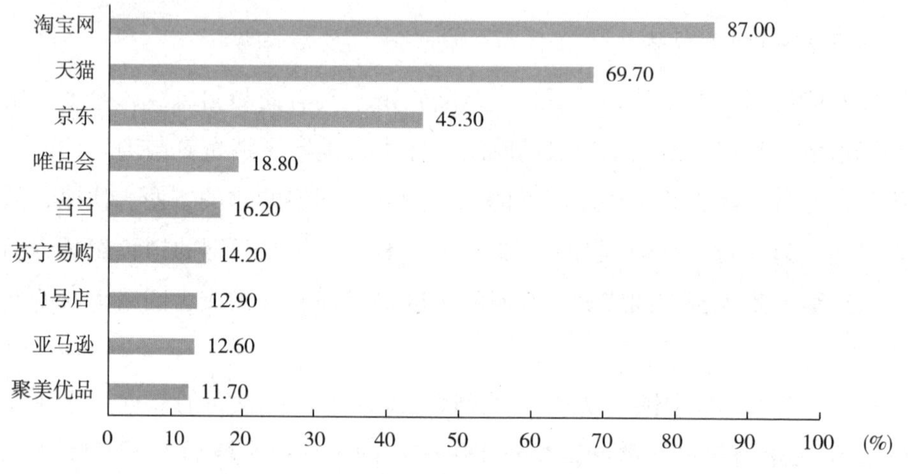

图 4-3　2014 年网络购物市场品牌渗透率

资料来源：CNNIC. 第 35 次中国互联网络发展状况统计报告，2015.

2. 网上支付用户争夺白热化，互联网理财回归到理性正常增长

基于互联网的支付在近年来得到了突飞猛进式的发展，借助“双十二”促销，支付宝以大幅度的优惠打折吸引了大量线下消费者在商超使用支付宝支付，而微信支付凭借庞大的移动社交用户群，在过去 1 年中成长迅速，成为支付宝的重要竞争对手。2015 年春节期间的红包大战将微信和支付宝的用户争夺战推向白热化阶段，

---

① 我国跨境电商试点进出口额突破 30 亿元［EB/OL］. http://news.xinhuanet.com/newmedia/2015/01/27/c_133948925.htm，2015-01-27.

② 中国互联网络信息中心（CNNIC）. 第 35 次中国互联网络发展状况统计报告［EB/OL］. http://www.cnnic.net.cn/hlwfzyj/hlwxzbg/201502/P020150203551802054676.pdf，2015-02-03.

也加快了移动支付的普及速度。根据中国人民银行发布的《2014 年支付体系运行总体情况》显示，我国电子支付业务保持增长态势，2014 年，全国电子支付业务的交易数量达到 333 笔，交易金额的总规模达到了 1405 万亿元，相比上一年增速分别为 29% 和 31%。其中，网上支付业务占据绝大部分份额，共发生 285.74 亿笔，金额为 1376.02 万亿元，占比为 98%，交易量和交易额相比 2013 年分别增长了 20.70% 和 29.72%，其次为移动支付业务 45.24 亿笔，金额为 22.59 万亿元，同比分别增长 170% 和 134%，第三位电话支付业务 2.34 亿笔，金额为 6.04 万亿元，笔数同比下降 46.11%，金额同比增长 27.41%①。尽管移动支付相对于网上支付份额很小，但高达 134% 的交易额增速可以表明移动支付正处于快速发展阶段，随着安全性及场景等问题逐步得到完善，移动支付将有巨大的发展潜力。

在移动支付领域，根据支付宝发布的数据，截至 2013 年底，支付宝实名用户近 3 亿，支付宝已成为全球最大的移动支付平台。移动支付的便利性正在缩小中国偏远地区和世界的距离。广大的中西部和农村地区的用户可以跨越地理的阻隔，突破计算机普及水平的障碍，通过手机的简单操作直接实现移动支付。在支付宝的统计数据中，位于西部地区的西藏、陕西、宁夏和内蒙古四省（自治区）移动支付笔数所占的份额分列前 4 名，比重分别为 62%、60%、58% 和 58%。而经济最为发达的北京市、上海市和广东省在该项指标上的排位十分靠后，在 34 个省级行政区中，分别居第 29 位、第 24 位和第 27 位。

在阿里巴巴、百度和腾讯等互联网公司的大力推进下，网上支付所具备的功能已经从单一的消费支付转向多种金融服务的融合，个人支付、余额理财、消费信贷、中小企业贷款、P2P 银行等纷纷出现，使得传统银行不得不应对这些新进入者的挑战。央行自 2014 年出台多项措施加强对互联网金融业务的监管，如要求支付宝、腾讯全面暂停的虚拟信用卡、二维码支付等业务，但很快一些互联网支付平台通过"白条""花呗"等新形式为消费者提供信用消费功能。与此同时，伴随着跨境电商的发展，网上支付也加快了与海外金融机构的合作，与银行业务形成多层次、多方位的竞争。

线上线下融合是进入自 2015 年以来网上支付争夺最为剧烈，进展也最为迅速的一个领域，以支付宝与微信的支付接入竞赛拉开帷幕。如家乐福、沃尔玛都已经开

① 中国人民银行. 2014 年支付体系运行总体情况［EB/OL］. http://www.gov.cn/xinwen/2015/02/12/content_2818590.htm，2015-02-12.

始接入支付宝支付平台，上海的主流便利店几乎都对接了支付宝付款平台。沃尔玛与支付宝的合作不仅局限于支付领域，利用阿里巴巴在大数据采集和管理方面的经验，沃尔玛超市还将与之共同进行顾客服务、大数据运营等新领域的开发。利用支付宝所积累的支付和会员数据进行分析匹配，沃尔玛能够对消费者的行为偏好、消费方式、生活半径、信用等级等情况进行分析，进而制定商业决策。同时，家乐福在深圳也与微信支付发布了 O2O 战略合作协议，宣布各地门店将分批接入微信支付。此外，微信还与北京的 711、好邻居、京客隆、机场航城零售店铺等展开合作。利用微信钱包强大的社交网络优势和庞大的用户群信息为商户开展服务，顾客通过关注家乐福的微信公众号，即可一键注册为其线上会员，家乐福中国可以据此快速捕捉用户画像，从而打造用户电子化标签数据库，方便超市管理。还可以通过公众号和个人微信 ID 之间的互通实现签到、互动活动、领券、支付、售后服务、积分、优惠推送等一系列服务。

3. 在线旅游预订异军突起，市场争夺高度激烈

在线旅游是 2014 年互联网发展最快的几大领域之一，根据艾瑞咨询（iResearch）发布的《2015 年中国在线旅游行业年度监测报告》，2014 年中国在线旅游市场交易规模达 3077.9 亿元，同比增长 38.9%。从机票、酒店、度假三大核心板块来看，机票的网上预订已经十分普及，因而进一步增长的空间有限；而自助休闲式旅游的升温推动了酒店住宿市场的快速发展，这种旅游消费方式助推了在线酒店预订的迅速发展，2014 年的增速达到 30%；同时得到快速发展的是在线度假的预订，全年互联网度假的成交金额突破 400 亿元，相比上一年增长了 40%①。

由于市场潜力迅速释放，很多企业加入到在线旅游的竞争中来，形成诸强纷争的格局。在 2014 年，价格战是企业争夺市场的主要手段，如携程与同程的“1 元门票”大战，携程和百程围绕签证办理的“0 服务费”的签证价格战，同程掀起的出境游价格战，引发了用户的高度关注，尽管多数公司 2014 年呈现亏损状态，但为整个在线旅游市场的发展做出了巨大贡献。在线旅游市场的重组和兼并不断发生，各大巨头控制了主要的在线旅游服务提供商，如去哪儿、百度旅游被收归百度旗下，由于携程和去哪儿在 2015 年宣布合并，百度从而占据了中国在线旅游市场近 70% 的份额。《第 35 次中国互联网络发展状况统计报告》提供了各大在线旅游预订市场

① 艾瑞咨询 . 2015 年中国在线旅游行业年度监测报告［EB/OL］. http：//report. iresearch. cn/ 2341. html，2015 - 04 - 10.

品牌的用户使用率排名。其中最高的是12306火车票官网，渗透率为50%，其次是去哪儿网，渗透率为25%，第三是携程网，渗透率为24%。位居其后的淘宝旅行/去啊、同程旅游和艺龙网的渗透率分别为17%、15%和11%，穷游、途牛、芒果网的渗透率分别为8.7%、6.2%和3.5%。[①]

（五）网络娱乐类应用发展状况

1. 网络游戏用户平稳增长，手机客户群体增势迅猛

根据《第35次中国互联网络发展状况统计报告》发布的数据，2014年中国网络游戏的客户群体进一步扩大，用户数量达到3.66亿，较上一年增加了2782万人，有56%的网民成为网络游戏用户，比上一年上升了1.7个百分点。手机客户群的增势更为明显，2014年有2.48亿用户通过手机参与网络游戏，较上一年增加了3288万，占手机网民的45%[②]。客户端游戏是最主要的游戏方式，上网设备的多元化和游戏产业与其他文化产业的融合推动了游戏的精品化。与此同时，网民的游戏行为也趋于理性，根据艾瑞咨询（iResearch）发布的《中国游戏用户行为研究报告》显示，用户在游戏中投入的精力整体略有下降，表示投入精力基本持平的用户仅占32.8%，20.5%的用户表示所花时间大幅减少[③]。由此可见，随着游戏用户整体年龄水平的增加，用户的消费行为也随着用户结构的变化而变得更为理性。

2. 4G时代推动移动网络视频井喷式增长，多足鼎立格局初步形成

网络视频是各种网络应用中有效时长与用户黏性最具优势的一类，经过几年来的快速发展，如今PC端用户已经基本稳定，但移动端用户规模一直比较小，而随着2013年工信部下发4G牌照，4G进程迅速铺开，资费逐渐降低，移动端迎来了井喷式的增长，优酷土豆等巨头在移动端的流量已经超过PC。根据《第35次中国互联网络发展状况统计报告》发布的数据，2014年中国有4.33亿网民使用网络视频，用户规模相较于2013年有所扩大，新增用户为478万人，在网民中所占的比重为66.7%，相较于2013年有所下降。而使用手机观看视频的网民数量有较大幅度增长，2014年达到3.13亿人，增长率为29%，56%的手机网民使用手机网络视频，

---

①② 中国互联网络信息中心（CNNIC）. 第35次中国互联网络发展状况统计报告［EB/OL］. http://www.cnnic.net.cn/hlwfzyj/hlwxzbg/201502/P020150203551802054676.pdf，2015-02-03.

③ 艾瑞咨询. 2015年中国游戏用户行为研究报告［EB/OL］. http://report.iresearch.cn/2364.html，2015-04-24.

比上一年高出近7个百分点①。

手机端视频市场的巨大潜力吸引了优酷、爱奇艺、腾讯视频、乐视视频、土豆视频、搜狐视频、PPTV等众多行业巨头竞争移动视频市场，与此同时，行业的重组整合步伐也进一步加快，继优酷土豆合并成为行业老大后，爱奇艺与PPS合并，百视通收购风行，苏宁进驻PPTV等。在多足鼎立的竞争格局下，网络视频行业掀起了一轮又一轮的竞争热潮，战火从网络视频延伸到互联网电视领域，如京东与华为、湖南卫视共同开发芒果派M210；乐视不断推出新一代超级电视；小米推出小米电视；PPTV与华数合作开发互联网电视盒子PPBox；阿里巴巴推出阿里智能TV系统；与此同时，创维、长虹、TCL、海信等传统电视企业纷纷推出互联网电视品牌，并与阿里、爱奇艺等互联网企业开展合作。传统电视行业和互联网公司的联合既加速了电视市场与网络视频行业的融合，也推动了传统设备制造商、内容提供商和视频平台企业的转型升级。

第二节　中国企业互联网应用的主要领域及其发展水平

与中国快速发展的互联网用户数量以及与之直接相关的社交、购物、新闻、娱乐等应用的爆发式增长相比，针对企业层面的互联网应用在发展深度和功能范围上都相对缓慢，尚有较大的提升空间。自2014年开始兴起的O2O商业、工业4.0、工业互联网等新的理念和模式推动了互联网与企业传统经营业务的融合，互联网正在逐步成为企业日常经营活动中不可分割的一个组成部分，传统企业与互联网企业的分界正在越来越模糊。本节主要从电子商务、信息沟通、金融服务三个方面分析中国企业互联网应用的发展水平。

一、中国企业互联网电子商务的应用现状

（一）电子商务规模大幅增长，中国经济“电商化”趋势初步显现

电子商务是中国企业互联网应用最主要的领域，根据中国电子商务研究中心发布的《2014年度中国电子商务市场数据监测报告》所进行的统计，2014年中国电子商务交易总量为13.4万亿元，比2013年高出31%。在三大细分领域中，B2B电

① 中国互联网络信息中心（CNNIC）. 第35次中国互联网络发展状况统计报告［EB/OL］. http://www.cnnic.net.cn/hlwfzyj/hlwxzbg/201502/P020150203551802054676.pdf，2015-02-03.

子商务的规模为10万亿元人民币，比上一年高出22%，占全部电子商务的比重达到75%；网络零售领域的交易额为2.8万亿元人民币，相较于上一年高出近50%，份额达21%；本地生活服务O2O市场规模较小，份额占比为4.4%①。同时，艾瑞咨询发布的2014年互联网经济核心数据也显示，2014年中国电子商务市场交易规模12.3万亿元，其中，B2B电子商务市场占比超70%，网络购物占比超20%，与中国电子商务研究中心发布的数据基本一致②。

电子商务应用的数据变化体现了中国经济发展“电商化”的总体趋势，电子商务不仅在交易规模上高速上升，同时也是创新最为活跃的领域，对于培育新兴产业和新兴业态，形成新的经济增长点，促进经济社会各领域的融合创新将形成巨大的促进作用。电子商务是吸纳社会就业的一个主要增长点。中国电子商务研究中心发布的《2014年度中国电子商务市场数据监测报告》数据表明，2014年中国共有250万名电子商务服务企业直接从业人员，而由于电子商务对于快递、物流、制造等产业链的其他环节产生的关联带动效应，进一步扩大了社会就业机会。随之而来的客服、配送、技术等岗位供不应求。目前，由电子商务间接带动的就业人数，已超过1800万人③。

（二）跨境电商发展迅猛，进入向全产业链在线服务发展的升级转型期

据中国电子商务研究中心监测数据显示，2014年，中国跨境电商交易规模为4.2万亿元，同比增长33.3%。其中B2B交易仍然占据主导地位，占比达到93.5%，B2C交易占比较小，仅为6.5%。从进出口角度来看，中国跨境电商仍以出口为主，占比达到85.4%，进口比例仅为14.6%。但由于海淘等进口电商的快速发展，进口B2C业务规模正在进入快速增长阶段，未来将呈现巨大的发展潜力。在国家的大力推动下，针对跨境物流的海关和检验检疫的监管模式不断创新，在关税和外汇结算等方面也都出台了一系列政策，海关总署2014年7月发布的《关于跨境贸易电子商务进出境货物、物品有关监管事宜的公告》》明确了海关对于跨境电商的监管办法，推动了跨境物流成本和贸易结算费用大幅下降，有力地促进了进口B2C交易的发展，“全球购”正在逐渐成为现实。

---

① 中国电子商务研究中心.2014年中国电子商务市场数据监测报告［EB/OL］.http：//b2b.toocle.com/detail_ 6242607.html，2015-04-14.

② 艾瑞咨询.2014年网络经济核心数据发布［EB/OL］.http：//news.iresearch.cn/zt/246299.shtml，2015-02-09.

③ 中国电子商务研究中心.2014年度中国电子商务市场数据监测报告［EB/OL］.http：//b2b.toocle.com/detail_ 6242607.html，2015-04-14.

在跨境电商规模迅速增长的同时，跨境电商的服务水平也有了显著的提升。如今中国跨境电商已经初步形成了一个庞大的生态圈，既有像兰亭集势这样高速成长的独立 B2C，也有像敦煌网、阿里速卖通这样的平台，还有成千上万不具备外贸基础的新兴互联网商和创业者，还有物流、支付等各种服务公司。这些公司已经形成了跨境电商的全产业链，推动了跨境电商的商业模式升级，使得跨境电商的平台承载力逐渐增强，传统企业和品牌商开始加入跨境电商领域，大型工厂、大型服务商和大额订单不断涌现，各种物流公司、海外实体公司都纷纷海外建仓，生产模式由大生产线向柔性制造转变，更加强化了全产业链的协调功能。

二、中国企业互联网信息沟通的应用现状

（一）电子邮件普及程度较高，电子邮件管理应用潜力巨大

《2014 年下半年中国企业互联网应用状况调查报告》调查了全国使用互联网的企业电子邮件的应用情况，截至 2014 年底，全国使用互联网的企业中有 83.0% 发送和接收过电子邮件，电子邮件已经成为最为基础的企业互联网应用，各重点行业间使用率差异较小。其中，建筑业应用比例最高，达 87.8%，其次为租赁和商务服务业，达 87.0%，第三为制造业，达 84.2%，居民服务和其他服务业相对较低，为 75.0%。①

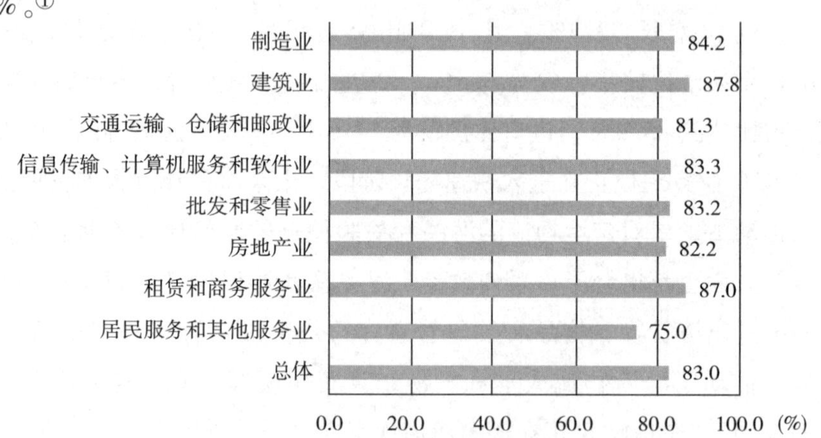

图 4－4　各行业使用电子邮件应用的企业比例（2014 年）

资料来源：CNNIC. 2014 年下半年中国企业互联网应用状况调查报告.

① 中国互联网络信息中心（CNNIC）. 2014 年下半年中国企业互联网应用状况调查报告［EB/OL］. http：//www. cnnic. net. cn/hlwfzyj/hlwxzbg/hlwqybg/201503/t20150316_ 51984. htm，2015－03－16.

中国企业使用电子邮件的方式主要以使用免费的电子邮件最为普遍，仅有一少部分企业采用申请专线或托管服务器建设自己的邮件服务器，还有少量用户使用虚拟主机服务提供商的邮件服务器或租用 ISP 或各地区信息港的收费电子邮件信箱。企业对外联系使用电子邮件是很普遍的事，可是电子邮件的发送、内容处理、管理备份都没有纳入公司的管理。高效、安全、稳定地应用电子邮件，可以为公司的管理、业务、客户服务提供很好的对外、对内的联系方式，因此，形成对电子邮件高效管理的能力将是企业电子邮件应用的未来趋势，未来将有越来越多的企业用户购买软件自己建立电子邮件系统与购买电子邮件服务，软件提供商和服务提供商也应该为企业提供更多的培训、技术支持等服务。

（二）半数以上使用互联网的企业倾向于利用互联网发布和获取信息

根据 CNNIC《2014 年下半年中国企业互联网应用状况调查报告》，截至 2014 年底，全国使用互联网的企业中，有 60.9% 通过互联网发布信息或即时消息。从行业分布来看，第一位为信息传输、计算机服务和软件业，为 75%；排在第二位的是租赁和商务服务业，为 66.5%；第三位为制造业，为 63%；居民服务和其他服务业的使用比例最低，为 48.8%。在全国使用互联网的企业中，有 67.3% 利用互联网了解商品或服务信息。从行业分布来看，信息传输、计算机服务和软件业最高，为 75.0%，第二位为制造业，为 71.5%；第三位为批发和零售业，为 70.7%；交通运输业、仓储和邮政业的使用比例较低，不到 50%。通过互联网从政府机构获取信息企业占全国使用互联网企业的 51.1%。其中，建筑业、房地产业使用比例较高，分别为 65.2% 和 62.6%，居民服务和其他服务业较低，为 41.7%。[①]

三、中国企业互联网金融服务与办公服务的应用现状

（一）金融应用普及程度高，互联网融资平台迅速崛起

《2014 年下半年中国企业互联网应用状况调查报告》统计了中国企业使用网上银行的情况，2014 年网上银行的用户占比为 76%，有大量的企业利用互联网开展客户服务，47% 的互联网用户企业利用互联网为客户提供各种服务。使用率最高的是信息传输、计算机服务和软件业，比重达到 57%，交通运输、仓储和邮政业，房地

---

① 中国互联网络信息中心（CNNIC）. 2014 年下半年中国企业互联网应用状况调查报告［EB/OL］. http：//www. cnnic. net. cn/hlwfzyj/hlwxzbg/hlwqybg/201503/t20150316_ 51984. htm，2015 - 03 - 16.

产业，居民服务和其他服务业比例较低，分别为31.3%、35.5%和35.7%[①]。互联网金融自2013年开始进入人们视野以来，在经济、政策、市场和监管等一系列新形势的推动下迅速崛起，大量资金进入互联网金融领域，同时国家一系列管理办法和改革举措出台，激发了互联网与金融的融合。互联网金融依托互联网渗透积累的海量用户和数据颠覆了传统金融的运作流程与风险管理方式，低门槛与便捷性让资金快速流动，大数据让征信更加容易，创造了一个又一个融资平台快速崛起的奇迹，形成对传统金融业的巨大冲击。同时也由于技术终端的日益普及，金融民主化渗透到每个人的生活，成为普惠金融发展的基础，有助于中小微企业从业者、工薪阶层、自由职业者、进城务工人员等普通大众获得金融服务。

（二）网络招聘、培训与企业运作辅助系统潜力巨大

在网络招聘领域，《2014年下半年中国企业互联网应用状况调查报告》的数据表明，截至2014年底全国使用互联网的企业中，有53.8%开展过网络招聘。部分重点行业中，使用率最高的是信息传输、计算机服务和软件业，为67.7%，交通运输、仓储和邮政业较低，为43.8%。在员工培训领域，截至2014年底，全国使用互联网的企业中，有26.7%开展过在线员工培训。部分重点行业中，信息传输、计算机服务和软件业的使用比例最高，达34.4%，其次为房地产业，为30.8%。大部分行业的开展比例较低，不足三成。在使用协助企业运作的网上应用系统领域，截至2014年底，全国使用互联网的企业中，有20.5%使用过协助企业运作的网上应用系统，如CRM、ERP等。部分重点行业中，信息传输、计算机服务和软件业使用比例远超其他行业，为33.3%，建筑业、居民服务和其他服务业最低，分别为13.0%和13.1%。[②]

第三节　中国互联网产业应用的主要特征

一、互联网产业应用需求广泛，已成为经济转型升级的重要支撑

中国作为快速增长的世界第二大经济体，国土广阔、人口众多、产业规模庞大、经济和社会活动单元数量世界第一等国情特征决定了中国互联网产业应用的广阔市场需求潜力。中国已成为全球智能终端增长的最主要组成部分，推动全球移动市场

①② 中国互联网络信息中心（CNNIC）. 2014年下半年中国企业互联网应用状况调查报告[EB/OL]. http：//www.cnnic.net.cn/hlwfzyj/hlwxzbg/hlwqybg/201503/t20150316_51984.htm2015-03-16.

的智能化演进。根据市场调研机构 Trend Force 发布的最新报告显示，2014 年全球智能手机出货量为 11.67 亿部，中国智能手机品牌出货量就达到 4.5 亿部，占据全球智能手机出货量 40% 的份额。而且，在全球智能手机出货量十强中，中国智能手机生产商占据六个席位①。中国工业和信息化部旗下中国信息通信研究院发布的数据显示，2014 年智能手机的市场占有率已经达到 86%。庞大的社会经济活动规模和智能终端的高普及率决定了中国巨大的存量和增量信息资源，金融、电信、交通、制造业等行业和医疗、社保、海关等领域积累的数据量在世界同行业居于领先地位。截至 2014 年 6 月，电信、金融、医疗、文化等国家重要基础数据总量已超过 1 千亿亿字节，我国的移动互联网流量在过去 18 个月中就增加了 10 倍，已占到全球互联网流量的 10%。预计到 2020 年，我国的数据量将突破 8 个 10 万亿亿字节（ZB，10 的 21 次方），占世界数据总量的 20%。②

我国当前正处于全面建成小康社会的关键时期，工业化、信息化、城镇化、农业现代化的“新四化”建设需要互联网的支持。在工业领域，我国拥有全球规模最大的制造业，在制造业迈向工业 4.0 的过程中，利用互联网进行生产流程的再造和商业模式的重塑已经开始引发制造企业的广泛重视，通过对产品全生产周期数据的管理和分析能够有效提高生产率和利润率，为研发设计、管理决策、市场销售、风险评估提供有价值的服务。在流通领域，电商通过物流、资金流、信息流的协同，大幅度提高了流通效率，降低成本。在金融领域，一方面，互联网企业利用个人消费、社交网络等信息形成新的竞争优势；另一方面，传统的银行、保险、证券等行业开始利用互联网信息判断客户的诚信、偏好、习惯，来拓展业务、管控风险。在科研、教育、医疗、社会保障、家居生活以及公共管理领域，互联网的应用潜力也被不断挖掘出来，为推动中国的社会进步发挥着不可替代的作用。

二、大数据行业应用快速推广，引领经济社会运行方式变革

互联网、信息技术与经济社会的交汇融合引发了数据的迅猛增长，我国目前尚处于大数据的起步发展阶段，尽管起步较晚，但市场规模增速十分迅猛，行业应用日趋广泛。2014 年，中国大数据市场规模达到 767 亿元，同比增长 27.83%。其中

---

① Trend Force. 2014 年全球智能手机出货量 11.67 亿部，中国占 40% [EB/OL]. http://www.199it.com/archives/323044.html，2015-01-21.

② 工业和信息化部副部长杨学山. 把握大数据本质抓住大数据机遇 [EB/OL]. http://hnwmw.haining.gov.cn/?action-viewnews-itemid-2053，2014-11-05.

大数据基础设施建设市场规模为456.37亿元，大数据软件市场规模为230.10亿元，大数据应用市场规模为80.54亿元，预计到2020年，中国大数据产业的市场规模将达到8228.81亿元，其中5019.58亿元来自大数据应用市场。[①] 从中国大数据市场的供给结构来看，企业类型呈现三极分布，分别是以百度、阿里、腾讯为代表的互联网企业，以华为、联想、浪潮、曙光、用友为代表的传统IT厂商和以九次方、亿赞普、拓尔思、海量数据为代表的大数据企业。

大数据的应用行业和领域已经十分普及，较为典型的包括金融、电子商务、电信、政府公共服务、医疗、物流、交通、教育、能源、农业、气象、地理和环境，其中，金融、电子商务和电信领域应用相对成熟。在金融领域，大数据能够解决金融领域海量数据的存储、查询优化和非结构化数据的处理，通过大数据分析可以形成对客户的全方位跟踪和分析，构建客户视图从而实施风险和客户管理。在电子商务领域，电商企业利用电商平台结合社交网络、微博微信形成了海量数据，以阿里巴巴为例，其旗下淘宝网每天的活跃数据量已经超过50TB。电商企业通过云计算技术进行精准策划、精准营销和精准物流，提升了用户体验，进行了大量商业模式的创新。电信运营商每天承载着海量信息，是互联网大数据的源头，数据涵盖了结构化的网络运维等设备资源数据、用户身份与行为等用户数据和非结构化的内容监控和网页信息等增值服务数据，国内三大运营商正在积极探索如何充分实现数据资产的商业价值。如中国移动基于人口分布、结构和消费特征分析为中小企业提供精准营销，中国联通将人口分布数据应用于交通建设和旅游产品开发，中国电信开展的基于产业链的大数据产品及应用等。

三、互联网企业规模大，发展潜力强劲

中国的互联网企业立足于中国规模优势和本土优势在近年来取得飞速的发展，很多龙头企业已经能够与国际巨头相抗衡。全球上市互联网公司前30强中有12家来自中国，全球前10名有3家来自中国。以腾讯QQ、微信为代表的本土社交服务，几乎占领了国内全部市场；以百度为代表的本土搜索服务，受到国内用户的广泛欢迎；以淘宝、京东商城为代表的电子商务平台，不断引领中国流通模式的变革。

中国互联网协会、工业和信息化部信息中心联合发布《2014年中国互联网企业100强排行榜》的数据表明，2013年中国的互联网百强企业具备较强的规模和实

① 贵阳大数据交易所．大数据报告［R］．2015.

力，百强企业的营业收入都超过了2.4亿元，这些企业的营业收入合计约为4000亿元，18%的全国信息消费来自这100家企业。其中前五名营业收入总和超过百强总营业收入的50%，前20位企业占据了80%的营收，行业集中度较高，规模优势明显。同时互联网企业增长迅猛，营业收入增幅超过两成的百强企业占据约3/4份额，其中增幅超过100%的企业有16家。业务领域覆盖全面，主营业务包括网络游戏、电子商务、垂直门户、综合门户、网络视频和网络支付，其中以电子商务为主营业务的企业营业收入规模最大，超过2000亿元，占百强企业总营业收入规模的一半。百强企业总体盈利水平较高，平均利润率超过15%，尽管其中有近两成企业存在亏损现象，但这些企业业务特色鲜明，规模优势显著，未来仍有较大的发展空间。此外，百强企业创新活跃，平均研发支出比例超过13%，各种应用层出不穷，以网络货币市场基金、P2P为代表的互联网金融，以网上打车为代表的O2O，以可穿戴设备为代表的智能硬件等各类新业务蓬勃，在线业务流量发展迅速①。2014年中国互联网百强企业前十名如表4-4所示。

表4-4 2014年中国互联网百强企业前十名

排名	公司名称	主要品牌
1	腾讯控股有限公司	腾讯网、QQ、微信
2	阿里巴巴集团控股有限公司	阿里巴巴、淘宝、天猫、支付宝
3	百度股份有限公司	百度、Hao123、爱奇艺
4	京东有限公司	京东、网银在线
5	搜狐网络有限责任公司	搜狐、搜狗、畅游、17173
6	奇虎360科技有限公司	360安全卫士、360杀毒、360浏览器
7	小米科技有限责任公司	MIUI、小米网、米聊
8	网易公司（不含有道）	网易
9	苏宁云商集团股份有限公司	苏宁易购、苏宁红孩子、PPTV
10	新浪公司	新浪网、手机新浪网、新浪微博

资料来源：中国互联网协会、工业和信息化部信息中心.2014年中国互联网企业100强排行榜.

四、互联网重塑中国商贸流通模式，新型商业模式不断涌现

商贸流通是中国互联网产业应用程度最深，创新最为活跃的领域，2014年中国

① 中国互联网协会、工业和信息化部信息中心.2014年“中国互联网企业100强”排行榜[EB/OL].http://xxzx.miit.gov.cn/InfoAction!showDetail.action?info.infoId=784，2014-10-15.

网上零售额为2.8万亿元人民币，相比上一年的增幅约为50%，在社会消费品零售总额中的份额达到11%。[①] 互联网推动了我国中西部、偏远地区的内需潜力的释放。根据阿里研究院的测算，2014年上半年，网购消费金额增长最快的前25个县，同比增速均超过200%，其中13个来自西部省份，6个来自中部省份。由于中国"宽带战略"的实施和"提速降费"的推进，在未来3~5年，电子商务的交易规模年均增长率将保持在30%~40%。与此同时，在批发领域互联网也在加速渗透，一些传统仅限于提供信息发布服务的B2B网站开始补充交易功能。网络零售相对于实体渠道具有更高的效率。据阿里研究院的估算，相对于实体零售，网络零售在交易效率方面具有显著优势，从投入成本与商品成交额二者的比重来看，实体零售约为1:11，网络零售约为1:50。线上流通方式的革命对传统的线下流通体系产生了革命性的影响，百货商场、连锁商超传统的联营扣点以及收取进场费、条码费、促销费等经营模式受到巨大冲击，很多批发市场、大型超市纷纷退出或转型寻求其他出路。在国家经济"降速转型"的过程中，电子商务对"扩消费、稳增长"的积极作用将进一步显现。

互联网同时还改变了农产品的流通模式，大量的农民和合作社主动借助淘宝等电商平台将自家或收购的农产品面向消费者销售。阿里研究院的资料显示，山西农民王小帮从2006年开始通过淘宝销售土特产，2014年完成销售额700万元；福建安溪中闽弘泰茶叶合作社2009年开始在淘宝上销售铁观音茶叶，2014年销售额超过1亿元。传统渠道的批发商和零售商也开始转入网上销售，如寿光蔬菜批发市场里的种子批发商目前接近一半已触电上网[②]。

互联网与贸易的结合也是近年来蓬勃兴起的一大领域，2014年，我国进出口总值26.43万亿元，同比增长仅2.3%，而根据中国电子商务研究中心的监测数据，中国跨境电商交易规模为4.2万亿元，同比增长33.3%。根据商务部预测，2016年跨境电商进出口额将增至6.5万亿元。商务部新闻发言人沈丹阳表示："跨境电子商务既是外贸发展的新模式，也是扩大海外营销渠道、实现外贸转型升级的有效途径。"[③] 在跨境电商的推动下，传统的外贸商业活动各环节正步入网络化、数据化和透明化的新阶段。

---

① 国家统计局. 2014年国民经济和社会发展统计公报［EB/OL］. http：//www.stats.gov.cn/tjsj/zxfb/201502/t20150226_685799.html，2015-02-26.

② 阿里研究院. "互联网+"研究报告［R］. 2015.

③ 商务部. 正积极研究支持跨境电子商务的政策［EB/OL］. http：//www.chinanews.com/gn/2013/08-23/5198939.shtml，2013-08-23.

五、生产制造与互联网融合加深，产业加速转型

制造业与互联网的结合是中国互联网应用潜力最大的领域，也是美国、德国等发达国家新一轮产业竞争的焦点。与这些发达国家相比，中国在“互联网 + 制造业”领域所具备的优势主要体现在完整的国内产业链、领先的 ICT 产业和巨大的国内市场规模。根据埃森哲的估计，若保持现状不变，未来 15 年工业物联网将为中国的 GDP 累计贡献 4970 亿美元；如果对工业物联网采取适当的倾斜措施，这一数字将大幅提高至 18240 亿美元。2014 年工业和信息化部开展了推进信息化与工业化深度融合的多个专项行动，国务院于 2015 年 5 月 8 日公布《中国制造 2025》将深化互联网在制造领域的应用列为中国制造发展的战略任务和重点。

国内的一批大型工业制造企业如三一重工、格力、海尔、商飞、尚品宅配、红领西服等已开始利用互联网改变传统的制造方式。物联网、云计算、大数据被越来越多的制造企业所采用，各地纷纷以工业云服务平台、产业联盟等形式推动互联网在制造领域的应用，生产的网络化、智能化、绿色化特征日趋明显。在移动通信领域，华为、中兴已经是全球领先的电信设备供应商，中移动是 TD – LTE 标准的重要推动者之一，中国企业在这方面已经建立起自己的知识产权武器库。在应用端，中国的移动互联企业也已经占据全球领先地位①。工业互联网的技术应用日臻成熟，IC 元器件流通平台、煤炭供应链管理服务平台、钢铁现货交易平台等的建立，将整个产业的生产体系、流通体系、融资体系、服务体系等连接到一起，形成产业生态链。互联网也推动着产业价值链多维度进化，与制造业密切联系的生产性服务业前景广阔。

以小米、乐视等互联网公司进军制造业为代表的“互联网 + 制造业”新模式也在颠覆传统的制造组织模式，轻资产、扁平化、快速响应市场等成为制造业的新竞争优势来源。互联网所创造的 C2B 商业模式与以往 B2C 模式下的科层化、标准化、大批量、推动式的制造体系存在质的差别，在消费者所驱动的 C2B 模式下，产品个性化、定制批量化、流程虚拟化、工厂智能化、物流智慧化等都成为新的热点和趋势。

---

① 腾讯研究院．互联网 + 制造业篇［EB/OL］. http://www.tisi.org/Article/lists/id/3989.html，2015 – 05 – 27.

六、"互联网+"金融、医疗、教育发展迅速，服务模式不断创新

自2011年央行正式发放第三方支付牌照以来，互联网金融得到了迅猛的发展，到2013年，中国互联网金融又进一步进入繁荣时期，业务范围不仅限于最初的第三方支付，一大批新型业态开始起步，"互联网+金融"的基础设施和行业形态明显迈上台阶。目前，中国的互联网金融已经涵盖了多种金融服务领域，如第三方支付、P2P网络借贷平台、新型电子货币、互联网银行、众筹融资以及其他网络金融服务平台等多种服务。根据阿里研究院整理的相关行业数据，截至2014年底，第三方互联网支付的总交易额已经超过8万亿元，相较于上一年增幅达到50%；被列入统计的P2P网上借贷平台达到了1575家，贷款余额已经达到千亿元规模；众筹融资平台达到了116家，其中78家都是在过去一年中新增的，融资规模共计已经超过9亿元①。

互联网与教育的融合主要体现在在线教育市场的快速发展和传统教育机构的线上转型。近年来，我国网络带宽的不断提升和普及，4G网络的迅速推进，多媒体技术的快速发展，为在线直播、远程教育、高清视频教学等发展提供了良好的基础条件。大数据分析与处理技术的提升为精准学习、个性化学习奠定了基础。根据易观智库发布的《中国K12互联网教育市场专题研究报告2015》，2014年，中国互联网教育市场规模达到841亿元，2010—2014年平均复合增长率达到33.1%，预计2017年中国互联网教育市场规模将达到1980亿元。其中，2014年中国互联网教育各细分市场份额中，高等教育、职业教育和外语教育占比位列前三位，分别为42.6%、29.7%和21.0%。互联网教育类型主要包括由学校或机构利用自身资源搭建教育服务平台，如人大网校等；由机构整合社会资源创办的在线教育平台，如百度传课、腾讯课堂等；知识点、题库、作业资料和学习工具，如大题小做等。很多传统教育机构，例如，新东方、学大教育正在从线下向线上教育转型，甚至实现互动学习功能；也有一些互联网公司利用高黏性用户发展在线教育，例如，百度教育、腾讯教育板块，还有网易旗下的有道词典，已在英语垂直应用领域掌握了约4亿人的高价值用户②。

---

① 阿里研究院．互联网+"研究报告中央行、网贷之家、艾瑞咨询等相关数据整理。

② 易观智库．中国K12互联网教育市场专题研究报告2015［EB/OL］．http：//www.analysys.cn/report/detail/9294.html，2015-06-05.

七、基于互联网和大数据的政务服务平台建设迅速推进

按照十八届三中全会、四中全会关于全面深化改革和依法治国的部署，以及习近平总书记在中央网络安全和信息化领导小组第一次会议上的讲话精神，互联网已经成为政府转型与制度创新的一个重要工具，利用互联网、大数据促进电子政务发展既是国家治理体系和治理能力现代化的重要手段，也是深化行政管理体制改革和建设法治政府的重要举措。

2014 年由国家行政学院联合有关单位共同发起创办的中国电子政务论坛推出《电子政务蓝皮书：中国电子政务发展报告（2014）》。根据该报告的统计，我国电子政务网络在省级行政区层面已经实现了全部覆盖，在市级层面覆盖率为 90% 以上，在县级层面覆盖率为 80% 以上，表明我国电子政务基础设施已经较为完善。截至 2014 年初，我国副省级以上和地市级政府网站覆盖率达到 100%，在县级政府层面这一数字也达到 80%。从信息化所涉及的业务范围来看，在中央各部委层面覆盖了 80% 的主要业务，在省级政务部门层面覆盖了 70% 以上的主要业务。[①] 但与世界其他国家相比，我国电子政务发展水平较低，《2014 年联合国电子政务调查》曾经对各国电子政务的发展水平进行评价并排序。其中，中国排在第 70 位，但相对往年不断上升。主要问题在于基层电子政务发展水平滞后，政府网站所具备的功能不够完善，尤其是网上办事服务和与公众的互动服务发展滞后等。

近年来，各级政府也在政务微博、移动互联网和打造“智慧城市”等领域开展了一系列探索，根据中国统计信息服务中心与腾讯互联网与城市研究院共同发布的《中国省会城市互联网应用发展报告（2014）》，各地政府大力推进新兴自媒体微博、微信等的应用，为了更好地服务社会和群众提供了新的便捷途径[②]。2014 年，中国各省会城市已经全部开通了政务微博。其中，从数量上来看，中东部地区城市政务微博开通情况较好，尤以成都、重庆、上海、北京等城市为最。从运营深度来看，位居全国政治文化中心的北京和立足经济贸易中心的上海，网民参与城市微博互动指数较高。在公检法系统中，上海、重庆、北京、西安 4 个城市在微博的开通方面积极主动，其中上海和重庆的开通数量最多。还有很多地方政府主动融入移动互联

① 洪毅，杜平．电子政务蓝皮书：中国电子政务发展报告（2014）［M］．北京：社会科学文献出版社，2014.

② 中国统计信息服务中心，腾讯互联网与城市研究院．中国省会城市互联网应用发展报告［EB/OL］．http：//mat1. gtimg. com/city/report/31city. pdf，2014－11－26.

网，通过政务 App 将服务延伸到更广泛的人群。如 2012 年中国首个，也是继纽约之后以城市形象推广为主题的 App“北京城市”在苹果商店正式上线。此外，很多城市已经与互联网公司合作打造“智慧城市”，如根据腾讯发布的消息，截至 2015 年 10 月，腾讯“智慧城市”服务已覆盖 28 个省（市、自治区），将城市的政务、交通、医疗、社保等一系列政府服务接入微信。阿里巴巴与蚂蚁金服、新浪微博开展合作，共同为地方政府提供诸如交通水电燃气缴费、社保查询、车辆违章、医院挂号、信用担保等一系列服务。阿里巴巴、腾讯等互联网公司还结合自身在云计算和大数据方面的运营管理经验为地方政府提供政务数据系统的服务，打破传统部门之间的信息孤岛，从而建立了一个完整统一的政务大数据信息系统。未来这些地方将能够利用政务综合数据平台进行数据服务的开发应用，使得政务数据能够更好地服务于政府政策的制定并为公众提供更优质便捷的服务，从而推动管理型政府向公开化、透明化、高效化的服务型政府转变。

第四节 中国政府推动互联网发展的政策措施

互联网既是引领新产业革命和科技革命的关键动力要素，也是中国实现赶超战略的重要契机，中国政府高度重视互联网的发展，积极出台各项政策推动互联网产业的发展。

一、“互联网 +”行动计划将助推新常态下中国经济创新驱动转型与发展

2015 年 3 月 5 日，时任国务院总理李克强在十二届全国人大三次会议的政府工作报告中正式提出了制订“互联网 +”行动计划的总体部署。“互联网 +”超越了以往单纯将互联网作为外在工具的传统内涵，并将其作为社会创新的核心引擎，基于互联网、大数据、云计算等技术及其应用来改造、重塑传统产业并引领社会进步，实现互联网革命。“互联网 +”推动了社会创新模式的改变，利用互联网连接一切、无处不在的优势提供知识创造、传播和应用的平台，成为知识社会下创新的基础设施和核心资源，将成为引领中国创新驱动发展关键要素之一。

“互联网 +”战略得到中央各部委和地方的高度重视，国家层面密集出台文件部署推进工作。国家发展改革委办公厅向地方发展改革委下发红头加急文件——《关于做好制订“互联网 +”行动计划有关工作的通知》，要求各地发展改革委要认

真贯彻落实党中央、国务院有关工作部署，充分认识制订这一行动计划的重要性和紧迫性。2015 年 5 月 4 日，《关于大力发展电子商务加快培育经济新动力的意见》正式由国务院出台，简称“电商国八条”，该意见强调了电子商务在当前经济形势下在培育经济新动力，打造“双引擎”、实现“双目标”等方面的重要作用。5 月 8 日，国务院印发《中国制造 2025》，作为指导中国制造业发展的行动纲领，而互联网将在其中发挥重要作用，文件中提出将深化互联网在制造领域的应用，包括制定互联网与制造业融合发展的路线图，发展基于互联网的个性化定制、众包设计、云制造等新型制造模式，加快开展物联网技术研发和应用示范，实施工业云及工业大数据创新应用试点等措施。5 月 15 日，商务部出台《“互联网 + 流通”行动计划》，成为“两会”以后首个落实出台的专项行动计划。卫计委、工信部、交通运输部、旅游局、农业部、能源局也积极推进了相关的部署。2015 年 5 月 8 日，国家旅游局发布《关于促进旅游业与信息化融合发展的若干意见》；5 月 6 日，农业部在浙江召开全国信息进村入户试点工作推进会，强调要把信息进村入户打造成“互联网 +”行动计划在农村落地的示范工程，重点做好公益服务上线、推进电商进村等重点工作；交通运输部也宣布将重点推进政企合作模式的综合交通出行信息服务科技示范工作，在交通运输领域有序推进国家物联网的应用示范工作，倡导“互联网 + 交通”新模式发展等。6 月 20 日，国务院办公厅印发《关于促进跨境电子商务健康快速发展的指导意见》，提出促进跨境电子商务加快发展的五方面支持措施。6 月 24 日，《关于积极推进“互联网 +”行动的指导意见》正式在国务院常务会议上通过，并于 7 月初正式印发。该意见明确了推进“互联网 +”的 11 项重点任务，范围涵盖了协同制造、现代农业、智慧能源、普惠金融、公共服务、高效物流、电子商务、便捷交通、绿色生态、人工智能等领域，通过互联网的普及和运用推动新产业模式的形成，同时还出台了一系列的支持保障措施。

二、大数据列入国家战略资源，数据强国战略正式部署

自 2011 年以来，大数据就已经被作为重要内容列入中央部委的相关文件中，如科技部的《中国云科技发展“十二五”专项规划》和工信部的《物联网“十二五”发展规划》等“十二五”规划都有所涉及。2014 年，中国大数据相关政策、项目、技术和应用逐步进入实际落地阶段，在国务院出台的《国家新型城镇化规划（2014—2020 年）》中，强调重点扶持大数据等新一代信息技术创新应用。2014 年初，贵州省出台《贵州省大数据产业发展与应用规划纲要（2014—2020 年）》和

《关于加快大数据产业发展应用若干政策的意见》，将国家级新区贵安新区确立为大数据产业基地。广东省也发布了《广东省大数据发展规划（2015—2020 年）》征求意见稿，北京、上海、天津等地也纷纷出台文件扶持大数据的共享开放和大数据产业发展。

在国务院2015 年9 月5 日发布的《促进大数据发展行动纲要》中，数据被正式列为国家基础性战略资源，并提出通过促进大数据发展，加快建设数据强国，释放技术红利、制度红利和创新红利，提升政府治理能力，推动经济转型升级。未来5 ~ 10 年，政府信息系统和公共数据的开放共享将有望取得突破，大数据在推动经济社会转型发展，重塑国家竞争优势，提升政府治理能力方面将发挥更大作用。

三、"宽带中国"为互联网发展营造良好的硬件基础环境

2013 年 8 月 17 日，《"宽带中国"战略及其实施方案》正式由国务院发布，标志着"宽带战略"从部门行动上升为国家战略，"宽带网络"首次被定位为经济社会发展的"战略性公共基础设施"。在该方案中制定了2015 年和2020 年两个阶段的量化目标，其中2015 年目标中提到要有1/2 的家庭普及固定宽带，33% 的用户普及3G/LTE 及以上移动通信技术，95% 的行政村开通宽带网络，城市家庭宽带速率可达20Mbps，农村家庭宽带速率可达4Mbps。2020 年目标中提到要有七成的家庭普及固定宽带，85% 的用户普及3G/LTE 及以上移动通信技术，98% 的行政村开通宽带网络，城市家庭宽带速率可达50Mbps，农村家庭宽带速率可达12Mbps。

自"宽带中国"战略发布以来，相关的推进实施工作迅速展开。国家发展改革委和工信部牵头成立了13 个部委参加的"宽带中国"战略实施部际协调机制，并确定了年度具体工作及部委分工。从 2012 年的宽带普及提速工程，到 2013 年、2014 年、2015 年的"宽带中国"专项行动，工信部对宽带发展的重视程度和推进力度不断加大。2015 年 5 月 8 日，《关于实施"宽带中国"2015 专项行动的意见》正式发布，部署了三方面年度引导性目标：一是实现宽带网络能力的跃升；二是普及规模、持续提升网速水平；三是积极支撑和服务智能制造。在强化部省联动方面，工业和信息化部与国家发展和改革委员会两部委开展了创建"宽带中国"示范城市（城市群）工作，于 2014 年 10 月 9 日联合发布了 2014 年"宽带中国"示范城市（城市群）名单，确定 39 个城市（城市群）为 2014 年度"宽带中国"示范城市（城市群）。在资金支持方面，财政部大力推进完善中央财政对农村宽带建设发展的长效支持机制；发展改革委通过重大工程开展"宽带乡村"工程试点，支持地方宽

带发展。在全面贯彻光纤到户国家强制标准方面，住建部与工信部联合开办培训班100多期，培训人员超过1.6万人，并开展联合检查督促各地落实标准。在深化共建共享方面，国资委和工信部支持企业深化体制机制改革，推动组建了中国铁塔公司。在地方政府层面，截至2014年底，全国31个省、自治区、直辖市均发布了本地区落实“宽带中国”战略、提升宽带发展水平的规划或意见。各地通过将宽带信息基础设施纳入城市统一规划或编制专项规划，划拨了专项资金支持宽带基础网络建设，建立光纤到户备案管理机制，建立城市宽带发展评价体系等方式，有力地保障了通信基础设施建设。

2015年5月16日，国务院办公厅印发《关于加快高速宽带网络建设推进网络提速降费的指导意见》（国办发〔2015〕41号），提出了包括加快高速宽带网络建设、推动电信企业降低网费、有序开放电信市场等十四条意见。根据该意见，2015年将有4300亿元资金用于网络建设。光纤到户将进一步普及，2015年将新增8000万户以上家庭实现光纤到户，50%以上的设区市城区实现全光纤网络覆盖，4G移动网络的用户数量将超过3亿。

四、行业发展规划和意见密集出台，覆盖互联网发展各个层面

近年来，国家在互联网领域制定了多项发展规划，早在2011年通过的《国民经济和社会发展第十二个五年规划纲要》中就对互联网发展做出部署，将全面提高中国信息化水平列入规划，并提出要加快建设宽带、融合、安全、泛在的下一代国家信息基础设施，推动信息化和工业化的深度融合，以及推进经济社会各领域信息化等。围绕该纲要，2012年工信部组织编制了多项涉及互联网发展的规划，包括《电子商务“十二五”发展规划》《软件与信息服务业“十二五”规划》《通信业“十二五”规划》及其子规划《宽带网络基础设施“十二五”规划》、科技部组织编制的《中国云科技发展“十二五”专项规划》。尤其值得一提的是，工信部还发布了互联网领域的首个五年专项规划《互联网行业“十二五”规划》，提出到“十二五”期末，建成宽带高速、广泛普及、安全可靠、可信可管、绿色健康的网络环境，形成公平竞争、诚信守则、创新活跃的市场环境，实现从应用创新、网络演进到技术突破、产业升级的全面提升，在转变经济发展方式、服务社会民生中的作用更加显著。同年，国家发展改革委和工信部等7部门还发布了《关于下一代互联网“十二五”发展建设的意见》，提出在“十二五”期间，互联网普及率达到45%以上，IPv6宽带接入用户数超过2500万的目标。

除了相关规划以外，中央层面还以意见的形式发布了关于推动物联网和信息消费发展的相关文件，如2013年2月17日国务院公布《关于推进物联网有序健康发展的指导意见》（以下简称《意见》），提出到2015年，打造物联网产业链，形成物联网产业体系。按照《意见》要求，国家发展改革委等联合印发了《物联网发展专项行动计划（2013—2015）》，制订了10个物联网发展专项行动计划，对2015年物联网行业将要达到的总体目标做出了规定。同年8月14日，《关于促进信息消费扩大内需的若干意见》正式由国务院发布，其中2015年的发展目标包括：信息消费的总体规模将达到3.2万亿元以上，每年的平均增速超过两成，形成对相关行业的带动作用，新增产出超过1.2万亿元；其中基于互联网的新型信息消费规模将超过2.4万亿元，每年的增速保持在三成以上。2014年9月，商务部颁布了《关于促进商贸物流发展的实施意见》，将鼓励电子商务与商贸物流结合，实行新兴O2O模式展开作为政策之一，积极促进了电商物流配套发展。同年11月16日，国务院办公厅颁布《关于促进内贸流通健康发展的若干意见》，把深入拓展网络消费领域，加强物流配套设施建设作为主要扶持方向，有助于推进电子商务形成完整的产业链体系。

五、互联网治理能力不断提升，网络空间法治化加速推进

2013年，中共十八届三中全会《关于全面深化改革若干重大问题的决定》中明确提出“坚持积极利用、科学发展、依法管理、确保安全的方针，加大依法管理网络力度，加快完善互联网管理领导体制，确保国家网络和信息安全”。在2014年中共十八届四中全会《关于全面推进依法治国若干重大问题的决定》中，进一步提出“加强互联网领域立法，完善网络信息服务、网络安全保护、网络社会管理等方面的法律法规，依法规范网络行为”。为了推进互联网领域的法治建设，近年来先后制定了《全国人民代表大会常务委员会关于维护互联网安全的决定》《中华人民共和国电信条例》《互联网信息服务管理办法》《互联网新闻信息服务管理规定》《中共中央办公厅、国务院办公厅关于加强和改进互联网管理工作的意见》《国家互联网信息办公室、工业和信息化部、公安部关于加强微博客管理工作的意见》《全国人民代表大会常务委员会关于加强网络信息保护的决定》《即时通信工具公众信息服务发展管理暂行规定》等一系列涉及互联网领域的法律、行政法规和部门规章。这些法律法规在推动和规范我国互联网建设发展过程中发挥了重要作用。全国“扫黄打非”工作小组办公室、国家互联网信息办公室、工信部、公安部2014年4月颁

布了《关于开展打击网上淫秽色情信息专项行动的公告》，极大地改善了网络环境，改变了互联网内容网站自审不力的情况，从法律手段上保护国家利益，维护公共秩序。2013 年 9 月 1 日起，为了进一步规范互联网接入服务规范，工业和信息化部制定的《互联网接入服务规范》正式实施，对电信业务经营者向公众用户提供互联网接入服务规定了服务质量指标和通信质量指标。

2014 年，首届世界互联网大会在浙江乌镇召开，该会议以“互联互通　共享共治”作为主题，国家主席习近平在贺词中提出：“中国愿意同世界各国携手努力，本着相互尊重、相互信任的原则，深化国际合作，尊重网络主权，维护网络安全，共同构建和平、安全、开放、合作的网络空间，建立多边、民主、透明的国际互联网治理体系。”会议的成功举办标志着中国正在逐渐变成网络空间治理的参与者，未来还将成为互联网世界的主导者或引导者。

六、网络和信息安全受到高度重视，安全管理多措并举

随着网络覆盖范围的不断扩展，网络空间中的安全问题越发重要，中国是互联网使用者最多的国家，互联网安全所面临的压力和风险也是最大的。2013 年 6 月，以美国的“棱镜门”事件为导火索，网络信息安全问题已经引发我国政府的高度重视。信息网络涉及国家的政府、军事、文教等诸多领域，互联网存储、传输和处理的许多数据是政府宏观调控决策、商业经济信息、银行资金转账、股票证券、能源资源、科学研究所需的重要信息。由于网络空间的无国界特征，来自世界各地的各种信息窃取、数据篡改、数据删添等安全威胁已经成为各界普遍关注的社会问题。

我国自 2004 年起国家互联网应急中心（CNCERT）就开始每年撰写和发布《CNCERT 网络安全工作报告》，为相关部门和社会公众了解国家网络安全状况和发展趋势提供参考。自 2008 年，《CNCERT 网络安全工作报告》正式更名为《中国互联网网络安全报告》。根据该机构发布的《2014 年我国互联网网络安全态势综述》，总体而言，社会各界对于网络安全意识水平逐年提高，投入逐年增大，我国互联网网络安全状况总体平稳。存在的问题主要体现在基础网络仍存在较多漏洞风险，云服务日益成为网络攻击的重点目标；域名系统面临严峻的拒绝服务攻击，针对重要网站的域名解析篡改攻击频发；网络攻击威胁日益向工业互联网领域渗透，已发现我国部分地址感染专门针对工业控制系统的恶意程序事件；分布式反射型的拒绝服务攻击日趋频繁；针对重要信息系统、基础应用和通用软硬件漏洞的攻击利用活跃，漏洞风险向传统领域、智能终端领域泛化演进；网站数据和个人信息泄露现象依然

严重，移动应用程序成为数据泄露的新主体；移动恶意程序不断发展演化，环境治理仍然面临挑战。

2014 年中央网络安全和信息化领导小组成立，将网络安全问题与信息化列为国家重大战略，在第一次会议上明确提出建设“网络强国”战略目标。领导小组的成立打破了以往互联网安全多头管理、职能交叉的体制障碍，为推动中国“网络强国”战略提供了最强有力和权威性的组织保障。

七、网络市场秩序明显改善，推动网络服务质量提升

近年来“双十一”的火爆以及网络购物的飞速发展，充分反映了互联网经济的强大活力及其促进消费、扩大内需的巨大能量。然而网络市场的虚假促销、价格欺骗、假冒伪劣、退换货纠纷和售后维权难等问题也越发多见。为了推进网络市场环境的健康发展，相关部门协同围绕促进发展、电子认证、网络购物、网上交易和支付服务等主题，出台了一系列政策、规章和标准规范，以规范和明确互联网市场的运行规则，为促进行业有序发展、构建适合国情和发展规律的电子商务制度环境进行了积极探索。2012 年 2 月，国家发展改革委、财政部、商务部、人民银行、海关总署、税务总局、工商总局、质检总局八部委联合发布《关于促进电子商务健康快速发展有关工作的通知》；3 月，工信部规划司发布《电子商务“十二五”发展规划》；国家工商行政管理总局发布《关于加强网络团购经营活动管理的意见》；5 月，国家邮政局《快递市场管理办法（修订草案）》公开征求意见；6 月，工业和信息化部《互联网信息服务管理办法（修订草案征求意见稿）》。此外，由国家工商总局牵头发起的《网络商品交易及服务监管条例》已被列入国务院“二类立法”计划，这意味着我国首部电子商务监管立法已全面启动。商务部会同有关部委研究起草了《网络零售管理条例》和《网络零售交易规则管理规定》，力争在电子商务规制建设上取得突破。

2014 年，各部委也密集出台了一批网络交易管理的规定和办法，如 1 月财政部和国税总局颁布《关于跨境电子商务零售出口税收政策的通知》，针对跨境电商的经营主体进行差异化征税，并在一定程度上鼓励传统外贸企业通过自建第三方电商平台来拓展出口业务。2 月国家工商总局出台的《网络交易管理办法》要求，网络商品经营者销售商品，消费者有权自收到商品之日起 7 日内退货，且无须说明理由；鲜活易腐、定做等 4 类商品除外。在 10 月发布的《中华人民共和国消费者权益保护法》中，明确了在网络、电视、电话、邮购等销售方式中消费者享有 7 日内退货的

权利。此外，还明确了个人信息的保护，以及规定了网络交易平台的责任等。这是《消费者权益保护法》实施 20 年来的首次大改。

其他细分领域发布的办法或规定还包括：2014 年 5 月，国家食品药品监督管理总局出台的《互联网食品药品经营监督管理办法（征求意见稿）》；2014 年 7 月，交通运输部下发的《关于促进手机软件召车等出租汽车电召服务有序发展的通知》；2014 年 11 月，国家工商总局出台的《网络商品和服务集中促销活动管理暂行规定（征求意见稿）》；2014 年 12 月，商务部出台的《网络零售第三方平台交易规则制定程序规定（试行）》，都进一步细化了互联网交易的规范与规则。除了法律法规的立法和修订以外，在执法层面的力度也将进一步加大，2015 年，国家工商总局决定于 7 月至 11 月开展 2015 红盾网剑专项行动，以规范网络市场秩序，促进网络市场健康发展，保护消费者、经营者的合法权益。

（撰稿人：刘维林　南开大学经济与社会发展研究院副教授）

第五章　互联网时代中国面临的机遇与挑战

时至今日，互联网的普及利用孕育了新兴产业和新兴业态，同时促进了经济增长、人类发展、社会进步。无论人们接受与否，互联网正在深刻改变着人类当前及今后的各种生产和生活方式。比如说，随着移动互联网逐步取代PC互联网，人们将更加依赖网络平台交流、交往、交易，并演化成一种生活习惯或一种行为常态。2015年6月，阿里巴巴集团创始人、董事局主席马云认为，互联网正在改变着世界，其功能也从获取信息和购物，延伸至思想和心灵的沟通，即我们的世界正在从IT转变到DT时代，未来50年世界将经历比过去20年更大的变化①。换言之，在互联网带来的变革中孕育着很多新的机会，互联网与传统产业的融合，将大大盘活各类社会资源，最终带来中国经济结构和增长方式的变革。之所以互联网能对经济社会产生如此大的影响，主要在于其连接一切的本质。2015年，腾讯公司在《互联网+：国家战略行动路线图》中概括了“互联网+”时代的六大特征，即跨界融合、创新驱动、重塑结构、尊重人性、开放生态和连接一切②。这一概括不仅刻画了互联网本身的特征，而且涵盖了互联网引发的市场变革及其主体行为特征。互联网给中国的消费者、企业和政府带来新的机遇与变革，同时也对一些事物带来压力和挑战。

第一节　互联网革命给中国带来的战略机遇

以互联网为代表的第三次工业革命是一次深刻而具有爆发力的生产变革。随着互联网技术持续的进步，人类社会正在以前所未有的速度发生着改变，尤其给技术后发国家和地区提供了弯道超车的历史机遇。对进入发展新时代的中国而言，互联

① 马云．从信息技术到数据技术：商业和贸易新时代，2015年6月19日在圣彼得堡经济论坛上的讲话．

② 马化腾等．互联网+：国家战略行动路线图［M］．北京：中信出版社，2015.

网革命带来的不仅是产业变革和业态变化，而且还是推动中国经济转型和社会变迁的强大驱动力，还是中国展现大国的国际地位和参与全球秩序重构的关键手段。现代信息、互联网技术与三次产业的深度融合，极大地延长了中国持续健康发展的战略机遇期，使中国各行各业都能从中发掘属于自己的机会，更是给中国新一届政府实施全面深化改革和实现中华伟大复兴的梦想提供了操作平台和创作空间。在中国开始觉醒并由大国走向强国的关键时刻，中国亟须在这一次的互联网革命中抓住机遇，抢占先机，成为后来居上者，屹立于世界东方。

一、互联网革命给中国培育经济新增长点提供重大机遇

与西方发达国家相比，中国互联网产业并不落后，在电子商务、即时通信等领域甚至超过了欧、美、日等发达国家。在互联网领域，中国企业正在走出原来“硅谷”模仿者的角色模式，开始生发出自己的原创枝芽，日渐成为推动中国经济增长不可或缺的力量。举例来说，在不到十年的时间里，阿里巴巴、腾讯、百度（号称BAT公司）由最初的小型创业公司快速发展成国内最具影响力的新生代企业，并成为中国互联网界人们津津乐道的标杆企业。与此同时，围绕BAT平台形成的产品生态链和集聚的创新资源，早已超出了国界的范围，正取代传统的出口导向型产业成为支撑中国未来经济发展的新的增长点。截止到2014年，腾讯、阿里巴巴、百度全年收入分别达到789.32亿元、525.04亿元和490.52亿元，分别较上年增长31%、52.1%和53.6%，三者合计几乎与山西、内蒙古、江西等中西部省（自治区）全年公共财政收入相当，净利润分别达到238.16亿元、234.03亿元和131.87亿元，净利率分别达到30.2%、44.6%和26.9%。其中，阿里巴巴在国内零售平台的交易总额就高达2.3万亿元，同比增长了47%，占到2014年中国全社会消费品零售总额的8%以上；同时，阿里巴巴零售平台活跃买家数量达到3.34亿个，同比增长达45%，占到中国网民数量的一半，占中国总人口的1/4。从市值规模来看，截止到2015年3月18日，BAT三家公司的总市值达到4476.57亿美元，甚至超过了奥地利2014年的GDP（4371.23亿美元），可以排在全球189个国家的第28位。由此可见，中国互联网产业的快速发展，使其具备了能与欧美日发达国家同台竞争的实力，甚至能做到引领世界互联网经济的新潮流。

二、互联网革命给中国传统产业转型升级提供重大机遇

信息和互联网产业不仅是我国确定的七大战略性新兴产业之一，而且也是我国

传统产业转型升级的重要催化剂。众所周知，我国互联网的普及率已经在全世界名列前茅，尤其是在商业交易的应用上中国首次具有世界领先优势。例如，由阿里巴巴、京东商城、苏宁易购等建立起来的电商平台，积聚了数亿海内外用户群体，提供了数亿种商品种类，平台经济的溢出效应正在显现，也促使小批量的商业化定制成为可能。我国应抓紧利用这一优势，推动传统产业升级改造，由传统的大规模标准化生产或服务向小批量、个性化定制生产或服务转变，从而使中国的产品或服务在世界范围内具有更高水平的竞争优势。值得注意的是，互联网技术与传统制造、商业、文化等深入结合，就形成了不同于以往的产业业态，包括智能制造、电子商务、数字媒体等在内的新兴业态。这种新兴的业态源自互联网技术对传统业态的改造，但这种改造不仅是简单的触网行为，而且是对传统产业生产方式、组织结构、服务模式等全方位颠覆性的再创造。例如，“互联网 + 制造”的基本特征就是数字化、网络化和智能化。互联网革命让我国的传统制造业插上智慧的翅膀，即由消费互联网驱动的生产革命，推动中国制造加速从价值链的低端向中高端的跨越转型。在生产制造领域，信息化与工业化的深入融合，促进我国传统制造环节效率的大幅提升，逐步地超越了原来赖以生存的规模和低成本优势，逐渐向个性化定制和分散式生产的智能定制经济转型，产品科技含量大幅提高。与此同时，互联网革命给中国的传统产业带来组织结构上的变革，即促使企业组织改变以往集中集权和自上而下的垂直管理方式，转向更加扁平和分布式的管理方式，如以 3D 打印为代表的数字化生产让每个人都成为生产者，从而驱动中国制造由工厂化制造向社会化制造方向转变。截至 2014 年 6 月，德、美、日、英、韩等国均提出了自己的国家新型工业化战略，均企图适应并引领新工业革命的浪潮。其中以 2013 年德国提出的“工业 4.0”战略最为典型。在中国，中央政府也提出了中国版的工业 4.0，即中国制造 2025 战略。在此基础上，结合本地特色和现实情况，中国地方政府也纷纷推出了互联网与传统制造深度融合的实施方案，试图从“互联网 + 制造”中寻求产业转型突破。紧随欧美日之后，中国新一届政府及时提出中国版的“互联网 +”行动计划，该计划将重点促进以云计算、物联网、大数据为代表的新一代信息技术与现代制造业、生产性服务业等的融合创新，为传统产业智能化改造提供支撑，为经济发展提供新动力。从时间节点来看，中国依托“互联网 + 行动计划驱动”的制造业转型，并不落后于西方发达国家，在某些领域甚至可以站在同一个起跑线上，完全有可能使中国在工业互联网领域复制 BAT 在商业领域创造的神奇，让中国在全面提升“中国智造”能力的同时，成为全球制造第一方阵中的执牛耳者。

三、互联网革命给中国占领网络空间制高点提供重大机遇

互联网经济社会的悄然来临，信息安全变得比以往任何时候更为重要。尽管信息大爆炸可能使一般人淹没其中，但会成为国家之间相互制衡的新生力量。当前，网络空间的主导权已经成为各国争抢的制高点。网络空间竞争及其承载的信息安全问题变得日益严峻和紧迫，并成为新一轮展现国家竞争力和控制力的较量场所，在很大程度上已超过其他传统的安全问题。获取和控制网络海量数据并从中挖掘有用的信息，正在成为世界各国未来 20 年争夺信息社会控制权的重要战略手段。客观上讲，信息网络不仅需要一个合理的空间秩序，更需要一个安全、畅通、完整的网络治理体系。目前来看，世界各国对网络空间安全的关注日益加强，并将互联网和大数据的保护提升到事关国家安全利益的高度。美国“棱镜”事件暴露后，世界各国对网络信息安全意识增强，并在云计算、大数据等互联网平台上开展规则主导权的竞争博弈。例如，美国制订了针对网络空间全盘计划——《网络空间国际战略》，旨在圈占全球网络信息空间的主导权。其实网络空间的治理不仅是大国之间的竞争，更是国民之间的直接较量。从虚拟空间的特征看，网络空间像外太空一样，并没有国与国之间的主权边界限制，任何人都可以在网络空间上留下自己的意见表达，但只有技术强者才能拥有这一空间的表达权。要确保网络空间的安全并将其纳入法治轨道，那么网络公共空间的治理还要落实到公信言论及其表达，政府部门在保证言论自由和民主的前提下，还要提供个人隐私保护和国家安全保障。传统社会治理模式受限于僵化的程序，无法在复杂性日益增强的情况下确保治理效果，也不能复制到网络空间之中。为此，网络空间虽没有国界划分，但是却有主权之别。在当前主要国家都在确保自我网络安全的同时，企图主导整个网络空间的规则定义、秩序维护和安全保障。恰恰因为互联网领域尚未形成既有的势力割据，反而给中国寻求网络空间治理上的突破提供了千载难逢的机遇。为此，中国要想不在这一空间的势力划分中不被边缘化，抢先研究制定互联网空间治理的制度体系变得相当紧迫和必要，同时争取将数据资源纳入主权范围中来考虑。在网络空间治理领域先行一步，将有利于增强我国政府的网络安全管理能力，提升其在国际信息空间治理体系中的话语权。

四、互联网革命给推进国家区域发展战略提供重大机遇

在区域发展中，推动基础设施互联互通是一项重要的工作任务。其中，信息基

础设施互联互通显得尤为重要，它将能超越地域和语言上的障碍，也有利于政策互信、民心相通和文化相融，是推动区域协调发展的黏合剂。早在20世纪末的那一轮信息革命浪潮中，建立在互联网之上的信息基础设施已成为与铁路、公路、能源、通信网络等一样的国家重大基础设施。作为重要的战略性、基础性资源，互联网与大数据技术能帮助一国制定更具有战略性、前瞻性的重大决策，使其以全球视角制定国家规划，进行全球布局，而且还能创造有利的信息软环境，帮助推进战略有效实施。当前，我国新一届政府着力推进京津冀协同发展、长江经济带和“一带一路”新的三大区域协调发展战略。其中，实现基础设施的互联互通是区域战略实施的重要内容之一。互联网平台和大数据系统作为重要的基础设施本身尚需实现互联互通，而且作为跨时空沟通分析的润滑剂能帮助消除跨区域的信息孤岛，打破人为造成的行政壁垒和社会障碍。比如，推进京津冀协同发展，需要三地探索建立统一的市场监管体系，整合区域内各种信息基础资源，“一视同仁”地服务于区域内各类市场主体，而互联网平台和大数据应用能提高京津冀协同发展的加速度，彻底破除京津冀各自的“一亩三地”，降低信息不对称造成的交易成本，减少各部门不明事理的相互推诿扯皮情况。比如，加快长江经济带建设，需要依托黄金水道实现全流域的共建、共享、共赢，倘若借助互联网平台构建全流域的信息畅通通道和共享机制，将会大大降低省市之间的协调成本和摩擦成本，真正做到上中下游全线贯通、一致响应和联动合作。再如，实施“一带一路”战略，利用互联网和大数据平台能帮助寻找沿线合作的切入点和潜在商机，提高贸易自由化和投资便利化程度，促进全球产业合理布局，形成与“一带一路”国家相互嵌套的产业链、价值链、供应链和服务链。与此同时，依托互联网平台建立更加便捷的联络机制，有助于推进我国企业无地域障碍地“走出去”，积极与合作伙伴开展国际产能合作，重塑或再构产业分工格局，同时也实现与国际通行规则的接轨，提升对外通关监管能力和水平，增强基础设施互联互通的效率和水平。

五、互联网革命给全面实施创新驱动战略提供重大机遇

现今，互联网平台已成为“大众创新、万众创业”的沃土。当前，我国政府为加快营造“众创”空间，出台了多项便利支持政策，其中就包括如何利用互联网加快创新创业的政策措施。在互联网平台上，各式各样的新事物如雨后春笋般涌现出来，从电子交易到移动支付、从网络商店到集成平台、从信用机制到大数据应用，这些正在引导经济社会发展新的业态变化。互联网技术引发的业态变革解决了很多

线下难以克服的问题，为“大众创新、万众创业”降低了进入门槛，促进了生产率的提升和商业模式的创新。2015 年初，中国政府报告中提出了“互联网 +”行动计划，自然就把其与创新创业天然地联系在一起。2016 年，中国政府报告提出了新经济概念。因为“互联网 +”不仅是个新事物，而且还是个孵化器。比如，利用“互联网 +”，积极发展众创、众包、众扶、众筹等新模式，促进生产与需求对接、传统产业与新兴产业融合，有效汇聚资源推进分享经济成长，助推“中国制造 2025”，形成创新驱动发展的新格局。我们知道，中国政府管理在经济社会中的地位、能力和影响力较强，倘若沿袭传统的市场准入方式，这些适应互联网规则的新经济可能会遭到扼杀，甚至危及经济健康增长，但要是运用适当，就很可能成为助推经济创新成长的关键引擎。因而，我们需要有一套不同于现有政策发挥体系的市场监管体系，着力推出一系列有利于社会创新的可操作、可监督、可问责的行政法规和实施细则。比如，推动互联网创新法制化、阳光化和公开化，促进公共部门大数据整合、开放和应用，这些可能激发公民参与意识，改良企业产品生产和服务提供，推动政府社会透明化，同时也能促进相关领域新产品、新职业、新型企业的出现，营造有利于创新创业的营商环境，从而形成有序监管之下的良性创新生态圈。为此，互联网革命带来的颠覆性破坏，给实施创新驱动战略和营造“众创”空间带来了新的战略机遇，但关键要怎么看待它的发展，对待它产生的影响，这既需要政府提高对新生事物的容忍度，又不能袖手旁观任由新事物荒芜生长，从而有效平衡协调互联网带来的破坏性创新和确保安全高效市场监管之间的矛盾，切实做到更好地发挥政府的作用。

六、互联网革命给加速基础设施配套升级带来重大机遇

当今世界，信息和互联网基础设施已经转化为一种国家软实力，诸如云计算、大数据、物联网、移动互联网等新一代信息技术的应用水平成为衡量一个国家和一个地区综合实力强弱的重要标志之一。主要的国家和地区纷纷将与互联网相关的基础设施视为驱动其他基础设施配套升级的切入点，并为此制订了各自庞大的升级计划。比如说，2010 年，欧盟提出了为期 5 年的“数字化议程”计划，在欧盟 27 个成员国部署超高速宽带，同年巴西和印度政府分别启动了“全国宽带计划”和《关于推进国家宽带计划的建议》。这些计划都旨在提高互联网普及利用率，推进公共基础设施和居家设备的智能化改造，而基础设施的智能化升级成为推动经济增长的新亮点。在互联网经济下，经济社会需要大量互联互通的智能化基础设施配套，包

括信息高速公路、“智慧城市”、智能电网、综合地下管廊、海绵城市等，尤其是现代化的城市更是需要与互联网相融合的基础设施配套体系，比如，鼓励和支持新能源汽车发展，需要有完善的充电桩体系配套，促进和支持分布式电源点建设，需要更智能化的储电设施和电网体系，等等。自2013年以来，我国相继发布了《关于促进信息消费扩大内需的若干意见》《“宽带中国”战略及实施方案》《关于加快高速宽带网络建设推进网络提速降费的指导意见》等文件，并把宽带网络等信息通信设施升级视为国家战略性公共基础设施，从而带动基础设施全产业链的网络化和智能化提升。截至2015年3月，我国长途光缆线路长度接近93万公里，光纤接入到户/办公室（FTTH/O）端口达到1.86亿个，全国93.5%的行政村开通宽带，移动通信基站达353.9万个。在“十三五”时期及未来较长时期内，中国要实现全面小康水平，要实现两个一百年中等发达国家水平，需要在现有基础设施上加快升级，如果能在“互联网+依赖的基础设施”领域走在前面，通过云（云计算和大数据基础设施）、网（互联网和物联网）、端（直接服务个人的设备）的互联互通，可以引领其他方面加快发展，如实现城乡一体化和公共服务均等化。随着云计算、大数据、人工智能等新兴技术与交通进行有效融合，打车软件、出行导航、网购车票、网上值机等越来越寻常普及；与此同时，交通基础设施也变得更加智能化，交通网络安全也将会更加长效化，利用引导设施和智能终端，实现城市公共交通一体化对接，可以让市民“一机在手”即可在公交车、地铁、出租车之间便利换乘；利用定位大数据和智能化分析技术，分析节假日期间全国人口迁徙量、出行距离、热点出行路线等，合理引导人们出行时间和路线。再如，在医院布置智能的交互终端及相应配套设施资源，人们就可以远程进行在线咨询和交流功能，医院就可以借助信息化手段实现分时预约，就可以实现城市公共的医疗资源的均等化享用，让边远地区的患者提前问诊预约，尽可能减少患者不论大病小病都往甲级医院就诊的情形，在提高医疗资源使用效率的同时，也真正方便了百姓就医，缩减了城乡之间公共服务水平的差距，包括缩小城乡数字鸿沟。

七、互联网革命给国家治理能力现代化带来重大机遇

自我国新一届政府成立以来，简政放权力度加大，政府职能转变加速，市场监管要求升级，致力于治理能力现代化。互联网经济的特点体现为快速迭代的创新、无边界的开放、激励相容的共享、治理结构扁平，这需要突破现行的制度障碍，推进政府监管方式转变和监管能力提升。互联网和大数据技术在公共部门的应用是推

动政府公共治理现代化的重要途径。政府现代监管的诉求与大数据有非常高的契合度，利用大数据技术，构建基于互联网平台的监管体系，不仅能帮助各级政府更好地适应社会和经济指标变化，而且还能助推其市场监管方式转变和手段升级，从而有效推进政府治理能力的现代化。可以说，监管者使用大数据、云计算、物联网等先进科技手段对商品市场实施监管，是推进市场监管职能转变及监管方式创新的重要举措。当前，各级政府面临的市场监管存在较多盲点和不成熟的地方，如对网络商品的市场监管同时存在监管不到位和监管过度的困境。倘若将大数据应用于市场监管之中，依托大数据完善监管平台，能进一步完善注册资本登记制度改革后的事中事后监管制度，促进市场公平竞争。利用大数据能促进各级政府创新监管思路和方式，不断提高监管效率和水平，使监管能力满足经济社会发展的需要、群众的期望要求，跟上国际通行标准和规则。例如，建立大数据条件下的新型监管体系，将能有效侦查网络交易商品的质量和虚假宣传问题，并有效解决网络商品交易监管取证难、无法查封等难题，识别和处置侵犯知识产权、网络敲诈、有偿删帖等不法行为，从而精确减少监管死角和监管真空地带，保护消费者的合法权益，同时也帮助有效规避过度监管。强化大数据在市场监管中的应用，有助于提升对市场风险的监测预警能力，及时预警系统性、区域性的市场异常现象，对新的风险形态保持足够的敏感和警惕。利用互联网平台和大数据技术搭建政府监管信息平台，将有利于促进政府治理能力现代化，能增强公共服务决策的科学性和民主性，提高监管效能和预警能力，增强监管透明度和协同联动，做到非现场监管执法，降低监管成本，防止政策走样，促进政民互动和舆情监测，实现对复杂事情的有效治理。在基于互联网平台的商业模式下，政府还是要简政放权，对新的模式要“放水养鱼”，要提高容忍度，这不可避免地会对既得利益和现有经济格局造成影响和冲击，但要给予新生物发展的机会，不能一棍子打死。例如，以 Uber 和滴滴打车为代表的新生业态，彻底地打破了传统封闭的出租车市场，极大地提高了经济效率和用户福利，如果政府愿意接纳这些新生事物，就需要改变现有的营运车辆管理体制，把更多过去称为“黑车”的营运车辆合法化，使其能在经济社会中发挥应有的作用。再如，互联网经济给传统的统计体系带来冲击，使其统计部门能够使用互联网积累的大数据开展统计监测，一方面，尽可能提炼出更多有价值的信息；另一方面，也尽可能减少人为造成的数据失真问题。

八、互联网革命给中国执政党公信力提升提供重大机遇

互联网使人们的行为方式、思维方式、价值判断等发生很大的改变，互联网驱

动的社会关系的变化对我国执政党的执政能力是一个重大考验。这是因为互联网给人们带来了一个更真实残酷的世界，通过互联网，人们看到更多的负面消息，积累更多的负能量，这与传统媒体如中央电视台新闻联播那样可控制地传播正能量完全不同，需要执政党采取新措施，寻找新办法疏导消除互联网带来的负能量。现阶段，互联网革命带来的社会关系变化，与我国执政党与时俱进和创新求变的意愿不谋而合。我国政府正向开放型、服务型和法治政府转型，全面推行依法治国和从严治党，并让改革发展沿着法治轨道前行。构建以互联网平和大数据系统为基础的市场监管体系，使政府利用互联网平台积累的民意优势，能将现实中执法的依据、过程和结果进行广泛的公开和说明，让网络反映的民意转化为执政的内容，从而为全面依法治国和从严治党提供了坚实的分析依据。建立大数据条件下的市场监管体系，不仅帮助执政党依法依据对市场上的微观主体、商品质量、消费投诉、商品价格等各种信息进行量化甄别，科学筛查锁定有价值线索，及时发现涉嫌违法的市场主体，同时打击传播虚假信息、谣言的行为，公正维持市场秩序；而且还能有效防止权力滥用和冤假错案发生，防止弹性执法、选择性执法，帮助查处腐败分子，预防腐败滋生蔓延，增加公权利用的透明度和确保执法公正廉明，提升执政党在民众中的公信力，帮助其合理疏导和处置社会群体性事件，从而避免其进一步发酵恶化。比如，网上曝光的事件或案件推动恶行得到惩治，冤屈得到伸张，甚至推动法治的进步，类似2003年的“孙志刚”事件；利用互联网开展舆情监测，能捕捉到公众直接对公共事务的意见和对政府及官员的批评，让公众监督更直接、深入和有效，再如，中纪委开通举报网站让群众举报更畅通，如今网络举报已占举报总量的一半，署名举报比例大幅提升。此外，利用与金融系统互联互通的大数据平台，能有效鉴别官员财产的异动，监管政商勾结、行贿受贿和权力寻租等腐败行为，并为出台官员财产公示制度提供前提条件。

九、互联网革命给中国人力资源素质提升带来重大机遇

互联网革命改变很多人的行为方式、思维方式和生活方式，给劳动者带来两方面的改善；一方面，通过网络自我学习可以提升职业技能和素养；另一方面，通过互联网的透明化处理提升了人们的信用水平。在劳动力市场上，互联网技术的应用尽管会导致结构性失业加剧，但互联网革命同样创造诸多新兴岗位。因产业更替造成的富余劳动力可以经过自我学习和新一轮教育培训，很容易重新上岗，适应新经济带来的岗位要求，因为互联网提供的教育资源提升了劳动者自我学习的能力，进

而使其素质有较大幅度的提升。此外，互联网给人力资源带来的重大机遇是重塑我国即将崩塌的社会信用体系，提高人们遵纪守信的自制力。比如，阿里巴巴在淘宝网店上建立的信用机制，在一定程度上减少了欺诈行为的发生，让很多商家和消费者能够从遵法守信中获得快乐。由此可见，互联网给人们带来的素质提升体现在个人信用程度和价值判断的改善方面，无论是作为一名消费者还是作为一名生产者，都是如此。例如，人们在互联网上的行为轨迹经过沉淀处理就会形成个人的信用报告，再通过信用评级程序就可以考察某个人的信用水平。这些信用信息自然催促人们更加尊重自己的信用，遵照互联网建立的社会信用体系行事，而不去过度消费自己的信用，从而给政府的社会管理带来便利，既可以因互联网信用体系的建立而降低监管执法成本，同时也可以利用新的技术工具按图索骥，发现并查处互联网上留下的各种污迹。

十、互联网革命给中国生态文明建设提供重大机遇

信息互联网的基本特征是，每个人既是信息的生产者，也是信息的消费者，通过信息网络技术，形成互联互通的系统，把各种信息源和接收站广泛联系起来。“互联网+生态环保”将会有助于形成互联互通的绿色低碳系统，推动经济社会实现绿色发展、循环发展、低碳发展。中国经济正处在实现绿色低碳转型的道路之上，互联网革命和大数据技术应用，将有助于建立快速灵敏的在线监测系统，给生态环保提供定量化的优化目标。比如说为应对雾霾天气，人们开始使用更加实时的监测工具，普遍关注 PM2.5 等新指标，从而使空气污染治理有了更为明确的方向，可用于有效控制污染物的排放。再如，在资源节约方面，数字化使用智能电气设备，可以帮助大幅度提高能效，减少资源浪费，提高利用效率，如推广利用普遍具有低碳技术的 LED 照明灯、太阳能发电发热设备、中水处理设备、地源热泵、毛细管空调设备、建筑保温材料等。同时，利用互联网技术可以完善碳交易市场，帮助政府实现能源计量、管控、现场监测和在线监测，深入挖掘用能单位节能减碳的潜力，提高合理用能水平。在“互联网+能源”领域，能源互联网的优势在于利用分布式光伏发电、燃气冷热电三联供等能源新技术，使能源供应源点分散化，通过能源技术设备与信息通信技术的深度融合，构建一个服务于城市能源管理及承载社会公共服务的能源与信息双向互动平台，在促进能源高效利用的同时，支撑智慧城市、海绵城市、生态城市的健康可持续发展。

第二节 互联网革命给中国带来的经济价值

“互联网+”将促使中国经济增速由高速增长过渡到中高速增长的“新常态”，促使增长动力由要素驱动向创新驱动转变，使国际贸易由传统贸易阶段演变到普惠贸易阶段。具体来讲，互联网的普及利用能够在生产力、创新和消费等方面为GDP增长提供新的动力，在提高企业劳动生产率的同时，创造更多的就业岗位和消费者剩余。从经济发展方式和增长动力来看，互联网将提供给中国许多新的增长点，比如，中国有可能在云计算、大数据基础设施建设和应用上实现弯道超车。互联网技术的持续进步和向各个领域的渗透应用，将会有力支撑中国经济实现健康、均衡、可持续的发展。

一、提高劳动生产率，推动经济增长

互联网的存在对经济增长的贡献，不仅在于信息、通信技术产业本身创造的价值，更在于在一定程度上帮助提高了传统产业的生产率，进而增加了经济产出。2011—2014年，中国互联网经济规模维持了50%以上的年均复合增长率。据麦肯锡全球研究院计算，2010年中国互联网经济只占到GDP的3.3%，落后于大多数发达国家，而2013年，中国互联网经济规模达到GDP的4.4%，已经达到全球领先国家水平，这主要源于互联网应用会在2013—2025年带动中国劳动生产率提高7%~22%，[①] 这将帮助中国提升GDP增长率0.3~1.0个百分点。

二、增加消费者剩余，改善社会福利

互联网给消费者带来的利好主要是提供更便宜的优质商品和更便捷的生活服务。2014年，我国网上零售额同比增长49.7%，达到2.8万亿元，占同期社会零售总额的10.6%；同期，我国互联网广告产业规模达到1535亿元，市场份额占整体广告产业的28%。与此同时，各行各业都在借助互联网平台拉近与客户的距离并开拓新的市场。例如，阿里巴巴旗下的淘宝网站拉近了消费者与商家的距离，通过降低信息不对称和增加竞争性拉低商品价格，同时增加信息透明度提高了商品质量。由此给消费者带来物质或服务消费的成本节约，使消费者既能增加其他方面的消费，也

① 麦肯锡全球研究院．中国的数字化转型：互联网对生产力与增长的影响［J］．2014.

能帮助消费者获取海量信息和学习工具，并减少他们对小众商品的搜索成本，获得更加多样性的产品和服务。阿里巴巴提供的支付宝产品使交易支付更便捷，并拥有更良好的用户体验，既激发消费者的购物潜力，又节约了消费者的支出成本。

三、提升就业适配度，促进万众创新

互联网重构了劳动力供需市场，更有效地配置了劳动力资源。互联网平台让招聘信息和求职信息集成在一起，使招聘单位和求职者能广泛接触，既能增加岗位与求职的适配度，也有助于实现充分就业。互联网带来的行业变革可能使一些职业面临消失的困境，但互联网也催生新的就业岗位，抵补消失的原有岗位。互联网平台的服务集聚功能，将帮助激发“大众创业”的热潮，丰富创意来源渠道，加快万众创新的速度。举例来说，阿里巴巴的速卖通平台依据用户的体验反馈，快速地实现产品创新。如，一个美国女子在阿里巴巴旗下的速卖通上购买了一顶假发，并尝试戴着游泳，意想不到的是假发在水中迅速脱落。于是，这名女子就在速卖通的网站上留言投诉，控诉这款假发产品为什么不防水。一个星期后，中国的假发制造商就开发出世界上第一款防水假发并销往美国。互联网在消灭传统岗位的同时，还在创造更多的岗位。据麦肯锡全球研究院对4800家中小企业的调查显示，中小企业触网之后，可能会失去1个岗位，但同时还会创造出2.6个新的工作机会。另据波士顿咨询公司（BCG）测算，2014年互联网行业在中国直接创造了约170万个就业机会，而到2020年直接创造的就业岗位将会在2014年的基础上翻倍，即达到350万个就业机会；与此同时，互联网平台的带动效应，间接创造了更多的就业机会，如淘宝平台有300多万家活跃网店，从网店经营到物流配送，由此撬动的就业机会高达上千万个。[①] 由于互联网平台降低了交易成本，不仅使企业间跨界协作成为可能，同时也通过降低创业门槛，使自由工作者群体规模越来越大。换句话说，越来越多的人选择创业而非择业作为他们的首选就业方式。据统计，2014年，应届大学毕业生中约有2.9%的人选择自主创业，较2011年年均复合增长率高达21.9%，这意味着“创业式就业”正在成为“90后”群体就业选择渠道之一。

四、推进贸易自由化，平衡国际收支

在激发产品创新的同时，互联网还改变了国际贸易流程及形态。互联网搭建了

① 波士顿咨询公司．互联网时代的就业重构——互联网对中国社会就业影响的三大趋势［J］．2015.

电子化的全球贸易平台，推动多层次的跨境贸易流程得到简化，能让更多的供应者和消费者参与进来，极大地推动了贸易自由化和便利化。尤其是第三方跨境服务平台的出现极大地提高了中小企业开展国际贸易的参与度和交易效率，使得国际贸易出现了“普惠”的特征。比如，阿里巴巴提供的速卖通跨境电商平台，帮助中国的中小企业跨出了国门，实现产品行销全球的终极目的。这是因为很多中小微企业借助跨境电商平台参与全球贸易，直接面对国外消费者，能以较低成本实现全球营销网络的拓展，并能从单纯的来料加工转型为品牌产品出口，并以较高的价格赚取外汇。从宏观意义上讲，中小企业参与到全球贸易链条中来，这将极大地改善贸易条件，并在平衡国际收支中发挥更大作用。中国新一轮消费升级产生对进口商品的巨大消费需求，而鼓励中国企业和消费者依托跨境电子商务平台开展进口，不仅能够平衡经常项目盈余，还有助于降低人民币升值的国际压力。

第三节　互联网革命给中国带来的市场机遇

从微观层面讲，互联网的出现使人类社会发生了深刻的变化。互联网与各行各业的结合，不仅使电子商务、工业互联网、互联网金融等新兴业态成为经济社会领域的热点话题，也给各行各业创新发展带来了崭新的机遇，同时也给企业和政府带来了压力和挑战。从产业链或价值链角度来看，互联网降低了整个链条的交易成本，并提升了运营效率，而对产业链或价值链的影响却是递次变化的，通常从消费环节开始逐步倒逼生产环节，不同环节面临着不同的机遇与挑战。百度公司李彦宏认为，所谓“互联网+”就是如果任何一个垂直行业跟互联网进行结合的话，效率都会有很大的提升，但在中国最主流的产业其实不是互联网产业，而是以教育、医疗、金融、汽车、房地产等代表的经济支柱的主流产业，而这些产业拥抱互联网过程可能会产生两种结果，一种是以后所有的企业只剩下传统主流产业和互联网平台类型的公司，另一种是传统产业真正拥抱互联网，找到提升核心竞争力的正确按钮[①]。概言之，在微观主体层面，“互联网+”主要对市场结构、形态和主体行为带来新的变革机遇，涉及消费者、企业、监管者等多个市场利益相关者。

① 李彦宏．“互联网+”将让中国经济走向何方？2015年5月29日，在云南腾冲百度联盟峰会上的演讲。

一、市场交易在线化为消费者增添了消费新空间

随着信息技术广泛深入的应用，消费者正在迅速选择数字化的生活和消费方式，极大地拓展了消费的新空间。互联网通过将市场交易在线化使消费者更便利地接触到琳琅满目的商品，更容易地获得那些个人偏好的冷门商品，更重要的是帮助消除人们消费中的“痛点”。

（一）市场交易在线化催生了消费导向的新业态

在消费领域，互联网带来的最明显的机会变革就是以电子商务为代表的市场交易环节的“在线化”，使消费者享受到更便利的购物乐趣，增添消费者购物的渠道空间。据第三方调查机构世邦魏理仕《亚太区消费者调查：网上购物新形态》报告显示，中国已经成为当今全球网上购物最为活跃的市场，有76%的消费者偏好网上购物，45%的受访者表示至少每周网购一次。[①] 根据中国国家统计局数据显示，2014年，我国全年网上零售额同比增长49.7%，约有2.8万亿元，较2005年增长了160倍，占全社会商品零售总额的比例已超过10%。另据中国商务部电子商务司测算，2014年中国电子商务交易额（包括B2B和网络零售）达到约13万亿元，较2005年时增长了约10倍。网络购物和电子商务规模性成长，给一些企业带来迅速成长的机遇，如京东、淘宝、苏宁等代表的网络零售业就是一个充满活力的典范。以消费者导向的互联网应用正逐步演化为多种多样的形态。从网络购物到电子支付，从在线社交到远程教育，从智能出行到即时理财，消费者全面迈入“在线化”生活时代。一个平板或一部手机就使消费者与互联网社会无缝衔接。例如，互联网催生了金融服务领域的新业态，以支付宝、余额宝、互联网众筹、P2P网络信贷以及网络银行进入人们日常生活中。截至2014年底，余额宝规模为5789亿元，全国有P2P平台1575家，累计成交量高达2528亿元。

（二）互联网渠道提供了消费者自主选择的新机遇

互联网重新界定了消费者与生产者之间的关系，释放了消费者自主选择的空间。在互联网催生的新社交媒体发展之下，新一代消费者正迅速成长起来，他们依据自己的意愿和偏好选购所需的商品和服务，并通过微博、微信及自媒体等与朋友圈分享互动，有可能会引领一种消费新潮流。消费者主权来自互联网的信息放大和再组

① 赵翰露．中国：全球网购最活跃［N］．解放日报，2015-07-09.

织效应，也与商业形式的转换变迁有关。不同于百货店和超市有限的货架空间，网络购物平台有无限的延展性，这给网络消费者更多的主动搜索权，使其能真正获得自己所需的商品，而且与商家的即时沟通，也使其快速掌握商品的特性，并第一时间知道是否就是自己所需的。消费者主权时代的重要标志是SoLoMo（社交、本地和移动）消费群正在兴起①。新一代消费者利用互联网连接的社交媒体，能形成强大的社会传播力量。他们对本地社会的可持续发展具有强烈的责任意识，不再非理性地哄抢厂商的促销商品，而是监督厂商对社区的影响，因此传统的营销手段难以激发其购买欲望，需要更具亲和力的营销手段和更加智能化的辅助设备，采取多平台多设备方式提供消费者接入入口，使其成为生态链中的一员。这是因为现代智能设备的出现，让消费者更加依赖移动互联网，他们将期待更高的联网度和融合度，即希望能自由地获得跨商店、个人电脑和移动渠道无缝购物体验。

（三）互联网满足了消费者个性化、多样化的需求

互联网拓展了消费者需求的空间，使其个性化需求得以充分体现，也使得市场交易趋于多样化。消费者不仅会要求商家提供定制化的产品或服务，而且会亲自参与产品的设计与生产，尝试体验不同的品牌。在中国，互联网加速了从过去那种模仿型排浪式的消费模式向更加个性化、多样化消费模式的转变。伴随着互联网发展成长起来的新一代消费者正成为社会消费的中坚力量，他们的消费方式越来越感性化、个性化和差异化，追求重点由实用可靠转向自我体验感受。消费者的个性化、多元化需求加速了产品制造模式由标准化向定制化的转变。现在，很多产品的更新换代比以往周期更短。以手机消费为例，2006年，诺基亚的按键手机在中国市场的份额超过了35%，但随后苹果公司研发的智能手机就对其形成强烈冲击。到2014年，小米、华为、联想等中国智能手机品牌迅速崛起，出货量占到全球的40%，其中小米手机在中国市场的销量甚至超过了三星，市场份额接近了15%。小米手机的市场份额能超过三星，主要在于它在互联网时代迎合了消费者的多样化需求，并把用户体现设计融入产品设计之中，创造了颇具影响力的“粉丝”经济效应。

（四）互联网提供了厂商获得广阔潜在市场的新机遇

随着互联网让更多消费者偏好网上购物，各类商家都在调整自己的经营策略，以加快适应消费者的这种变化。现在，传统零售商纷纷触网，提供线上线下相结合

---

① 颜艳春．第三次零售革命——拥抱消费者主权时代［M］．北京：机械工业出版社，2014.

的多渠道服务，如沃尔玛、苏宁、国美等开始采用线上到线下（O2O）的新型商务模式，使其与网络厂商一样能够提供24小时的线上渠道服务，着手使用二维码等新技术实现商品的正品验证，并且提供丰富、全面、及时的商家折扣信息，使消费者能够快捷筛选并订购适宜的商品或服务。基于互联网的多渠道销售模式扩大了传统厂商实体店的销售半径，让这些实体厂商获得了更为广阔的潜在市场。与此同时，采用O2O模式的商家则能够利用网络订单信息形成庞大的消费信息资源，使其能开展定制化的“一对一”营销，面向高净值客户提供更加个性化的增值服务，从而获得大量高黏度的消费者。即便是新兴的网络厂商也纷纷借助互联网的优势整合线下资源。比如说，为把网上和网下的优势完美结合，阿里巴巴、京东、腾讯等网络厂商也开始布局线下业态，帮助消费者打破时间和物理空间的限制，并将更多的服务性消费形态纳入其中，如将O2O平台打造成更加本地化、社交化的网络平台，不管是餐饮、旅游、家政、美容，还是医疗、房产、社区、婚庆，等等，都通过线上线下相结合的营销渠道，向个体消费者提供更优质的贴心服务。

二、互联网成为传统流通渠道升级的催化剂

互联网给流通领域带来变革，成为传统流通渠道升级的催化剂。互联网整合了商流、物流和信息流，推动物流配送更加便捷快速地送达，可以实现制造商与消费者的对接，同时也使得大规模跨境商务活动成为可能。互联网推动传统流通环节转换升级，既推动去中介化，又提升物流配送速度，做到及时对客户需求做出响应。无论是去中介化的直销渠道，还是提高物流效率的批发零售渠道，适应互联网变革的关键是推动流通渠道平台化，利用平台的整合优势，促使推动商品交换做出快速响应。随着移动互联网的快速发展，流通渠道平台化的作用更加凸显，使得传统流通渠道加快转型升级。

（一）互联网提供生产者与消费者直接对话的机会

随着网络电商的普及发展，生产者与消费者直接对话交流的渠道增多，商品销售渠道变得更加扁平化和垂直化。互联网可以通过减少中间渠道来加快产品从制造出来到消费者手中的速度。最好的案例莫过于淘宝、京东等电商网站。这些网站没有实体商店，而是通过网络平台实时与顾客沟通交流，并第一时间了解顾客的需求和获得反馈信息。传统实体店中间渠道太长，反而使定制化产品很难及时让消费者知晓。由于不具有电商网店那种即时沟通和快速反馈的能力，在电商网站的竞争挤压下，各种传统的商品代理商、批发商、零售店铺及相关的中介业务总体上面临着

萎缩甚至消亡的趋势。取而代之的是那些提供生产者与消费者直接对话的网店，因为它们更加贴近客户服务和更加贴近产品生产者价值。如今，很多传统经销商正在挣扎着寻找转型升级之路，生产厂家对产品销售渠道的控制力也在明显下降。相应地，以网络渠道为中介平台的直销窗口却逐渐兴盛起来。随着信息获取更加便捷容易，利用信息不对称获利的中介行业越来越少，而单纯的信息中介开始转向交易化平台发展。

（二）电子商务提供了快递业务迅速发展的驱动力

电子商务等网络购物平台的快速发展，将传统快递业务推上快车道。快递业是中国传统流通业升级的重要表现之一。中国快递业务量从 2006 年的 10 亿件攀升至 2014 年的 140 亿件，跃居世界第 1 位，最高日处理量超过 1 亿件。阿里巴巴、京东商城等电商均强调了快速物流系统的价值，把快速物流视为电子商务发展的生命线。电子商务与快递业务的迅猛发展，也引起了中国政府的高度重视。尤其是在中国政府提出“互联网 +”计划之后，流通业的提速和下沉得到政府政策的强力支持。2015 年 5 月，商务部发布“互联网 + 流通”行动计划，提出着重解决“最后一公里”问题和打破“最后一百米”的“瓶颈”，鼓励电商向乡村“下沉”和向社区推进。如在农村电商方面，京东、苏宁等电商纷纷加速渠道“下沉”，如京东推行“一县一中心”和“一县一店”全覆盖计划，苏宁则表示在 5 年内建设 1 万家苏宁易购服务站。在社区层面，快递业务现已形成智能快递柜模式、代收模式、社区平台类等多种模式。这些新兴的快递业态模式将现代物流业发展与社区服务紧密地联系起来，从而能够极大地激发大量闲置社会资源的活力。

（三）互联网提供了跨境电商蓬勃发展的新机遇

随着电子商务的快速推进，跨境电商也随之蓬勃发展起来。邮政小包和“海外仓”等跨境电子商务模式正在改写传统国际贸易格局。2014 年上半年跨境电商交易额达到 3 万亿元，几乎与 2013 年全年规模相当。据海关总署和中国电商研究中心统计的数据，2014 年海淘人群规模达到 1800 万人，成交金额高达 1400 亿元，预计在 2018 年，仅海淘的市场规模将达万亿级别。从 2014 年 10 月起，很多厂商看到跨境电商蕴藏的潜在商机，纷纷推出跨境电商平台。目前，除了淘宝天猫、亚马逊、京东商城等综合性平台电商加入外，还催生了蜜芽宝贝、洋码头等垂直进口电商。部分互联网企业如网易（考拉海购）等也加快入局进口电商，并将海购板块提升至重要的战略地位。从目前经营模式来看，跨境电商的交易模式和物流模式相对单一，主要是以国内外商家直接对接订购和邮政快递运送为主，成本昂贵且效率低下，直接制约中国货物“走出去”。根据海关部门的监管规定，目前所有的“海淘”行为都可以被纳入到“直购进口”与“网购保税”这两种跨境贸易电子商务业务模式之中。为进一步推进跨境电商快速发展，中国政府出台多项优惠政策，通过扶持跨境电商发展，促进消费回流。

三、互联网为传统制造带来转型升级的机遇

信息技术与工业生产的结合由来已久，但信息化与工业化的融合并没有全线铺开。如今来自下游市场的消费市场电商化成为倒逼生产环节互联网化的重要驱动力。生产组织模式转变考验着传统制造企业的适应能力。如果传统企业适应了互联网带来的变革，将会获得转型再生的新机遇，倘若不能适应新变化，则可能会受到互联网带来的冲击而破产夭折。可以说，信息化与工业化的深度融合是个必然趋势。这种适应力就是要加快生产互联网化。它的一个突出表现是，个性化和多样化的需求促使生产制造需要按单生产或柔性制造，即实现“多品类、小批量”生产，大规模个性化定制等；同时市场与生产的紧密连接，即使协同生产和联合制造成为可能，也使得跨界深度整合成为可能。

（一）互联网给制造企业提供智能化转型的新机遇

互联网把消费市场与生产车间紧密地联系起来，使消费驱动的定制化产品变得可视化。传统工业制造嫁接上互联网技术，将能推动生产效率的极大提升。从供应链的角度来看，市场交易的自动化给生产环节的数字化转型提供了驱动力。随着渠道终端需求的多变，生产企业也要适应这种变化，以更低的成本满足更加多元、小众化的市场和个性化定制产品的需求。电子商务、众包及网络驱动的供应链管理模式的创新，能有效促进生产率提升，从而使生产制造与终端消费需求紧密联系起来。

（二）互联网提供生产链条全面协作升级的新机遇

信息技术对生产环节的改造需要从仅仅以自动化为基础的成本节约时代，转向一个智能化与价值创造的时代。生产制造商通过将物联网技术用于生产制造环节，能够获得实时的生产数据，并将其及时地反馈到上下游，推动协作研发、智能生产和定制化销售；同时也有助于帮助上下游的分散厂商实现行业整合，形成高效协同的产业链。

（三）互联网提供《中国制造 2025》战略实现的基础

“互联网＋工业”既是推动中国工业转型升级的关键手段，也是实现《中国制

造2025》战略的关键。2015年5月，中国政府提出了《中国制造2025》战略，规划了中国由制造大国向制造强国转变的第一个十年的行动纲领。该战略的实施离不开互联网的助力，即推进智能制造发展战略。智能制造战略明确提出，需要推进信息化与工业化的深度融合（即“互联网+工业”），要求企业全面提升智能化水平。《中国制造2025》战略的实现将会带动高档数控机床和机器人、航空航天装备、先进轨道交通装备、电力装备等10多个行业转型升级。

（四）工业互联网化为企业改善生产效率提供手段

在生产过剩和消费升级的背景下，互联网提供了生产智能化升级的平台，使生产组织模式发生改变，生产效率得到大幅提升。据测算，应用工业互联网后，企业效率将会提高大约20%，成本可以下降20%，节能减排可以下降10%左右①。

四、互联网提供人们低门槛创新创业的机会

互联网平台大大降低了进入市场的门槛，使新生企业能快速启动、壮大并参与市场竞争。互联网平台帮助创业者获得成本更低的资源、资本和市场。尤其是中小创业者能借助共享平台快速实现交易，通过云计算降低资产投入，通过电子支付系统降低交易成本，通过股权融资获得廉价资金等。由此可见，互联网带来了颠覆性创新而且波及各个行业。各种风险投资都在关注互联网创业进展，各类孵化器、创业咖啡屋、微信群推进了创业创新知识溢出，加速创业创新速度。

（一）互联网给中小创业者提供就业致富的机遇

“互联网+”行动引发“大众创新，万众创业”热潮显现。互联网催生了电子商务、网络购物等多种形式的消费新业态，并给许多从业者提供了创业就业的新平台。比如，B2B、C2C等电子商务平台集聚了众多商家，激发了万众开店设厂的创业热潮，并为广大中小企业创造无数商机，极大地拓展了其销售渠道、目标市场和经营范围。如阿里巴巴的崛起，淘宝购物的普及，催生了无数的淘宝经营店，在浙江、江苏、河北、山东、广东、福建等10多个省、市农村，涌现出了众多专业化的“淘宝村”，形成了规模日益庞大的农村网商群体。据《中国淘宝村研究报告(2014)》显示，截止到2014年12月，全国已发现淘宝村数量增至211个，包含活跃卖家数量超过7万家，同时全国涌现了19个淘宝镇，意味着农村创业呈现集聚发

① 张祺，蔡伟．“互联网+”该如何助力“中国制造2025”［J］．通信世界周刊，2015-04-27.

展的态势，而创业活动已形成燎原之势①。

（二）跨界融合给企业带来竞争力重塑的新机遇

“互联网 +”给企业跨界融合带来很多机会。互联网使同一价值链的行业边界产生模糊、整合效应，企业跨界竞争协作趋势明显。互联网的跨界渗透体现在对其他产业的改造上，如现在蓬勃兴起“互联网 + 传统服务”，使跨界融合成为企业转型和“万众创新”的沃土。互联网无边界连接的特质使距离甚远的行业开展协作成为可能，同时也为企业提供更广阔的盈利空间。例如，腾讯公司利用其微信、QQ 等即时通信工具，开展与文化产业的融合，使其本身不再仅仅是一家互联网公司，而是成为全面渗透到游戏、视频、音乐、文学、动漫等诸多领域的文化产业公司。在中国，互联网平台提供了向其他所有行业拓展的触角，通过跨界连接和融合，产生许多新的商业业态和经营模式，给企业带来更广阔的市场机遇。比如，京东商城自营物流，阿里巴巴组建菜鸟网络，顺丰快递建设最后一公里连锁“嘿客”门店等；阿里巴巴推出“余额宝”，腾讯提供“财付通”和基金服务，互联网众筹模式下推动资本投资大众化、平台化；咖啡馆与风险投资的融合使其成为新型的创业“孵化器”。近年来，在北京市中关村海淀图书城 500 米范围内连续出现了贝塔咖啡、车库咖啡、3w 咖啡等众多家在创业者和投资圈中极具口碑的咖啡馆，它们主动或被动地为创业者和投资人提供对接的平台，从而成为早期投资人的重要集聚地，也逐步从单纯的咖啡屋转变为公认的民间“孵化器”。因此，2014 年 6 月，位于北京中关村西区的“海淀图书城步行街”更名为“中关村创业大街”，而兼具创业孵化器功能的咖啡店成为大街上独特的风景。

表 5-1　互联网跨界融合实例

跨界范围	实例	功能
连接精神层面	奈飞视频网站（Netflix）	了解观众喜好的大数据平台
连接人的身体	可穿戴设备（ZEO）	获取用户健康数据
连接实际物体	特斯拉汽车（Tesla）	实现汽车在线化和智能化
连接外部环境	温控器（NEST）	调节环境温度

资料来源：阿里巴巴集团课题组．中国信息经济发展趋势与策略选择，2015-01.

五、大数据应用给企业和政府带来管理能力提升的新机遇

互联网把产业链中参与者连接起来的重要结果是可积累相关联的海量数据，即

① 陈亮，盛振中．中国淘宝村研究报告（2014）［EB/OL］．阿里研究院网站．

互联网生态具有鲜明的大数据化特征。互联网及其衍生的云计算平台、物联网等是获取和积累大数据的重要来源。无论是商业决策还是政府监管都可能借助大数据提供支撑。

（一）大数据应用提供企业增强精细管控能力的新机遇

在互联网时代，企业收集挖掘市场数据具有重要的意义。企业通过应用大数据可以帮助自己在生产经营、产品设计、客户关系、个性化营销等环节实现科学决策和精确管控。占有大量行业数据可能成为企业提升核心资产和核心竞争力的重要资本。换句话说，互联网给企业带来收集并占有大量行业数据的机会，并由此给其未来发展带来巨大商业机会，提升其在市场上的竞争力。强化大数据在市场预测与管理中的应用，有助于提升企业对市场需求及其风险的预测预警能力。例如，企业可以依托在网络经营主体数据库利用大数据强化对信用数据归集、分析、挖掘并进行深度利用，就能依法依据对市场上的微观主体、商品质量、消费投诉、商品价格等各种信息进行量化甄别，实现网络广告监测、网上维权、信用公示等功能。此外，大型厂商利用大数据可以科学筛查锁定有价值线索，及时发现涉嫌违法的供应商或经销商，预警系统性、区域性的市场异常现象，同时也能对各种创新风险的预警跟踪，从而对风险的新形态保持足够的敏感和警惕，避免因市场趋势误判而陷入经营困境。

（二）互联网和大数据应用能提高政府服务能力提升的新机遇

对政府监管者来说，充分利用好大数据分析技术，能帮助监管主体实现由经验监管向技术监管转变，实现数据共享和提高工作效率。具体而言，互联网技术的应用能提供工作效率的大幅提升。例如，“互联网 + 签证”有效提高了进出境的效率，具体做法是人们通过 App 应用可以一键式完成办签证申请、上传材料、证件拍照打印等，如通过委托办理机构就可以根据各国领事馆的要求匹配响应尺寸，并完成冲印到提交领馆的一条龙服务，同时通过手机终端也能实时查询签证办理进度，让办签证更安全、快速及时，目前最快只需要几分钟就可以完成一个签证申请，相比之前的传统办理方式，节省 90% 以上的时间。由此可知，倘若将互联网技术应用到签证办理和出境游领域，那么将大大改善签证效率和出境游行业。互联网应用所积累的海量数据给政府的监管者提供了开展精确分析的数据基础。只要监管者熟练掌握大数据处理技术，通过强大的数据分析功能，就可以帮助其实现精准监管，提高监管效率，能事倍功半地做好监管工作。倘若各级政府都掌握了大数据分析技术，既可以在不增加人力和物力的情况下，就能依法依据实现政府内部纵向、横向的流畅协同和对市场主体的在线即时监测，缩短处理响应时间，而且还能增加对规模体量较大的创新产品和新业务的监察功能，做到非现场监管执法，大幅度降低监管成本，优化行政资源的使用，并使得政府信息的经济价值得到最大化，全面提高监管效能。

第四节　互联网革命给中国带来的严峻挑战

互联网革命更给中国经济社会的转轨带来治理与执政的挑战和新的社会思潮，进而可能会影响到未来中国的走向和几代人的生活选择。国际间基于互联网平台的竞争异常激烈，这给中国通过发展互联网经济促进经济增长和治理能力现代化带来严峻挑战。从提升国家竞争力角度来看，我国的互联网战略尚面临着巨大的挑战。互联网与实体经济深度融合，改变了市场的空间和形态，使市场主体行为“在线化”和“数据化”，但也使一些主体活动游离于传统监管之外。互联网带来的创新和繁荣，不仅使现行制度变得不太适应形势发展需要，尤其是相应的法律法规建设滞后，使监管难做到有法可依。比如，电商平台上滋生很多侵犯知识产权和制售假冒伪劣商品等非法活动，增加政府现场监管的成本和难度；移动互联网和社交互动媒介的兴起，已经超出了私人生活领域，对政治和公共事务产生越来越重要的影响。

一、我国互联网领域尚未真正形成国家的整体竞争力

互联网产业在我国尽管有几个亮点，如以BAT公司为代表的电子商务领域在国际上很具影响力，但是我国整个的信息高速公路尚未全面升级改造，尤其是我国的互联网带宽还比较落后，与发达国家相比有较大差距。比如，像很多城市的学校、医院、机场等重要公共场所尚未形成Wi-Fi全覆盖，更不用提偏远的农村地区，无线通信信号全覆盖也没有达到，更不用说宽带升级了。也就是说，在中国互联网尚没有泛在化，这样就很难形成具有更大网络效应的创新空间。另外，我国互联网领域尚未形成统一的标准化产品，也不能向全球提供可复制、可推广的商业模式和发展经验。尽管互联网大幅度改造了我国的传统业态，但是要使互联网成为国家现代化治理的公共资源，成为体现国家软实力的价值资源，尚需要提升互联网在整个国家发展中的战略地位。当前，中央政府提出了“互联网+行动计划”，旨在通过互联网与传统产业的融合，增加创新创业活力，实现在互联网领域的赶超战略，尽可能加快形成具有自主知识产权的技术、产品，形成能走出国门具有全球影响力的品

牌，但究竟应该怎么做、如何形成合力、怎样确保网络安全等都还没有系统的顶层设计。一言概之，我国尚缺少互联网发展的中长期整体战略，这将对我国未来在互联网领域占据制高点提出挑战。

二、我国现有监管体制不适应互联网形势发展的需要

当前，以管制为主导的市场监管已不适应我国市场化改革的需要，也不适应现代市场监管的内在要求。我国互联网领域疏于监管，各种虚假欺诈、侵权违法和逃避监管的情形都存在，同时确定一个网络经营主体的管辖归属变得愈加困难，网络违法经营行为发生地也变得愈加模糊。一方面，源于传统监管范围尚未覆盖到互联网创新的领域。任何创业创新都需要适宜的营商环境，尤其是需要公平竞争和产权保护，使创新成果不被侵犯。值得一提的是，创新可能会突破既有的监管规则，创新也可能会出现过度而引发风险。伴随着“大众创新、万众创业”渐趋常态化发展，一些新生事物将会持续不断地涌现，有些事物可能超出传统监管的范围，这需要监管机制要跟上创新创业的步伐，不添堵，不捣乱。换句话说，我国市场监管也要加快创新升级，不干涉不该管的，同时，事前的“宽进”要配合事中、事后的“严管”，做好该管的，努力降低创新与监管长期失调积累的弊端。如 2008 年国际金融危机的爆发就在于美国金融监管严重滞后于金融创新，而我国当前固守于“先监管，后创新”的做法，则会因噎废食，延阻创新，贻误时机，葬送改革大局。另一方面，则是因为互联网尚存在很多难用传统监管手段触及的“法外之地”。市场业态多样化和市场主体行为快速变化要求市场监管要控制得住新生事物带来的各种风险。2014 年，全国工商和市场监管部门依托 12315 网络共处理消费者诉求 757. 88 万件，比上年增长 8. 2%。究其原因在于我国现有的监管能力不能适应互联网时代监管需要。这主要表现在以下四个方面：一是互联网监管的法律法规尚不完善。传统监管法律法规是建立在监管人员不全面掌握监管对象活动信息的基础上的，隐私信息扩散范围有限，不大涉及监管对象隐私保护问题；而利用互联网积累的大数据进行监管是建立在全面掌握监管对象信息的基础上的，而利用互联网发生的各种侵权问题，却很难得到法律的保护。二是传统现场监管手段缺少在线监管的能力，监管成本往往高于在线监管方式。在现场监管中，监管人员与监管对象直接接触，容易引发冲突和非法交易，对监管效果和监管部门形象产生重大不利影响。三是传统实地调研或小样本抽样调查的监管信息收集方式面临准确性差、人工成本高的压力和挑战。在传统监管条件下，监管部门通过实地调研或小样本抽样调查的方式获取

监管对象信息。监管人员要亲自到被监管对象现场通过检查发现违规违法行为，需要大量的人工投入。小样本信息获取方式，不仅存在信息不准确的缺点，也存在人工成本过大的不足。四是互联网监管缺少能大量掌握数据处理技能的复合人才。在传统监管条件下，监管部门依托现场检查或特殊渠道信息实施监管，不需要监管人员具有较高的信息综合比较分析挖掘能力，只要能够利用感官发现监管对象的违规行为就可通过处罚实现监管目的，强调监管人员的侦查技能。所以，监管人员普遍存在大数据知识技能不足的限制，挑战很大。可以预知未来几年内，市场主体经营行为个性化和快速变化正在带动政府市场监管重点开始向网络转移。

三、网络空间安全在较长时期内都是各种安全威胁之首

尽管互联网革命给我国带来平等参与国际网络竞争的机会，但并不意味着中国就能够在网络空间里占据竞争制高点。网络安全正在成为事关国家安全的重要领域，不仅包括互联网安全，还包括互联网平台中的国家安全、社会安全、经济安全等更广泛的内容。中、美是世界上受黑客攻击、病毒侵袭次数最多、频率最高的两个国家，都是网络攻击的主要受害者，为此，两国都已将网络安全上升到国家战略。近年来，美国正在全力以赴抢占未来网络空间制高点。2003 年，美国就颁布了《网络空间国家安全战略》，2011—2014 年，美国总统奥巴马先后签署了改善关键基础设施网络安全等四项总统令，颁布了《网络空间国际战略》《网络空间行动战略》《可信赖网络空间：联邦网络安全研发国家计划》等，把“网络空间”视为与陆、海、空、太空平行的“第五领域”，并将网络安全威胁视为国家安全面临的各种威胁之首。当前，中国在互联网基础设施及网络运行安全方面比较脆弱，网络攻击入侵、干扰破坏、非法使用和意外事故都可能使整个国家网络系统瘫痪，容易造成不可估量的损失。网络安全公司诺顿发布的一份研究报告显示，2013 年，网络犯罪给中国企业和个人造成 370 亿美元的损失，接近于美国的 380 亿美元，大大超过了欧洲的 130 亿美元和俄罗斯的 10 亿美元。为此，党的十八大报告中将网络安全与海洋、太空安全并列，视为事关国家安危的全球性问题。在网络空间中，中、美双方都感到自己是受害方，且都把对方视为首要破坏者。在“斯诺登事件”以及解放军 61398 部队五名军官“入侵”美国公司计算机网络遭美国联邦调查局通缉之后，中、美网络安全问题迅速升温。相对于互联网科技发达的美国来说，中国一直扮演着跟随者的角色，而且是美国高科技产品的主要出口市场，面临的网络安全漏洞更为严峻。比如，iPhone 手机在中国销售量已经超过了美国，思科公司的产品在中国电信 163

骨干网络中占据约73%的份额。诺顿公司在2013年的一份报告中说，中国75%的智能手机用户在过去12个月中曾经历手机网络诈骗，而全球平均水平则为38%。为此，2015年夏天，中国政府要求一些美国科技企业承诺不会危害中国的国家安全，并且会在中国境内保存中国用户的数据。鉴于网络安全问题的重要性，在与中美首脑会晤与战略经济对话中，网络攻击“可能是最大的课题之一”。2015年9月19日，《纽约时报》报道，中美两国将出台网络军备控制协议，承诺在和平时期不首先使用网络武器摧毁对方的核心基础设施，攻击目标主要包括发电站、银行系统、手机网络及医院等。

随着消费者主权时代的到来，网络公共空间让社会领域变得自由化和多元化，而使得个人隐私保护面临严峻挑战，这要求政府进行数据采集时既要维护国家安全的需要，也要平衡个人隐私保护要求。具体来讲，随着个人在线消费的日益普及，个人隐私被侵犯的概率增大，黑客攻击、网络恐怖、非法窃取等安全事件时有发生。由于网络缺乏事前审查机制，使用者常常混淆“公”和“私”的界限，公众的隐私权、名誉权屡受侵犯和践踏。如网络上对人肉搜索的泛滥使用，让道德与法制经受着前所未有的考验。如“郭美美事件”造成了慈善事业机构公信力的丧失，同时也使得人人自危。此外，随着网络支付用户规模的持续扩大，支付密码泄露或支付账号被盗用频发，网上支付安全形势令人担忧。据中国互联网络信息中心的调查数据显示，约有83.5%的网民网上支付行为存在安全隐患，其中约43%的被调查者使用公共计算机进行网络支付后没有及时消除上网痕迹，39%的被调查者经常蹭用无密码Wi－Fi进行网络支付，35%的被调查者支付时不仔细辨认支付页面真伪，更甚者是超过80%的被调查者不注意定期更换密码，其中有10.9%的被调查者仍在使用123456或abcabc等简单字母或数字作为密码，这往往导致个人重要信息、隐私或财产安全相当脆弱，很容易被非法窃取和盗用。随着网络的普及，青少年网民对互联网的信任度和依赖性强。据中国互联网信息中心2015年6月1日发布的《2014年中国青少年上网行为研究报告》显示，青少年网民偏重娱乐类应用，网络游戏使用突出，尤其是小学生网络游戏使用率高达70.9%，养成了不良的上网习惯。作为公共部门数据的拥有者和提供者，政府部门有责任公开共享不涉及隐私的部分数据资源，并有义务维护网络信息空间的市场秩序，并将任何“法外之地”纳入法治轨道之中。

四、政府信息化管理滞后跟不上互联网快速变化的要求

当前，互联网应用在全球范围内广泛而深入，依托互联网提升监管能力已成为

各国抢占竞争制高点的重要手段。我国政府信息化总体不高，尤其是基层政务信息化相对滞后。虽然有不少政府部门建立起了门户网站平台，但很多现已成为“僵尸”网站，既缺少服务公众的及时便利的服务内容信息，也不能实现对公众意见的采集处理。究其原因，这与我国自上而下的市场监管理念有关，各级政府过度强调以目标为中心的计划实施，而不是以需求为导向的互联网思维，造成监管弹性较差，监管能力跟不上社会发展的现实要求。目前，我国政府的互联网应用多数停留在电子政务的初级阶段，依托互联网和大数据平台实施市场监管的较少，致使政府尤其是基层政府市场监管能力严重不足，主要使用行政色彩浓厚的管制手段，而不是市场化的监管手段。目前，各国政府和相关组织都在积极应用互联网和大数据提升监管能力，并已取得显著成效。从全球范围来看，世界主要经济体都对互联网和大数据技术做出了积极响应，都致力于利用互联网和大数据技术变革获得国际竞争的优势。美国政府发布《大数据研究和发展倡议》，动用2亿美元资金培育从大数据中获取有效信息的能力。日本实施《面向2020年的通信和技术（ICT）综合战略》，致力于建设“活跃在ICT领域的日本”。英国投入巨额资金来发展数据处理能力。我国政府制定了大数据发展战略，并提出推进政府部门间大数据应用，以提高政府监管能力。总体上来看，与发达经济体相比，我国政府市场监管理念滞后，监管能力尚有差距。国际竞争压力和对外开放要求我国加快促进市场监管理念调整，推动监管体制机制创新，逐步形成与之相适应的现代市场监管体系，最终使得我国在网络空间治理中具有主导性的比较优势。可以预见的是，在未来一段时期内，中国的经济社会将更加依赖网络，与之相适应的是政府有提高工作效率和强化数据共享的需要，政府的日常工作将会更多地转移到互联网平台，加快适应现代科技带来的快速变化，提高监管能力和服务效率。

五、互联网信息传播加速给政府社会治理提出了新命题

当前，互联网快速迭代的变化，呈现出碎片化、个体化和高流动性的新特点，给我国的政府管理方式、社会治理能力提出了新的命题。全国现有6.3亿名网民、12亿手机用户、5亿微博微信用户，社交端口同时在线人数突破了2亿人，互联网正在全方位地改变着社会关系及其治理方式。互联网让人们进入广泛互联的“地球村”，渺小的个体力量通过发达的信息网络实现了瞬时联结，信息传播速度比以往快上数万个量级，个体力量影响社会的能力不断得到加强，负面的消息很容易被无限制放大。在社会网络化的背景下，互联网平台极大地扩展了公民参政议政的权利

和渠道，政党所提供的组织力量开始受到削弱，一旦执政党管理不到位，就可能引发群体的不满，造成对现有社会管理方式的质疑和挑战。毫无疑问，对政府管制体系的挑战已经是网络社会治理的重要压力之一。信息传播的加速促进了社会政治生态环境变得越来越开放，这就很容易打破政党对政治信息的垄断，使“宫廷政治”几乎变得不可能，同时让普通老百姓更加快捷方便地反映社会民意，更有积极性参与社会治理活动。除了促使政治公开透明化之外，互联网给社会治理带来的难题，还包括网络谣言、网络暴力、网络组织群体性事件等行为。在互联网法治管理不健全的背景下，网络谣言成为社会治理面临的一个重要课题。通常表现为在互联网某些论坛或网站上出现的胡编乱造、不合实际，且损坏他人名誉、有违社会公德、扰乱社会秩序、破坏政治稳定等的言论，主要涉及突发事件、公共领域、政治领袖、名人要员、颠覆传统、离经叛道等内容。比如，2013 年女子郝某莉不堪网络谣言攻击，跳楼自杀身亡；等等。再如，近期的各种“门”事件，对社会产生较大的负面性质的影响。网络反腐现成为重要的网络现象和热点，但这种做法的确促进了反腐工作开展并对官员的腐败行为产生威慑，但也给网络谣言的滋生提供了“温床”，让一些不法分子往往借用网络的快速传播能力发布一些不实的、煽动性言论和信息，达到其不可告人的目的，同时会侵犯无辜公民的隐私。另外，一些人自感在网络中可以逃避社会监督和道德约束，因此将网络作为发泄私愤和不满的工具。可以说，在社会治理领域，网络传播是具有隐蔽性和破坏性的，即通过网络隐蔽身份实施社会报复和人身攻击的结果性表现，能极大扰乱个人与群众生活，使企业甚至行业名誉受损，破坏社会和谐和政治稳定，影响民族团结和国际关系等。

六、互联网带来的急剧变化将考验政府的风险掌控能力

当前，我国市场主体行为发生着急剧的变化，传统市场监管的局限越来越多地暴露出来，同时让互联网带来的各种风险提前暴露出来。与开放共享的互联网相比，行政管理的监管资源相对有限，究竟是采用围堵的办法还是采用疏导的办法，监管机构必须做出选择，增强对风险的预警和掌控能力。互联网交易的快速促成，让不少违法经营者能打时间差、钻空子，时间的不对称造成了交易行为捕捉难，交易量收集难，违法取证难。此外，政府网络安全成为市场监管中最脆弱的一点，很容易被不法分子攻击和利用。以互联网金融为例，截至 2014 年底，中国第三方互联网支付交易规模达到 80767 亿元，同比增速达到 50. 3%；全国范围内活跃的 P2P 网上借贷平台 1575 家，贷款余额 1036 亿元；众筹融资平台 116 家，一年新增平台 78 家，

众筹融资金额超过 9 亿元。这说明，互联网平台带来新生事物的快速成长，互联网理财在近两年呈现井喷式发展，对传统银行存款业务和理财产品形成了冲击，进而会影响到金融体系的稳定性。如果任其荒芜成长下去，可能积累更多的区域性或局部风险，如 P2P 网络借贷平台疯狂发展及不断倒闭也给社会经济发展带来了大量的风险和负面影响。倘若对其不能有效疏导管理，可能就会在某些时刻带来更大的麻烦。在中国统一的大数据征信体系还没有建立的情况下，网络借贷一窝蜂地快速扩张，将可能引发资金链断裂的连锁反应，因为借款人的信用问题依然是最大的风控难题，网贷平台坏账的概率还是较大。当前，“余额宝”们的诞生和野蛮生长，P2P 网贷平台非常规发展，造成金融系统风险隐患剧增。据网贷之家数据显示，2014 年 P2P 平台出现“跑路”的有 275 家，占到总数的 20%；2015 年 3 月 P2P 机构坏账近 150 亿元，坏账率不低于 10%，并出现“优易网”“淘金贷”诈骗集资和携款潜逃，给金融监管带来较大压力。再如，我国这两年打车软件非常流行，最火时，快的和滴滴两家软件日均接单量均超过 1000 万，现在每天也约有 500 万人次使用。打车软件的出现让很多“黑车”成了正规军，这可能带来新的社会不公平，让不会使用打车软件的乘客打车难度增加，出现司机擅自加价、挑客、拒载等不良行为，扰乱出租车市场的运营管理秩序，以及司机行车时间使用软件存在交通安全隐患，等等。这些风险的出现尽管存在，但并不是不可克服的。主要由于动了政府在出租车行业中既有的奶酪，多个地方制订监管办法限制打车软件，多地交通运输管理部门甚至出台监管政策实施市场规范，这类监管带有很强的地域性，各地标准不同、做法不一，如北京将打车软件纳入统一电召平台，订单全部备案；上海在早晚高峰时段禁止使用打车软件；苏州明令禁止出租车司机使用打车软件。对于新生事物带来的冲击，只是以强权简单粗暴地加以限制，甚至侵犯企业的合法权益，显然有违市场经济的宗旨，同时意味着政府应对风险的能力较差，不具备预防和应对创新风险的能力。在此情形下，市场监管必须做出适应性改变，监管重点逐步由线下向线上转移，覆盖跨界融合和混业经营的真空地带。为此，2014 年 6 月，国务院《关于促进市场公平竞争维护市场正常秩序的若干意见》指出，要充分利用信息网络技术实现在线即时监督监测，加强非现场监管执法。道高一尺，需要魔高一丈。要确保政府门户网站和数据库的安全性，需要政府适应互联网技术的快速更迭，变被动为主动，增强对各种风险的掌控能力，减少因此造成的失控状态，尽可能及时填补互联网带来的治理真空。

七、条块分割的数据系统不符合互联网开放共享的特征

由于管理的需要，很多政府部门都有专门的数据统计部门，诸如工信、财政、交通、海关、气象等部委还有自己的大数据系统，且各部门还长期积累了大量的行政管理记录。在中国，众多人口、交通、卫生、社保、税收、城市规划等领域的数据掌握在政府各个职能部门手里，这些数据通常是“死”的，没有被充分地利用起来。之所以这样，主要是因为各部门之间互相封锁和孤立，自然就形成多个数据孤岛。尤其是在行政壁垒和部门利益的驱使下，推动数据共享和公共数据开放难度比较大。具体原因有三：一是受管理条块分割、各自为政的行政管理体制的影响，政府数据并不是互相联通、兼容共享的，“信息孤岛”现象明显。这就需要重构政府部门信息共享体制机制。二是共享和开放数据不仅涉及隐私信息保护等一系列法律法规问题，还涉及数据标准化等技术问题。由于各自为政的传统管理模式，部门间的数据存储格式、内容格式都存在很大差异。如何统一这些数据的格式，如何制定适应大数据条件的法律法规体系，都需要创造性的工作。三是政府数据开放涉及信息安全问题。在确保大数据深度开发的基础上必须确保信息安全，确保大数据主权。这一系列工作都需要部门间的分工合作，都需要国家顶层设计的支持，困难较大。

八、网络交易违法违规泛滥，破坏商品市场的正常秩序

由于互联网空间超越了时空限制，并没有传统意义的行政区划概念，使得网络市场经营者不受经营地点限制，造成违法违规成本极低；经营者换个用户名就可重新开张，从而造成网络诈骗、网络传销、虚假广告、制售假冒伪劣商品等非法活动猖獗。随着网络购物的迅速普及，假打折误导消费者、虚假宣传、商品或服务不符合约定等问题已成为网购的突出问题。网络病毒、网络盗版、网络赌博、金融诈骗等已极大地影响了社会诚信，破坏了社会秩序。2014 年全国工商和市场监管部门受理网络购物投诉 7.78 万件，同比增长高达 356.6%，且消费者异地维权难度较大；同期全国共查处网络商品交易违法行为案件 8694 件，其中，违反反不正当竞争法规案件 3026 件，违反广告法规案件 1833 件，违反网络交易办法案件 1074 件，上述违法案件占网络商品交易违法案件的 68.2%，专门以网店为违法载体的案件 2572 件，其中不乏天猫、1 号店、乐蜂网、苏宁易购等知名电商。另据 360 公司研报显示，2014 年虚假兼职、虚假购物和退款欺诈报案数量分别达 10560 起、3255 起和 2863 起，尤其以北上广深等一线城市网络诈骗报案数量位居前列。一些网络公关公司专

门雇用“网络水军”进行非法违规经营；还有一些社会传播机构把“网络水军”发的帖子当成新闻传播，以谋求点击率和经济利益；而“网络水军”往往占据道德高地，抓住人性的弱点制造热门话题，煽动公众情绪，绑架社会舆论。一旦公众心理上出现成见、偏见，容易形成舆论暴力和群众司法。

九、中国城乡之间数字鸿沟持续加大

随着移动互联网和智能终端快速普及，在技术上乡村已经被纳入互联网构建的“地球村”之内。据中国互联网络信息中心发布的《第 35 次中国互联网络发展状况统计报告》，截至 2014 年底，中国农村网民规模达到 1. 78 亿人，占比达到 27. 5%，较 2013 年底增加了 188 万人，但这并不能掩饰城乡数字化横向差距的扩大，仍不及城市新增网民数量 2929 万人的 1/10。从调查反映来看，只有 47. 9% 的农村网民认为自己比较或者非常依赖互联网，而城镇网民这一比例高出农村地区 7. 2 个百分点。从互联网普及率来看，全国超过一半的人口尚未使用互联网，中国农村仍有 5 万多个行政村没有通宽带，拥有计算机的农村家庭不足 30%，还有 70% 以上的农民没有利用互联网，农村互联网应用仍然面临着“用不上、用不起、用不好”的难题。2014 年城镇地区互联网普及率超过农村地区 34 个百分点。城乡之间更大的数字鸿沟并不是体现在数字上，而是体现在使用习惯方面。由于受教育程度、经济条件和信息接收密度等限制，农村居民缺少使用互联网的需求。当城市人已经习惯了用手机购物、买机票、预约出租车时，绝大多数农村网民使用手机依然停留在打游戏、看新闻的阶段。从地区间来看，城镇化率较高的东部沿海地区宽带家庭普及率也远高于城镇化率偏低的中西部地区。与其他行业相比，农业在互联网的应用上也有较大差距，农产品电子商务经营额仅占农产品销售总额的 3% 左右，比社会消费品网络零售额占比低 7 个多百分点。为此，在 2015 年 10 月 14 日的国务院常务会议上，主要瞄准农村及偏远地区宽带建设，支持发展农村电商，旨在缩小城乡数字鸿沟，即力争到 2020 年实现约 5 万个未通宽带行政村通宽带、3000 多万农村家庭宽带升级，使宽带覆盖 98% 的行政村，并逐步实现无线宽带覆盖，预计总投入超过 1400 亿元。

十、互联网依赖的关键性基础资源相当薄弱

从互联网影响范围和用户规模来看，中国已经迈入互联网大国行列，尤其是体现在应用层面，如即时通信、电子商务、互联网金融等，但是在信息基础设施的发

展方面，中国并不是互联网强国，主要体现在核心技术和核心设备制造领域。可以说，在信息技术领域，中国与发达国家仍然存在着非常大的差距，主要表现在自主创新动力不足，关键核心技术受制于人，电子信息产品制造仍处于全球产业链的中低端，从而使中国企业在知识产权等方面受到国际跨国公司的打压。比如说，互联网依赖的智能终端操作系统，目前被美国的苹果、谷歌、微软三家垄断，支撑操作系统的核心零部件——高性能 CPU 等高端芯片主要被美国的英特尔公司和 AMD 公司垄断。以最底层的关键芯片为例，据测算，1 元的芯片产值可带动电子信息产业 10 元产值、100 元的 GDP；一部 iPad 集成电路的价值占到整部机器的 50% 左右，可以说芯片在电子产品附加值中占据了大部分。目前看来，中国已经成为全球最大的集成电路市场，2014 年的集成电路市场占全球市场份额的 52%，但国产芯片自产率却严重不足，国内使用芯片 90% 以上依赖进口。可以说，无论是手机、电脑、平板，以及正在崛起的可穿戴设备、智能汽车运行的都是非中国制造的芯片。据中国海关统计数据显示，2013 年进口额为 2313 亿美元，超过石油进口额，成为最大宗的进口商品，全年贸易逆差为 1436 美元；2014 年贸易逆差进一步扩大为 1567 亿美元。

中国关键核心技术和关键零部件受制于人，导致产业创新要素积累不足。在“芯片—操作系统—应用软件”的产业链中，以芯片为代表的集成电路产业处于链条中最核心的部位。中国集成电路产业尽管已经实现了零的突破，但是设计企业还十分弱小、分散，500 多家集成电路设计企业收入仅约是美国高通公司的 60% ~ 70%，全行业研发投入不足英特尔一家公司。表现在盈利率指标上，中国企业与国际巨头具有较大的差距。在 2014 年年终全球 IT 企业市值最高的 25 家 IT 企业榜单中，中国本土仅有 BAT 三家企业入围，而且中国最优秀的 ICT 类公司的市值仅为世界同行的 1/3。可以说，核心关键技术研发能力制约着中国企业的国际竞争力。为此，中国政府高度重视集成电路产业的发展，早在 2000 年时就制定了《鼓励软件产业和集成电路产业发展的若干政策》，随后又出台了《进一步鼓励软件产业和集成电路产业发展的若干政策》等扶持政策。2014 年 6 月，国务院公布《国家集成电路产业发展推进纲要》，希望通过新的政策以及成立产业基金等财政支持，扶持国内芯片制造业，提出到 2030 年产业链主要环节达到国际先进水平。另外，在国务院印发的《中国制造 2025》中将集成电路放在发展新一代信息技术产业的首位。

第六章　互联网革命对服务业的总体影响及其未来趋势

互联网革命的本质是信息革命。其核心表现在于信息的透明化、实时传播和获取成本的大幅降低，从而改变了原有商业过程中信息获取、信息传播、信息甄别、信息估价等信息组织模式。当这些新的变化嵌入传统服务业的商业过程时，传统服务业业务在成本分布、流程环节、供需对接、营销推广等方面都发生了深刻变化，进而改变了传统产业业态和商业模式。本章主要从服务业态的整体业态和商业模式的视角分析互联网对服务业的影响及未来趋势。

第一节　互联网环境下的服务业发展新模式

比起农业种植养殖和工业制造业生产，互联网对服务业的影响更加显著，深入到服务业发展的各个环节和方面。从整体上来看，服务业业态的关键点可以总结为以下九个方面。

一、新的信息获取模式：信息泛在及去中介化

（一）获取信息的载体（端口）多元化

互联网革命的过程体现出信息获取、发布、传导载体的多元化、泛在化过程。在桌面互联网时代，电脑显示屏是唯一的信息获取界面。随着移动互联网的发展，平板电脑、手机、可穿戴设备（如智能眼镜、手表、皮带、衣服、鞋子等）、汽车导航屏幕、家电操作界面、门禁显示等都成为信息获取和传播的载体。未来随着物联网技术的发展，泛在终端的愿景是所有的物品都嵌入芯片，可以进行信息感知和发布，各类大数据的积累成为商业决策、商业设计的有效依据，市场信息进一步呈现泛在化，获取信息的载体更加无处不在。

（二）信息透明与去中介化

信息获取载体泛在化、信息传播的实时化和低成本，将推动服务业信息透明化

进程，进而拉开传统服务业去中介化的大幕。传统以信息代理为盈利核心的经纪人、代理业、中介服务业、中间零售商等业态将面临转型甚至消亡。如货物运输市场，传统的信息部、中介服务都在面临货运 App 的挑战。2014 年，提供直接车货匹配对接服务的移动平台如雨后春笋般大量涌现，如服务于干线运输的车货匹配平台的“卡行天下”、专注于高质量运力服务的“易流 GPS”，定位于城市配送服务的“速派得”等平台都开始高速成长，传统的货运场站中介服务都感受到互联网平台的力量，纷纷转型互联网服务。

（三）商业活动全时全域化

基于互联网的电子商务平台更是让传统商业服务演变成无边界服务。理论上讲，任何一个电子商务销售平台，都是 7×24 小时的、面向全球市场实施发布销售信息的平台。传统商业服务的营业时间限制、市场区域限制在技术上已经被突破。例如，通过跨境电子商务 Ebay 平台，本地工厂可以直接开设店铺，直接与全球终端消费者取得联系，并实现全年无休、全天运营。

二、新的产业组织模式：去中心化和平台整合

（一）新的服务业市场整合形式：平台整合

平台整合即平台型市场整合，其中互联网平台是一种由互联网和应用终端驱动的“半开放的中间组织”形态，是提供了交易规则和互动环境的虚拟交易市场。不同于传统的联盟、并购、持股等市场整合模式，平台整合是一种开放的（随时加入和退出平台）、不以产权交易为基础的市场组织模式。在互联网时代，平台整合模式将成为服务业市场和产业组织的新形态。电子商务平台（如淘宝、天猫）、O2O 到家服务平台（如美到家、e 袋洗）等都是平台型市场整合的典型。

虽然同样由市场利润驱动，但网络平台同时为双边、三边甚至多边市场交易主体服务，并依据不同的行业发展特征和发展阶段形成了不同的补贴和付费机制。例如，以中小企业为服务对象的淘宝平台，采用商家入驻免费的形式，实际上是补贴了商家①。天猫平台以大卖家和品牌商为服务对象，则采用收费模式。

（二）平台整合模式下的去中心化

一个网络平台本质上是一组行业供应链关系的集合，是以相对独立的第三方对

① 当然，淘宝平台上，中小卖家实现消费者搜索曝光需要通过“直通车”等营销付费机制，这也是平台的盈利模式之一。

市场交易规则进行建立、重组和监督。纯正意义上中立的第三方平台，解构了传统流通市场主体的权利地位，一方面提升传统集中经济形式下弱势群体地位，另一方面降低传统集中市场垄断者的地位，形成去中心化平衡格局。

这种平台整合形式下的去中心化，将进一步体现在传统行业垄断企业的产业链核心地位转向平台服务业，产业链的权利组织模式也趋向扁平化。平台成为新的市场垄断力量，但由于平台的垄断利益与原有产业价值链并不重合，因此，实际的效果是，平台将推动很多服务业行业形成去中心化格局，而平台自身以不同维度的盈利形式成为服务行业和市场的代言人。进一步而言，各服务行业的垄断力量都在削弱，平台服务企业成为各行业的垄断者、组织者，国家服务经济形态将逐步展示为平台领导的簇群市场结构。

（三）新的创新创业平台形式：孵化器和创客经济

当前，互联网信息技术应用转化已经进入消费和民生服务领域的大规模转化阶段，很多好的技术、好的创意和商业模式可以在互联网平台上实现低成本落地。这种低成本来自如下几个方面：一是各类互联网基础服务的健全，例如电子商务行业在网站设计、代码编写、营销推广、物流服务等都有大量企业提供专业服务。二是互联网创业很容易获得风险投资的支持，大量专注于移动互联网创业、TMT（Technology，Media，Telecom）领域创业、年轻人创业的天使投资、股权基金投资等在为中小创业企业提供资金支持。三是国家政策支持，“大众创业、万众创新”的政策体系不断形成。各类创新创业平台快速发展，为新的创业者提供了越来越“一站式”的服务，孵化器园区成为创新创业的极化组织，各类“创客经济”蔚然成风。当创业成为相对低成本的市场进入手段，掌握社会资本的传统大型企业也能感受到来自市场底层的竞争压力，也在一定程度上扩展了整个市场“去中心化”的内涵。

三、新的服务产品特征：长尾化、极致化和体验经济

（一）服务产品的极致化和体验经济

互联网让服务经济的反馈信息实现实时传递和呈现，服务的“好评”和“差评”成为影响消费者行为的重要因素，进而成为企业看中的生命线，这就在一定程度上改变了传统服务市场“逆向选择”和“道德风险”的信息不对称难题，形成市场正向反馈和良性循环的淘汰机制。这种信息对称的结果是服务质量的提升和服务产品的极致化，消费者个性化需求和服务体验开始获得真正意义上的重视，围绕顾

客极致化体验的服务产品优化、创新成为商家关注的焦点。例如小米手机以高性价比、不断迭代的MIUI、良好的售后服务以及与消费者的实时互动和需求响应，为消费者提供了产品和服务的极致化体验。

体验经济是服务产品极致化的延伸，互联网时代是"消费者主权"的买方市场时代，即使对生活必需品、必要服务的消费，消费者都在追求极致化的体验。简洁、友好的服务界面，参与感强、趣味性高的销售和服务过程设计，创新的商业、营销模式等都可以帮助商家转变传统呆板的服务模式，建立极致化的客户体验，造就顾客满意和顾客忠诚。仍以小米为例，通过建立线上"米粉"社区和线下见面会等形式，小米为用户提供了多渠道的信息反馈、良好的售后体验和极具参与感的全程服务。

（二）服务产品的长尾化

需求极低的产品在全时全域的市场面前也变得具有规模化需求特征。克里斯·安德森的长尾理论认为，当商品储存流通展示的场地和渠道足够宽广（如互联网平台）时，几乎任何以前看似需求极低的产品，只要有人卖，都会有人买。这种长尾化的流通展示特征使流通服务业产品的个性化程度进一步提升，服务体验的定制化空间进一步加大。传统有限流通展示渠道的规模经济与个性化之间的矛盾得到了一定程度的缓解，更具个性化、定制化和极致化的服务体验得以形成，流通服务市场创新空间进一步延伸。

例如，在流通服务领域，内贸的淘宝、天猫等综合电商平台，外贸的Ebay、Amazon等跨境电子商务平台，提供展示的产品品类成千上万，"只有想不到，没有买不到""万能的淘宝"等都是对流通平台长尾产品的形象比喻。在生活服务领域，传统的门店服务正在转变为"上门、到家"的O2O服务，个性化的美妆、餐饮、按摩长尾服务都产生了越来越多的商业化解决方案。

（三）服务口碑传播与粉丝经济

互联网时代造就了自组织的营销体系，好的产品和极致化的服务都会通过社交媒体平台和比价、推荐、导购网站快速传播，铸就良好口碑。同样，在各种社交媒体和渠道中遭受"差评"的产品和服务也会被消费者拉进"黑名单"。这种融入社交要素的营销和信息传播的模式很容易形成品牌忠诚度极高、重复消费频率极大的客户群，进而演化出类似偶像崇拜的活跃粉丝用户。粉丝用户对企业具有极大价值，除了高频消费之外，还起到正向社交口碑传播、热心帮助服务更新、主动维护品牌形象的作用。

粉丝经济的形成源自多个方面，例如产品从内到外的精致、创始人的人格魅力、品牌故事的哲学价值、明星用户的榜样力量，等等。例如，“褚橙”以创始人80高龄再创业、人生低谷再崛起、众多明星名人力捧、“本来生活网”社会化营销、产品质量高等多个因素，造就了单品零售销量和销售速度的神话，成为互联网粉丝经济的典型案例。

四、新的盈利模式特征：间接化、多维度化

互联网使传统相对直接、简单的盈利模式变得更加复杂和间接化。“羊毛出在猪身上，狗来埋单”的情形很多。这种新盈利模式至少包含以下两种形态：

一是利用平台经济的准中立性收取间接费用。平台服务于入驻平台的企业及其客户，可以是双边或多边市场，平台的盈利模式可以采用交易分成（如Ebay）、支付分成（如Paypal）、流量收费（如淘宝直通车）、广告营销（如淘宝钻石展位）等，都不是直接向用户收取的费用。

二是利用大规模用户基础对少量用户收费。“免费”经常是互联网企业借以吸引大规模用户和流量的“引爆点”，但免费服务的平台常常在庞大免费用户中提供收费的附加或特殊服务，以改变维度收费的方式（业内常称“降维”）获取盈利。如免费试用的“微信”和“360杀毒”平台，以社交游戏、软件推广等形式盈利，拥有大规模免费用户的QQ依靠对少量VIP用户的收费盈利，等等。

这些盈利模式的共同点在于，利用顾客在生活中的“痛点”形成互联网解决方案，通过一定程度的顾客培育固化应用场景，大规模推广引流后，以间接的、定向的、极小单次收费额的方式扩展多维度收费，形成带有一定隐蔽性的收入和盈利模式。

五、新的商业决策特征：大数据化

在互联网时代，商流、信息流和资金流都可以直接在线完成，物流服务在区域中转过程中也会有跟踪信息。几乎所有商业活动都可以积累线上数据，而且，随着信息技术和物联网技术的发展，这种数据的精确性、规模性都会大幅提升，大数据时代已经到来，依托各种终端积累的大数据进行商业辅助决策已经极具可行性。

例如，在营销方面，在平台上观看婴儿产品的消费者，在浏览其他各类网站中获得的推送广告很可能是另外一种婴儿用品。这是平台数据和家用电脑cookie数据

的联动应用。在物流方面，2014 年“双十一”购物节期间，天猫平台商家利用菜鸟物流的仓库网络优势，由菜鸟根据商品预售、交易历史、物流路径等大数据为商家提供一个建议备货量，将产品提前放入菜鸟物流的区域分仓，并在“双十一”当天推出“当日达”服务，在多个城市实现消费者上午下单，下午收货。随着大数据积累和分析挖掘技术的进步，大数据辅助决策和实时决策都有可能成为现实。

六、新的产品创新特征：迭代更新与大众创业

基于移动互联网的电子商务平台和服务产品，包括 App 应用，O2O 服务业模式等，一般都会在较短周期对软件和服务模式进行频繁迭代更新，以期不断通过用户反馈等方式修正使用中的程序错误，更好地解决顾客痛点问题，这也是极致用户体验的组成部分。同时，服务业互联网产品越来越多地强调调动用户自身的创造性，形成产品内容的自生成和自我更新。例如，微信公众号多由单个人或团队运营，形成类似博客、微博的“自媒体”平台；用户生成内容（UCG）在社交平台、同城跳蚤市场、视频娱乐平台等成为主要内容来源，服务产品本身正在成为一个“使用者就是维护者”的自动更新系统。这种系统既可以不断调动用户积极性，形成鼓励用户参与的机制，又可以提升用户体验，不断更新产品，实现持续创新。

在互联网条件下，商业模式创新比以往变得更“轻”，创业成本和门槛不断降低。例如，云存储技术让各类基于桌面和移动端的应用程序实现了低成本的发布，各种自媒体、朋友圈推动了专业知识和信息的传播，互联网以用户为中心的商业模式让面向终端消费者的服务平台更加容易搭建。再加上国家对“大众创业、万众创新”的支持，孵化服务、天使投资、法律、办公等各种创新创业的相关服务不断健全，推动服务业创业如火如荼地发展。

七、新的市场营销特征：社会化媒体和搜索引擎优化

互联网发展让数字媒体逐步成为信息传播的主流渠道，利用互联网和各类社交媒体、社交网络平台进行营销也逐步取代了传统平面媒体，BBS 社区、知名论坛、博客、百科、贴吧、微博、微信等自媒体和社交网络成为现代整合营销的主流构成，这些互联网传媒渠道具有专业性强、运营成本低、可达性高、营销效果好的特征。例如，微信朋友圈的分享和晒图是各类服务企业实现口碑营销的重要模式，一些知名博主、大微号、微信公众号也成为企业愿意投入大量广告经费的地方。

此外，互联网电子商务平台和搜索引擎的发展使得搜索引擎优化（SEO）成为

营销领域的新宠。一些用户量巨大的搜索引擎、平台都会向企业出售关键词，企业愿意付费以便使自己的企业或产品呈现在顾客关键词搜索结果的前端，与关键词相关的搜索引擎广告也快速发展。例如，在百度平台搜索“图书”，会看到京东、亚马逊、当当等结果，这些都是企业对搜索引擎关键词付费营销的表现。

八、新的市场竞争特征：跨界竞争与过顶传球

粗略地讲，跨界竞争（又称超限竞争）是一种由不在同一细分市场、同一产业类型、同一技术体系甚至同一产业链上的两个企业形成的竞争替代关系。过顶传球（Over the Top，OTT）更强调互联网去中介化后，各类服务直接面向终端消费者，中间商都在面临各种跨界竞争带来的生存危机。例如，数码相机取代胶片相机后，其中低端市场被来自手机的拍照功能跨界替代；Skype 通过网络电话做 OTT 运营商，在一些市场直接将传统电信运营商“过顶”淘汰；微信的出现在很大程度上与传统短信形成跨界竞争，并业已形成“过顶”淘汰的态势。此外，类似线上旅游平台（OTA，如“携程”“去哪儿”等）对传统机票代理业务，滴滴打车、专车对传统出租业务，上门 O2O 对传统生活服务业务等都或多或少形成了跨界替代的趋势。未来，这种跨界竞争和替代可能在更多传统行业中发生。

九、新的市场资源组织与管理形式：内部创业、众筹与共享经济

互联网条件下，信息可以实现即时化、精准化的传播，从而使传统经济中无法利用的一些资源获得再开发的空间。例如，愿意提供支付的服务需求方和消费者，以及愿意提供临时性、顺带性和碎片化服务的服务提供者之间，可以形成快速、低成本的沟通和交易撮合机制，即一些简单服务业的服务场景可以通过互联网直接达成。如汽车代驾服务（如“E 代驾”）、小额投资业务（如“众筹网”众包融资，“陆金所”P2P 贷款等）、包裹顺道配送服务（如“人人快递”“达达”等）。城市交通出行捎带（如“Uber”“滴滴专车”等）。按照科斯的交易成本理论，这类市场资源和生产要素的交易成本也大幅降低，服务外包的有效范围因此大幅扩展，这种利用外部资源进行“众包”或“众筹”的共享经济服务模式也开始快速发展。

同理，在传统成本市场中，由于信息不对称带来较高的交易成本，企业已经将很多资源和要素内部化。在互联网信息革命交易成本降低的新条件下，企业也需要采用一些方式提升资源效率。例如，对于已经内部化人力资源的传统企业来说，将原有科层制、事业部制的企业结构转变为适应市场快速变化的扁平化项目管理模式

可能还不足够，鼓励员工利用企业资源，开发新的项目，实现内部创业，也是激发大型机构内部员工活力的可选方式之一。这种模式也与互联网时代信息透明、外包合作等趋势实现了内在逻辑的一致性。

第二节 互联网对服务业影响的未来趋势

互联网发展的总体路径是从桌面互联网向移动互联网发展，再向区域物联网和整合物联网发展。这个发展过程呈现三大趋势，即终端泛在化、传送无线化、处理智能化。目前，移动互联网的终端已经扩展到手机、移动电脑、汽车操控屏、家具家电、眼镜等可穿戴设备，等等，到物联网阶段，多数物品都将加载终端芯片，可以实现终端之间的无线、宽带通信和自主互动、智能反馈。

移动互联网仅仅从少数移动终端开始切入，就已经极大地改变了人们的生产、生活方式，重塑了服务业态的底层基因。未来人类社会如果进入物联网阶段，整个社会的生产、生活方式都将发生极大变革。通过总结以上互联网对传统服务业的改变，本报告尝试总结未来互联网影响服务业的趋势如下。

一、服务产品高度个性化、极致化、专业化

互联网革命的本质是信息革命，是极大减少信息不对称和信息中介，实现服务产品信息的透明化。服务业从行业到服务人员本身都将遵循这一逻辑进行演化发展。未来任何服务产品、服务人员、服务机构都可能实现各类信息的开放，类似点评、比较、社交网络的互联网形态会将各种服务的质量、价格、体验信息公布于众，买方市场的权利可能得到极大提升，越是高性价比的服务产品越能获得认可，服务产品的个性化、极致化和专业化趋势可能不可避免。

二、P2P 服务、去平台化和场景化订单

信息革命的另一个总体影响是服务点对点化和场景化。如果按照信息传递成本减少这一逻辑演化，只有直接的点对点信息传播、达成交易，并实现一对一服务才是最终形态。点对点服务模式可能衍生的后果包括：第一，P2P 服务是供应商与最终客户的“点对点”直接对接，是服务提供方与服务接受方终端对终端的直接见面并交付服务，是最大限度地“去中介化”。第二，P2P 服务可能推动一般服务的兼职化、众筹化运营，例如，顺风车、兼职专业咨询等，一些细分、垂直化的服务平

台可能会被取代，互联网最终演化为唯一的平台，顾客的需求可以随时发布，能提供服务的服务人员能够随时响应，二者实现随时支付和交易。第三，P2P 服务的订单支持基于即时化需求的实时下单、实时响应，迅速获取服务。即订单在消费者产生需求的当时、现场发布，因此未来不同的生活场景将成为消费者下单的直接入口，例如，在顾客下班需要休息的时候提供按摩服务营销信息，甚至提供与休戚相关的全部服务获取方式；在顾客需要知识的时候提供教育营销信息，甚至直接与专业人士预约“一对一”辅导等，实现实时引流、成交。

三、去利益链的透明化服务

信息化社会市场的创新和孵化能力会得到大幅提升，个人信用记录会影响人一生的商业、社会行为，信息和职能设备构筑的社会安全体系更加完善。政府的职能边界会进一步减小，信息化和创新可能打破更多的垄断，服务企业甚至政府都将趋向小型化。“潜规则”和利益关系驱动的中国社会商业逻辑可能会逐步趋向市场化驱动。

四、实时在线、大数据和智慧化生存

未来的服务业态都将是线上线下同时布局的，接受服务的客户也将是随时在线的。智能设备、各种移动终端等将个人非隐私信息数据化、同步化，消费者在各个场景都可以轻松接触到智能终端，基于大数据的自动预约、自动推送服务的比例将逐步增加。例如，家庭高频次稳定消费的产品，如卫生用品、调料、粮食、耗材、母婴、零食等可能由大数据公司进行定期上门推送，顾客无须下单，或只需一键下单，物流公司就可以按照历史大数据入户送达符合顾客需求的产品，且品牌、规格、数量都可以基本做到顾客满意。

未来，各个类似“信息孤岛”的局域物联网体系可能得到不断整合，形成泛在终端、可靠传送和智能处理、实时反馈的整合物联网系统。人的随身 ID 可以与周边环境中的各类智能终端实时互动，需求、响应、下单、支付可以实现信息流同步，服务业可能演变为人类娱乐、社交的附属产品。

五、服务产业业态构成演化和增长方式变革

除了以上对服务业商业经济微观层面的影响之外，互联网对中观产业层面和宏观经济层面也存在一些影响，由于这些影响具有较大的不确定性，这里仅做缺乏依

据的简要论断。

在产业构成方面，随着互联网时代的深入发展，互联网将推动整个服务行业和市场进入新一轮进化发展的快车道，传统服务产业将在产业业态构成层面发生相对剧烈的进化和变革，新产业、新业态可能不断产生，一些传统的产业可能逐步缩减规模甚至消亡。

具体来看，一是一些偏向信息服务中介的实体重资产产业可能消亡，例如，销售行业的二级代理、三级代理，物流行业的“黄牛”、小货代，旅游业的OTA平台，金融业的互联网理财产品分销商，等等。二是围绕传统传播介质的广告、营销服务业形式转向势微，如传统纸质平面媒体传媒和广告业转向互联网和社交广告。三是缺少与终端客户交互、缺少客户体验的终端服务行业，长期将呈现减缓态势，并被迫做出基于互联网的转型和变革。如无法以消费者为核心、消费体验不佳的传统医疗、教育培训和银行门店等。四是规模经济明显的行业和专业化服务领域的结构将实现调整。规模化、全网或全品类的服务业，如大流通平台、全网物流业、全国性上门送餐或团购企业，将逐步发展为寡头垄断的市场格局，垂直的、专业化、细分场景的服务模式可能呈现出野蛮生长后的迅速整合和几家独大格局。五是平台和大数据支持下的传统服务转向新兴服务业态，如电商平台加速推动了邮政行业向快递行业转化，大数据支持下的定向推送、金融征信行业发生转变，等等。

在宏观经济层面，国家的经济增长动力将逐步转向市场引领的经济体制，国企通过与民营经济的合作引入互联网基因，个人和民营经济成为市场增长的动力，混合所有制可能成为互联网经济发展的必由之路。互联网对宏观经济的影响，第一步是体现在一些互联网巨头不断提升对宏观经济的导向作用，推动资本、人才、政策等资源向互联网行业倾斜；第二步可能是互联网在各行业植入自身基因，改造原有业态和流程，形成相对明确的线上线下分工、合作的边界；接着是不断升级的互联网、大数据和物联网技术不断推进互联网自身的技术水平和载体形式，重复第一步和第二步，线上线下边界重新划定，线上部分逐步扩展应用领域。最后经过一个相对长期的发展过程后，实现局部地区先发展、逐步扩展到广泛范围的智能化、数据化和场景化信息经济模式，互联网和大数据的影响也不断深入到经济、社会、政治等各个领域。

（撰稿人：焦志伦　南开大学经济与社会发展研究院讲师）

第七章 互联网革命对新一代贸易体系和流通业的影响

互联网革命对传统业态的改造不是外在形式上的，而是内在基因层面的，这种内在基因的核心 DNA 序列是信息产生、发布、传播模式的变革。从外在表现上来看，中国互联网影响传统产业变革是从与生产、生活相关程度较大的服务业领域开始的，尤其是从流通和贸易业态开始的，然后再通过产业链关系逐级向上下游传导，形成对全社会传统经济业态的变革。基于此，本章将互联网对内贸流通、对外贸易和物流业业态的影响独立成章，重点说明。

第一节 互联网电子商务与内贸流通服务业的新发展

在互联网技术对传统服务业的变革中，贸易流通体系首当其冲，形成了依托互联网的一系列新模式。从桌面电子商务到移动电子商务，从大宗贸易到零售体系，从 O2O 到上门服务，从垂直平台到跨境电子商务，从社区众包到社群微商。可以说，互联网正在通过改变信息获取、展示、联结的形式，推动整个社会向新一代商业贸易和流通体系加速演化。

一、电商平台塑造了资源汇聚度更高的新型流通生态和组织模式

（一）电子商务平台经济成为流通市场各类资源、服务的网络集散门户和新型集聚形态

电子商务平台将流通市场的各类资源、服务汇集到网上。平台以第三方经营的模式，整合流通交易的供应方、需求方和其他第三方服务商。例如，常见的 B2B 和 B2C 平台，供应方包括原料生产制造企业、中小贸易商、批发零售商、信息服务商、代理商等；需求方包括中小生产制造企业、贸易商、中介代理商、消费者等；第三方服务商包括支付企业、物流企业、广告流量企业、导购推荐企业以及各类分期贷款服务、社会化营销服务、价格比对服务商、整合积分服务商，等等。

可以看出，电商平台可以聚集各种流通过程中的交易、金融、物流、信息服务，是传统集贸市场、超市、百货商店在互联网上的存在形式。电商平台可以成为各类市场主体的统一入口，具有流量汇聚、资源汇聚和服务汇聚的作用，比传统集市型流通资源整合模式更加高效，是综合门户型实体流通模式在互联网上的表现形式。电商平台可以通过信息模块延伸的方式，低成本地添加各种价格比对、零售消费信贷、店铺转换、支付及物流服务商挑选等配套服务，还能集成通用积分、各类折扣券、社交代付、打赏等创新型流通要素和功能，实现了各类流通资源在互联网上的新型产业聚集形态。

（二）第三方中立平台模式改善了传统流通模式在信用、融资等方面的信息不对称问题

中国传统流通市场存在大量中小流通主体，传统市场流通过程中的制度设计也存在诸多问题。基于互联网的电子商务平台经济模式在一定程度上实现了技术进步对制度缺陷的替代，为小、散、弱、差的中小企业流通市场解决了部分市场失灵问题。

首先，通过评价数据解决产品质量和信誉问题。电商平台是市场交易的中立第三方，以交易制度维护和环境营造者的身份出现。与传统的实体市场平台不同的是，依托信息技术的进步，电商平台掌握着每笔交易的具体数据，同时可以实时接收消费者的评价和投诉。传统市场单次交易形成的商家逆向选择和消费者道德风险问题都可以通过交易评价体系成为下次交易的口碑和声誉，可以被实时地、近乎零成本地查询，因此在一定程度上解决了交易信息不对称引起的产品质量问题。①

其次，通过支付中介解决交易纠纷，提升交易效率。传统现货现金交易容易出现信息不对称导致的各种纠纷，互联网平台交易模式将支付与购买行为分离，成交后出现的任何问题也可以通过中立支付机构的退款解决。如淘宝平台的支付宝产品允许顾客收到产品核查满意后确认支付，商家在消费者确认支付后才能得到货款。这种制度设计避免了部分交易欺诈行为，减少了交易纠纷，提升了交易效率。

最后，电商平台在营销、物流、融资等方面更加便利。传统市场的商家促销活动需要大范围投入的广告支持，平台的单一入口和大流量可以减少传统促销的操作复杂性。平台上，物流提供商由消费者进行多重选择，改变了以往只能商家选择配

① 此外，好的平台设计规则一般可以控制互联网水军刷交易记录和好评的问题，平台有动力防止这类问题，因为如果这些问题大量存在，消费者就会用脚投票，平台也将难以生存。

送物流，消费者完成“最后一公里”物流的模式，消费者可以在家里方便购物。此外，由于支付工具和资金信息可以方便地在交易平台上实现绑定，各种分期付款、小额投融资变得更加便利。这些制度进一步降低了平台交易成本。

（三）各类垂直平台推动了流通市场的极致细分化、专业化，提升了流通体系的整体服务水平

综合型平台发展到一定程度之后，不论是批发型的大宗 B2B 平台还是零售型的 B2C 平台，都在向垂直化、专业化方向发展，即主营某个或某几个特定产品品类，并为消费者提供更加专业和定制化的服务。这些专业垂直平台的发展推动了流通市场的专业化进程，提升了市场效率。具体表现如下：

一是流通市场可以更大程度地满足长尾化、定制化的客户需求。反馈评价机制，销售量等大数据的获取，可以使各种需求变化信息更快捷地被供给方获取，供应链的敏捷性大大提升。二是专业化、创新型的营销、物流、导购、金融服务不断出现。例如，平台搜索引擎可以使优质产品信息更加精准地被潜在客户获取。预售制和冷链物流可以更有效地服务于产品鲜度要求高的客户。导购网站专业的美容意见可以直达消费者，从而使好的产品实现优质优价。小额产品零售也能实现平台服务提供的分期付款服务等。三是流通销售模式创新空间加大，例如团购、周期订购、会员制等模式很容易在专业垂直平台推出。

二、大宗 B2B 贸易平台和零售 B2C 平台开始冲击传统实体渠道

除了电子邮件、EDI 系统之外，电子商务很早就体现出互联网对流通业产生的影响。在大宗商品交易领域，B2B 线上平台最早获得发展，慧聪网、阿里巴巴等综合类大宗商品交易平台交易量快速增长，我的钢铁网、科通芯城等垂直度更高的专业大宗市场也快速发展，同时，像义乌小商品交易商城等实体平台面临交易萎缩等问题，也开始向线上线下全渠道运营转化。

在 B2C 领域，网络购物对各类实体交易市场的冲击更加明显。各种百货商场、大型综合超市、城市综合体等都感受到了电子商务的影响，很多地区甚至爆发关店潮。据联商网《2014 年上半年主要零售企业关店统计》显示，2014 年上半年（截至 7 月），国内主要零售企业（不含家居、电器）共计关闭门店 160 家。其中，百货业态关闭 13 家，超市业态关闭 147 家。2014 年上半年关店数超过 2013 年的 4 倍。

在 B2B 和 B2C 平台的冲击下，线上贸易体系和线下交易体系可能形成边界清晰、相辅相成、共生发展的新一代流通产业。标准化、高频化的日常需求可以通过

线上交易方便地获得，注重服务、注重体验的产品流通和贸易则在线下交易完成。同时，交易过程的体验也成为市场参与者关注的焦点："方便快捷、及时定位需求"的B2B贸易流通体系，以及"与休闲娱乐融为一体、注重交付体验"的B2C交易流通体系都成为市场发展的方向。线上流通平台和线下流通实体鼎足而立的流通体系成为互联网时代新一代流通体系的特征。

三、O2O通过全渠道、场景化推进了流通市场业态向"消费主权"时代迈进

互联网改造传统流通业的直接结果，要么是创造与传统渠道独立并行的流通体系，要么是将互联网的基因植入传统流通体系。电子商务平台属于前者，O2O正是后者的典型形态。O2O模式既是线上线下的融合，也是互联网与传统实体流通业态的融合。O2O对传统流通业态的改变主要是推动了流通体系向注重消费者体验，满足消费者个性化、定制化需求，回归"消费者为核心"的商业服务业态本质，推动市场迈向"消费者主权"时代。

（一）O2O实现了流通市场的全渠道运营

线上线下融合（Online to Offline，Offline to Online，Online between Offline，O2O）是在移动互联网发展的条件下，电子商务流通体系与实体流通体系融合发展的产物。通过O2O实现流通市场全渠道运营，是指流通市场的线上渠道和线下渠道打通，实现共同运营和配合发展。例如，O2O营销引流服务成为全渠道流通的重要构成。O2O营销除了包含新兴的线上营销（如搜索引擎营销、社交网络营销等）和传统线下营销之外，还包括如下几种混合型的模式：①线上引流到线下，如各种线上成交、线下消费的形式，包括团购、预约服务、上门服务、打折券营销等。②线下引流到线上，如地铁广告中的二维码扫码订单，实体展示店线上成交等。③其他混合的模式，如线上成交、线下消费之后获取线上返利，折扣等营销模式。

（二）O2O推动了服务业流通模式的变革

服务市场，尤其是民生服务市场，一直具有区域分布分散性、服务对象单一性、服务需求碎片化的特征，非常适合互联网为平台的信息传递模式。基于O2O的移动互联网应用正在重塑这种民生服务的模式。

首先，O2O预约上门服务正在改变传统社区门店的服务产品流通渠道。例如，"美团外卖"（上门送餐）、"美到家"（上门化妆）、"河狸家"（上门美甲）、"e袋

洗”（上门洗衣）等都在用上门服务替代传统渠道。其次，O2O众包模式正在改变传统服务业从员工从业者的组织模式。如“人人快递”提出人人都是自由快递员，可以借助移动互联网平台，利用顺路交通提供快递服务。再次，服务业O2O正在改变消费者的服务产品消费习惯，例如，提供上门家政的“阿姨帮”应用，使原来按月雇用单一家政人员的消费市场逐步转变为按小时、按工作种类随时雇用多位服务人员的模式。最后，服务业O2O还存在服务一体化整合模式，如“饿了么”应用整合社区周边品牌食品商家实现上门送货；又如“58到家”提供上门家政、搬家、美甲等多种服务，实现服务产品的“一站式”整合。

（三）O2O将推动以定制化和需求实时响应为特征的场景化消费

O2O全渠道运营对流通渠道更深层次的影响是推动场景化消费在一定程度上替代渠道化消费。O2O场景化消费是借助移动互联网等技术应用，实现消费者在各种生活场景中的各类即时性需求能够实现快速引流和成交。例如利用手机上的GPS定位服务，在百度地图上搜索目的地导航，这是一种司机常常用到的场景。这一场景中，司机到达目的地后可能存在的需求就可以与导航场景结合，目前各大地图服务商都在积极拓展这个场景化市场。例如在百度地图上同时可以看到目的地周边的餐馆、酒店、银行、医院等信息，可以随时跳转相关需求网页并实现下单。未来，经过大数据分析司机消费者的习惯后，导航场景对司机消费需求的预测更加精准，地图应用可能成为事实上的“交易渠道入口”。

这种LBS（Location Based Services）服务已经成为O2O场景的重要模式，未来物联网的发展将会进一步推动基于其他各类场景消费的O2O服务，如在厨房做菜场景下，家庭冰箱屏幕终端下单、智能厨房下单等，又如旅游途中场景，线上预订门票、预约表演、预订酒店、车票，等等。这种基于场景的O2O渠道有可能颠覆传统渠道甚至电商平台，未来的流通渠道可能成为终端到终端（P2P）的“无渠道”或“去平台化”模式。

四、社群、微商、社区化众包等关系型销售网络和共享经济快速发展

互联网也在改变人类社会的组织和生存模式。以互联网社交平台为代表的线上交流互动正在改变传统的社交模式。由这种新兴社交模式衍生的部落化社群商业业态也在改变着传统流通体系。

首先，微商等社交平台改变了传统的营销和导购模式，形成了以熟人、圈子和关系为纽带的商业推荐、营销体系。例如，化妆品销售商“韩束”从2014年9月

开启微商渠道，依靠熟人关系、朋友圈关系进行产品推送，形成了商业信息快速传播、上下游信任快速建立的销售形式，实现2015年1月单月微商销售业绩超3亿元。微商在模式上也存在平台、多级代理等不同模式，依托朋友圈的刷屏销售也引发了诸多争议。

其次，微信群、QQ群等社群电商以集体订单、分享专业产品知识的形式提升了流通渠道的定制化和专业化程度。网络社交平台上的社群通过将有共同爱好的人聚集在一起，形成有类似收入、兴趣的消费群体，容易开发社群团购和C2B反向定制生产，经过社群充分讨论的产品，一般具有极高的定制化程度。这种社群电商充分发挥了关系型网络的优势，有助于产品创新、迭代和升级。类似的社群电商企业包括“美兮村”“豆果美食”“赞客”，等等。

最后，社区化众包也是利用移动互联网实现基于社区关系的交易渠道、共享经济模式和业态。社区化众包是利用社区居民的聚集性，开展产品本地化销售和本地化物流的“众包”模式。例如，“趣活网”平台立足于本地化的O2O和社会化营销，以3公里，30分钟保温速递送餐，同时对送货员采用类似“人人快递”的本地社区众包模式进行整合，实现了渠道和配送，提升了O2O渠道“最后一公里”服务的社交属性。

五、C2B定制将进一步重塑未来的流通体系

随着互联网技术及其应用的发展，以及互联网技术与大数据、3D打印、云计算等技术的结合，未来的流通环节将更加扁平，C2B、C2M（从消费者到商家、从消费者到制造企业）的理念将重塑流通体系，流通渠道的概念内涵将获得极大丰富。

一方面，C2B定制带来流通渠道的“泛在化”。例如，未来的商业区与旅游区融合，除了一些私人定制性、试穿试用性很强的商品（时尚、美妆）保留专门的门店外，传统商场、商城可能转化成为休闲旅游和享受面对面服务（咨询、治疗等）的场所。又如，物联网带来网络终端平台的泛在化，手机、汽车（车联网）、冰箱（职能家居）、可穿戴设备等都将具备上网购物的能力，成为随时随地可以获得的“流通渠道”。

另一方面，C2B定制推动流通渠道自身迭代更新的速度加快。互联网流通渠道让产品信息和消费者反馈透明化，大量用户评论UGC内容让产品质量、性价比等内容实现实时传播，产品创新和迭代的速度都将不断提升，产品流通模式和流通渠道的生命周期也将缩减，新的流通载体也将不断涌现。

第二节　互联网跨境电商对外贸流通服务业的新变革

由于进出口贸易的环节多、跨国家、运作复杂等原因，传统国际贸易体系具有天然的多主体参与、多环节长周期运作、多级委托代理等特征。在互联网时代，通过电子商务开展跨境进出口交易成为可能，跨境电子商务的发展正在改变原有国际贸易的模式，依托互联网发展，新一代国际贸易体系正在不断演化形成。

一、出口链整合：环节缩减和零售革命

传统跨境出口贸易一般都通过大宗贸易进出口商进行采购、通关、分销运作，再通过进口国的各级分销商、零售商进行批发零售业务，最终到达消费者手中。在这一过程中，产品已经经历了多个环节的多次加价。在互联网电子商务条件下，产品可以直接在无国界的网页上呈现，中国的生产商、零售商、贸易批发商都可以直接面向国外终端消费者，海外消费者也可以直接下单，实时支付，甚至察觉不到网站运营商是否为本国商家，因为网上呈现的图片、产品标题、广告语言等都符合本国消费者的消费习惯。可以看出，在整个过程中，跨境电子商务使直接的跨国零售交易成为可能，贸易链条的中间环节被压缩，销售商和消费者都能获得更大实惠。跨国贸易的零售化，是互联网在便利信息传播的基础上，对全球贸易模式的一种革命。

例如，Ebay 和 Amazon 是美国两家最大的跨境电商平台，其中很多商家账号是中国的贸易商甚至生产商注册运营的。国外消费者购买的很多东西通过以下两种方式到达消费者手中：一是中国商家提前备货到海外仓库，并从仓库直接通过快递送到国外消费者家中，这种方式货物通关仍采用传统通关形式，消费者等待时间短，但商家库存量较大；二是中国商家接到订单后，通过邮寄或快递直接从中国寄到国外消费者家中，这种方式可以采用万国邮联框架下的邮政合作模式或行邮税通关，商家也无须备货、承担库存风险，但是消费者下单后往往要等待较长时间才能收到商品。

二、出口模式升级：品牌化和渠道细分化

传统中国制造一直遭受贴牌、代工的国际分工锁定，产品附加值低，无法享受品牌溢价，在外贸供应链中处于弱势地位。跨境电商出口模式的兴起，为传统生产

商、贸易商提供了新的转型升级模式。传统的渠道封锁被打破，代工厂有机会通过网络渠道与目标市场的消费者直接接触，并可以将原有贴牌生产的产品转为自有品牌，以高质量获取用户认可，并获得品牌收益。可以说，跨境电商为中国品牌“走出去”和制造业的转型升级提供了更加有效的途径。

此外，中国跨境电商出口领域起步较早，线上渠道已经开始向渠道细分化转型。主要表现在：首先，传统以欧洲、美国为首的目标市场正在扩展，俄罗斯、日韩、巴西等南美国家、澳大利亚甚至非洲等“小语种”市场都开始成为很多渠道商的主要目标市场。其次，从全球范围来看，一些本土化的平台开始打破传统 Ebay、Amazon 平台几家独大的格局，如主打东南亚市场的平台 Lazada，包括中国本土的诸多跨境平台，如阿里速卖通、敦煌等。最后，随着跨境电商平台向移动端转化，细分领域的平台开始出现，如主打服装销售的移动跨境电商平台 Wish 等。

三、进口链重构：小批量模式和关税成本下降

跨境电商进口与传统大批量的一般贸易进口有很大不同，通过电商平台销售的海外商品，其来源包括：①由背包客集中采购回国；②由海外买手代购，邮寄回国；③消费者在国外电商平台“海淘”，转运[①]回国；④海外商家在中国跨境电商平台开店销售。前三种情况一般没有国内仓库，都是小批量进口，通关过程不缴纳关税或者按照个人自用物品的行邮税通关缴税[②]，因此，国际物流成本较低，形成了对原有进口渠道的冲击。第四种形式也可以通过保税仓库和跨境电商试点城市的政策，采用“保税进口 + 行邮出库 + 个人自用品入关”的形式，达到降低通关税收成本的目的。新的跨境电商进口模式重构的产品进口的供应链，小批量、低关税、丰富货源成为进口跨境电商的特色。

小批量行邮税进口政策对传统大宗贸易进口的替代可能损害国家在进出口领域的税收，国家也在加快研究，争取在关税减免、行邮税与关税融合等方面，权衡跨境进口电商行业发展和国家税收增长之间的关系，确保国家关境安全和稳定。目前，

① 在跨境海淘过程中，“转运”一般指如下特定的物流作业模式：一些国外网站不支持中国消费者使用中国地址直接进行网购，因此一些企业建立了海外仓储转运公司，为海淘消费者提供海外地址，消费者海淘购物后填写仓库地址，在仓库收到货物之后，由转运公司完成收货和转送中国境内的物流流程。转运公司的物流服务主要包括海外仓库、代收包裹、海外发送等，部分公司也提供国内通关、快递等服务。

② 以中国为例，中国行邮税的征收标准为，跨境个人自用进口产品应缴税额低于 50 元人民币的予以免税。不同区域海关在操作过程中的处理稍有不同，如有些地区采用产品价值小于 1000 元的情况，行邮税予以免征。而中国传统国际贸易进口体系中，大宗贸易产品进口通关一般要缴纳关税、增值税、附加税等。

除了在郑州、杭州、上海、宁波、广州、重庆、深圳等跨境电商示范城市之外，其他城市的跨境进口政策正在趋紧，行邮税的行业政策红利正在弱化。

四、进口模式升级：跨境进口平台服务升级

经过海淘、买手代购等跨境电商模式发展之后，随着国家开辟跨境电商试点城市，并不断完善通关流程和政策，规模化、正规化的国内跨境电商进口平台快速发展起来，并逐步完善专业化服务。这些进口平台除了广泛开辟海外货源，确保真品质量之外，还开辟论坛、微信、图片等社会化营销渠道，发展网页端、手机端和线下渠道等多元化流通模式和平台。

例如，蜜芽宝贝主要销售海外母婴用品，自2011年成立以来已拥有逾50万名妈妈会员，2014年分别获得由红杉资本、Hcapital、真格基金和华兴险峰投资的2000万美元、6000万美元投资。并形成技术开发、社会化营销、多元化平台的专业模式。又如，天猫、京东等国内大型电商平台也在加速布局跨境进口电商领域，不断扩展多元化的海外货源，提升物流服务，同时开辟线上线下的综合销售渠道。

五、进出口服务：专业化提升和外延拓展

不论进口还是出口，跨境电子商务的高速发展都在转变传统外贸领域的营销、支付、物流等服务模式。例如，在营销方面，跨境电商可以通过入驻平台、自建网站等形式，其相应的营销模式也有所不同，入驻平台模式一般关注产品或店铺的平台排名，主要是提升顾客好评率，提升物流效率等。自建网站更关注搜索引擎优化（如在Google等搜索引擎中的排名情况）和社交网络营销（如通过Facebook等进行产品宣传推广）。

又如，在物流方面，跨境电商出口有包裹直邮、专线速递和海外仓备货等模式，进口有海淘转运、保税仓和直邮、专线等形式。与传统贸易不同，这些模式实际上整合了传统大宗贸易与零售小件贸易的形式。

此外，跨境电商也在扩展国际贸易服务产业的外延，一些传统外贸不需要的服务，在跨境电商领域快速成长。例如，提供网站美工服务的网页设计公司，提供图片拍摄、美化的设计服务公司，提供社交网络营销的营销广告服务商，提供跨境电商网站代理运营的代运营服务商，等等。

第三节　互联网革命与物流业的转型升级

互联网时代发展到现阶段，构成传统商业的四种流程已经被重新整合成线上线下的两种流程。其中，信息流、资金支付流和商流都能在网上实现，物流成为产品在线下落地的最后接触点。物流逐步成为市场完成资源配置的落实者，对流通形成更加决定性的作用，也越来越成为企业的核心竞争力的构成。

一、物品批量零担化、需求碎片化

在互联网时代，消费者个性化定制需求能够直达生产者，电子商务“去中介化”也带来渠道缩短和产销直接对接，物流单次作业的物品向“小批量”、“多批次”转化，传统以大宗货物为标的设计的物流体系面临重构。物流全行业的服务模式正在向批量零担化、反应柔性化和响应点碎片化转化，以顺应产业供应链的定制化制造、精准化服务和互联网经济发展需求。

例如，在公路、铁路等货运行业，传统整车、大宗物流货量呈下降趋势，干线运输正在向零担化、拼箱化和快运化转型。在这一趋势下，传统大批量、粗放型增长的货运市场正在发生组织形式、运营模式、信息对接模式的转型，在公路领域，大量零散专线和小型个体车老板面临市场整合，以联盟、实体陆港、互联网平台等为主的模式正在加速整合公路货运产业，提升市场集中度。在铁路领域，铁路货运站主动发展零担运输，允许非整车发货，并拓展铁路班列等运输模式改革。

又如，在仓储领域，传统以储存功能为主的仓库正在向强调分拨、配货功能的“仓配一体化”运营型仓库转型。每个波次拣选的批量在明显下降，新的拣选、打包作业模式不断创新，小包裹自动分拣流水线获得进一步推广。

二、服务过程平台化、全程化、专业化

互联网应用带来的信息透明化、传播实时化和获取成本降低，为物流行业提供了搭建信息平台的可能性。在学习“淘宝”“天猫”等流通平台成功经验的基础上，物流行业也开始用平台模式整合传统小、散、乱、差的市场。同时，互联网经济带来的信息透明让所有服务都必须围绕顾客需求，形成良好的口碑传播模式，客户至上、市场导向将不再是过往卖方市场年代的简单口号。根据客户个性化的需求提供全流程、一站式的服务和专业化、细分化的服务，将逐步成为整个物流行业服务的

两种“新常态”。

在平台化方面，自 2013 年起，公路货运在干线运输、同城运输领域都涌现了大量基于移动互联网的网站和货运 App。从主要功能上来看，这些平台包括“信息发布”（不具备交易功能）和“运营交易”两种类型，主要功能是实现公路货运领域的车货供需对接。例如，干线货运中的“卡行天下”“货车帮”；同城货运中的“速派得”“达达”等。这些平台跳过了各种黄牛、中介和低附加值的公路货代服务①，实现了货源方与车源方的直接对接。又如，在货代通关行业，口岸进出口管理部门正在推动“单一窗口”平台作业模式，如上海自由贸易试验区整合海关、质检总局、海事局和边检等对进出境人员、货物和交通工具的监管需求，开通六个功能板块和一个自贸专区服务，实现船舶出口岸联网联放、一般进口货物申报数据协同录入、随时查询审批状态等功能。同时，还在尝试一般贸易出口货物、船舶进出口岸申报、自贸区货物等功能模块的上线测试，并推动平台从水运口岸扩大到空运口岸。单一窗口建设不仅推动了贸易便利化发展和港口、口岸转型升级，也在通关物流方面逐步实现去中介化和平台化运作。

在全程化方面，在公路货运领域，除了积极扩展上门取货、代收货款、货运金融、送货回单等服务内容之外，行业也在提升与同行联盟作业，共享网络的能力，提升与上游仓储作业，与下游城市配送、快递业的衔接、转站和联运协同服务。在铁路货运领域，铁路货运场站在实施企业化改革过程中，主动拓展全程“一站式”服务，在铁路各编组站拓展上门收货、“最后一公里”送货服务，实现铁路货运“门到门”服务。

在细分化方面，行业发展从两个维度展开：一是针对特殊产品的细分市场服务，如对大宗物品、危化品、冷链、同城配送、市内包裹快递等货运服务都在技术、设备和组织管理上不断提升专业化水平；二是在物流服务本身的专业化方面，如零担快运、甩挂运输、甩箱运输、滚装运输、多式联运、共同配送、社区“最后一公里”、跨境电商快递服务等物流服务环节的专业化和创新型物流服务的不断出现。

三、服务网络的本地化下沉和跨区域协同

互联网信息革命带来了物流与其他商业流程的分离。电子商务实现了供需直接

① 不同于 B2C 的流通交易平台，公路货运平台存在承运货值高、信任问题难以建立、空车返程成本大、装卸货配合、车型标准不统一、代收款风险大等问题，提高了公路货运行业通过第三方平台进行车货匹配的难度。现阶段，公路货运 App 与传统公路货运中介组织的运营各有所长，行业处在转型发展的过渡期，传统模式与互联网模式都在探索，也在焦灼竞争中相互融合。

对接，消费者可以直接在家里收货，这就要求物流网络进一步深入城市社区，实现基于城市社区的网络下沉、延伸、加密；一方面，更多城市社区都将实现公路干线连接和高效的信息系统支持；另一方面，深入到城市社区的包裹快递服务也成为物流网络的新战场。近年来，中国快递业业务量高速发展印证了这一事实，具体见图7－1。

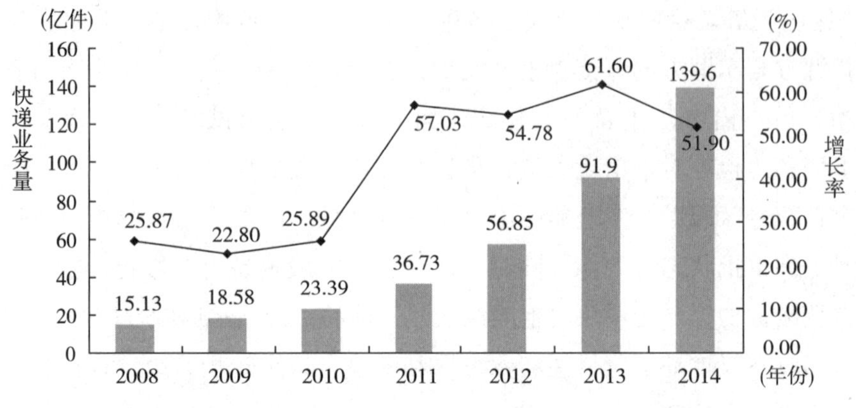

图7－1　2008—2014年中国快递业务量及其增速

资料来源：根据国家邮政局年度统计数据整理。

除了本地化下沉之外，互联网对顾客需求的高速响应也要求物流网络具有良好的跨区域协同能力。例如，中国传统公路货运市场以零散专线为主要运输模式，近年来，在互联网的影响下，各种跨区域的公路货运联盟快速发展，如“中中联盟”以网络共享模式联合了来自河南、山东、安徽、湖北、河北、山西、陕西中部7省重点物流企业；“万众物流联盟”以子公司的模式整合了全国13家货运专线，这些都是在互联网经济大背景下货运行业抱团取暖、提升效率的对策，也可以从中看出货运物流行业在互联网时代的转型发展。

四、服务要素和资源组织的众包化

类似贸易流通产业，各类物流信息平台的发展也在影响物流行业自身的资源要素组织模式。如App平台“达达”提出基于O2O的运力整合平台，让任何人可以利用闲散时间做兼职送货员，实现了物流企业对配送人力、运力资源的“众包化”运营。目前，这类针对物流服务要素和资源的众包化运营在货运领域，尤其是城市社区配送领域较为多见，未来也可能延伸到其他专业性不强的物流作业领域，如装卸搬运、停车场管理，等等。

五、信息系统的智慧化、全程跟踪

信息革命也在推动智慧物流快速发展，未来中国物流各运作环节的企业都将依托互联网、移动互联网和物联网技术，构建透明化、智慧化的物流体系，任何一个物流企业都离不开信息平台的支持。智慧物流行业已经进入了发展快车道。目前，装备了自动定位系统、自动分拣机器人的智慧仓库；具有自动识别、全自动流水线分拣的配送中心；拥有 GPS、GIS 技术支持的导航、车队管理、管理平台；以及自动驾驶汽车、送货无人机等智能装备等都已经开始在物流行业获得越来越广泛应用。

六、互联网带来的物流与信息流的替代

技术革命对行业的影响充满了不确定性。随着互联网 3D 打印技术的发展，很多能够被 3D 打印生产的产品可能不再需要相关的物流运作。需求方发送需求信息或下达订单后，“生产者”只需要将打印该产品的一系列代码发送给客户，客户在家里可以使用 3D 打印轻松获取产品。在这个场景下，物流与信息流发生了替代效应。这些新兴技术对物流业的影响更加难以预期。

（撰稿人：焦志伦　南开大学经济与社会发展研究院讲师）

第八章　互联网革命对金融业的影响

支付、存款、贷款、投资、理财、保险、征信等都是金融领域相关的产业业态。在互联网条件下，金融行业获得了新的创新载体和平台，传统金融业务不断演进，新的金融业态渐成雏形。同时，与互联网影响下的新的贸易流通业态相互作用，金融产业不断演化发展，成为互联网影响较深入的行业之一。互联网改变传统金融业，主要表现在信息传递、数据积累、工具平台搭建等方面。2015 年 7 月 18 日，国家出台《关于促进互联网金融健康发展的指导意见》，为互联网金融行业的发展提供了最基础的行业法规。

第一节　互联网与金融支付和结算服务业的变革

支付和结算是金融业自诞生之日起最早出现的业态形式，第一个现代意义上的银行——阿姆斯特丹银行的主要业务就是为航海贸易和商业进出欧洲市场提供支付和结算业务，接受欧洲各国的货币和黄金，发放银行的票据，并提供转账服务。从中国的情况来看，互联网对传统银行的变革也始于支付和结算业务，互联网支付主要包括第三方支付平台、网上银行和移动支付等。互联网支付对传统支付的影响主要表现在如下几个方面。

一、第三方支付平台成为多模式、多载体、多功能的个人支付结算中心

（一）第三方支付平台提升了支付和转账结算的便利性和快捷性

新的互联网支付、结算需要源自新的互联网电子商务业务。网上零售的交易双方不能见面，需要解决信任问题，第三方支付平台可以同时为买卖双方提供中间担保，即交易双方都满意后才实现支付货款最终到达卖方手中。

这种第三方支付平台可以实现支付和结算的快捷化。例如，阿里支付宝等支付

工具可以通过扫码、平台账号转账等形式完成支付，具有支付功能的手机 SIM 卡也可以完成非接触识别和支付结算的功能，使支付方式多样，支付过程便利快捷，并实现自助、无卡、无手续费的小额、高频支付，比信用卡、支票、电汇等支付结算模式更加方便、高效。又如，在货运 App 领域，经过认证的货源方可以将货款放在第三方平台，实现由支付平台代收货款，在车辆送货完成后再支付给承运人，方便快捷的同时，也为解决交易信用问题提供了初级模式。

（二）互联网为人们提供了支付结算的多种载体和解决方案

在桌面互联网和移动互联网进入快速、深入发展阶段，各种传感器技术、识别技术开始不断获得应用，支付的载体也开始不断增加，应用互联网技术，条形码、二维码、手机卡、指纹、掌纹、人脸、眼睛虹膜等都开始作为支付工具和载体。同时，以这些载体为基础，各种通过手机、可穿戴设备、支付平台账号、银行账号、社交网络账号进行的当面付、账号支付、转账、红包、找人代付等支付、结算方案不断出现，互联网正在不断创新支付方式和方案，使各种场景模式下的支付更加高效、便捷。

（三）逐步成为集成多种支付服务功能的移动个人支付中心

借助互联网工具，第三方支付平台逐步扩展应用范围，不断集成多种支付功能。例如 6. 2. 5 版本的微信支付，其个人支付业务领域包括手机充值、水电煤等生活缴费、家庭理财、电影票、信用卡还款、火车票机票购买、网络购物、公益、团购点评，等等，同时可以进行刷卡、转账、发红包、AA 收款等多种模式的支付。

可以看出，第三方支付平台围绕个人生活的衣食住行等各个场景，不断迭代更新应用范围，逐步成为个人生活领域的金融支付和结算中心和“一站式”支付平台。随着移动互联网技术和感知、识别、监控、安全技术的发展，个人支付平台也在向支持多种载体的移动化方向发展，消费者随时随地可以依靠随身设备完成支付工作。未来，在确保支付安全的前提下，如果这个结算中心与物联网非接触识别技术相结合，智能化、自动化的支付结算将成为可能。

二、互联网支付结算数据成为个人、商家和金融大数据的重要组成部分

互联网支付包括借助互联网手段进行的各种支付形式，除了第三方支付平台外，还包括网上银行支付、移动支付等。传统支付结算行业很难实现小额零售交易的大数据积累，但各类互联网支付平台在帮助消费者实现交易支付结算的同时，还能方

便、实时、几乎零成本地将用户数据进行采集和存储，这些数据能够成为消费者个人、各类线上线下商家以及各类服务机构的重要参考，也是互联网金融企业自身开发金融产品和制定公司策略的关键依据。

（一）互联网支付结算数据已经成为个人消费大数据的组成部分

当个人支付越来越多地通过互联网支付平台完成，各种支付数据的采集、积累、分析和应用就具备了可操作性。对于互联网金融大数据的积累，尤其是个人消费金融数据的积累，支付是重要数据采集节点。

例如，每年底，阿里支付宝都会公布消费者的年度消费账单，2014 年底，还公布了支付宝十年消费账单，消费者可以看到十年来自己的消费结构、消费习惯、消费金额等统计信息，以及第一次网购、缴费、转账、用快的打车、买余额宝、买彩票等的时间，并估算消费者在朋友中的各项排名，从一个侧面体现了支付数据在消费者消费统计方面的应用。

（二）互联网支付结算数据为商家提供了与商业运营决策相关的大数据参考

互联网革命背景下，支付结算数据的积累深入到小额零售交易层面，并真正实现了实时采集和实时存储，且这些数据可以深入消费者的浏览、点击、停留、下单、支付等多种交易动作，为分析者展现互联网商业平台的曝光率、点击率、转化率等关键指标，为商业决策提供了系统的大数据支持。

例如，利用消费者的消费数据，阿里支付宝旗下产品“数据罗盘”也会实时公布支付宝在各个平台的交易指标监控、统计及分析，帮助各个平台、商家考察支付宝渠道的顾客群特征，为电商商家提供精细化运营支持，甚至可以与同行数据进行交叉对比，发现商机，制定运营策略。

（三）互联网支付结算数据是金融产品开发和风险控制的重要手段

通过这种用户消费金融数据的积累和分析应用，一方面，互联网金融机构可以实现金融产品有针对性开发设计；另一方面，金融机构可以以消费数据作为贷款征信、风险控制的辅助性依据。

例如，京东“白条”是京东金融较为成功的互联网个人消费贷款金融产品，推出时采用“零首付、零利率、零手续费”的“三零”模式，主要功能包括赊购产品和延期、分期付款。京东“白条”的信用额度取决于用户在京东平台的交易次数、购买商品结算金额等参数。又如，阿里蚂蚁金融旗下“花呗”产品，也是一种基于消费者支付等数据的个人消费金融产品。

可以看出，这些金融产品的设计都是以消费支付结算数据为重要的授信依据，即是互联网金融公司金融产品开发设计的重要风险控制手段。除了个人消费金融之外，在个人信贷、理财能力方面，这些支付结算数据都成为金融产品风险控制的重要依据。

三、互联网支付有望成为场景化消费的重要入口

从业态变革的角度来讲，互联网对传统支付、结算业务最大的影响是提升了金融支付业务的载体功能。除了上文提到的移动个人结算中心，社区大数据采集应用中心之外，目前还有一个重要的载体功能初现端倪，那就是场景化消费的重要入口。

我们提到过互联网对服务业未来的影响趋势包括“基于即时化需求的实时下单、实时响应和迅速获取服务”，互联网支付也在演变为一种即时下单和获取服务的“场景”。例如，2015 年春节期间，微信推出“摇一摇”获取红包的活动。据微信官方数据显示，除夕全天互动达到了 110 亿次，春晚期间摇一摇互动甚至达到每分钟 8.1 亿次。可以说，摇一摇红包是一种基于节日互动、送礼的金融支付活动，是一种基于春节联合庆祝场景的社交活动场景，摇一摇动作本身也已经显示出消费入口的特征，目前，微信也在其中添加了“摇一摇周边”等内容，支持下单、支付和成交。

又如，2015 年 9 月，微信支付与复旦大学合作，联合推出新学期“校园缴费全能王”活动，为 2015 级入学的本科生提供了覆盖几乎全部校园缴费活动的支付服务。在校园生活这个场景中，微信平台已经通过支付这一功能将校园消费的多个场景进行整合，实现了学生在校园消费的流量入口优势。

第二节　互联网与投融资和理财业务的变革

互联网对投融资和理财业务的影响也始终围绕生产、商业和居民的生产、生活需要而产生。互联网为企业和个人的投融资活动提供了更加精准的供求信息，也使得零散投融资需求得以低成本的整合并与需求对接，进一步实现了金融投融资方面的普惠性、高效性和整合性的共享经济特征。

一、P2P 小额贷款平台降低进入门槛、高效匹配信息

（一）小额度融资和放贷业务扩展了中小企业的融资渠道

P2P（Peer to Peer）小额借贷是一种整合众多小额度资金、借贷给有资金需求

人群的一种金融商业模式，P2P 一般是指实现借贷供需双方资金整合、信息发布和交易的互联网平台。互联网平台多终端实时互动可以充分调动民间资本的力量，P2P 平台聚沙成塔的零售金融模式开始向更小规模、更多用户参与的模式演进。

由于传统大型金融机构既难以平衡小规模贷款的风险和收益，也难以实现信用评估，中小企业融资困难一直是中国发挥市场底层动力的制约因素。小额度的 P2P 融资项目为资金需求较小的中小企业和初创企业提供了融资渠道，例如平安陆金所的 P2P 借贷模式，很多中小企业项目既得以获得融资渠道，也促使传统小额民间借贷在互联网上有效发布、集成，成为中小企业融资方式的有益补充。

（二）平台信息中介模式提升了中小规模闲散资金的使用效率

信息中介型 P2P 平台既能高效汇集社会中小规模闲散资金，又能防控金融风险，是现阶段 P2P 互联网小额贷款的合理存在形式。截至 2014 年底，我国 P2P 网贷运营平台已达到 1575 家。[①] 为了防范 P2P 平台贷款的安全隐患，国家新出台的《关于促进互联网金融健康发展的指导意见》明确指出，个体网络借贷机构要明确信息中介性质，主要为借贷双方的直接借贷提供信息服务，不得提供增信服务，不得非法集资。

目前，P2P 平台模式的主流是“担保机构担保交易模式”，此类平台作为中介，不吸储、不放贷，只提供金融信息服务，由合作的小贷公司和担保机构提供双重担保。平台的交易模式多为“1 对多”，即一笔借款需求由多个投资人投资。此种模式有效汇集了社会资金，实现了资金利用，同时在一定程度上保证了投资人的资金安全。

（三）P2P 模式为个人投融资金融模式提供了创新载体

2014 年是 P2P 小额贷款野蛮生长的一年，大量风险投资融入 P2P 互联网金融领域。除了一般的 P2P 小额贷款业务，这类平台也存在一些对个人投融资金融的创新模式。例如，人人网投资的 SoFi（Social Finance，总部位于美国旧金山）学生贷款平台，以校友关系为切入点，实现了已毕业校友对在校学弟、学妹的定向金融投资。对于借贷双方而言，除了满足正常的借贷需求——贷款方获得投资收入，借款方获得急需资金之外，借贷双方通过这种关系形成了其他有现实意义的联系，如学长可以以投资为名，监督、辅导未来学弟学妹的学习，甚至可以在他们的职业规划、工

---

① 中国电子商务研究中心．金融数据［EB/OL］．http：//b2b. toocle. com/detail_ 6222028. html，2015 - 01 - 03.

作就业方面起到积极的作用。

可以看出，互联网 P2P 小额贷款平台可以充分利用互联网对信息发布、传递和获取的便利性和低成本性，实现个人资金供给和个体资金需求的快速匹配，且并不局限于传统商业投融资项目在征信审核、使用领域、还款模式、担保模式，从而提升整个社区的金融运作效率。

二、线上理财与互联网银行便利了居民小额理财业务

（一）传统理财产品借助互联网工具实现了快速上线和便利购买

互联网自诞生之日起就在不断改变基金、股票以及其他一些金融理财产品的销售模式。以股票为例，纽约股票交易所最早的交易方式是现场交易，中小交易者会到交易所现场交易，大客户会通过电话或委托证券公司与证交所的大客户代表、证券公司的代表进行现场交易。随着互联网技术的不断进步，目前各类股票交易软件（大智慧、同花顺等）已经成为交易的最常用终端，中小散户也可以在电脑、手机上进行股票交易，且可以随时查看各种复杂的数据整理和分析结果。此外，这些客户端可以同时进行股票、指数、基金等理财产品交易，具有便利查询、数据全面、智能分析、产品聚集、即时交易等特点。

各大银行也开始在网站上销售自己的理财产品，如交通银行的“稳添利”“交银添利”“沃德添利”等产品，周期性地在互联网随时销售，并可以实现短期化、风险类型多样、收益透明、销售模式多样等，转变了传统理财产品特征，提升了理财产品销量，降低了理财产品风险。对广大个人、家庭投资者而言，互联网销售的理财产品交易便利，增加了产品种类和选择范围，受到了大众的欢迎。

（二）创新型理财产品销售借由互联网平台得以实现

除了由传统银行、证券等传统金融机构推出的理财产品之外，互联网也为新兴公司进入金融理财行业提供了新载体，拥有互联网基因公司大举开辟金融业务，并逐步引起全社会的关注。2013 年，由阿里“余额宝”引领的面向个人和家庭理财的网上小额理财模式不断涌现，京东“小金库”、苏宁“零钱宝”、百度“百赚”、新浪“微财富”、腾讯“理财通”等一大批互联网理财产品接连进入市场，一度成为市场追捧的热门理财产品。2015 年 1 月，李克强总理到访深圳“微众银行”，尚未正式对外营业的互联网银行也进入大众视线。

这些新型互联网理财产品交易“门槛”低、服务界面简单、办理手续便捷、完

全自助化服务，在一定程度上冲击了传统垄断体制下的银行及一些金融机构销售理财产品的传统模式，提高了大众理财收益。尽管这些新模式成功与否尚难定论，但已经形成一种倒逼传统银行金融体系变革的重要力量。

三、金融众筹实现了股权融资的便利化、多元化和共享经济模式

（一）金融众筹是充分利用互联网平台的共享经济创新

众筹（Crowdfunding）是指由发起人、跟投人、平台构成的一种向大众募资，以支持、发起某个投资项目，共担项目风险，共享项目收益的行为。从项目发起来看，目前众筹平台一般允许多种类型和规模的项目在平台设立和融资，包括制造一种新产品，创立一家新公司，支持某种公益活动甚至写一本书，等等，对项目发起人的财富资质也没有太多要求。从融资过程来看，互联网众筹项目通过网络公开展示，项目一般有融资目标额度、最低投资额等要求，但比起传统的股权融资项目规模，众筹项目的融资额度一般较小，起步投资额要求更低。从投资人角度来看，所有人群均可根据自己的经济实力、兴趣爱好、专业特长、生活需求对这些项目进行赞助、支持和投资，资助的额度也因人而异，资助的收益形式也不限于利润分红。

这种项目发起、项目投资和项目收益均有大众参与的金融众筹模式具有较为明显的共享经济特征，是充分依托了互联网金融众筹平台在信息实时、精准、低成本发布方面的优势，实现了共享经济的可行性。

（二）众筹项目领域多元化加深了互联网金融对经济、社区、文化领域的影响

目前，互联网众筹平台的项目正在向多元化方向发展。常见的项目类型包括商业项目集资、消费信贷、灾后公益重建、竞选活动、创业募资、艺术创作、自由软件、设计发明、科学研究以及公共金融项目等。例如，阿里众筹平台“娱乐宝”，主要聚焦影视项目，实现小额投资聚集和共享投资收益，共担投资风险。京东众筹包括“产品众筹”“私募股权”和“轻众筹”等，项目类型包括智能硬件、移动互联网、救灾扶贫公益和商品销售，等等。

互联网众筹项目的多元化发展，加深了金融融资项目对经济、社会、文化领域的影响，尤其是对非传统商业融资领域的影响。如“众筹网”的公益众筹项目包括乡村校园、留守儿童、抗战老兵、动物保护、环境工程等。平台实际上形成了众筹项目和公益事业的结合。

（三）非单一股权融资型众筹形成了金融服务商业发展的新机制

众筹平台兴起于美国网站 kickstarter，主要以商业项目股权融资为出发点，众筹项目成功了，平台立即会转账给项目发起人。在国内，为了保护支持者，众筹平台一般会先付一定比例的资金去启动项目，在确定支持者都已经收到回报后，才会再转账剩下的经费。随着众筹平台的演化创新，这种金融众筹的股权融资性质也在不断扩展，商业项目众筹（不包括公益性、文化性众筹）也已经从单一的“股权众筹”向“预售众筹”“奖励众筹”“孵化众筹”等非单一股权型众筹转型。

例如，国内的天使众筹平台“天使汇”在为企业提供股权融资之外，也为企业提供孵化增值服务（如软件服务、法律服务、财务服务）等，推动了股权众筹与孵化服务的结合。很多众筹平台上的产品生产型众筹项目也不提供股权奖励，仅仅承诺产品生产出来后可以免费或者低价获得产品，这种类型的众筹项目很多，但实际上已经不再属于股权融资范畴，本质上是商品预售模式的一种。这些非单一股权融资型众筹项目扩展了原有金融众筹项目的内涵和外延，使金融众筹具有了一种综合型、扩展型商业模式的特征，提升了传统金融在服务和支持实体经济发展过程中的系统性作用，形成了金融体系服务商业贸易乃至社会发展的新的作用机制。

第三节　互联网和大数据对保险、征信等其他金融业务的影响

在保险、征信、风险投资等其他金融业务领域，互联网也在发挥着日益深远的影响作用。这些影响产生的作用机制不仅包括互联网自身对信息获取、发布、应用，对新商业模式和商业业态的塑造，也包括借由互联网产生的大数据、云计算、传感网等对行业的影响。

一、互联网大数据推动了保险产品创新和销售方式创新

在互联网时代下，每个人的购物、交易、支付、借贷等金融相关行为都可以留下数据记录，这些数据可以为互联网保险机构提供客户全方位信息，通过分析和挖掘客户的交易和消费信息掌握客户的消费习惯，可以较为准确地预测客户行为，帮助保险机构开发新型保险产品，开展定向保险销售等。例如，基于大数据对风险定价模型算法的辅助，很多创新型保险产品不断出现。2013 年 3 月阿里巴巴、腾讯、中国平安联合成立“众安在线”，先后推出“众乐宝”“百付安”“高温险”等，华泰保险推出“退运险”，人保推出“手机险”，安联推出“赏月险”，泰康推出“乐

业保”等互联网保险产品。这些保险产品通过大数据分析的目标客户群，获得了精准的渠道推送，使潜在客户都能在第一时间获得产品信息和投保机会。

二、互联网大数据推动征信机制的系统化和精准化

传统金融很难对中小企业甚至个人进行征信分析，因为小规模贷款主体过于分散，很多个人数据难以采集和获取。互联网个人大数据的积累为个人征信业务带来了新的解决方案。个人消费、网络购物、存款信息、缴费信息等都可以作为个人信用的评判标准。一些互联网公司、数据公司和金融公司开始开展个人征信服务，为P2P融资、无抵押贷款、小额金融提供信用服务。传统银行业很难开展的个人征信业务，在互联网时代得以快速发展。

例如，阿里巴巴公司推出的芝麻信用个人征信评分。芝麻信用评分主要基于阿里巴巴的电商交易数据、蚂蚁金服的互联网金融数据，同时与国家公安网等公共机构、其他合作公司等建立数据合作，评估领域涉及用户信用历史、身份特征、行为偏好、履约能力、社交关系五个维度。不同于传统征信数据，芝麻信用数据来源于信用卡还款、转账、理财、网络购物、家庭缴费、租房信息、社交关系等要素，属于对客户海量信息数据的综合处理和评估。互联网征信的发展，大幅降低了个人小额金融风险，为小额贷款甚至无抵押贷款提供了金融业务产品开发和盈利奠定了基础。

个人征信业务未来的拓展空间较大，例如，2015年8月，阿里芝麻信用与“阿里旅行·去啊”联合上线“信用签证”服务。用户提交阿里芝麻信用评分和报告，可以在申请新加坡和卢森堡签证时不再提交资产证明、在职证明或者户口本等资料。

三、互联网大数据对其他金融行业的影响

互联网对金融领域的影响可分为直接影响和间接影响，例如，互联网对商业模式进行了改变，从而影响了服务商业的金融模式，这种情况可称为间接影响。相对应的，互联网对金融业务流程和产品本身的影响可以称为直接影响。除了上文相对具体的影响领域之外，互联网对金融行业的影响还包括其他一些领域。

在直接影响方面，互联网技术和大数据应用水平的提升，给金融业带来了很多新的业务模式。例如，在智慧金融范畴，利用计算机编程技术和互联网交易技术，可以使用机器自动、高频的买进卖出金融产品，只要设置的程序结合了交易经验，并具有相对的合理性，那这种使用计算机进行的程序化高频交易就可以排除人为贪

萎、犹豫、冲动等情绪因素的影响，获得交易收益。

在间接影响方面，例如，随着互联网的发展，社会创新创业的“门槛”在不断降低，各类风险投资企业开始大幅提升在互联网创业领域的资金投入，在中国全社会范围掀起了互联网创业投资的热潮。又如，在供应链金融领域，借助互联网平台和信息技术支撑，各类消费金融、无抵押担保、金融保理业务、融资租赁业务等新兴金融模式快速发展，这些业务交易模式的多样性在很大程度上得益于互联网对信息获取、传输和分析的便利性。

（撰稿人：焦志伦　南开大学经济与社会发展研究院讲师）

第九章　互联网对其他服务业的影响

本章主要讨论的具体服务业态，是除了贸易流通相关业态和金融业之外，其他一些生产、生活服务业，讨论的重点依然是这些业态在互联网革命中发生的改变。具体来讲，本章主要讨论互联网正在对酒店与旅游业、餐饮业、医疗业和教育业等服务业业态的影响。互联网对各类服务业态的影响具有普遍性，限于篇幅，本章只选择其中一些具有代表性、影响范围较广业态进行具体梳理。

第一节　互联网对酒店与旅游业业态的影响

随着国家商业经济和消费水平的提升，酒店和旅游业逐步成为与现代社会人民群众生产和生活密切相关的行业。同时，酒店和旅游行业也是最早引入互联网的服务业形态，OTA（Online Travel Agency）在中国互联网领域较早开始出现，互联网平台在很大程度上影响和改变着这一行业。

一、"即时性消费"成为新的细分市场

互联网尤其是移动互联网，让旅游和酒店消费更加便利，满足了消费者即兴、临时的旅行住店需求。产生这种情况的原因是，酒店、住宿供给资源的充足，互联网平台发布信息的便利以及平台提供的快捷成交和支付机制。携程移动 App 的数据显示，移动终端上的消费者总是希望尽快找到他们想要的酒店，82% 利用移动终端订房间的用户是在 24 小时以内决定并下单的，很多几乎就是到了目的地城市才用手机来订酒店。

移动终端客户的行为模式完全在传统的酒店客源结构之外，是新的消费群组成的新细分市场。这个新细分市场是依靠移动互联网对信息的实时处理能力，并搭建了实时下单、支付、成交平台而实现的，这个新市场代表着"消费者主权"时代的消费模式，是酒店和旅游业消费未来发展的趋势，将占有越来越多的市场份额。

二、移动互联网创新“场景化”营销渠道

传统酒店和旅游业都存在多级代理机制，如旅行社是传统旅游的主要信息来源，消费者只能接受有限的旅游产品选择和既定价格，也只能通过旅行社成交。互联网开启了线上直销渠道，例如，酒店业在线营销多为如下三种渠道：酒店官网预订、在线旅游服务中介（OTA）和全球酒店分销系统（GDS）。进入移动互联网时代，新的去中介化的营销渠道和模式不断出现。

例如，地图导航 App 同时提供周边景点和酒店的订单链接。又如，类似微信“摇一摇”这样的社交互动游戏可以直接获取周边旅游和酒店信息。移动互联网营销具有成本低、直达用户、及时满足需求、贴近消费场景、互动手段新颖的特征，成为旅游和酒店业新的营销和销售渠道。

三、重塑“货真价实”的市场竞争逻辑

互联网时代的信息透明化让“用户至上”成为企业生存的基本市场竞争逻辑。互联网对旅游和酒店业市场的本质影响是商业民主化和消费者主权。依靠景观资源获取垄断收益还将持续，但信息资源发达的消费者会不断扩张“非经典线路”旅游、自由行等新模式，分散传统旅游相对集中的线路产品。只有以消费者为核心，打造极致化客户体验，才能获得客户口碑，实现重复消费。

酒店业更是需要专注产品质量和塑造极致服务。任何瑕疵都会降低酒店在线上市场的曝光率和转化率，基于消费评价、社群讨论、微博意见领袖等模式的市场信息反馈体系最终可能让旅游和酒店业回归到“货真价实”这一商业竞争逻辑的本质。

四、壮大“众包参与”的草根推动力量

具有共享经济特征的房屋置换和租赁业平台，在中国主要有蚂蚁短租、途家、爱日租、住百家等，主要是模仿美国房屋租赁和置换平台 Airbnb。通过这些平台，用户可通过桌面互联网或移动互联网发布、搜索房屋租赁信息，并完成在线预订和支付程序。2014 年，Airbnb 用户已经遍布 167 个国家的近 8000 个城市，发布的房屋租赁信息达到 5 万条。波士顿大学近期一项调查显示①，Airbnb 的房屋供应量每

① Zervas, Georgios and Proserpio, Davide and Byers, John, A First Look at Online Reputation on Airbnb, Where Every Stay is Above Average (January 28, 2015). Available at SSRN: http://ssrn.com/abstract=2554500.

增长10%，酒店房间收入就会下滑0.35%，在Airbnb房屋供应量最大的得克萨斯州奥斯汀，酒店收入下滑了13%。

这种“民宿”出租与互联网的结合，带来的酒店行业的“众包”运营模式，传统酒店行业再次感受到“草根”力量的冲击。尽管这种模式存在诸如安全隐患、法规许可等诸多问题，但是这种由市场底层力量自组织模式产生的商业创新却具有极大的市场认可度。

第二节　互联网对餐饮业态的影响

餐饮行业是与人们生活息息相关的服务产业，也是人们在日常生活中最经常接触的行业。近年来，互联网对餐饮行业的改变日趋深入，甚至很多消费者都是通过餐饮行业的改变才感受到互联网与自己生活的密切关系。本节简要梳理互联网对餐饮行业的具体影响。

一、消费模式演变与运营模式的不断创新

瞄准传统餐饮行业的客户体验“痛点”，以互联网为依托，创业者开始对餐饮行业的运营模式不断创新，并引领了消费模式的变化。尤其是移动互联网和O2O的发展，进一步推动了餐饮行业消费和运营模式的变革，消费模式与运营模式是相辅相成、共同演变的，具体例子较多，主要包括：

第一，外卖上门。传统的餐饮业要顾客亲自到餐厅享用，而网络营销为顾客提供了更多的服务，可让顾客不用出门就可以通过网络或电话点餐订餐，更为顾客提供送餐上门的优惠服务。互联网已经开始改变餐饮业消费者的习惯。目前国内外卖点餐应用很多，尤其在北、上、广、深等一线城市，较知名的如“饿了么”“淘点点”“百度外卖”“生活半径”等。

第二，远程排队。传统餐厅在用餐高峰期时，就需要长时间地就餐等待，客户体验相当不好。互联网应用正在通过远程预约、线上排队，App点餐等服务解决这些问题。例如，来自上海的“美味不用等”应用App提供手机排队取号、查看排队实时进展、快到叫号提前提醒、手机店内外点菜、自助打单等新兴服务。

第三，LBS餐饮服务。基于地理位置的服务在餐饮业应用广泛。消费者共享位置后，既可以通过LBS应用看到周边的餐饮服务，也可以参与团购、打折券购买、线上点餐、提前支付等，既有利于商家拓展客源，也便利消费者用餐。地图软件一

般带有 LBS 附加餐饮服务，例如，腾讯地图增加了“发现”和“附近”的功能，可以在其中查找快餐、美食、中餐、西餐甚至川菜、火锅等各类美食服务。

二、“点评”与“分享”成为营销引流的重要通道

美国很多州政府与餐饮点评网 ylep 展开合作，监督餐饮行业的卫生情况，很多消费者仅依靠手机 App 里的评论判定是否去某家餐厅消费。国内大众点评、番茄快点等都在践行这一模式。在国内，很多消费者都有就餐时“未消费、先分享”的习惯，消费者在朋友圈的广告具有广泛的本地化影响力。这就要求现代餐饮业在注重食品味道的基础上，同样注重菜品的“色香味”一体，并确保消费全过程体验的良好。

这种新的信息传输渠道已经成为更加有效的市场营销和广告渠道。对于消费者而言，在享受美食的同时方便地将相关信息“晒”到网上，对于好的餐食可以夸奖表扬，对于商家的缺点也能随时“吐槽”，并为后来的消费者提供借鉴。对于商家而言，餐厅在网上的信用等级和口碑已经成为重要的营销载体和手段，也是商家看中的重要的信息发布和广告宣传媒体。

三、社区 O2O 和“最后一公里”服务

与 O2O 家政、美妆、按摩等类似，餐饮行业也是民生服务业中比较适合以社区服务模式运营的行业，尤其是其中一些客单价较高的食品和餐饮服务。目前的上门送餐服务，包括半成品配餐服务、快餐成品配送等模式，在食品送上门的同时，互联网送餐公司还能附加周边需求的配送服务、商品代理购买服务等增值服务。

例如，武汉“家事易”采用网上生鲜超市买菜、社区电子菜箱取菜的模式，形成了社区生鲜流通的新模式；北京“青年菜君”将顾客预订的食材洗好、切好、配好，并搭配菜品加工所需的调料，然后将产品“最后一公里”终端交付的地点选在北京人流密集的地铁口，实现在特定场所针对特定人群的精准服务。移动互联网平台“挑食”在一些一线城市开展火锅上门配送服务，配送的物品包括生鲜食材、餐具、调料，等等，并且会上门回收餐具和垃圾。

第三节　互联网对医疗、健康和养老产业的影响

医生、患者与医院是构成整个医疗服务链条的核心。目前的医疗体系存在诸多

“痛点”，对医生来说，工作负荷大、劳动收入低、缺乏医患信任是主要问题。在患者方面，挂号、看病、取药等候时间长，医生问诊时间短，传统医疗体系的服务模式并不令人满意。互联网正在针对这些“痛点”尝试从技术和模式创新层面获取解决方案。

一、平台和智慧医疗硬件提升了医患供需沟通与信息交流效率

（一）互联网软件和智能硬件升级提升医疗系统和医患沟通效率

互联网软件、硬件的革新技术广泛应用于医院等医疗机构。在软件方面，主要是医院 ERP 和相关管理系统、医院信息、病例管理系统和移动医疗 App。例如，各大医院的医院综合信息系统（HIS）已经开始综合管理医院管理医疗流程、药品管理、医疗设备、医生、财物等，实现医院运营的安全保证、效率提升和人员合理利用。又如，各类医患交流平台、医生交流平台等提升了医生、病人、医院等各方的沟通水平，减少了医患信息不对称带来的误解和医患矛盾。再如，一些医疗 App 平台也能辅助实现医疗资源或医院医疗流程中的供需匹配。如丁香园网站通过病例管理系统实现电子病例管理，减少了医院的重复检查，实现医生诊断的系统化，等等。

在硬件方面，一方面，通过互联网技术提升医疗检查和诊断水平，实现医疗设备传感系统与处理系统的联系，以及提升多种设备联动、联网能力。另一方面，通过互联网提升医生远程监控和诊断能力，主要是通过可穿戴设备、物联网进行数据采集，实现远程问诊和治疗。这些互联网软件和硬件改变了以往医疗信息的管理模式，提升医患之间的信息沟通，提升了诊断能力和监控能力。

（二）商业模式创新修复传统医疗模式“痛点”

在模式创新方面，基于移动互联网的信息平台系统正在推动医疗信息的透明化，提升医生之间、患者之间以及医患之间的沟通效率。目前，移动平台和硬件应用在商业模式上包括以下几种：一是医药电商，为药品生产企业、销售企业和患者之间搭建非处方药直通桥梁，如“掌上药店”“1 号药店”“用药助手”“药品网”等医药电商平台；二是专业的信息查询、医学咨询、医生参考资料交流应用平台，如“医脉通”“白衣天使公开课”“医口袋”等；三是满足患者查询医生信息、医疗方案的互联网移动平台，如“春雨医生”“寻医问药”“名医问诊”等；四是医院就诊辅助类软件，包括预约挂号、导诊、咨询和点评服务应用等，如“挂号管家”“挂号通”“挂号助手”等；五是更加垂直细分的专业就业领域，

如记录和管理血糖的“糖护士”、提供女性生理周期管理的“大姨妈”、测量心率的“心率区”等。①

这些商业模式创新从医生和患者的一些小“痛点”着手，或多或少地改变着传统的医疗过程和就医模式，目前来看，互联网平台对现有就医过程的改变还处于初级阶段，更多集中在积累信息资源、加快信息传播、促进多方沟通、优化就医流程等方面。

（三）远程医疗平台辅助解决医疗资源分布不均衡问题

我国存在大城市医疗资源聚集，而中小城市医院、社区卫生所和农村诊所都缺乏技术等医疗资源。区域健康医疗信息网络可能在一定程度上缓解这个问题。目前，区域医院信息网络已经在上海和北京实施，并逐步推广到全国其他大城市。远程医疗和远程检测在病人和几百公里之外的医学专家之间建立起全新的联系，可缓解医疗资源的不平衡。

二、医药电商和医疗信息网站辅助解决传统医疗体制弊端

（一）医药电子商务有望突破“医药分开”改革“瓶颈”

中国医药销售的渠道主要集中在公立医院，尤其是对于处方药的销售，公立医院更是处于垄断地位。这个问题也造成了药品生产制造企业与医生、医院之间的灰色利益链条。医药电商平台通过互联网搭建了新的药品销售渠道，给了消费者药品（尤其是非处方药）选购的主导权，消费者开始拥有更多选择、比较和评价药品质量的机会，长期以医院为主渠道的药品销售有望实现突破，互联网平台也在积极参与和探索解决“医药分开”的医疗体制改革“瓶颈”问题。

例如，2015 年 4 月，阿里将天猫平台在线医药业务并入阿里健康，新的阿里健康 App 平台在药品销售方面更加具有方便快捷、随时购买，价格低、优惠多，种类全、可自助查询、比价等特点，比起传统平台，消费者在阿里健康上可以通过上传处方购买处方药，进一步突破了药品销售的传统模式。

对互联网企业而言，目前的医药销售政策仍然存在一些限制。《2014 中国医药互联网发展报告》指出，我国医药产品网络销售目前的政策还有待梳理。截至 2014 年，中国医药政策规定，网上药店只能销售非处方药并需要自行建立配送网络，中

① 此处部分案例和移动互联网平台商业名称借用自中国医药物资协会医药电商分会于 2015 年发布的《2014 中国医药互联网发展报告》。

国的 272 家合法网上药店以药品为主打商品，并且取得良好发展业绩的非常少，目前多以销售保健品、计生用品、隐形眼镜、家用医疗器械等为主。新的互联网药品销售政策《互联网食品药品经营监督管理办法（征求意见稿）》规定包括“可以委托第三方配送”“单体药店可以申请网上交易”“部分处方药业可以网上交易”等有望推动医电商销售进入快速发展阶段。

（二）高速传播的互联网信息提升了对医疗系统的社会监督和舆论影响

通过一些医患沟通网站对医学常识的普及，以及对常见疾病的在线诊断，很多病人通过学习获得了更多医疗常识。同时，信息沟通和数据积累让消费者可以更多地接触不同的治疗方案，并对不同医生、医院的治疗方案有所对比和评价。这种通过互联网搭建起来的即时、有效的信息沟通，在一定程度上实现了医疗活动中医患双方的信息对称，有利于加强对医疗机构的监督，实现医疗过程的信息透明化，加强医患互信和理解，并对预防和监督医疗腐败、建立对全社会医疗服务质量的评价、反馈机制起到积极作用。

三、互联网平台通过整合供应链推动医药流通和健康产业转型升级

（一）直销平台模式推动上游医药供应链的扁平化

中国医药流通供应链存在的问题不仅在下游零售端，也同时存在于上游药品原材料采购、分销和医药生产、批发领域。例如，流通企业数量多、规模小、市场分散、效益低下等。随着各类医药电子商务 B2B、M2B 等直销平台的发展，医药生产企业和流通企业开始通过互联网采购药品原料和分销产成品。互联网平台“去中介化”的特性加速了药品采供供应链的扁平化过程，降低了企业采购成本。

例如，湖北九州通药业公司整合原有医药采购资源和渠道，推动电子商务平台不断转型升级。到 2012 年，集团 12 家二级公司、2 家三级公司全部上线 B2B 系统，公司医药采购批发业务实现了近 11 亿元的销售额。2014 年，九州通平台开始进一步升级医药仓储配送能力，通过互联网进一步打通信息链、融资链、物流链，实现客户的“一站式”采购，并可以直达终端零售网络。

（二）互联网推动健康产业在服务模式和产品开发方面的创新发展

健康产业包括医疗产品、营养保健、医疗器械、康体健身、康复管理、健康咨询等多个与消费者人身健康相关的生产和生活服务领域。互联网对整体健康行业的影响主要体现在服务产品开发和服务模式创新方面。

例如，在健康顾问和健康管理方面，“平安健康管理”“慈云健康 App”等平台都开始推出健康咨询、健康管理功能，平安健康管理平台以“私人健康顾问”和“名医即时在线咨询”为特色，以“一对一”私人医生服务为用户提供就医和日常健康咨询等服务，同时，在帮助用户保持良好生活习惯、积极配合治疗、服药提醒、定制个性化健康方案等方面提供辅助。慈云平台配合实体门店的体检服务，实现用户多方健康数据对接，形成个性化健康档案库，并以评估、干预、改善等监控和提醒服务，在“未病先防”“既病防变”等方面为用户就医提供诊断依据。

又如，在医疗器械方面，与互联网技术密切相关的新的医疗器械产品不断涌现。苹果 Fitbit、小米手环等互联网可穿戴移动医疗设备，能够实现对佩戴者的运动记录、睡眠质量监控、心跳等体征监测等。同时，通过移动社交平台，使用者可以进行运动社交，提升用户完成既定运动计划的监督性和趣味性。

（三）移动互联网推动医疗服务专业化和服务水平提升

医疗行业专业性强，不同疾病类型、不同治疗方案、不同城市区域和不同人群都可能成为一个单独的市场，且医疗行业针对医院、医生、药品销售等存在很多周边和辅助业态，为互联网提升和创新医疗服务提供了广阔的市场空间。总体来看，目前互联网医疗对传统业态的影响还处于起步阶段，正在不断提升医疗服务的专业化水平和服务质量，推动了行业发展。

例如，类似“功夫熊”“点到”这样的上门保健按摩平台，将传统保健按摩服务转变为同城 O2O 上门服务模式，并通过技师培训、统一管理、预约系统、评价系统等不断提高服务水平。一些同类平台（如 ZEEL）还提供细分化的保健服务产品，如针灸、瑜伽、禅宗指压、体能训练、普拉提、营养咨询等服务。

未来，互联网医疗对传统行业的影响会逐步扩展深入，整个行业的想象空间巨大。借助互联网行业的创新，一些医疗健康行业可能逐步突破传统模式下的服务内容、服务方式和政策限制，包含非处方药销售、第三方化验、私人医生和上门出诊服务、社区体检、基因检测服务、可穿戴设备、智慧医疗、跨国医疗中介、健康 O2O 上门等服务的互联网医疗健康行业还在等待新一轮快速发展机遇。

四、互联网推动养老产业向社区化、智慧化转型升级

中国社会正在步入老龄化，养老产业将逐步成为健康医疗产业的重要组成部分。在互联网、移动互联网平台和智能家居设备的推动下，养老行业正在迈向社区化、家庭化和特色化。

（一）互联网支撑了社区养老整体服务解决方案的实现

传统养老产业注重集中养老，通过专业养老机构和设施实现服务，互联网革命为需求信息传送、身体健康监测和社区餐饮服务提供了系统、便捷的解决方案，可以实现对社区独居和“空巢老人”的社区养老、居家养老等本地化、就近服务方案。这些方案包括：以各类智能医疗检测、快速响应上门的方式作为养老疾病监控和养老医疗解决方案；以网上订餐、社区厨房、代理缴费、上门服务等方式作为养老日常生活需求、日间照料、康复护理服务解决方案；以在线交流、平台娱乐等方式作为老年社交、娱乐解决方案。在互联网支撑下的社区养老解决方案，缓解了集中养老资源不足、建设滞后等问题。

例如，“安康通”推出个人手机健康管理系统平台，可以让子女和亲属随时获得老人的血压、血糖、心率等健康数据，其内置的紧急呼叫中心可以在老人遇到跌倒、疾病、意外等突发状况时，一键呼入获得援助。平台还设计了户外定位和援助支持服务，基本实现居家养老的安全保障。

（二）互联网推动养老产品多元化、服务质量提升和产业升级

随着中国老龄人口高峰的到来，“银发经济”已经成为社会关注的重点。互联网正在辅助养老产业实现服务产品多样化、服务模式多样化和服务质量提升，从而推动养老产业的业态变革和产业升级。

首先，互联网在推动传统养老院等设施的智能化和信息化水平，视频监控系统、个人健康档案管理、定位跟踪系统等在辅助老人的日常生活、护理、疾病监测等方面提供了有效的解决方案，降低了人力资源负担，更好地保证了老人的健康，提升了集中养老的服务水平。例如“金太阳”集中养老服务中心的发展。

其次，养老产业相关的养老产品制造、养老地产、养老社区服务、老年社交、老年教育、老年旅游等产品和服务业态，本身都在受到互联网发展的影响，其服务产品、服务模式、面市渠道、盈利和投融资模式都在互联网革命的推动下不断地系统化、多元化。

第四节　互联网对教育业态的影响

在互联网时代，作为产业和基本公共服务的教育行业也在经历着革命性变化。目前这种影响还处于起步阶段，未来互联网对传统教育的影响可能体现在更多方面，

有可能成为人类信息革命进一步深入和加速的助推器。本节简要分析当前互联网对教育行业的影响。

一、互联网进一步提升了教育的均等性、普遍性和知识传播效率

互联网教育可以更广泛地促进知识传播，通过互联网渠道，很多高质量的知识、观点得以在全球范围分享，知识的传播效率得以大幅提升。由于盈利模式可以多元化，很多互联网还通过免费教育的方式传播优质课程资源，并实现 7 ×24 小时实时同步获得，让过去很难获得优质教育资源的地区也可以低成本、便利化地获取资源，极大地推进了教育的均等性和普遍性。目前免费课程平台有网易公开课、TED 等。

二、互联网在内容、模式上推动了教育的专业化和高效化

在教育内容方面，不仅仅标准化的知识内容在通过互联网平台快速扩展受众，点对点的个性化教育也在逐步与互联网深度结合，面向定制化课程、定制化咨询、高端教育培训、长尾学习需求的互联网教育培训和咨询行业正在不断发展。对于不同客户需求，教育内容正在不断扩展。例如，面向基础教育的 K12 在线辅助教育平台；面向专业实际需求的教育如英语教育、职业教育、专业领域咨询等；面向生活休闲领域的健康辅导、心理辅导等也在通过互联网寻求市场突破点。

在教育模式上，互联网平台型的教育方式分为如下几种：第一，传统网校模式，即利用购买账号，在线学习的形式，接受教育甚至获得学位。如目前各大高校开设的远程课程、新东方在线教育等。第二，单独课程销售模式。如慕课（MOOC）可选教育课程模式。第三，课程参考书目和资料服务，如腾讯课堂、猿题库、梯子网、YY 等，为消费者提供教育辅导。第四，直营 O2O 模式，如翻转课堂将标准课程放在线上，将作业和讨论内容放在线下实现；“跟谁学”集教师详细信息、教师评价体系、师生互动以及团购定制等于一身，除了提供线上授课外，还有老师上门、学生上门或者老师和学生协商地址辅导等线下模式。第五，流量和代理服务商模式，一般是把需要服务的人导流给培训机构或培训教师，实现供需匹配，如百度教育、淘宝同学等。

互联网教育在教育内容和教育模式的创新和发展，对推动教育的专业化、应用化以及提升教育效果等方面具有积极作用。一方面，互联网教育更容易调动多媒体教学，实现课程质量提升以及课程内容及时更新；另一方面，互联网也更容易实现教学效果评估，由于互联网平台可以轻松地实现听课者对课程进行评价，基于质量

的课程评价和购买定价差异化体系更容易建立。这也推动了互联网教育的应用性，一些与实际脱节的低劣课程将更快地失去客户。

未来，随着互联网在教育领域的应用水平提升，互联网教育的高效性还将体现在教育的反向定制化和精准化。更加细分领域的知识可以由专业的从业者或市场选择的更适合的人进行讲授，受教育者的大数据本身也可以帮助他们制定更加科学高效的定制化课程安排。

三、互联网推动了社会教育向碎片化和终身学习转变

从个人教育和学习成长的视角，互联网一方面通过现代科技提升了实时教育、碎片化教育、随时化知识传播的能力；另一方面也引发社会信息爆炸，使终身学习成为未来社会人群必需的教育模式和生活方式，这将是互联网引发传统教育变革，更新传统教育理念和模式的重要方面。

碎片化教育和终身学习实际上体现了以受教育者为核心的教育模式，实现了受教育者的系统化、精准化和碎片化相结合的终身学习模式。在互联网教育模式下，信息反馈的便利性将推动教育向“一切以学生为中心”和“教育质量和效果第一”转化，根据学生个体发展所需的个性化教育体系将进一步发展，教育资源能够更加容易地获得，未来每个人也可能都将自觉不自觉地参与终身教育，除了系统化学习通识教育之外，更加实时化的专业教育有可能通过互联网快速、精准获得。加上共享经济在教育领域的应用，每个人在自身的专业领域都能提供有借鉴的观点，这些观点会迅速获得传播和反馈。每个人的知识体系都将不得不实时更新，从而需要终身学习。

（撰稿人：焦志伦　南开大学经济与社会发展研究院讲师）

第十章　互联网革命对中国制造业业态的影响

李克强总理在2015年人代会所做的《政府工作报告》中，第一次提出“互联网+”行动计划，包括“推动移动互联网、云计算、大数据、物联网等与现代制造业结合”，由此标志着我国进入通过互联网实现制造业转型升级的新时期。5月，国务院发布《中国制造2025》明确指出“深化互联网在制造领域的应用”；7月，国务院印发《积极推进“互联网+”行动的指导意见》，提出了包含“‘互联网+’协同制造”在内的11项重点行动，其中提到“推动互联网与制造业融合，提升制造业数字化网络化智能化水平，加强产业链协作，发展基于互联网的协同制造新模式”。通过推进互联网在制造业中的应用，必将对我国制造业生产方式、商业模式、价值链和管理方式等产生巨大而深刻的影响，进而促进我国制造业转型升级和国际竞争力的提升。

第一节　互联网对制造业生产方式的影响

制造业生产方式主要包括制造业产品的生产制造方式、技术作用方式和劳动者组合形式等。在互联网革命时代，互联网对制造业生产方式的影响与创新主要体现在促使制造业实现大规模个性化定制、数字化网络化智能化发展、对制造业人力资源生产方式产生重要影响等。

一、互联网促使制造业实现大规模个性化定制

在互联网时代，传统的以大规模生产为主要特征、以降低生产成本为主要目的的制造业生产方式，已经越来越无法满足日趋个性化、社会化的消费需求，而被大规模个性化定制生产方式所取代。大规模个性化定制是集企业、客户、供应商、员工和环境于一体的综合制造方式，它基于系统制造、整体优化的思想与观点，将制造企业的相关资源综合利用，发挥最大的效用；同时利用信息技术、先进制造技术、

标准技术等现代技术的支持，同时实现大批量生产和个性化定制，发挥规模经济的低成本优势，保持现代制造的高质量和效率的生产方式。《中国制造2025》明确指出要“发展基于互联网的个性化定制新型制造模式”。互联网技术和互联网平台为制造业实现大规模个性化定制提供了有力的技术和平台支撑。

（一）互联网改进设计研发方式实现大规模个性化定制

制造企业的设计、研发环节属于微笑曲线的高端。在这些环节，通过应用互联网信息技术加以整合、协调，特别是通过互联网将消费者对产品的特殊需求信息及时反馈传递到制造企业的研发、设计部门，甚至使消费者直接参与进制造业研发、设计过程中，生产出直接满足消费者个性化需求的产品，进而实现大规模的个性化定制。依靠互联网，有利于突破智能设计与仿真方面的核心技术，如制造物联网、工业大数据等；同时，重视高端工业平台和重点领域应用软件的自主研发与创新，力争形成具有完善的安全测评体系与工业软件集成标准，为大规模定制提供高效的技术支撑。例如，奥迪开设了虚拟实验室，把汽车设计的权利交给客户；Ducati摩托车的客户可以通过公司网站设计新型摩托车；宜家通过举办“天才设计”大赛，吸引顾客参加多媒体家居方案的设计，并将获奖的作品投入生产和市场。①

（二）互联网改造提升生产制造环节实现大规模个性化定制

制造环节既是传统制造业生产过程的中心环节，也是大规模生产制造的基本环节。在工业经济时代，制造业通行的生产方式是大规模制造和流水线生产，其主要目的是发挥规模经济效应，降低制造业生产成本，提高制造企业利润水平，以此强化制造业竞争力。但随着市场需求环境的变化，这种以生产流水线为主要特征的统一化生产制造方式已越来越难以满足消费者个性化的实际需求。如今，消费者个性化、差异性的消费越来越突出，按照统一规格生产出的产品已难以满足消费者多样化的市场需求。借助日益发展的互联网技术，传统集中式大规模生产方式将逐步发展为小规模、分散型、定制化生产模式，并进而发展为大规模定制化生产方式。在继续保障规模经济的条件下，大规模定制化生产方式能够通过定制化生产，满足消费者日益个性化、差异化和时尚性市场需求。借助互联网，制造企业能够建立所有生产要素协调配置的网络平台和系统，实现对各种生产要素的集中使用和有效配置，在保证规模经济降低成本的要求下，最大限度地满足个性化市场需求。例如，宝钢

---

① 王花蕾．论制造业的网络化转型［J］．开放导报，2014（2）：23－25.

股份注册资本20亿元，与集团共建欧冶云商平台。宝钢借助互联网技术、信息化技术，及时发现汽车厂的订单，把汽车厂的冲压车间变成钢厂的生产末端来进行管理，通过用户的新接订单来决定要生产什么钢材。[①]

（三）互联网促进增材制造实现大规模个性化定制

增材制造技术是以数字模型为基础，将材料逐层堆积制造出实体物品的新兴制造技术。从技术类型来看，它是信息网络技术与先进材料技术、数字制造技术的紧密结合。伴随着互联网和新一代信息网络技术的应用，目前增材制造已与信息技术深度融合，并逐步向产业化应用发展，对实现大规模定制化生产具有重要作用。

3D打印是当今最重要也是应用最为广泛的增材制造技术，运用可黏合材料，如粉末状塑料或金属，以数字模型作为基础，使用逐层打印的方式，进而快速成型的制造技术。作为一种增材制造方式，3D打印能够一次性制造任意复杂的零部件，且不需要任何模具或加工，根据计算机图形制造出相关零件，计算机软件会操控一切生产过程，通过运用电脑软件自己设计图形或免费使用、修改网上开源的设计方案。3D打印从产品的开发设计到终端销售到客户服务，做全流程的在线化、互动化、联网化，实时响应用户需求。不同产品的生产同样是只修改设计方案软件即可满足客户精细化、个性化的需求，软件可以定义硬件，整个系统将更加智能，联网更加紧密，不同组件之间可以相互沟通，生产高度灵活，能够以大批量生产的成本生产少量的产品，从而更好地满足顾客对产品个性化、多样化的需求。例如，2013年，3D打印制造商Stratasys与Makerbot签订了合并协议，Makerbot以换股方式与Stratasys合并。3D打印争夺的市场对象是小型桌面用户，包括艺术节展示、DIY创意电子产品、教学模具或学生的创意、创造产品模型等。[②] 目前，国内3D打印在航空、高精制造领域应用成果明显，但是尚未大规模应用。

目前，世界主要发达国家都将3D打印作为新的经济增长点，制定了相关的国家战略及其详细的推进措施，力求抢占3D打印发展的制高点。2015年2月，我国工业和信息化部、国家发展和改革委、财政部联合印发《国家增材制造产业发展推进计划（2015—2016年）》的通知，也将发展增材制造作为加快转变经济发展方式、促进产业提质增效升级的重要措施，并明确提出了我国增材制造发展的目标、重点

---

① 新华网．各路资本“堆出”上百家钢铁电商 火爆背后已显痛点［EB/OL］．http：//news. xinhuanet. com/2015-04/30/c_ 1115143050. htm，2015-04-30.

② 中国行业研究网．我国3D打印即将向互联网进军［EB/OL］．http：//www. chinairn. com/news/20130723/164535226. html，2013-07-23.

及具体推进计划。

二、互联网促使制造业数字化、网络化、智能化发展

《中国制造2025》明确指出要“促进制造业数字化、网络化、智能化，走创新驱动的发展道路”。智能化、数字化和网络化将是我国制造业今后发展的基本方向。而制造业数字化、网络化、智能化的实现，从根本上依赖互联网以及智能制造技术、信息物理系统、工业云平台等先进技术。

（一）互联网为网络化制造提供有效平台

网络化制造是指通过采用先进的网络技术、制造技术以及其他相关技术，构建面向制造企业特定需求的基于网络的制造系统，并在系统的支持下，突破空间对制造企业生产经营范围和方式的约束，开展覆盖产品全生命周期或部分环节的业务活动，通过企业之间的协同制造，充分发挥各种资源的价值，以集成、共享的方式，实现制造生产的高质、高速、低成本。借助互联网、大数据、云计算等新一代信息技术的支撑，我国制造业可通过建立制造企业与客户之间的互动关系，形成客户与客户之间的交流平台，升级制造企业之间的合作模式等，实现网络化制造。

1. 互联网建立制造企业与客户之间的互动关系

通过工业大数据等互联网平台，可以在制造企业与客户之间建立起有效的双向交流机制，进而在以下三个方面影响制造业的生产过程：第一，制造企业与客户的双向交流机制帮助制造企业实现个性化制造。全球各地的客户都可随时尝试购买一个制造企业的产品和服务，客户直接按照自身需求向制造企业提出要求，而制造企业则利用互联网根据不同客户的需要提供个性化服务。对于制造企业来说，通过这种制造方式可以及时了解顾客的各种信息，为制造企业的经营决策提供依据，由此降低了制造企业的决策风险，保持了制造企业与上游供应商和下游分销商之间的良好沟通，能极大地提升客户的满意度。例如，美的集团宣布未来5年投资150亿元实现由传统家电制造商向“智慧家电创造商”的战略转变，把互联网技术应用到商用空调领域服务，实现了对客户产品的实时监控，并建立良好的用户交流机制，重视用户对产品的评价，实现依靠客户需求完善自身产品。①

第二，制造企业与客户的双向交流机制可以帮助制造企业提供更好的售后服务。

① e行网．未来中国制造的两大引擎：智能制造+互联网经济［EB/OL］．http：//www.cio.com.cn/ey-an/394820.html，2015-03-09.

互联网促使制造企业引入更先进的客户服务系统，从而提升客户服务。制造企业与消费者之间在网上可以进行即时互动式沟通，及时了解用户对产品的使用情况，这有助于制造企业提高售后服务水平，提高客户的满意程度，保持双方的密切关系。此外，制造企业利用这种系统获取并分析与客户所有的交往历史，从整个制造企业的角度认识客户，反过来从售后服务中，进一步总结产品的提升空间，从而在其后的生产中，更好地把握客户实际需求。例如，目前家电成为互联网应用较为典型的行业，家电联网后形成的居家环境被称为“智能家居”，国际上已有多家企业投资于该领域，如韩国 LG、三星、德国西门子等。通过建立与客户的交流机制，家居企业明确了客户的实际需求，并有针对性地进行研发，提供新的产品，如消费者可以通过手机短信向电冰箱、洗衣机或吸尘机器人等发送指令，进行远程开关家中的电器、门禁等，有效地提高了用户满意度。①

第三，制造企业与客户的双向交流机制可以帮助制造业有效预测未来的消费趋势和市场动态。借助于先进的互联网、大数据等信息技术以及相对完备的客户关系管理系统，制造企业不仅能够准确分析、预测客户的需求，而且还能准确地把握客户的需求和市场发展趋势，从而做出正确的经营决策，有效提高客户的忠诚度，维持足量的市场需求。例如，在电子商务的基础上，制造企业可以建立客户智能管理系统，用于收集和分析市场、销售、服务和整个制造企业的各类信息，对客户进行360 度的全方位了解，进而对客户的未来需求做出有效预测，提前生产相关产品。美国 XO 通信公司，通过 IBM SPSS 的预测分析功能，充分地预测客户行为，发掘客户潜在需求，有针对性地对自身的产品和服务进行改善，进而将其客户流失率降低了一半，收到了良好的成效。②

2. 互联网助推制造企业升级合作模式，实现更有效的合作

借助工业大数据、工业互联网平台，制造企业不仅可以实现与单个制造企业的点对点链接，而且能够通过建立整个制造行业的资源高功能共享平台，实现与平台内部所有制造企业的有效对接，从而整合所有参与制造企业的技术、资金等要素资源，增加合作的广度和深度。在互联网平台中，各参与制造企业为了能够长期从平台中获得利益，会维护自身良好信誉，主动维护整个信息平台，从而形成较为稳定

① 凤凰财经网．互联网 + 家电潮袭来 智能家居从概念走向现实［EB/OL］．http：//finance. ifeng. com/a/20150313/13550403_ 0. shtml，2015 - 03 - 13.

② 36 大数据网．大数据分析与应用案例介绍［EB/OL］．http：//www. 36dsj. com/archives/7232，2014 - 04 - 07.

的全面合作模式，逐步形成制造企业价值网络，实现行业系统流程的优化和合作制造企业的共同发展。需要指出的是，在点对点链接的基础上构建的制造行业合作信息平台，平台内诸多互联网资源在制造企业之间的流动，并不存在先后顺序，而且不存在消耗减少的问题，能够持续地供给所有的参与企业连续使用。与此同时，互联网平台具有“规模经济”的特点，参与的制造企业越多，合作信息平台越完善，越能准确反映整个行业的实际需求动态及其变化，从而参与合作的制造企业将得到更大的效用，体现出一种合作规模经济的特征。西班牙 Telefonica Digital 全球总监帕文·马修（Pavan Mathew）和 Machina Research 都预测：互联网连接将成为未来汽车的标配，到 2020 年 90% 的汽车将具备互联网接入功能。①

3. 互联网实现制造企业内部信息互通和网络化协同

借助互联网与网络信息技术，可以实现企业内部与企业之间的信息互联与共享利用。首先，利用制造企业内部的互联网系统，实现制造企业内部信息的相互沟通，并进行全面、系统的信息加工、整合；其次，将制造企业信息系统与客户信息系统相接，获得客户的最新需求信息；再次，根据客户的需求信息，对制造企业的供应链、价值链等进行有针对性的改造与升级，优化制造企业内部管理机制；最后，将综合客户及自身信息的内部管理机制应用于生产、运营中，全面提升制造企业生产、销售等各环节，最终提升制造企业核心竞争力。例如，西门子采用 Teradata 统一数据架构优化服务流程，利用这个平台进行综合的整合、开发与测试，很好地适应了当前客户需求日趋复杂的趋势，使得公司的战略规划和运营流程更加符合客户需求。②

4. 众筹等多种融资方式促进制造业创新发展

作为现有融资工具的补充，众筹是初创制造企业获取投资的一种新方式，它是一种网络化融资方式，因而也属于企业网络化发展的重要方面。它通过集合希望获得某项产品的众人之力，帮助实现产品的诞生。以众筹的方式，通过网络上的平台联结起制造业的赞助者与提案者，利用群众募资支持各种活动，包含创业募资、自由软件、设计发明、科学研究等。与传统融资方式不同，众筹不依赖数目很少的大型制造企业或机构，而是集聚众人之力实现大众融资。互联网的出现，使得以极低

---

① 王花蕾．论制造业的网络化转型［J］．开放导报，2014（2）：23－25.

② 通信市场网．西门子依赖 Teradata 架构实现大数据分析工业化［EB/OL］．http：//www. ctm. com. cn/Article/ShowArticle. asp？newsid＝3605，2014－05－237.

成本将无论身处何处的志同道合的人集中在一起成为可能。例如，2009 年在美国成立的 Kickstarter，通过网络平台面对公众募集小额资金，让有创造力的人有可能获得他们所需要的资金，以便使他们的梦想实现。可见，众筹很有可能会成为建立和发展新制造企业的重要融资工具之一，并成为推动产业发展的新引擎。[①] 在国内，海尔的开放创新平台——海立方，采取的就是众筹发展模式。有创意的人可以在这个平台上发起项目，消费者可以对项目进行点评，认可各项目可以预付较少费用，将此费用作为项目的研发，同时作为预付款，待产品上线时可以获得相应的优惠。[②]

（二）互联网为数字化制造提供有力支撑

数字化制造分为狭义和广义两个方面。具体来说，狭义的数字化制造是指在产品的制造过程中运用了相关的数字化技术，利用数字模型、信息处理等多种方式，在提高质量的同时提升制造效率，降低生产成本的制造过程。广义的数字化制造是指在制造产品的整个生命周期过程中，运用数字化技术对其某一或部分环节进行改进，进而实现效率、质量的提升，是成本下降和市场反应灵敏的一系列活动的总称。在互联网时代，信息物理系统、制造云平台等是推进数字制造的有效工具和平台。

1. 信息物理系统（Cyber Physical Systems，CPS）有效促进制造业数字化发展

信息物理系统是指集计算、通信与控制于一体，通过人机交互接口实现计算进程与物理进程有效融合，进而以协作、安全、实时、远程的方式操控物理实体的智能系统。借助物联网和服务网，制造企业可将生产过程中涉及的机器、存储系统、生产设施等都融入信息物理系统之中，构建起数字化物理网络系统，有效实现制造业与服务业的融合。从制造过程来看，通过智能机器、存储系统等方面的处理，对制造企业的生产、销售、物流和服务等各个环节，都形成有效的端到端集成，进而实现信息交换、动作触发和动作控制等目的，使得制造企业的制造、工程、材料、供应链诸多环节得到有效控制与管理。信息物理系统具有良好的自组织网络，能够根据业务过程的不同方面，实时进行动态配置，对整个制造链条进行连续“微调”，保证了制造流程具有高度的灵活性，能更有效地保持供需的平衡。例如，北京兰光创新科技有限公司开发出国内领先的“设备自动化 + 管理信息化”智能工厂信息系统——兰光智能工厂。兰光智能工厂本着总体规划、分步实施的原则，借鉴精益生

① CIO 时代网．互联网新变革与制造业发展［EB/OL］．http：//www. ciotimes. com/industry/qt/91863. html，2014 - 04 - 16.

② 王花蕾．论制造业的网络化转型［J］．开放导报，2014（2）：23 - 25.

产的先进理念，结合中国制造的实际情况，以丹麦的先进技术为基础，建立了有效的数控设备机床联网，进而构建了全模块、高集成、全透明、整体协同的智能工厂管理系统。①

2. 通过互联网构筑云平台推进数字化制造的实现

互联网技术的应用和推广，将从诸多方面推进制造业云平台的建立，从而促进制造业数字化生产方式的实现。第一，建立针对大型制造企业研发设计的数字化服务平台。利用该平台，能够为大型制造企业提供全面的信息技术，整合整个大型企业制造与平台的所有资源，同时结合整个平台积累的客户需求，为单个企业提供集合整个平台经验与技术的相关计算、软件和数据资源，同时提供多种产品研制服务，如虚拟验证、性能分析、学科优化等，显著增强整个平台内企业的研发、创新能力。

第二，建立区域性资源数字化共享平台。作为世界制造工厂，中国的制造加工资源非常丰富，但是目前整体的利用效率并不高，没有很好地发挥制造平台的作用。因此，应该充分利用先进的信息技术、物联网、RFID 等，在区域层面建立数字化加工资源共享与服务平台，在区域范围内实现资源的高效共享与优化配置，促进区域制造业整体的发展水平。例如，奥达集团借助 IBM 咨询服务平台，搭建了云平台。利用该云平台，奥达集团通过业务分析与洞察，为入驻的企业用户提供数据分析洞察，帮助企业分析客户需求，从而助力产品供应及销售决策，将做到按需生产，按需供应，打造以客户为中心，需求驱动的商业价值链。②

第三，建立服务于中小制造企业的数字化云平台。互联网的开放性特点，使得其在中小企业服务方面具有显著的优势。通过中小制造企业数字化公共服务平台，不仅可以实现相关数据的搜集、整合，为中小制造企业的设计、工艺、制造、采购和营销等环节提供有效的资源，同时还能集合中小企业的整个创造能力，为中小制造企业实现协同创新提供良好的平台。目前，我国正在积极推进中小企业云制造平台项目，它是我国 863 重大/主题项目，项目名称：云制造服务平台关键技术研究。项目旨在为中小制造型企业提供免费的云计算服务，力求突破支持制造资源服务化、制造能力服务化、制造过程个性化等所需的关键技术，研发支持产业集群协作的中小企业云制造服务平台，依托实体化的产业联盟，培育具有商业化运作能力的制造

---

① 北京兰光创新科技有限公司官方网站［EB/OL］. http：//lgcx. com/products/pro_ dig. asp？ articleid = 777.

② 赛迪网. IBM 助奥达整合西部出版业带动“智慧西北”建设［EB/OL］. http：//www. ccidnet. com/2013/0716/5065673. shtml，2013 - 07 - 16.

服务平台运营商。

3. “互联网 + 机器人”是实现制造业数字化的重要途径

机器人作为《中国制造 2025》中提出的我国智能制造重点发展的领域，也将是在互联网条件下推进我国制造业数字化的重要工具。“互联网 + 机器人”将成为我国制造业数字化的重要模式。第一，先进的互联网技术，本身可以进一步装备机器人，使得当前机器人更加数字化。第二，互联网平台有利于我国加强对国际先进机器人技术的跟踪研究，进而突破相关的关键核心技术、工艺。第三，互联网能够产生新的机器人销售模式，它不再以最终用户为中心，而是以集成商为中心，降低采购成本，缩短生产环节，提高用户满意度。我国制造业目前正在大力推进“机器换人”，根本目的即是提高企业产品质量和生产效率，同时节省大量劳动力。“机器换人”主要通过两种途径来实现：一是对原有生产设备进行数字化、网络化、智能化改造；二是广泛采用工业机器人。广东东莞是目前国内工业机器人发展的“重镇”，正通过五大措施，积极推进机器人的相关研发和应用。五大措施分别是指推动机器人产业开放发展；搭建机器人产业服务平台；创新机器人产业发展模式；鼓励探索开展机器人融资租赁业务等；探索设立机器人产业基金加大装备首台（套）政策支持力度。①

（三）互联网开辟智能制造新时代

智能制造是一种由智能机器和人类体验专家共同组成的人机一体化系统，它突出了在制造诸环节中，以一种高度柔性与集成的方式，借助计算机模拟的人类专家的智能活动，进行分析、判断、推理、构思和决策，取代或延伸制造环境中人的部分脑力劳动；同时，收集、存储、完善、共享、继承和发展人类专家的制造智能。在互联网时代，智能制造将成为制造业生产方式的基本形态。在互联网作用下的智能制造主要通过以下三条途径加以实现：第一，互联网助推智能工厂实现横向及纵向集成。互联网能够帮助制造企业实现向智能工厂转型，同时帮助制造业对复杂事务进行管理，提升自身生产制造水平，实现横向和纵向两个层面的集成。其中，横向集成是指 IT 系统将单个制造企业的制造过程链接起来，包括生产、物流、营销等各环节，实现其资源的有效利用；纵向集成提供了端到端继承的方案，将各不同层面的 IT 系统集合在一起。例如，微软（亚洲）互联网工程院与易信达成合作，“小

① 中国测控网．“机器人 + 互联网”数字化生产方式改变制造业［EB/OL］. http://www.ck365.cn/news/8/36288.html，2014 - 12 - 29.

冰”机器人不仅能够为易信用户提供更多趣味聊天等基础服务，而且双方还将在人工智能、移动互联网等领域展开更为深入的合作。①

第二，互联网保障智能产品实现全程控制。《中国制造 2025》明确提出要“培育智能监测、远程诊断管理、全产业链追溯等工业互联网新应用”。智能制造将是我国制造业发展的重点。智能产品具有独特的可识别性，可在任何时候被分辨出来。当智能产品在被制造时，对整个制造过程进行全面的记录，因而智能产品具有半自主的控制能力，能够对其各个阶段进行半自主控制。智能产品自身能够调整其制造过程，同时确认自身的耗损程度，保证在各个阶段都能够处于最优状态。例如，中国飞鹤乳业与 IBM、汉端科技合作，借助 IBM 超前的大数据分析能力，配合汉端科技在商业智能领域丰富的行业经验，飞鹤乳业实现了可追溯与数字化管理，顺利实现了数字化、透明化、服务化的转型升级，有效保证了飞鹤乳业乳制品加工过程的全程控制。②

第三，互联网平台通过智能制造将大大提升制造过程的安全性。基于互联网平台的信息物理系统，包括制造系统的全部要素，如人力资源、自动化机器等，并对产品安全性提出了多项应对措施，如集成的安保战略、架构和标准，产品、工艺和机器身份识别的独特性和安全性。同时，互联网能够提供制造全程安全解决方案，确定制造管理方面的安保，确保产品在各个制造环节的质量水平，从而保证产品整个制造过程的安全性。例如，在汽车保险杠生产中，宝马兰茨胡特工厂启用非接触式手势识别系统，为智能人机交互提供范例。通这种手势识别系统，使得在保险杠的检验过程中对检验部位进行全面检验和数据记录，从而提高质量控制的效果，进而保证生产的全程安全性。③

三、互联网对制造业劳动者生产、生活方式产生深刻影响

（一）互联网大大解放了制造业管理者、生产者的脑力

互联网技术及平台的运用和普及，从根本上转变了制造业工作方式。对于制造

---

① 新浪科技网．微软“小冰”机器人与易信达成合作［EB/OL］．http：//tech. sina. com. cn/i/ 2014－06－07/16289423255. shtml，2014－07－07.

② 中国产业信息网．助飞鹤乳业 IBM 利用大数据打造可追溯体系［EB/OL］．http：//www. cnii. com. cn/industry/2015－01/20/content_ 1518959. htm，2015－01－20.

③ 中国信息产业网．将虚拟手势识别应用于产品质量检测宝马跨入工业 4.0 时代［EB/OL］．https：//www. baidu. com/link？ url ＝ ABNhxsd8DdOnSPZgu18gqc72vYAVKo7mfgj0pqEw － HuiXwHgvQfEQJ8X ZNS8 － jqievQaqou5eiLQuCyfhO7YlEGUF8v48N9l0jAwLTSwB33&wd＝&eqid＝e9754e430008ce590000000355f4d576，3014－07－04.

业管理者来说，利用制造企业内部的互联网信息管理平台，能够适应更加扁平的组织结构和更加紧密的部门合作，能够将相关信息快速、及时、全覆盖地传达给每一位员工，由此将显著提升工作效率，节约劳动时间和精力。另外，利用互联网，能够建立管理者与劳动者更加多元化的交流机制，甚至通过微信等与员工形成有效的交流，更加便捷地和企业相关人员建立联系。通过互联网解放制造业生产者、管理者的脑力，使得制造企业的管理者可以拿出更多释放出新的潜力，从事那些更具创新性的活动。

对于制造业劳动者来说，通过互联网平台构筑有效的协作方式，通过虚拟、移动的制造方式进行生产制造。在工作中，员工可以通过智能辅助系统，根据生产制造过程中的具体环境，对生产目标进行有效控制、调节和配置。智能辅助系统成功地将工人从制造过程中解放出来，从而能够以更多的时间与精力专注于创新、增值等更有附加值的工作活动。另外，产品的研发和设计等环节可以借助互联网化实行"众包"① 形式进行，使得世界各地的网民都有可能参与本企业的生产活动，成为企业弹性化、网络化、自由化形式的外围员工，并且是从事创新设计的企业员工。例如，T 恤衫设计网站让顾客进行设计、确定产量，并负责市场推广、促销以及销售工作，将生产外包，自己只提供一个平台，而不用做各环节的具体工作。②

（二）互联网有效实现了制造业劳动者的"工作—生活"平衡

互联网技术为员工提供了智能辅助系统，使得员工能够运用更加友好、全新的界面协助工作，同时还提供了全面的业务培训和职业发展，为员工的长远发展提供更有效的支持。在互联网创造的更加灵活的工作组织中，员工能够将工作与生活更好地结合起来，实现二者之间更高质量的平衡，并有利于从事更加富有创造性的工作。例如，在办公地点的灵活化方面，据英国国家统计局最新调查数据显示，2014 年第一季度，在家办公的英国上班族人数呈上升趋势，每天约有 420 万人在家办公，约占英国劳动力总数的 14%，正逐渐成为英国的一种流行趋势。③ 通过这种方式，不仅有效缓解了城市交通等公共服务方面的压力，通过自由职业创造了更多就业机会，而且员工的工作方式更具弹性，有更多的时间来照顾家庭，从而在更高水平上

---

① 众包是指把传统上由内部员工或外部承包商所做的研发或设计工作外包给一个大型的、没有清晰界限的群体去完成的做法。未来，大众将很可能承担起长期以来由企业负责的生产工作，或者企业将一些工作和任务放开身份限制，让大众参与完成。

② 王花蕾. 论制造业的网络化转型［J］. 开放导报，2014（2）：23-25.

③ 新浪网. 英国国家统计局：每天约有 420 万人在家办公［EB/OL］. http://gd.sina.com.cn/zh/jiankang/2014-06-24/15015751.html，2014-06-24.

实现“工作—生活”的平衡发展。

（三）互联网对制造业管理者、劳动者提出更高的要求

对于制造业管理者来说，互联网在扩大管理范围、提高管理效率、方便管理方式的同时，也对其提出了更高的要求。首先，制造企业管理者要深度融入互联网时代，自身首先要较熟练地掌握互联网应用技术，掌控操作制造企业互联网平台。其次，如何利用网络“人脉”变得更加重要。管理者应充分发挥网络的外部性优势，提升网络人脉的影响力，特别是通过建立自身乃至所在企业的良好声誉，以吸引更多潜在网络合作者加入网络平台，进行更好的合作。最后，要善于组建各种跨国、跨文化的合作团队。网络经济是一种共享经济、团队经济，企业管理者要具有宽广的视野和多文化素养，组建跨国或跨文化发展团队，从事大范围的共享经济。

在互联网时代，劳动力结构的调整、优化势在必行。传统工业经济时代的那种过多依赖低端产业、低成本劳动力的劳动密集型制造企业必将向智能密集、技术密集型制造企业转变，这同样对劳动者的素质和技术技能提出了更高的要求，具体而言，就是不仅要熟练掌握本行业的一般性操作，同时要善于学习，还要全面掌握企业的信息网络平台及技术的应用。例如，领英平台挖掘出了 2014 年 25 个最热门技能，其中 12 个与互联网相关，排名第 1 的更是“统计分析与数据挖掘”。但是，数据型人才的培养成本、培养难度同样很高，这也正是人才十分紧缺的重要原因之一。①

四、典型案例

（一）个性化定制的“红领模式”

红领集团成立于 1995 年，主营高端服装、服饰系列产品，是处于我国纺织行业前沿的大型民营服装制造企业集团。自 2003 年以来，红领集团以其西装生产为试验室，将大数据、互联网等先进技术运用到生产中。经过 12 年的积累，形成了独特的“红领模式”：充分运用大数据等先进信息技术，运用互联网思维创新自身的经营理念，保证西装工业化流水线生产的个性化，满足全球消费者的需求；同时，利用互联网平台建立订单提交、设计打样、生产制造、物流交付一体化体系，创新电子商务零售 C2M + O2O 模式，实现规模化生产下个性化定制的互联网工业新模式。

---

① 新京报网．互联网 + 时代，有什么技能才算人才？［EB/OL］．http：//www. bjnews. com. cn/feature/2015/04/27/361414. html，2015 - 04 - 27.

1. 运用大数据等技术实现个性定制规模生产

红领运用“大数据、云计算、智能化”，创新生产组织方式，打造了大数据支撑下的定制平台。该平台基于三维信息化模型，以订单信息流为核心线索，在组织节点进行工艺分解和任务分解，并以基于物联网技术的数据传感器，将各个环节的相关信息都收集起来，同时将相关信息反馈至中央决策系统，通过全程数据驱动，使传统生产线与信息化深度融合，实现了以流水线的生产模式制造个性化产品。

2. 运用物联网技术实现生产集成

红领集团的网络设计、下单、定制等环节全部实行数字化。每一件定制产品都有其专属芯片，该芯片全流程向生产流水线和供应链传达指令，流水线上各工序员工根据芯片指令完成制作。所有员工可以读取相关制作标准，快速、准确地制定个性化生产工艺，确保每件定制产品高质高效地制作完成。每一道工序、每一个环节，都可在线实时监控。通过全程数据驱动，以流水线的生产模式制造个性化产品。

3. 运用3D打印逻辑实现数字化工厂柔性生产模式

红领将3D打印逻辑思维创造性地运用到工厂的生产实践中，整个制造企业类似一台数字化大工业3D打印机，全程数据驱动。所有信息、指令、语言、流程等都转换成计算机语言。客户需求提交后，在后台形成数字模型，数据流贯穿设计、生产、营销、配送、管理的全过程，整个制造企业的全部业务流程，都以数据驱动，员工从平台上获取数据、在网络上工作；数据在流动中，无须人工转换、纸制传递，确保来自全球订单的数据零时差、零失误率准确传递。全过程做到了精准、高效、有序，自动完成个性化产品的设计与制造，把各种需求数据转变成个性化产品。

（二）德盛机械的云端智能化生产

青岛德盛机械制造有限公司主要研制摩托车曲轴、整体多缸曲轴、压缩机曲轴等多种精密轴类部件，年生产能力达500万套，产品供应美国哈雷、德国宝马、日本本田等国内外著名制造企业，被誉为“中国最好的发动机曲轴制造企业”。德盛机械制造有限公司走过了约30年的信息化发展历程，使制造企业在管理信息化和生产智能化方面取得了领先于国内同行业5年以上的骄人业绩。

1. 构建特色云平台支撑的智慧工厂

第一，建立大数据分析平台。随着CAD/CAE/CAM，PLM/制造企业一体化管理，CRM/SCM/MES，OA等一系列软件的广泛应用，德盛机械结合传感器、RFID、移动互联网等先进技术，构成与制造过程相关的大数据系统，同时制造企业在向智能制造、服务型制造和绿色制造转变。德盛机械基于自身数据利用大数据分析平台从大数据中挖掘出新的价值和商业模式。

第二，建立制造企业私有云。德盛机械建立的企业私有云，使其拥有高度的可扩展性和动态负载平衡，保证产品和服务的质量，为其数字化提供有效支撑。通过资源利用率的提升，德盛机械实现了更高的效率，利用业务智能工具改进容量。

第三，建立精益研发平台。德盛机械建立了开放的研发平台，吸引到了全国的研发人才参与产品研发，提高了自身研发水平，保证了自身产品的技术含量。德盛机械建立的精益研发平台，包括三大子平台，即技术创新子平台、协同仿真子平台、质量管理子平台。三个子平台既相互关联，又独立运行，整体上形成了良好的协同体系。

第四，重视系统集成。德盛机械把所有的应用系统集成在统一的服务平台上，以提高工作效率。以 SOA、ESB 等先进技术为支撑，构建集成标准和架构，提升信息系统运行的广度和深度。通过价值链及网络实现制造企业间的横向集成。通过 SOA、云计算和 CPS 等技术，实现价值链上相关制造企业的横向集成，通过提升产业链间制造企业之间相关信息的透明和信息交换，提升制造企业间的反应效率，提高制造企业利润。

2. 全力推行智能制造

2010 年，德盛机械审时度势，决定从事智能化生产线的研究，并成立了相关机构，开始了智能生产线的研究。德盛机械参加了多次机床展览会和自动化展览会，先后咨询、考察了各种设备、机器人及自动化集成公司共 50 多家，内容从桁架机器人开始研究，到最终采用的桁架机器人与关节机器人结合的方式。前后共设计自动化方案 26 个，并一一进行了分析讨论。2012 年 9 月，采购一台川崎机器人进行工艺试验，在此过程中解决了大量的自动化生产问题，如刀具寿命、工装定位、零件自动夹紧、零件的初定位等，并颠覆了人工生产线的产品加工工艺，为智能化生产线的建设积累了大量的经验。2013 年 11 月 18 日，中国首条摩托车曲轴智能化生产线在青岛德盛投产运行。

（三）青岛海尔的“小微模式”

作为中国白色家电制造企业的领军者，青岛海尔正在推行一场颠覆式变革，实现传统时代向互联网时代的转型，由传统家电制造巨头彻底转变为“互联网 + 制造”的领头羊。海尔规划建立互联网平台型公司，成百上千家创客带领的“小微”

共同参与到该平台中，这是对我国制造企业传统组织的重大变革。

“小微”是海尔在2013年下半年提出的新型项目组织结构名词，是实现人人创客化的重要手段。所谓“小微”，并不是指小微公司，而是指在海尔创业平台上生长出来的创业公司。海尔根据业务发展、战略要求、经营策略等方面，试图以“虚拟小微”“孵化小微”“转型小微”和“生态小微”四类“小微”涵盖所有员工。要求海尔内部员工全部进入“小微”，完全改变传统制造企业内部组织形式。

总体来看，通过互联网战略的进一步发展，海尔未来会成为投资平台公司、创业孵化公司，它内部是几百、上千个“小微”的集合体。每个“小微”都是小型创业公司，它们在与市场、用户和粉丝的交互中，了解用户的“痛点”，再利用海尔大平台的资源、人才，并整合全球的资源，创造新的产品并不断迭代。“小微”做大后可以引入风投并上市，它们脱胎于海尔内部，最后产品和品牌跟海尔没有任何关系，但海尔拥有它的大部分股权。

1. 典型创客“小微”案例：雷神游戏笔记本

雷神游戏笔记本的发明者是海尔的三名年轻员工，他们发现市场游戏本需求很大，但没有能够有效满足客户实际需求的游戏本电脑。通过海尔的平台资源，他们收集了3万条意见，明确了客户的实际需求，并将其融合到笔记本电脑的设计中。仅用5个月时间，一款全新游戏本品牌——“雷神”于2013年12月被成功研发出来。首发500台售罄后，马上实现了3万人预订；第二批生产3000台，20分钟即被抢购一空，半年跻身京东商城游戏本销量亚军[①]。在游戏本电脑领域，海尔的基础几乎是零，但通过创客“小微”利用一年多的时间，迅速挤进笔记本电脑市场，并成为行业第二。

雷神没有自己的工厂，没有自己的设计资源，他们只是把社会资源整合进来。在资源社会化后，雷神小微实现资本的市场化，吸引风投进行投资。资本市场化的演变之后，雷神由做硬件的笔记本电脑，又演进到软件行业。雷神“小微”的自演进不是海尔制定的，而是通过平台引领“小微”开拓社会资源，是典型的创客“小微”发展路径。

2. 典型服务“小微”案例：“车小微”服务

2014年6月，海尔基于其自身物流平台日日顺，推出了“车小微”服务。日日

① 胡小键. 雷神的成功　海尔制造企业内部孵化器带来的启示［EB/OL］. 手机前瞻网，http：//xw. qianzhan. com/analyst/detail/329/20140410 - e4cebb33_ 3. html，2014 - 04 - 10.

顺本来负责海尔家电的送货及安装服务，后来每辆送货车都被改装成“车小微”，它上面安装有GPS定位系统、POS机和平板电脑，而后台系统针对其负责的不同地域，对订单进行就近分类。目前，日日顺物流已拥有9万辆“车小微”，其中大部分车辆为社会车辆。通过这种方式不仅能够有效解决日日顺车辆不足的问题，同时还能够有效利用社会车辆资源。“车小微”配有18万名司机，他们并不是海尔的正式员工，而是利用了社会人员或本来的车主，这样也创造了更多的就业机会。

3. 典型金融“小微”案例：“海融易”平台

2013年8月，海尔集团正式成立“互联网金融创业事业群”，与阿里“小微”金融进行合作，并首批放款投入3000万元，为“小微”制造企业客户群体所使用。海融易业务涵括个人与制造企业财富管理、投融资信息咨询、信用风险管控、金融市场数据分析、金融顾问服务等，并引入第三方金融机构为投资者提供全额本息保障。致力于提升投融资效率，建立普惠价值标准，完善资产配置，优化收益，为合格的融资方与投资者提供一站式金融服务。产融贷，由海尔产业链制造企业进行融资，该融资制造企业均由海尔信用等级数据库系统管理，并经过海尔的大数据分析对融资项目进行专业风控管理。同时，融资方提供足额的反担保措施，投资方通过投资海尔产业链项目获得利息收益。优选投资，融资项目由第三方金融机构进行风控审核，投资方通过投资该计划获得利息收益。

第二节　互联网对制造业商业模式的变革

企业商业模式是一个企业通过提供产品或服务满足消费者需求，从而获得相应盈利的方式或系统。通过该系统形成对企业各种资源或要素（包括资金、原材料、人力资源、信息、品牌和知识产权等）的组织和配置。它具体又分为运营性商业模式和策略性商业模式，前者针对企业与环境的互动问题，它创造企业的核心优势、能力、关系和知识；后者是对运营性商业模式的扩展和利用，涉及企业生产经营诸方面，具体包括业务模式、渠道模式和组织模式等。在互联网时代，传统制造业商业模式已越来越难以适应市场需求的快速变动，商业模式创新势在必行，而互联网为制造业商业模式创新提供了有力的技术支持。

一、互联网平台创新传统原材料采购方式

在互联网时代，制造企业借助互联网技术有效改变了原材料采购方式，从而解

决了传统工业经济条件下原材料供需往往难以均衡的难题，并明显降低了制造企业的采购成本，从而提高了原材料采购效率。第一，在原材料采购过程中，通过互联网有效地建立起包括交易双方、服务部门、支付机构在内的成熟信用平台，保证了采购过程中涉及的保险机构、金融机构、供应商和客户的高度整合与兼容，将各个参与主体的经济利益紧密地结合起来，便于原材料交易信息的流动和传播，加快多元化制造资源的有效协同，从而显著地降低生产原料的采购成本。

第二，互联网为制造企业实现内部原材料系统管理提供了技术保障。制造企业利用互联网建立内部材料采购成本管理系统和相关数据管理中心，将原材料采购部门、仓库和其他有关管理部门的所有信息整合到同一系统平台内，从而显著优化企业采购流程，提高采购效率。

第三，网上采购降低了原材料采购成本。互联网平台自身具有开放性的特点，具有相同需求的制造企业以及具有类似原材料的供应商，可共同组成网络市场进行交易，有利于提升原材料市场竞争程度，同时明显降低原材料成本。另外，互联网平台可为原材料供应商提供网络销售渠道，避免实体销售店面造成的成本上升。当然，通过互联网进行原材料采购也存在一定的潜在风险，主要表现为：由于无法对实物进行现场检验，买卖双方存在一定的信息不对称性，可能导致原材料质量难以保证；同时，网上退货、换货会提高采购成本。为此，在使用互联网平台购买原材料时，制造企业可提前索要一定数量的原材料保证金，以确保所购原材料质量的可靠性。例如，2015 年 7 月 15 日，全球第一家专注服务于企业采购部门、以采购拉动交易的创新型 B2B 电商平台“一呼百应”，正式推出具有划时代意义的原材料采购商城。采购商城的上线，为中小企业提供了实现“互联网 +”的捷径，真正为企业实现降低成本、提高效率和提升利润的目标。与此同时，一呼百应在线交易采购商城重新定义采购，对构建 B2B 行业信用体系、打造原材料采购生态系统具有深远意义。①

二、互联网形成线上线下市场营销新模式

产品销售始终是制造企业最关注的运营环节。在互联网经济时代，制造企业通过形成线上线下相结合的营销模式，大大提升了产品与服务的营销效率。首先，互联网将打造制造业数字化、网络化、智能化营销新模式。目前，我国制造企业正在积极

① 腾讯网．助力互联网 + 一呼百应原材料采购网城上线［EB/OL］．http：//gd. qq. com/a/20150718/001096. htm，2015 - 07 - 16.

尝试利用互联网技术，通过互联网、大数据等先进技术，快速、有效地把握用户实际需求，进而针对客户偏好的用户体验流程改善营销手段和方式，重新打造企业销售环节，以更好地满足用户体验，确保制造产品和服务的内在价值被充分发掘，利用互联网技术开展无所不在的营销，迅速占领国内外产品和服务市场。例如，美特斯邦威作为中国销售量最大的服饰轻工业品牌之一，借助微软 SQL Server 2012 商业解决方案，掌握客户在购买过程中的走动情况，将其搜集的相关数据与店面的交易记录结合，根据得到的结论优化销售商品的摆放位置，并调整售价与优化库存，取得了良好的效果。①

其次，互联网形成制造企业线上线下协同营销模式。借助互联网平台，消费者在购物时可通过淘宝网等线上方式获得所需商品或服务。但这种营销模式还不足以完全满足消费者的实际需求，目前正在形成的线上线下协同营销、相互支持的新营销模式，得到了消费者的青睐。第一，消费者通过网络了解产品及服务，之后通过线上方式预约设计师，设计师根据客户描述直接确定，或上门量尺。第二，由线下设计师根据具体要求设计合理方案，同时线下门店开展与客户面对面的讨论，进一步修正之前的方案，最后签订相关合同。第三，公司将设计方案传递至工厂或其他生产者进行生产。第四，由就近实体门店配送安装，完成这个销售过程。例如，苏宁利用线上平台和线下门店，实现全渠道同价，避免实体零售与电商渠道冲突的问题。现在，苏宁实体店不再仅仅是为了销售，更具有展示、体验、物流、售后服务、休闲社交、市场推广等多项功能，同时结合互联网、物联网等技术，全面收集、分析其消费者的具体行为，使得其实体零售进入大数据时代。②

三、互联网促进制造业服务化更普遍

我国是制造业大国，但高端环节部门薄弱，产品竞争力不足，附加值低，环境冲击大，一个重要的原因是生产性服务业不发达，制造业的服务化发展滞后。目前，中国有世界最大的消费市场、世界一流的互联网企业，已经具备了制造业服务化的内在动力和外在需求。《中国制造 2025》明确指出，“加快制造与服务的协同发展”“推动发展服务型制造”，而“互联网＋”行动计划从战略高度，重新定位了传统制造业与新兴产业的融合发展，在互联网与制造业融合、加速制造业服务化等方面，

---

① 赛迪网．微软大数据解决方案案例分享［EB/OL］．http：//www.ccidnet.com/2013/10/29/5231465.shtml，2013－10－29.

② 搜狐网．创天下：中国零售业十大典型 O2O 模式［EB/OL］．http：//mt.sohu.com/20150812/n418688973.shtml，2015－08－12.

提供了重要机遇和条件。

首先，依靠互联网制造企业可提供产品之外的多项附加服务。通过连接企业和用户，“互联网＋”为企业提供了多元化服务，从研发设计、生产到售后等环节的服务，从而大大提高了产品附加值。目前，面对日趋激烈的市场竞争环境，我国诸多制造企业拉近与用户距离的方式就是利用互联网平台，基于此提供多项增值服务，从而形成与传统制造企业的差异化竞争优势。例如，陕西陕鼓提出，专业化系统服务是未来制造领域的发展趋势，制造企业要充分发挥自身优势，积极向用户提供完整的解决方案和专业化的系统服务。陕鼓通过交钥匙工程，有效地解决了风机系统的问题，实现了最大限度地适应客户需求的目的。同时，陕鼓成立了成套技术协作网，由56家企业组成，负责对整个产业链和配套资源进行全面、协同的优化整合，大大强化了企业的服务能力和竞争力。①

其次，互联网平台使得产品交易渠道更加便捷化。在信息技术的推动下，新型制造方式不断涌现，如智能制造、创新设计等，新业态试行不断出现，如众包、电商、网购、网银等，它们有效地提升了交易便捷性。基于先进的互联网信息技术，制造企业利用多元化的金融服务、精准化的供应链管理和便捷化的电子商务，不断提高交易效率和便捷程度，增强了制造企业的服务化能力。

最后，借助互联网有效整合产品与服务。随着制造业产品的不断完善，客户的需求已经从单一的产品向产品及服务方向升级。制造企业能否赢得市场，关键要看其能否为客户提供有效产品和全面解决方案。利用模式和功能创新，“互联网＋”帮助制造企业实现从规格、研发、设计、制造、建置、维修的一体化整合，达到扩展业务、转型升级的目的。例如，青岛特锐德电气股份有限公司在整合自身箱式电力设备系统集成产品生产的基础上，不仅卖产品，还卖服务，而且引入互联网思维以商业运营模式卖服务，其斥资6亿元成立的“青岛特锐德汽车充电有限公司”，致力于打造充电网、物联网、互联网“新三网”融合的智能充电服务平台，是特锐德华丽转身制造业服务化，迈向发展互联网工业的重要一步。②

四、跨境电商成为制造业发展的新模式

跨境电商作为一种重要的电子商务模式，近年来在我国得到快速发展。据商务

① 国家重大技术装备网．陕鼓：传统制造商的服务转型［EB/OL］．http：//www.chinaequip.gov.cn/2013/11/18/c_ 132897044.htm，2013－11－18.

② 搜狐证券网．青岛市发展互联网工业典型案例：特锐德——制造业服务化［EB/OL］．http：//q.stock.sohu.com/news/cn/001/300001/4089729.shtml，2015－04－22.

部预测，2016年我国跨境电商交易规模将达到6.5万亿元，占整个外贸规模的19%，年均增速近30%。[1] 跨境电商不但有利于提升我国商业服务业质量、水平，扩大进出口规模，还将促进我国制造业模式创新。按照以往的国际产业分工，欧美等发达国家将其制造业的生产加工环节转移到我国，而专注于研发设计和产品销售等高端环节。目前，随着我国劳动力成本的提升以及随之而来的制造业企业生产成本的上升，我国的许多制造业特别是劳动密集型制造业竞争力优势越来越不明显，按照现有国际产业转移的逻辑，这些低竞争力的产业应转移到要素成本和企业生产成本相对更低的发展中国家去。事实上，目前在我国许多地区，特别是东南沿海地区，这一过程已经展开。但由此产生的一个问题是如果我国的许多劳动密集型制造业过多、过快地转向其他发展中国家，将不利于我国制造业体系的重构，并将带来较严重的就业问题。在互联网时代，通过发展跨境电子商务，将其用于传统产业的产品销售和出口，达到减少流通环节，节约成本，扩大市场，提高产品利润率的目的，提升产业和产品的竞争力。

在当今互联网时代，个性化定制、个性化消费已成为新的潮流。借助跨境电商，可以广泛发展个性化定制生产和贸易方式，促进我国制造业个性化生产方式发展。同时，借助跨境电商，将制造业产品直接卖到外国商店或消费者手中，削减大量中间环节，从而大大减少了制造业特别是部分劳动密集型制造业企业的生产成本。在此情况下，我国一些劳动密集型产业可不必转移到发展中国家，并可促进我国制造业转型升级。

五、互联网构筑制造业高效网络交易平台

（一）互联网交易平台促进制造业交易主体多元化发展

互联网交易平台的交易门槛降低，制造业交易主体不再是相对固定的少数经核准制造企业，未来的制造业交易主体和市场构成将更为广泛。基于互联网制造业交易市场平台，网络用户数量将大大增加，越来越多的制造企业感受到互联网交易的便捷，进而参与到互联网交易中。另外，互联网制造交易平台使得供应者和消费者交易主体的角色和权责相互转换。类似于互联网中信息交互的特性，互联网中广泛的制造业产品和服务交互，将使得制造业供应者和消费者交易主体的角色和权责发

① 人民网．［EB/OL］．人民日报，http：//news.jxnews.com.cn/system/2015/08/24/014186715.shtml，2015-08-24.

生相互转换，进而实现利益分配的优化，并形成更为高效、公平的利益分配格局。互联网制造交易平台的参与和退出将更加容易实现，制造业市场结构动态性进一步提高。这将充分发挥市场作用，使制造业市场结构更加灵活，提升制造资源的协调、优化与配置水平，同时加强对制造市场的适应性。例如，特斯拉汽车公司是一家在美国纳斯达克证券交易所上市的硅谷电动车公司，2013 年第一季度销售车型超过预期，达到 4750 辆，同比增长 27 倍，成为全世界关注的焦点。特斯拉的做法是：没有市场就创造市场，没有交易主体就创造交易主体；依靠高端市场提升自身品牌高度；针对电池成本、配套设施、用户怀疑等问题，提供系统性解决方案。[①]

（二）互联网交易平台促进制造业交易商品的多样化

在互联网制造交易平台中，交易模式和市场的不断开放与完善，将为制造企业用户提供种类丰富的制造产品，赋予用户更多的自主选择权，使用户能够摆脱单一同质化的制造产品供应的限制，通过定制自身的消费方案满足差异化需求。另外，依靠互联网制造交易平台可以实现制造交易决策的分散化，不受地理因素的约束。互联网通过运用先进的互联网技术以及分布式技术，使得区域内的制造产品的生产与消费之间建立灵活便利的联系，制造产品流通不必再通过传统的面对面交易，而是能够实现产供销的区域一体化，进而极大地丰富了制造产品种类。例如，“海尔商城”上线，使得海尔集团能够有效地针对消费者实际需求提供差异化服务，率先支持送、装的同步服务，极大地丰富了公司的商品和服务种类，迅速地占领了相关市场，获得了丰厚的收益。[②]

（三）互联网交易平台促进制造业交易信息的透明化

在互联网制造交易平台的支撑下，制造信息源由单一交易中心发布变为互联网制造信息服务提供商。在传统的制造交易模式中，交易信息由各制造交易中心统一发布，交易信息较为单一。互联网制造交易平台建立后，交易量将会大大增加，这将带来制造数据信息量的大幅提升。同时，由于交易不再完全受大网架控制，因此将会出现大量的互联网制造信息服务提供商来为供需双方提供信息服务。交易信息的充分、透明，提升了制造市场交易的有效性。市场化的制造交易将大大促进交易信息透明度的提升，能够保障交易的有效性。例如，“淘工厂”在淘宝卖家与工厂

---

① 太平洋汽车网．为什么火起来？详解特斯拉 Model S 电动车［EB/OL］．http：//www.pcauto.com.cn/tech/249/2499597.html，2013-05-20.

② 中国铝业网．互联网+给制造业转型发展带来了新机遇［EB/OL］．http：//www.alu.cn/aluNews/NewsDisplay_962385.html，2015-06-17.

之间建立了有效的沟通平台，卖家的找工厂难、试单难、翻单难、新款开发难等问题得到了有效解决；淘工厂通过聚合海量工厂，覆盖消费品行业类目，电商找工厂难、小单试单难、翻单备料难、新品开发难等问题得到了有效解决；通过满足电商柔性供应链开始，逐步向线下品牌渗透，向周边国家渗透，未来覆盖整个供应链条。①

（四）互联网交易平台促进制造业交易时间的即时化

在互联网交易平台的支撑下，之前固定周期的制造业交易模式将变为用户自行发起的即时交易模式。随着技术的进步和市场化的深入，交易的时间范围也将逐步实现即时化，满足人们第一时间的需求。制造业交易将在短时间内依靠互联网平台迅速完成，供需双方的反应速度在交易中占有重要作用。随着即时性的提升和交易主体的大幅增加，未来的制造产品交易将更加激烈，速度将成为决定交易能否达成的关键因素之一。例如，作为食品制造业的典型代表，趣多多在愚人节营销活动中，利用社交大数据的敏锐洞察，进行集中性投放，围绕品牌口号积极展开话题，与用户进行广泛、持续的沟通，品牌在最佳时机得到有效曝光，深度地渗入到消费者消费中，为趣多多创造了6亿多次页面浏览，对其1500万用户产生了积极影响，品牌被提及次数增长了270%，大大提升了品牌的知名度。②

六、典型案例

（一）青岛海尔的“互联网战略”

面对异常激烈的行业竞争、日益高涨的个性化需求、层出不穷的进入者和替代品，海尔采取了“互联网”战略，避免了与其他竞争者的正面冲突，提高了制造服务化的水平，有效把握住了消费者实际需求，实施差别化竞争战略，寻找新的盈利领域，维持了高于行业平均的利润率，在竞争中立于不败之地。

1. 依靠产品附加服务提升实施差别化竞争

目前，海尔正逐渐将其生产环节外包给专业生产制造企业，而自身则向服务型制造转型升级，更加专注研发、销售和服务等环节。例如，海尔主导开发的智能家

---

① 中国电子商务研究中心．互联网＋制造业：“C2B模式”加速生产倒逼推动在线化交易［EB/OL］．2015－05－27. http：//www. 100ec. cn/detail_ 6253548. html.

② 趣多多：依靠大数据玩转愚人节营销［EB/OL］．http：//www. shichangbu. com/article－20115－1. html，2014－04－01.

电创新技术，内置自动售后服务、智控食材管理、远程安防监控、物联网自动控制等互联网功能，极大地提高了用户体验效果，并进一步提高了产品附加值，也拓展了产品盈利空间。

2. “车小微”打通便捷销售渠道

2014年6月，海尔推出了“车小微”新服务，如前文所述，它是基于海尔自身的物流平台日日顺所建。“车小微”上面安装有GPS定位系统、POS机和平板电脑等，系统平台根据车辆所在地进行整体分配，提高了资源的整理利用效率。目前，“车小微”的数量已经达到9万余辆，其中大部分车辆为社会车辆。通过这种方式不仅能够有效解决日日顺车辆不足的问题，同时还能够有效利用社会车辆资源。依靠“车小微”，海尔已经将其销售渠道与服务网点深入到五六级市场，甚至开拓了乡村市场，拥有超过5000家门店。

3. 把握消费者需求推动服务转型

目前，海尔正在逐步转变其单纯生产型制造的形象，向集生产、科研、服务、金融运营为一体的综合性跨国制造集团发展，并推行能够“解读并破译消费者需求”、“人单合一”的自主经营机制。通过这种运营模式，海尔依靠企业文化变革推动自身的服务转型，能够洞悉客户的多样化真实需求，并提供有针对性的“一站式”服务，依靠更多的增值和差异化服务提高客户黏性。

（二）尚品宅配的“O2O + C2B”新营销模式

尚品宅配成立于2004年，它基于前端的大数据设计、中端的O2O模式、后端的柔性制造，在不到10年的时间里销售额已经突破10亿元，成为我国家具行业的领导品牌。

1. C2B模式：“用户体验”营销模式

2004年成立的尚品宅配，集中其设计优势，利用软件技术发展定制化家具，形成了独具特色的尚品宅配营销模式：通过设计软件为消费者提供免费的设计方案，再利用平台向消费者销售个性化定制家具。具体来说，尚品宅配的销售模式发展包括以下三个阶段。

第一阶段，2004—2007年，尚品宅配通过差异化营销战略赢得消费者认可，推出了免费设计、量尺、图纸和数码定制等服务；从单一产品定制向全屋定制升级，提供“一站式”服务方案；全面推行按需定制，打破模块化定制的固有模式，塑造了自身的品牌特色和优势。

第二阶段，2007—2011 年，尚品宅配获得快速增长，该时期公司主打服务营销。公司率先提出“整体家居”服务，全面扩充配套产品与服务，全力向“全屋家居”配套升级。从材料、风格、设计等各个方面，根据消费者的不同年龄、喜好、风格，同时结合当下潮流，进行全面的、有针对性的需求细分和产品设计，提供更加专业化的服务，进一步提升了自身竞争力。

第三阶段，2011 年至今，该阶段尚品宅配逐步推行“用户体验”营销模式。公司开启了服务、产品和品牌的全面、同步升级。公司运用“云计算”技术，将公司内部设计师的作品传至网络服务器，供所有的客户观赏。尚品宅配将围绕用户体验，持续开发出更人性化的软件，功能强大的云服务平台供顾客自由挑选家居产品，以此作为销售渠道和设计依据。

2. O2O 模式：“尚品宅配 + 新居网”的线上线下协同营销

成立于 2007 年的新居网，是尚品宅配的网上直销平台，通过对产品的展示、体验，有效地提升了客户流量，成功克服了运营闭环存在的问题。依靠这种模式，尚品宅配顺利实现了“线下线上”闭合、全面协同营销：依靠线上引来流量，聚集客户的个性化需求；线下门店同步线上需求信息，进行有针对性的生产，为分布于全国的客户提供高质量的服务。

除了客流量大的家居卖场和 SHOPPING MALL 以外，尚品宅配还在自身的办公楼开设门店。运用 O2O 的营销模式，尚品宅配不仅关注让客户在线上浏览网站，更注重线下面对面的沟通与交流，通过线下方式进一步介绍公司的品牌和产品。目前，尚品宅配已经成长为家居定制行业的领头羊，正是得益于其有效的线上线下协同营销模式。

（三）小米手机的“网络营销模式”

小米手机没有一家实体营销店，所有产品及服务全部通过互联网平台进行销售，且效果良好，“网络营销模式”成为其快速发展的重要支撑。

1. 建立线上销售体系

小米手机在分销渠道上借鉴苹果在美国的渠道政策，即主要采取电子渠道加物流公司合作的分销模式。目前，小米手机的销售环节全部依靠小米科技旗下的 B2C 网络直销，完全规避了与实体店和分销商的利润分割，有效地避免了网络诈骗和多余成本，降低产品成本而提高产品配置效率，使得产品更具竞争力。同时，这种营销方式具有时尚感，有效吸引了年轻消费者群体的兴趣，强化了自身的品牌影响力。

2. 与中国联通达成协议出售合约机

小米手机在建立完整的电商销售渠道之后，进一步拓宽了其销售渠道，于2011年12月20日与中国联通达成了协议，建立合作伙伴关系共同出售合约手机，即预存手机话费送小米手机，或者购买小米手机并入网则送话费。通过新的销售渠道，小米手机的销售份额又出现了较为明显的提升。鉴于良好的销售效果，小米手机进一步研发出电信版，于2012年4月26日正式上市。小米手机拥有更多的用户群，在保持优惠价格和便捷服务的同时，通过多种销售渠道进行销售。2014年，小米手机再次与中国联通合作，开展“预存话费送手机”活动，开启了新一轮的渠道销售浪潮，并取得了良好的效果。

3. 推行“饥饿营销”战略

在小米手机正式发售后不久，小米科技公司开始限制出售手机，市场供不应求，达到控制市场的目的。利用消费者“得不到的才是最好的”的心理因素，有意降低产量，制造供不应求的“假象”，进而维持较高的售价，维护高端品牌形象，提高产品附加值，进而保证较高盈利。“饥饿营销”的营销方式，造就了小米3小时内发售10万部的销售业绩。通过有效的产品控制，小米科技公司的促销策略发挥了持久的影响力，有效地提高了客户忠诚度和黏性。

4. 客户激发策略

为客户发布最新的产品信息及相关资讯，建立客户个人信息数据库，提供积分制服务，为其提供个性化服务，保持客户对公司及产品的关注度。小米团队发挥了微博营销的优势，无论是在手机发布前，还是在手机发布后，小米手机都通过微博来与用户进行送手机、分享图文并茂的小米手机测评等互动活动。保持与客户的联系，及时对客户请求做出反应，制作电子刊物和相关视频并进行发放，保持客户良好的消费体验。

第三节　互联网促进全球制造业价值链融合与重构

价值链是制造企业创造价值的相互独立又相互联系的系列活动，包括从零部件供应商获取基本原材料到把最终产品交付到最终用户手中的全部活动。目前，我国制造业主要处于全球价值链的加工、组装环节，附加价值较低，在研发设计、品牌销售等“微笑曲线”的两端环节发展不足。互联网不仅提高了单个制造企业的效率，而且使得整个制造业价值链结构发生了优化和重构，这对我国突破价值链低端锁定、加快向“微笑曲线”两端跃升提供了重要契机。

一、互联网促进了制造业价值链结构的优化

在互联网作用下，制造业价值链结构得到进一步优化。第一，互联网将优化制造业价值链的现实结构。制造企业通过信息化平台，对价值链上各部分进行重新整合优化，强化那些能够带来价值增值的部分，削减不必要的中间环节，实现制造企业业务的低成本、大规模的扩张。网上交易缩短了制造行业价值链的长度，节约了采购时间，加快了资金及物流的周转，促使制造企业进行有效的采购管理和成本控制，最终提高了制造企业的市场竞争能力。

第二，借助互联网可完善制造企业的价值链发展战略。借助互联网，制造企业价值链各环节之间可以进行信息共享，改进和强化制造企业的信息流、资金流和物流的集成管理，根据外部环境的变化及时调整自己的竞争战略和运营模式。随着制造企业信息化的进一步深入，企业间价值链的重组将衍生出具有高度专业化及网络化的虚拟制造企业形式，虚拟制造、合作制造等将成为制造企业新的发展模式。例如，宝洁公司非常重视依靠互联网实现自身研发环节的不断提升，它把高墙内的“研发”改为面向全球的“联发”，使用“联系 + 发展”的方式，依靠网络平台征集广大用户在设计方面的意见，供公司设计人员讨论交流；同时，创立了 YourEncore 网站寻求问题的解决方案，同时充分利用外部网站“创新中心”，将公司内部员工解决不了的问题利用互联网平台进行解决。①

二、互联网促进了制造业价值链运行效率的提升

互联网通过线上交易和系统集成提升制造业价值链的运行效率。利用互联网，制造企业可以把客户订单及时提供给各生产部门和原材料零部件的供应商，使供应商降低成本，及时供货并缩减库存成本，也使制造企业与其供应商可以根据产量来协商搭配零部件和产成品的供需要求；制造企业利用在线系统检测销售量，准确地预测顾客的需求，在察觉购买者需求变动时及时调整自己和供应商的生产计划。客户订单与供应商的数据共享，以及制造企业资源计划软件和制造控制系统软件的应

---

① 阿里云咨询网．宝洁：1800000 人的研发军团［EB/OL］．http：//www.aliyun.com/zixun/content/2_6_1524323.html，2015－03－04.

用使得客户定制产品的生产成本大大降低，同时也大大降低了劳动成本，缩减了生产时间。互联网信息的即时性以及数据共享和获取信息的及时性，将会进一步打破运营制度化，降低营业费用。整个支持办公的数据管理过程如订货过程等各种交易成本的管理过程将会变得更迅速、准确，并减少文件处理所需的人力投入。在线商务处理降低了交易成本，这些都将提高制造业价值链的运行效率。例如，农夫山泉利用SAPHANA触发机制，实现了实时数据转移及同步。之前通常需要24小时来运行的运费报表，现在只需要37秒。实时数据同步使得农夫山泉数据分析显著提升，业务人员工作更加高效、便利，同时使分析结论更加精确，能够更好地适应市场行情，也能降低错误发生的概率。①

三、互联网促进了制造业价值链各环节的融合式发展

“微笑曲线”产业链划分为三个区间，即研发设计、生产制造、营销品牌（如图10－1所示）。生产制造属于产业链上的低利润环节，而两端的研发与设计、营销与品牌则属于高附加值、高利润环节。在当今国际分工的条件下，中国制造主要处于国际价值链的低价值环节，也即是主要从事“微笑曲线”中间环节的加工制造部分。通过互联网技术，以网络协同模式开展工业生产，制造企业将不再自上而下地全面控制生产，而是将制造生产环节外包给专门从事生产的制造企业，同时投入到设计与研发、销售与品牌等具有高端价值的“微笑曲线”两端环节，进而使得各个价值链环节协同推进、融合发展，保证制造业价值链融合与升级的顺利实现。借助互联网平台，制造企业、客户及利益相关方纷纷参与到价值创造、价值传递及价值实现等的生产制造各环节中来，研发与设计、生产与制造、营销与品牌的相互边界越来越模糊，价值链出现融合发展的趋势。

四、互联网为我国制造业向国际价值链高端跃升提供强大动力

（一）互联网有助于推进我国制造业价值链的提升

目前，我国制造业已基本实现了自身工艺流程和产品的转型升级，但是功能和链条的升级力度仍不够，应进一步依靠互联网实现提升。第一，借助互联网平台突破上游研发与核心技术的限制。由于互联网具有开放性和全球性，我国制造业能够

① 无极网．农夫山泉运用SAP HANA实时处理海量数据［EB/OL］．http：//server.yesky.com/444/34451444.shtml，2013－02－03.

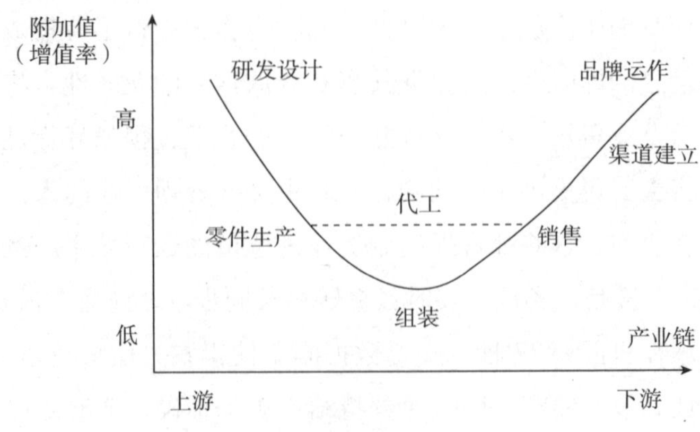

图10－1 “微笑曲线”示意图

更加便捷地获得国外的相关技术及实践经验，组织核心技术突破计划，攻克制约发展的基础材料、核心零部件和关键技术，争取掌握产业链上游环节。第二，借助互联网加快提升工业设计能力。互联网技术中有关工业设计的技术，经过快速发展获得新的功能，将有效促进我国功能设计、结构设计、包装设计等工业设计，全力创建国家级工业设计中心。第三，借助互联网创造新的制造业服务形态，特别是提升销售服务的水平。充分利用新一代信息技术，积极推进制造业新服务形态的培育工作，特别是为提升销售服务的水平提供有力支持，由此提升我国企业在国际价值链上的附加值。

（二）互联网有助于推动我国制造业价值链结构的优化

这主要是通过助推我国部分制造业向低收入国家转移来实现的。第一，互联网将有助于创建以制造企业为主导的全球采购网络和经贸平台，推动我国制造业“走出去”，实现制造业的国际合作。依靠先进的互联网技术，积极鼓励企业构建大型全球经贸平台，实现采购、生产、销售等环节的全球化发展，进一步加深与欧美国家零售商的合作关系，成为世界制造企业的中介，主动将不具有比较优势的加工环节，转移到低收入国家的第三方生产商，构建“制造三角”。第二，互联网推进制造企业对外直接投资和海外并购。依靠互联网构建公共信息服务平台，及时发布海外的需求等有关信息，支持制造企业对外投资，直接利用和整合国外优秀的人才、科技和资源，并绕开贸易壁垒进入国际消费市场，从而开展有效的国际产能合作。在“一带一路”战略下，借助互联网加快我国制造企业的对外直接投资和海外并购，前景广阔。第三，可借助互联网平台和大数据技术等，支持我国制造企业海外并购获取境外先进技术、研发能力、品牌和国际销售渠道，提高我国在全球分工中的地位。

五、典型案例

（一）格力空调的价值链两端发展战略：研发和市场

格力空调集团成立于1985年，2009年完成公司制改造，更名为“珠海格力空调集团有限公司”，集研发、生产、销售、服务于一体，产品涵盖家用空调、中央空调、空气能热水器、生活电器、晶弘冰箱等。2014年，公司总收入达到了1400.05亿元，同比增长16.63%，保持了较好的发展态势。

1. 全力支持空调技术研发

格力空调一直非常注重技术研发环节，目前每年研发投入达大约40亿元，拥有5000多名科技研发人员、2个国家级技术研究中心、1个省级制造企业重点实验室、4个研究院（制冷技术研究院、机电技术研究院、家电技术研究院、自动化研究院）、28个研究所、530多个实验室；拥有国内外专利9000多项，其中发明专利2500多项。在强大的支撑下，格力空调在世界家用空调中保持领先的绝对优势，经过20多年的快速发展，已掌握了空调领域的核心科技，获得了空调行业唯一的“国家科技进步奖”，掌握了多项空调制造的核心技术，部分高端技术达到了国际领先水平。

2. 致力于构建特色专卖渠道模式

第一，与当地经销商成立销售分公司，实现“工商分离”。格力空调在四川省与重庆市，尤其是重庆市，与当地经销商进行全面合作，以股份形式共同组建销售公司。格力空调承诺给予经销商返利，并且随着业绩的提升返利也会上涨，承诺及时兑现返利和奖励，激发经销商的积极性，实现格力空调与厂商的“双赢”。格力空调给予经销商较大的灵活性和自主权，这种“工商分离”使得经销商会积极进行营销，保证在产品价格不下降的基础上，经销商还积极进行营销，树立了高端化的品牌形象，得到了消费者的高度认可。

第二，格力空调“简单营销”强调控制力。格力空调对每一套空调实行“明码标价”，所有销售的产品，以及未销售的库存产品，都能够进行实时跟踪，全部进行计算机控制，为消费者提供完全透明化的产品信息，消费者可通过网络查到每套空调的详细情况。这样强有力的控制力，帮助格力空调避免了市场混乱的问题，建立了良好的品牌效应，赢得了广大消费者的认可。

第三，独树一帜的“厂商股份联合经营”销售模式。格力空调在武汉地区，率先联合大型营销商成立了联合销售公司，把格力空调与营销商的利益捆绑在一起，避免了单纯“价格战”造成恶性竞争而使企业利益受损，同时赢得了消费者的高度认可。目前，数千家格力空调专卖店已经遍及全国，实体店面渠道销售比重达到85%以上，呈现出持续发展的态势。“厂商渠道联营体”的影响模式，使得格力空调获得了良好的销售效果，营业额不断攀升。

第四，适时推出网络销售渠道。2014 年 12 月，格力空调官方商城——“格力空调商城”正式上线。作为盈利能力最强的家电领军企业，格力空调的电商步伐迈出最晚，并非格力空调不看重网络营销渠道，而是因为格力空调要求企业必须构建完善的线上销售、送货、安装等运营网络，确保消费者线上购买体验不低于线下购买体验，才能开放线上销售渠道。这使得“格力空调商城”一上线就保持了高端化的水平，能够有效满足消费者的高端需求。在线上平台开放的同时，格力空调原有的区域性电商平台仍将继续运作，与总部电商平台相互补充、协同并进，全力推进电商营销渠道。

（二）小米手机的“微笑曲线”升级模式

小米公司成立于2010 年，经过短短几年的发展，已经成为中国制造企业网络营销的成功典范。近年来，小米手机在国内手机市场，甚至世界手机市场中，份额得到了明显的提升，被视为三星手机、苹果手机最大的潜在威胁。小米手机完全退出生产制造业务，将其生产环节外包给专业代工制造企业，自身专门从事手机研发及销售，实现从制造型制造企业向研发 + 营销型制造企业的转型，专注于研发和销售，占据“微笑曲线”高端环节。

1. 构建“微笑曲线”高端价值链

目前，小米手机已经构建了具有自身特色的产业价值链，如图 10 - 2 所示。小米公司不参与所有的制造环节，而是集中精力进行研发、设计，保证小米手机的性能、外观等处于较高的水平，并提出对原材料、零部件等方面的具体要求；选择一流的代工厂，如富士康和英华达等，进行专门的加工生产；制造完成后，将产品运往全国的仓储物流中心，目前主要有北京、上海和深圳三处，进行集中仓储与管理；积极进行产品宣传，采取多样化的营销手段，激发客户的购买欲望，根据客户订单由三个仓储物流中心就近配送；建立了良好的用户反馈机制，客户可在微博、微信等平台，发布使用意见或建议，小米公司可以有针对性地进行调整与完善。

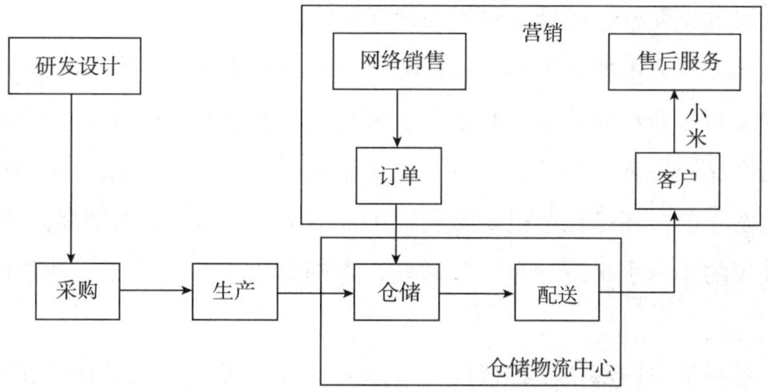

图 10 -2 小米手机价值链示意图

将小米公司价值链嵌入“微笑曲线”，如图 10 -3 所示。在整个价值链中，小米公司不参与制造环节，委托代工厂负责全部的生产制造环节，完全规避了投入成本高、附加值低的制造环节；小米公司控制原材料和零部件的采购、手机和配件的仓储物流等环节，有效地把握了价值链的中端环节；手机的设计与研究、后端营销服务环节，是小米公司大力发展的部分，大半的员工从事这两个价值最高的环节，使得小米充分占有了手机产业链的高价值环节。

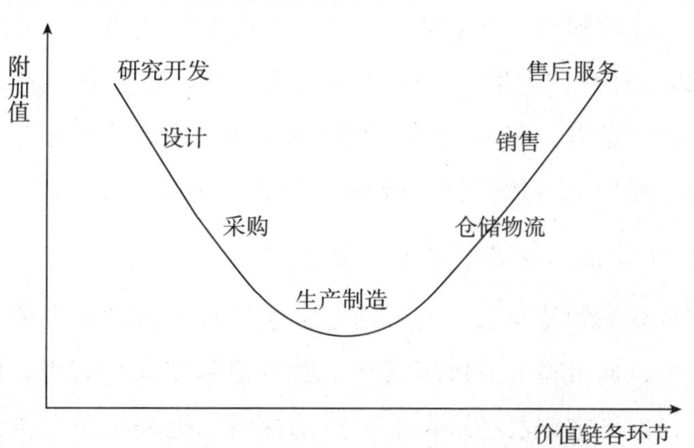

图 10 -3 嵌入“微笑曲线”的小米公司价值链

2. 深度开发系统，加大研发力度

第一，不断强化技术创新。小米公司非常重视对产品的研发和设计，投入了大量的资金、人力等企业内部资源，并与科研院所形成了战略合作，采用最新的标准、技术、工艺，不断地提高自主研发、设计与创新能力。根植于既有的 MIUI 系统，以及自身特有的软件，争取获得更多的核心专利权，充分掌握自身核心技术，提升自身的技术研发主动权，降低多种不确定性风险。

第二，充分掌握市场需求和准确预测。小米公司注重对客户需求的把握和预测，及时为客户发布最新产品信息，并建立了客户信息数据库，针对客户的不同需求提供个性化的产品及服务，保持客户持续的关注度。小米发挥了微博营销的优势，无论是在手机发布前，还是在手机发布后，小米手机都通过微博来与用户进行送手机、分享图文并茂的小米手机测评等互动活动，不断地将客户的意见、建议融入自身的研发中。

第三，不断提高内部研发积极性。小米公司注重激发员工的研发积极性，不仅对相关员工的工资待遇进行提升，同时注重结合自身条件，构建利于员工创新的硬件和软件环境，如建立了决策与管理系统、研究开发系统、技术成果转化系统等多种研发创新体系，为员工进行技术创新提供了良好的条件与环境，配合有效的激励机制和制度，使得研发人员保持较高的研发积极性，企业技术、产品的创新处于活跃状态。

（三）宝钢集团的“一体两翼”战略模式

宝钢集团公司（简称“宝钢”）是中国最大、最现代化的钢铁联合企业。宝钢股份在深耕钢铁主业的同时，着力推进了“一体两翼”战略，“一体”指钢铁主业，“两翼”其一指以云计算、大数据业务为主的宝信软件信息化战略，是未来发展转型的主要方向；其二是以云商为主的电子商务平台，从制造向服务转型，这是目前宝钢的主攻方向。通过“一体两翼”战略，实现企业的长期、可持续发展。

1. 依靠云计算等技术推进智能制造发展

宝钢非常重视智能制造发展，力求通过宝信软件等实现自身的智能制造，打破传统企业管理边界，通过将上游供应商和下游客户紧密联系起来，形成覆盖全产业链的智能系统。目前，宝钢已经进行了积极的探索：把冲压车间作为生产末端工序进行管理，将物联网芯片嵌入制造过程中，进行全程库存的管理，降低整个产业链库存比例，有效提高制造资源的效率；引入智能化、柔性化、信息化的生产方式，充分结合下游汽车厂商的订单需求情况，及时调整自身的制造环节，同时配合以适应的原材料订单，实现钢厂与终端市场实时衔接与配合，显著降低产业链的时滞和成本，提升企业的核心竞争力。

2. 依托互联网快速发展电子商务平台

宝钢致力于构建我国钢铁行业的电子商务交易平台。2014 年，宝钢股份的电子商务业务发展非常迅猛，宝钢股份“云商平台”提供信息流、资金流和物流的“三流全过程”服务，实现了钢材的网上交易。宝钢自身鼓励客户通过云商平台进行交易，给予一定的优惠，使得云商平台得到了越来越多客户的认可，同时吸引其他钢铁厂商也加入到该平台内，发挥“羊群效应”，进一步提升了平台的知名度和影响力。根据统计显示，2014 年宝钢云商平台交易规模已经达到 450 万吨，2015 年更是突破 1000 万吨，成为与实体销售店面并存的重要销售渠道。[①]

第四节 互联网对制造业管理方式的影响

互联网对制造业的影响不仅在于其生产方式、销售模式等硬性方面，对制造企业管理水平等软性方面同样具有重要影响。传统的垂直化、中心化的金字塔式管理方式在互联网的冲击下已经逐步退化，新型的制造企业管理方式将有效引导制造企业的进一步发展。

一、互联网更新传统制造企业管理理念

在传统的制造企业经营管理理念中，制造企业管理者往往是以厂商作为中心，追求标准化、大规模生产，以此降低生产成本，获得竞争优势。在互联网时代，制造企业生存和发展的权利已经由制造企业转向用户，用户的需求成为制造企业生产、制造的导向。由于用户需求呈现出了明显的碎片化、个性化、体验化特点，这也要求制造企业要打破传统的管理理念，对市场、客户、产品、价值链，乃至整个管理模式进行重新审视和思考，进行管理理念的创新。拥有新管理理念的制造企业领导者，能够融合开放、协同、共赢的思想，帮助制造企业由生产型向服务型转变，由传统的厂商为中心的管理方式，转变为以消费者为中心、以个性化销售、柔性化生产和精准化服务为重点，使制造企业与员工、产业链上下游、合作者及竞争者等各个参与主体，共同形成利益有机整体，实现管理理念的转型。

二、互联网完善制造企业信息化管理系统

（一）互联网完善制造企业内部信息化管理系统

互联网技术的应用，使得制造企业内部管理的电子化、信息化水平提高，建立

① 中国证券网．宝钢股份“一体两翼”战略瞄准“互联网＋”转型［EB/OL］．http：//company.cnstock.com/company/scp_ dsy/tcsy_ rdgs/201504/3393619.htm，2015－04－09.

制造企业内部信息化管理机制，推进制造企业经营管理变革与升级。通过制造企业内部的互联网平台，制造企业能建立高效的内部信息管理系统，信息共享更加便捷、广阔、多元，在确保及时、全面送达信息的同时，提高了管理效率和协调程度。制造企业可依靠互联网平台，构建网络化的协同公共服务平台，面向具体的细分行业，提供具有各自特色的“云制造”服务，促进制造创新资源、生产能力、市场需求的集聚、整合与对接，全面提高中小微制造企业内部的管理能力，加快多元化制造资源的协同运用，提高整个制造产业链的资源整合和运用能力。例如，IBM 全球企业咨询服务部帮助海丰国际控股有限公司建立了统一的财务管理系统，实现了多业态、多组织架构、多组织层级和多地区一致的财务核算系统，针对跨地域及多业务的协作问题提供有效解决方案，为企业业务发展奠定良好基础。在未来，海丰控股将通过业务分析与优化，对成本及利润进行分析，获取商业洞察，提升企业获利能力，获得持续发展。①

（二）互联网促进制造企业移动化管理体系的建立

传统的上传下达的管理方式不够高效，往往导致信息反馈滞后、工期延误等问题。在互联网技术及设备的支持下，部分制造企业更新了移动办公设备，利用互联网开展审批业务，使得管理简单、高效。“云之家”等应用软件已经在部分制造企业得到应用，移动化管理体系正在逐步被建立起来，从传统的制造企业一体化管理转型升级到互联网下的制造企业一体化管理，工作效率得到显著提升。例如，神州专车依靠引入移动化管理平台——国信灵通 MDM，能够提供完善的设备、应用、资产等环节的管理服务。通过该平台，员工的个人手机与移动终端管理系统相结合，成为神州专车的工作终端，提供专车场景、工作条件和安全要求等多方面的服务。个人手机接收各种实际客户需求信息，后台管理中心进行集中配置和研究，并有针对性地下达相关的指令，实现管理要求的有效落地，实现设备、应用、安全、资产等多维度的移动化管理，显著提升管理的效率和效果。②

三、互联网形成制造企业扁平化管理组织

传统的组织架构是金字塔式的，信息需要层层传递才能到一线员工，沟通的效

---

① 赛迪网．IBM 咨询服务助海丰控股财务转型提升获利能力［EB/OL］．http：//www. ccidnet. com/2013/1125/5261609. shtml，2013 - 11 - 25.

② IT168 网．案例解析：国信灵通助力神州专车移动化［EB/OL］．http：//cio. it168. com/a2015/0519/1729/000001729898. shtml，2015 - 05 - 19.

率低下。但是，在“互联网+”的时代背景下，制造企业需要对市场的需求做出第一时间的反应，从而赢得顾客。此时，如果仍然采用金字塔式的结构，则无法对市场信息做出迅速的反应。因此，制造企业必须对组织架构进行创新，减少管理层次，把结构变得更加扁平化。扁平化组织架构，可以消减层级，加快决策，员工和管理层直接沟通，有利于提高员工的工作积极性，刺激员工创新。这种结构很适合于“互联网+”的时代背景，有利于制造企业的长期发展。例如，海尔通过不断地合并业务单元、削减边缘业务等方式，使得其企业管理层级逐步减少，企业内部管理扁平化特点进一步凸显，8万多名员工的大型国有集团，转变为2000多个自主经营体的“小海尔”，最小的自主经营体仅有7人，形成了以销定产的敏捷供应链①。

四、互联网提高制造企业的人力资源管理水平

（一）互联网促进制造企业生产管理向人本管理转变

现代制造企业管理理论包括准时制生产理论、精益生产理论等，但这些理论多数是从生产管理的角度考虑管理的，以降低生产成本、提高企业收益为目标。但在互联网时代，知识、信息、技术等无形资产成为制造企业生产的决定性资源要素；与此同时，日趋个性化、特色化的消费需求，对制造业生产经营和管理提出了新的要求，特别是对人本管理理论更加重视。互联网为人本管理提供了强有力的技术支持和平台支撑。通过先进的互联网技术，制造业生产方式更加灵活，生产地点不受约束，工作时间弹性明显加大，时间、空间限制大大降低；同时，员工劳动强度显著降低，有更多的时间和精力用于产品设计、研发等更能体现创新性、自主性的环节。在这种新的企业与员工关系中，制造企业生产管理必然要向人本管理转变。例如，方盛车桥是中国西南地区最大的商用车桥专业生产厂家，它利用互联网技术建立了良好的工作流管理体系，在办公设备申购、设备投资申请、质量信息反馈、请假、加班预报等一系列办公和业务流程方面，形成了基于互联网的电子系统，节省了员工的劳动强度和时间。方盛车桥还设置了“审批超时统计”功能，有效提升了人员流程审批的效率，保障了流程得到及时的办理。另外，方盛车桥还通过手机会议管理功能来规范公司的会议管理，使得信息收发和审批流转更加便捷，也更加人

① 邵立国．世界制造业发展新趋势及启示［EB/OL］．东方财务网，2014－11－14.

性化，使得员工工作更加方便、愉快。①

（二）互联网促进企业员工行为与企业目标相一致

企业借助互联网工具，有利于培育员工的参与意识和责任感，使各部门员工充分了解企业的总体目标和相关信息，通过网络平台充分听取员工的意见与建议，从而增强员工的参与感、归属感和责任感，以增强员工对企业的凝聚力，使企业员工行为取向与企业目标相一致，最大限度地激发员工的积极性和创造性。

五、典型案例

（一）燕京啤酒的“互联网制造企业管理系统”

北京燕京啤酒集团公司成立于1993年，作为大规模的上市制造企业，燕京啤酒一直非常重视自身信息化建设和信息管理水平提升，利用快速发展的互联网技术，建立高效的互联网制造企业管理系统。

燕京啤酒管理系统主要包括财务管理系统、销售管理系统、采购管理系统和存货管理系统，其功能结构如图10－4所示。当销售发票录入时，销售业务信息传递到公司财务处理系统，实现数据的共享和集成，给予各部门一定的管理权限，可以根据自身业务的需要及时、准确地获取财务方面的相关信息。销售部门、仓库部门之间也建立了数据共享平台，录入票据的保密信息之后，该平台会自动显示该票据的全部信息，有效识别票据的真伪，从而杜绝了“假票”现象的存在。可见，燕京啤酒通过互联网制造企业管理系统，实现了自身业务一体化，对各项业务进行了有效的控制，准确、及时地提供各种对内、对外的财务报表和管理报表。

（二）东阿阿胶的互联网信息管理系统

山东东阿阿胶股份有限公司前身为山东东阿阿胶厂，1952年建厂，1993年改制为股份制企业，1996年上市，是国内最大的阿胶生产制造企业。公司下辖一个核心公司，17个控股子公司，现有员工5600余人，总资产36亿元，总市值300多亿元。近年来，东阿阿胶积极推行互联网信息管理，并取得了良好的效果，为制造企业的长远发展奠定了良好的基础。

1. 建立了“以人为本”的竞争机制

东阿阿胶建立了基于互联网的管理系统，在人力资源的管理制度方面有了较大

① IT专家网．制造业OA系统五大经典案例问题［EB/OL］．http：//m. ctocio. com. cn/esoft/153/13032653_m. shtml，2014－08－01.

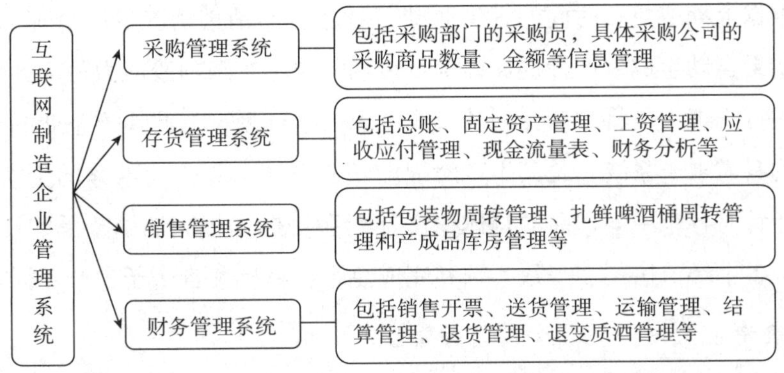

图 10－4 燕京啤酒互联网制造企业管理系统功能示意图

突破。公司注重激发每一位员工的工作积极性和创造性，给每位员工定制工作评价标准，使得每位员工都有明确的发展目标和发展空间，保证了每位员工具有平等的竞争和发展机会。

2. 以“供需链管理”为核心

东阿阿胶按照互联网信息管理的基本思想，重新整合了企业的供需链，将客户需求和企业生产信息，以及供需商相关信息整合到统一的互联网平台中，统一整合、规划企业内外可用的制造资源，形成完整、高效的企业供需链。由于建立了跨越部门与企业的供需链，东阿阿胶把材料供应商、产品制造商、分销商、零售商和最终用户整体都整合和集中起来，公司从整个市场环境与社会需求出发，科学重组外部与内部资源，显著地改善了公司物流、信息流的效率和有效性，同时降低了库存与生产成本。

3. 强化了客户关系管理

东阿阿胶的互联网信息管理系统，设计了科学的客户管理流程，注重与客户直接接触的前台领域，保证销售、营销及服务的效果。同时，依靠互联网管理平台，实现了跨部门的客户管理，不仅原来负责客户关系管理的部门（如销售部门、售后服务部门等）继续保持与客户的联系，而且其他部门（如设计部门、生产部门等）也参与到整个管理系统中，针对客户需求的变化也进行相应的调整，保证能够真正地满足客户需求。

4. 实现了生产体系的全面管理

东阿阿胶充分吸收了准时生产、全面质量管理等先进管理思想，并付诸实践，提升各个环节的管理水平。例如，东阿阿胶的生产计划子系统，是企业生产管理的入口点，根据上期或更长时间的销售业绩，对之后的销售情况进行合理的预测，并针对预测结果自动生成生产计划保证满足市场需求；东阿阿胶能力需求计划子系统，帮助企业进行管理人员将生产计划转换成能力需求计划，据此指导企业的生产过程；东阿阿胶物料需求子系统，是其生产管理的核心系统，将公司整体的生产计划分解成子计划，针对各个中间产品的具体生产计划和目标，相应地调整采购计划等其他环节，保证各个环节协同、一致，顺利完成总生产目标和各个子生产目标。

5. 在制造企业内实现了全员财务管理

东阿阿胶利用互联网系统建立了全面的财务管理系统，包括账务管理、财务分析、费用管理、成本模拟等诸多环节，把财务管理上升到整个企业管理的高度进行。例如，东阿阿胶的账务子系统，一方面对库存、生产、采购、销售等环节进行有效的管理，另一方面为公司领导决策提供重要的信息；财务报表子系统为各个部门提供了便捷，在获得授权之后可直接读取相关数据，迅速完成表内、表间数据运算，甚至可以定义不同的账务数据合并生成能够满足不同需要的财务报表，适用于公司的财务管理需求。

第五节　互联网对我国制造业影响的未来趋势及展望

一、互联网对我国制造业影响的未来趋势

通过本章以上分析可知，互联网与大数据、云计算等新一代信息技术正在加快与制造业深度融合，正在引发制造业生产方式、商业模式、组织结构与管理方式的深刻变革，从而对我国制造业发展产生重大而深刻的影响。展望未来，互联网还将对制造业产生其他更深刻的变革和影响。

（一）从硬性制造到软性制造的趋势更加明显

所谓软性制造，是指在制造过程中，不单单追求产品本身的价值，而是力求更多的附加值，进而拓展更多、更丰富的制造服务的系统解决方案。[①] 相对于硬件来说，软性制造强调产品的内置软件、附带服务等解决方案，它们往往是软性的、无形的，都是“看不见”的软实力，但是非常重要。相对于传统制造业，如今的制造业往

---

① 王喜文．未来制造业走向：渗透互联网思维［N］．人民政协报，2014－12－02.

往需要互联网技术支撑，并依靠这些互联网技术支持的软件控制硬件，对硬件产生极大影响。目前发达国家还提出“硬件复兴”，实际上硬件的复兴也是通过扩展软件的功能来实现的，依靠云端计算能力等软件技术，让硬件变得更加智能来实现。

软性制造不再仅将“硬件”视为影响制造的重点环节，而是更加重视“软件”在制造业中发挥的重要作用，通过制造服务化或提供系统服务，可为制造业创造更大的价值。因此，面对互联网革命的冲击，我国制造业在未来的发展过程中，将逐步放弃“硬件式”制造模式，更多地从软件、服务、附加值等角度，销售服务、提供系统解决方案等软性业务将得到更多的关注，制造企业也将凭此获取更多的附加价值。

（二）通过信息网络技术实现的制造业互通互联更加普遍

无论是德国正在推进的工业 4.0，还是美国正在实施的工业互联网，本质上都是为了实现制造过程的互联互通，使制造企业能够从互联网及时、全面地获取相关信息，对市场中个性化需求的变化迅速做出反应。互联互通既是网络经济发展的必然趋势，也是智能制造发展的内在要求。中国制造业发展也必须适应互联网革命的变革要求，走互联互通的数字化、网络化、智能化发展道路。根据 GE 工业互联网的实践，通过将机器、设备和设施群连接构成工业网络，然后将其与先进传感器、控制装置和应用软件相连接，实现人机之间、软硬件之间、机器与机器之间的互联互通。制造过程的互联互通：一方面能够帮助制造企业有效地把握市场变化，快速地响应需求改变；另一方面能够帮助制造企业进行快速重组、动态协同，最大化地发挥各种制造资源的功效。这样不仅能够提高产品质量，而且有效地缩短了产品投放时间，分担了基础设施建设费用、设备投资费用等，减少了经营风险。另外，通过制造过程的互联互通，还可将服务整合在制造过程，从而延展了产品的全生命周期，拓展了产业链，带来更多的新产业价值。

（三）互联网革命时代制造业协同创新趋势更加明显

创新始终是提升制造业水平和竞争力的根本性力量，无论是在工业经济时代还是在互联网经济时代，都是如此。但互联网时代与工业经济时代相比，技术创新的内容、模式和支撑平台等已发生重要变化。从内容上来看，制造业创新设计能力将得到进一步增强，信息化设计、过程集成设计、复杂过程和系统设计等共性技术将被发明、应用，一批具有自主知识产权的关键设计工具软件将得到开发应用，创新设计生态系统不断得到完善。制造业创新设计集群也将成为我国制造业产业集群的新生力量。伴随着制造业智能化、数字化、网络化的不断发展，各类创新设计教育将得到较快发展，消费者参与制造业创新设计的数量将大大增加。

在互联网革命时代，技术创新所依赖的互联网平台具有分布式、开放性的特点，这就使得相关研发者、生产者和参与者能够聚集到一起，进行协同创新，甚至可以形成全球性的协同共享系统，实现一种“互联网+”条件下的创新协同共享效应。这样一种新型创新模式，对我国制造业创新体系的重构无疑具有重要意义。据统计，我国高端科技人才的70%～80%集中在高等院校和科研院所，科技资源分布不均衡，尚未真正形成以企业为主体的产学研协同创新机制，影响了工业自主创新能力的提升。通过构建互联网协同研发平台，可以有效重构我国丰富而又分散的科技创新资源，充分发挥科技创新资源的协同聚集效应，实现更高水平的科技创新。通过互联网、云计算、大数据等技术，还可有效地整合制造业内部各产业的创新资源，通过建设一批产、学、研协同创新网络，大力发展众包、众创、众筹等协同创新模式，从而构建更加完善的工业创新体系。为此，我国要加快建立完善包括以创新中心为核心载体、以公共服务平台和工程数据中心为重要支撑的制造业创新网络；围绕制造业重大共性需求，构建政府与社会合作、政产学研用产业创新战略联盟等新机制、新模式，形成一批制造业创新中心或研究基地、公共服务平台以及专业化服务体系。

（四）绿色制造将得到更快发展

制造业绿色发展是我国经济整体绿色发展的重要组成部分。《中国制造2025》明确指出要“全面推行绿色制造”。互联网革命为我国制造业绿色发展提供了强有力的理念和技术支撑。互联网革命是对传统工业经济的一场深刻变革，这一变革的一个十分重要的方面是实现发展的绿色、循环和低碳，实现经济的可持续发展。从技术和产业层面，实现工业制造业的绿色发展，既需要工程科技的支撑，也需要产业结构和布局的优化。我国目前正在推进的控制和化解过剩产能、淘汰落后工艺设备和产品等，即是一种产业结构层面的调整。除此之外，绿色制造和发展还需要强有力的技术支撑。互联网技术的广泛应用为绿色制造的实现提供了强有力的支撑。借助互联网技术，通过构建循环经济体系建设绿色工厂，实现厂房集约化、原料无害化、生产洁净化、废弃物资源化、能源低碳化，实现近零排放。打造绿色制造产业链，力求在制造业的采购、生产、营销、回收及物流等环节都能够实现资源节约、环境友好的目标。建立有效的互联网绿色监管系统，加强对制造业企业的节能环保督察，推行制造业企业社会责任报告制度，保证制造业绿色生产互联督察网络的有效运行。

二、展望

制造业既是我国国民经济的主体，也是今后经济“创新驱动、转型升级”的主战场。目前，虽然我国已经成为世界第一制造业大国，但远未成为制造业强国，制造业竞争力不强，自主创新能力弱，部分关键核心技术缺失；产品质量不高，缺乏世界知名品牌和跨国企业；产业结构不合理，传统产业产能过剩严重，新兴产业供给能力不足；多数制造业产品处于附加值较低的“制造—加工—组装”环节，处于国际价值链低端。另外，制造业发展面临的资源环境约束越来越大。与此同时，我国制造业发展正面临着来自发达国家与发展中国家制造业发展的“双向挤压”。

我国正处于工业化中后期，促进制造业由大变强，提升制造业竞争力，是我国整个经济由大变强的根本保障。历史上的先行工业化国家，在推进工业化进程中大都伴随着制造业由大到强的转变。历史上每一次制造技术的重大突破，都深刻影响了世界主要大国的制造业竞争力和国际定位，并进而引起世界大国的竞争格局和兴衰交替。由于历史原因，我国曾与前两次工业革命失之交臂。正在兴起的互联网、大数据革命为我国制造业加快由大变强、提升产业国际竞争力提供了难得的“机会窗口期”。如果说高度强大的制造业是托起中华民族伟大复兴中国梦的坚强支撑，那么互联网及智能制造，则将为我国制造业走向强大提供强大的动力和引擎。面临新一轮工业革命的冲击，我国制造业正发生着巨大而深刻的变化，特别是互联网、大数据、云计算等新一代信息技术与制造业的深度融合，正在引发制造业生产方式、商业模式、组织结构与管理方式的深刻变革，并表现出诸多新的发展趋势。我国必须牢牢把握制造业加速发展的历史机遇，顺应制造业发展的基本趋势，加快实施“互联网+”发展战略，全面落实《中国制造2025》战略规划，以创新驱动发展为主题，以信息化与工业化深度融合为主线，以推进智能制造作为主攻方向，坚持质量为先，实现绿色发展，促进结构优化，强化人才支撑。到2025年，使我国进入制造强国行列；再经过20多年的努力，到2045年，使我国成为全球领先的制造强国，实现中国制造业的繁荣强大，成为实现中华民族伟大复兴的中国梦的坚实支撑力量。

（撰稿人：杜传忠　南开大学经济与社会发展研究院教授
杨志坤　南开大学经济学院博士研究生）

第十一章　互联网革命与我国农业现代化

互联网作为引领经济创新发展的新引擎，正在向各个行业全方位延伸和渗透，引发产业生产方式、商业模式、组织结构和营销方式等方面的变革，为产业转型升级和生产效率提升提供强大动力。农业作为国民经济的基础产业，也成为互联网作用的重要领域。加快推动互联网在农业的应用，将互联网技术与农业生产、加工、销售等各环节有效结合，对于促进我国农业生产方式、经营模式变革，加快转变农业发展方式，实现农业现代化具有重要意义。

第一节　互联网对我国农业生产方式的影响

农业生产方式是农业生产的基本方法与形式。其中，生产方法属于生产力范畴，主要通过生产工具、生产动力和基础设施等来体现；生产形式则是指生产的组织形式，属于生产关系范畴。互联网对农业生产方式的作用主要表现为促进智能农业生产方式和管理方式的形成，提升农业生产的标准化程度，实现新型高效设施农业生产模式以及构建农副产品质量安全追溯体系，保障农副产品安全等。

一、互联网形成智能农业生产方式

智能农业要求实现农业生产全过程的信息感知、智能决策、自动控制和精准管理，使农业生产要素的配置更加合理化，农业从业者的生产活动更有针对性，农业生产经营的管理更加科学化。现代管理知识与农业物联网技术相结合，为农户实现精细化种植、信息化管理、自动化控制和数字化决策提供强有力的技术支持。同时，随着物联网的发展演进，物联网技术下精准农业将得到越来越快的发展，农业生产过程的控制将更加精准，从而促进我国经验式农业生产向精准式农业生产升级。

一是在农业机械作业方面，基于 GPS、GIS 的现代信息技术装备到农场大型农业机械，实现农业机械自动驾驶、施肥、喷药和播种等。在农业灌溉方面，采用农田土壤水分数据采集和智能节水灌溉系统，实现灌溉的智能化、可控化。新疆农十师物联网智能灌溉系统是我国较为先进的基于互联网的灌溉系统，它利用土壤温湿度传感器和智能气象站等先进设备，能够实现远程监控土壤墒情、酸碱度、养分、气象信息等，进而达到自动预报旱情、智能决策灌溉用水量、自动控制灌溉设备等智能功能，最终实现精耕细作、准确施肥、合理灌溉的目的。①

二是在田间管理方面，把遥感、视频等先进技术应用于田间作物生长监测和农业管理系统，实现农作物生长动态监测和人工远程精准田间管理。在病虫害及自然灾害防治方面，依托地面自动气象观测站、数字化天气雷达、病虫害数据录入系统及病虫害数据管理测报专家系统，实现病虫害及自然灾害监测与预防的智能化。另外，种植前借助互联网、电商平台、专家库等选择适宜的种子、化肥等农资产品，提高使用农资产品的质量。例如，萧山舒兰农业有限公司的蔬菜智能化控制系统，实现了即时、准确掌握装有无线传感节点的大棚内的太阳光照强度、气温、空气湿度、土壤水分和土壤温度等蔬菜生长的外界因子数据，通过远程信息智能控制系统可以方便操作电磁阀、卷膜、风机、遮阳网、湿帘等的开启和关闭，自动控制温室大棚灌溉系统、通风系统，实现灌溉、施肥的智能化作业和温度、湿度的自动调节。②

三是在智能化农业生产管理平台方面，互联网带来的农业智能化浪潮，以计算机为中心，对当前信息技术的综合集成，集感知、传输、控制、作业为一体，依靠互联网、移动互联网和物联网等应用技术对传统农业机械进行改造升级，进而搭建信息化智慧农业管理平台。通过大量的传感器节点构成监控网络，通过各种传感器采集信息，帮助农民及时发现问题，并且确定发生问题的位置，最终准确地指导农民的生产。基于地理信息系统的土地资源管理系统，实现了对土地管理、经营、使用的可视化管理；以地理信息系统为基础，建立林地管理信息系统、森林防火指挥和水利防洪系统，实现对林地管理、森林防火和水利防洪指挥的信息化。由此，农业将逐渐地从以人力为中心、依赖孤立机械的生产模式，转向以信息和软件为中心、大量使用各种自动化、智能化、远程控制机械设备的生产模式，从而极大地提高农业生产效率。例如，北京市密云县完成的县级农业资源管理信息系统，北京市最近

---

① 新浪网．基于农业大田信息监测系统的大田智能化种植管理解决方案［EB/OL］．http：//blog. sina. com. cn/s/blog_ a00b80f90101m9pg. html，2013 -10 -15.

② 三亿文库．现代农业智能化应用实例［EB/OL］．http：//3y. uu456. com/bp_ 0icec2gawm6d7jn4l239_ 1. html，2013 -08 -18.

完成的基本农田信息管理地理信息系统，以及中国农科院土肥所开发的中国土壤肥料信息系统，都是在 GIS 软件平台上实现的。[①] 但是，目前我国对“精细农业”技术的研究处于起步阶段，还没有将 DGPS 和 GIS 很好地结合起来，管理农田内作物生长空间信息的应用系统有待于进一步研发。

二、互联网提升农业生产的标准化水平

农业标准体系以农业技术标准为主，同时包括农业管理标准和农业工作标准。运用互联网等信息手段宣传引导，可提高国内农业标准化意识；借助互联网聚合的优势，完善农业标准制定和修改工作；通过互联网改善标准监管方式，有效保证农业标准的推行与示范。

第一，利用互联网建立农业标准信息库。利用互联网、云计算等先进的信息技术，建立覆盖面广泛、针对性强的农业标准信息库，采用行业研究智库与先进信息处理技术结合的方式，建立统一、标准、规范、精准的数据系统，能够为农业发展提供有效的行业研究标准和相关数据，为农业进一步的发展战略提供流程指导和农业标准动态数据库资源。

第二，利用互联网建立农业标准使用规程。借助互联网平台，充分发挥科研、教学、管理、生产等各单位的技术力量，组织制定农产品生产、病虫害防治、检验检疫、农产品加工、农村资源环境保护以及种植养殖等农业各类技术和管理标准规程。例如，海华云都生态农业股份有限公司建立的奶牛养殖的智能化标准饲喂系统，以计算机为控制中心，以饲喂站作为控制终端，以称重传感器和射频读卡器采集动物信息，根据科学公式运算出饲料日供量，再由控制器控制机电执行部分精确下料，实现标准化养殖。[②]

第三，发展精准化标准生产方式。在基础较好的地区，尝试普及网络化农业环境监测系统，从环境感知、实时监测、自动控制等方面开展精准化标准生产。在农产品大规模、集中生产的区域，可构建农业物联网测控体系，有针对性地实施智能节水灌溉、测土配方施肥、农机定位耕种等精准化作业，提升特定区域内农业的快速增产。在畜禽标准化规模养殖基地，以及水产健康养殖示范基地，可以利用互联

① GIS 资源网站．基于 GPS 和 GIS 的农田空间信息系统管理［EB/OL］．http：//www. arceyes. com/down/gisscheme/html/1561. html，2015-04-27.

② 中国奶业信息网．奶业网·走基层——海华云都生态农业股份有限公司三分厂［EB/OL］．http：//www. chinadairyindustry. org. cn/view. asp? id=6837，2013-10-22.

网开展疾病自动诊断、饲料精准投放、废弃物自动回收等精准养殖的普及。[①] 例如，佳乐九峰奶牛场建立了自动化生态养殖系统，引进德国 Westfila 48 位转盘式挤奶系统、以色列全自动 TMR 配料系统，建设奶牛场监控管理系统，跟踪分析奶牛场每一头奶牛的产奶、疫病、受孕等情况，有效集成实时数据与奶牛场管理系统同步，实现自动分群管理，全面推行精细化、标准化生产。[②]

三、互联网创新高效设施农业生产模式

高效设施农业是利用人工设施，创造出的最适合农作物生长需要的条件，或人工模拟农作物生长的自然环境以实现人工控制条件下的作物生产，从而更好地满足人们对高效农产品的需求。高效设施农业是进行集约化种植业生产和养殖业生产的农业生产方式，有利于实现农业高产、高效和优质生产。互联网有利于创新高效设施农业生产模式：第一，通过互联网实现对设施农业温室环境的有效控制。在作物温室环境控制方面，利用信息技术搭建棚室智能控制系统，能够实现对园区温室内的温、光、水、营养元素等因素进行自动化检测，同时根据作物生长状态实时、智能地调控温室环境。在畜禽养殖场环境控制方面，通过计算机控制畜禽舍内温度、湿度、空气质量、畜禽群密度和均一度以及整套设备运行状况，实现全程标准化、智能化运行。在水产养殖方面，依靠农业物联网等先进技术，积极配置实时远程监测，对水产养殖环境进行全面、实时、在线的监测，保证处于良好的养殖环境。例如，聚宝湾农业科技有限公司研发的基于物联网技术的智能温室示范系统，依托物联网技术，配上相应的控制设备及软件，对大棚内种植的西红柿、黄瓜等作物，进行远程网络监测和控制，根据每个区域的温度、土壤湿度、光照强度等诸多环境参数，自动控制温室大棚内的灌溉系统、通风系统，实现灌溉、施肥智能化作业和温度、湿度的自动调节，达到农业生态信息数据实时、精确等数字化管理。[③]

第二，通过互联网实现对设施农业生产的有效管理。在作物育苗方面，运用农作物育种的信息化和自动化技术实现工厂化育苗。在作物水分和营养液灌溉控制方面，通过对基质含水量、植物根系分布、生长速度、地上部生长状况等监测，依托

---

① 国务院．国务院关于积极推进“互联网+”行动的指导意见［EB/OL］. http：//www. gov. cn/zhengce/content/2015-07/04/content_ 10002. htm，2015-07-01.

② 三亿文库网．互联网农业典型案例［EB/OL］. http：//3y. uu456. com/bp_ 6i0a731hch9f98j84o18_ 1. html，2015-06-20.

③ 秀洲农业信息网．秀洲区农机科技项目顺利通过验收［EB/OL］. http：//www. agxz. com. cn/html/njgl/hydtview/19194. html，2013-01-31.

农业专家系统进行模糊综合判断，实现肥水灌溉的智能化控制。在畜禽养殖方面，利用物联网等现代信息技术，实现畜禽养殖自动送料、饮水、产品分检和运输，畜禽发情、配种、分娩、死亡自动监测与管理。在水产养殖方面，采用物联网、计算机等信息技术搭建的养殖管理平台，实现对鱼、虾、蟹、鳖、参、贝等不同养殖品种的池塘管理、饲料投喂、饵料配方、疾病预防等进行计算机化的日程管理。例如，桐乡春耕蛋鸡合作社推行的智能化操控全自动蛋鸡养殖系统，建立了四条智能化操控全自动蛋鸡养殖流水线设备，饲料、鸡蛋、鸡粪分开自动输送，充分节约能耗，提高劳动生产率，提高蛋料比，可增加养殖利润 55.12 万元。[①]

第三，通过互联网实现对设施农业经营的有效操控和管理。设施农业生产者及组织通过搭建设施农业管理与经营服务平台，实现对设备、物资、生产、技术、质量、销售、财务等进行信息化管理，对农产品市场进行科学预测分析。另外，借助互联网服务平台可及时发布供求信息，促进农产品与超市对接，实现农产品在线交易等。

四、互联网完善农副产品质量安全追溯体系

2015 年 2 月国务院印发的《关于加大改革创新力度加快农业现代化建设的若干意见》中明确提出，“提升农产品质量和食品安全水平”。安全问题既是我国农副产品生产经营的最大难题，也是举国关注的焦点问题。借助互联网技术，农民可对生产过程中的花费、农药等的使用加以控制，使所生产的农产品摆脱超标化肥、农药的困扰，从而提供更多质量合格、绿色环保的无公害农副产品。从产业链角度来看，借助现有的互联网技术与资源，构建质量安全追溯服务平台，对农产品的质量问题给予充分的重视，全面推进农副产品质量标准的建设，并辅之以完善的产地准出与市场准入衔接机制。将二维码、移动终端、物联网等先进信息技术和设备，在农产品的生产加工、流通销售等诸多环节进行推广应用，消费者可准确了解所购买农副产品的追溯信息，包括耕种地点、采摘时间、采摘人、包装日期等。政府监管部门据此建立上下游追溯体系，实现农副产品生产全过程可追溯，有效保障农产品的质量与安全。例如，“香稻嘉鱼”大米在生产过程中，通过与移动互联网连接，通过“决不食品联盟”免费提供的决不食品标志，其内含有二维码，手机一扫就会进入

① 自贡三农网．智能化养殖推动现代蛋鸡业跨越式发展［EB/OL］．http：//www.zg3n.gov.cn/htmls/201207092805.html，2012－07－09.

香稻嘉鱼大米的互联网页面，页面上有食品安全公开承诺视频、7×24 小时种养基地实时监控视频、食品安全责任险保单图片、食品安全有奖监督基金的公开信息等相关资料，有效地保证了食品的安全。①

五、典型案例

（一）联想佳沃——工业化种养殖及 ODM 模式

佳沃集团是联想控股的现代农业公司，主要从事现代农业和食品领域的投资和相关业务运营。目前，佳沃集团是中国最大的水果全产业链企业，在海外及中国拥有规模化的蓝莓和奇异果种植基地，拥有领先的种苗繁育中心、工程技术中心、分选加工中心、冷链物流平台和品牌营销网络，同时也正在茶叶、葡萄酒等领域进行投资和业务布局。

1. 利用互联网技术不断推进工业化种养殖

联想佳沃一直在积极推进“农业工业化”，让农民学会标准化种植。目前，精准农业已经在部分具有良好市场基础的高端农产品部门得以实践，例如，与联想佳沃合作的北菜园，在种植中全程控制大棚种植的相关指标，其有机果蔬质量被各级检验机构认可。在联想佳沃依靠物联网技术构建的工业化种养殖模式下，北菜园农业养殖的全程可追溯能够得以实现。种养殖全过程都处于物联网监测和控制下，可进行全程数据采集，有效解决消费者最关心的食品安全问题。目前，北菜园的有机果蔬，全部可通过扫描二维码实现全程追溯，这种标准化的全程监控生产方式，使得其迅速赢得了消费者的青睐。

2. 借鉴 IT 行业的 ODM 模式

ODM 代表“原始设计定制供应商”，它较好地综合了佳沃农业目前的两种发展模式，即示范园和托管。在企业化的农业基地里，佳沃派驻专业的评管人员，进行农资的统一购置和管理，完全按照佳沃的标准进行，保证品质。联想佳沃以全球化的视野和 IT 方面的技术及思维来理解整个农业价值链，推行原始设计定制供应商，给农业带来了新的发展模式，传统农业运营模式正在被逐渐颠覆。

（二）多利农庄——互联网有机农业标准生产模式

多利农业发展有限公司成立于 2005 年，总部位于上海，目前主要在上海和北京

---

① 华龙网. 互联网+农业：一个农民的典型案例［EB/OL］. http://two. 9121. com/newsweb/news. shtml?url=http%3a%2f%2flife. cqnews. net%2fhtml/2015/03/10/content_ 33655665. htm，2015-03-10.

销售有机蔬菜。经过10余年的发展，多利农庄已经成为专业从事有机蔬菜种植和销售的著名企业，在国内具有了较强的品牌影响力，并追求打造中国都市有机农业第一品牌，提供安全、天然、健康的有机蔬菜，倡导低碳、绿色、环保的生活理念，为城市居民的生活提供有力的支持。

1. 标准化的农业生产模式

2012年，多利农庄就已获得多项国内、国际知名认证体系的认证，如国环有机产品认证中心、ISO9001质量管理体系、ISO14001环境管理体系、HACCP食品安全管理体系及中国GAP友好农业规范管理体系等。多利农庄采用直供会员的服务模式，真正能够实现"从田间到餐桌"，保证种植、包装、配送等各个环节都得到严格监控，全面保证有机蔬菜达到既定标准。基于10余年有机种植的丰富经验，结合已经培育的现代企业管理优势，多利农庄积极进行物联网、互联网的深层次应用，率先在北京开展优质有机蔬果的网络销售。同时，与中国联通等知名企业合作，运用先进的物联网和云平台等信息技术，结合中国联通丰富的数据库系统，全力建设"智慧农庄"，实现有机食品质量全程可追溯，以及现代农业系统综合管理，保证每一位消费者能够从自身的移动终端进行监督，消除消费者的后顾之忧。

2. 建立会员制绑定客户及合作伙伴

经过10余年的发展，多利农庄已经具有了较大的有机蔬菜市场份额，拥有众多会员，如在上海有50多个企业会员，1万多个个人及家庭会员。可以说，多利农庄已经在上海、北京建立起了广泛的会员体系，通过会员制有效地绑定相关客户及合作伙伴，为企业的发展奠定了良好的市场基础和合作支撑力量。

3. 构建有机农业标准生产流程及示范基地

目前，多利农庄正在利用物联网等信息技术，装备自身种植系统，实现生产自动化和可视化，加快种植、仓储和物流等方面信息化的推进步伐，促进企业的规模扩张和集约发展。早在2012年，农业部就指定多利农庄为首届"全国都市现代农业现场交流会"主要展示基地，并得到了政府的认可。之后，多利农庄进一步推进自身建设，"物联网农业应用示范基地""都市休闲观光农业示范基地""低碳农业示范基地"等不断涌现，培育了显著的核心竞争力，成为我国现代农业企业的代表之一。

第二节　互联网创新现代农业销售模式

现代农产品的营销主要通过两种模式，即渠道流通销售模式和直接专营销售模式。在互联网时代，可通过农产品电子商务交易平台和农产品新型物流交易体系的构建，实现对农产品销售模式的创新。

一、互联网构建农产品电子交易平台及物流交易体系

（一）互联网促进农产品电子交易平台的建立

随着智能移动终端的发展，农业电商发展所需的外在基础日臻完善，农业电商平台削弱了长期困扰市场的信息不对称问题，削减了产品到达用户的中间渠道环节，降低了购销双方大量的时间和经济成本。通过互联网能够有效整合农业生产者、经营者和消费者，搭建农产品交易电子商务平台，为众多农业企业提供优质的交易网络平台。通过互联网搭建农业生产者和经营者的桥梁，试行“家庭会员宅配”或者“订单农业”模式，把双方紧密结合起来，有效保障农产品供销渠道的畅通，降低交易成本，增加农民收入。通过互联网采购和营销，可超越农业地域界线，打破信息不对称和地理区域所造成的交易壁垒。

（二）互联网构建农村互联网物流交易体系

2015 年 2 月，国务院印发《中共中央国务院关于加大改革创新力度加快农业现代化建设的若干意见》，该意见明确指出“创新农产品流通方式”，而互联网信息传递方式的扁平化、透明化特点，在很大程度上克服了传统农业发展方式下由于产销产业链较长而造成的信息不对称等缺陷，从而有效推进了农产品流通方式创新。在互联网作用条件下，农产品互联网物流交易出现两种主要方式：一是基于互联网技术和物流配送系统的大型农产品交易集散中心的建立，这种集散中心将集储运、批发、交易、拍卖等多种功能于一身，依托互联网数据，实现实时行情交易。例如，海吉星是以全品类农产品批发交易为核心，涵盖加工、配送、仓储、物流、进出口贸易、通关、商检、标准化拍卖、金融等增值服务的综合服务平台。二是以大宗交易为主的批发销售电商交易平台，以阿里巴巴为代表，农产品的大宗消费特征催生了以大宗农产品交易为主要特征的电子交易平台。根据大宗农产品及其交易特征，在线上提供信息服务，达成交易契约，线下完成农产品代加工、物流配

送与交割、结算及所需的垂直服务。[①] 到2014年底，我国农产品网络交易额已超过1000亿元，占农产品销售额的3%，我国涉农电子商务平台数量已超过3000个，呈快速增长态势。[②]

二、互联网实现对农产品市场的有效预测与开发

（一）借助互联网，可有效控制农产品市场风险

在一般情况下，农业由于种养殖期较长，市场预测偏差较大，作为农业经营主体的农民及农业企业，很难对未来的市场经营行情做出准确判断。在互联网时代，基于大数据支持的市场分析，将大大提高农产品市场预判的准确性，从而降低农牧企业的经营风险，降低农业生产型企业的原料成本。以生猪养殖为例，通过大数据技术，不但可以将猪的生长情况实施全程监控，还可有效了解猪的出栏时间、对接商超、预期收益等信息。养殖企业和屠宰企业能够有效了解市场行情，实现市场信息的透明度和有效沟通。另外，通过大数据和云计算对养殖周期进行预测。利用云计算、大数据对相关情况的庞大数据进行研究、分析、判断，建立信息系统，对行情的走向进行有效预估和预警，可有效降低养殖周期对企业和农民的影响。例如，甫田网于2009年创立，2013年销售额近5000万元，是我国现有生鲜电商中盈利突出的企业。甫田网的策略是基于互联网信息系统，投资和控股近郊的有关农场，以此保证产品的有序供给。这样既解决了农场生产计划的可持续性，也减少了线下管理农场的环节，更重要的是保证了农产品的有效供应，避免了出现供应不及时造成的市场风险。[③]

（二）借助互联网，可有效掌控农产品消费变化趋向

通过对农产品大数据的精准分析，能够有效把握消费者的现实需求和潜在需求，从而针对需求信息安排农产品生产，提供相应的市场供给。互联网还使农产品企业与客户之间实现适时、实时对接与沟通。目前，国内不少农业企业的微信、微博平台已获得了良好的粉丝基础，基于粉丝团进行了针对性的产品调研，发挥粉丝的力

---

① 搜狐网．电子商务与大宗农产品交易平台创新模式［EB/OL］．http：//mt. sohu. com/2015/06/29/n415846148. shtml，2015－06－29.

② 数据来源：科学网．2014年全国农产品网络交易额超1000亿元［EB/OL］．http：//news. sciencenet. cn/htmlnews/2015/07/322853. shtm，2015－07－15.

③ 东方财富网．田野电商再破局［EB/OL］．http：//finance. eastmoney. com/news/1670，20150113467206287. html，2015－01－13.

量参与最新农产品的开发、设计，从而使最新农产品生产具有了更广泛的市场基础，也更好地对农产品消费变化趋向加以掌控。例如，互联网坚果销售量排名第一的“三只松鼠”，紧盯“80后”、“90后”等时尚人群。品牌形象十分有特点，是童真、可爱的动漫小松鼠，又以森林绿色和高端黑色做主打色，形成基础、直观的品牌记忆点，同时抓住坚果益智等优势，有效把握了消费者对坚果的需求。[①]

三、互联网有助于打造知名农业品牌

（一）互联网平台为快速塑造农产品品牌创造了有利条件

由于几乎每种农产品都有独特的地理条件，因此农产品具有一定的地方特色，打造农产品品牌，走品牌化发展之路就成为农产品摆脱地理区域限制的必由之路。在互联网时代，各种新媒体是农产品品牌营销的最佳工具。依据农产品的地理条件、人文背景、城市文化、产品知识、历史典故等，打造各具特色的农产品品牌，同时借助社会化新的网络媒体平台，可迅速扩大农产品品牌的影响力。“褚橙、柳桃、潘果”都是借助微博、微信等互联网平台迅速成功的案例。再如，“三只松鼠”是互联网森林食品品牌，代表着天然、新鲜以及非过度加工，主要销售坚果，上线仅65天销售就在淘宝天猫坚果行业跃居第一名；成立仅1年，营业额就达到3亿元，2013年“双十一”当天就销售3562万元。[②] 可以预见，今后会有更多的农产品“网络品牌”出现，特色农产品将通过网络平台不断涌现，社会化媒体将成为农产品营销的新战场。

（二）互联网平台有利于快速做大做强品牌农业经营主体

依靠互联网平台，围绕畜牧、蔬菜、林果等主导农业产业，可有效地培育、扶持有较强开发加工能力和市场拓展能力的农业品牌经营主体。充分发挥基地建设、网络订单、股份合作等多种发展途径的作用，鼓励企业、合作社与农户签订稳定的产销合同，建立长期的服务契约关系，以品牌为发展根本，以网络平台为发展载体，将各方参与者联合成利益共同体，整合小生产，对接大市场，从而做大做强品牌农业经营主体。例如，中国第一家透明溯源农业品牌——乡土乡亲，依靠互联网平台与技术，推行契约式种植，积极发展经营主体。在“生产—营销—交易—服务”的

---

① 新浪网．互联网农业的三大模式［EB/OL］．http：//blog. sina. com. cn/s/blog_ 8d69118b0102vupc. html，2015-08-28.

② 东方财富网．史上最经典的营销案例 中外相比谁更牛？［EB/OL］．http：//finance. eastmoney. com/news/20150410495533555_ 0. html，2015-04-10.

闭环中，乡土乡亲以契约种植的合作方式整合生产基地，做到将生产者实名制、供应链透明化，并通过传统互联网、移动互联网让营销变得简单、可信，从而实现茶叶品牌化。①

四、互联网创新龙头企业产业化经营模式

农业龙头企业以农产品加工或流通为主营业务，与农户建立起密切的合作关系，集合分散的农户，使农产品的生产、加工、销售等各个环节实现整体的相互配合、相互促进，从而使得企业自身规模和经营指标达到规定标准，得到政府部门的认定。依靠互联网，可以有效地推进农业龙头企业产业化经营模式。

一是在生产环节方面，龙头企业依托互联网手段，通过便捷的网络平台，快速、准确地反映市场供求变化，在自身的种植过程中，运用先进的科学技术，辅助农民进行生产决策，引导小农经营向规模化、集约化方向发展，实现龙头企业带动整个农业发展的目标。

二是在加工环节方面，龙头企业积极运用先进的信息技术，对采购、订单、加工、仓储、运输等诸多环节实行一体化管理，首先在企业内部实现生产、加工、流通等各环节的信息顺畅，实现内部资源合理配置，促进企业的科学、高效管理。

三是在销售环节方面，利用射频、传感等相关技术，保证快速传递农产品的流通信息，最大可能地减少物流损耗，显著提高流通效率；引入商业智能和数据仓库等相关技术，龙头企业率先开展农产品销售的大数据分析，为农产品销售提供有效的市场决策，最大可能地规避销售环节的市场风险；全力打造依靠互联网的电子商务和网络化营销模式，突破地域和时间制约，实现农业生产要素的有效流动，构建高效的农业产业链。

四是在消费环节结合方面，利用物联网技术，龙头企业率先深化农产品安全全程追溯系统，对农产品的最初来源、经过环节、增值过程，全部进行标识或者信息编码，将所有信息以透明的方式传递给每一位最终消费者，让消费者除了享受到高品质的农产品之外，还能够全面了解到相关质量信息，全面推进“放心消费”的理念。

---

① 生态农业网．乡土乡亲的品牌故事［EB/OL］．http：//www. stny. cn/trz/al/2481. html，2014 - 04 - 16.

五、典型案例

（一）云农场——扎根农村、深耕农业的网上农资商城

云农场作为一家典型的网上农资商城，扎根农村、深耕农业，经过一年的发展，业务范围已经覆盖我国10多个农业大省，得到了农民朋友的一致好评，成为“互联网+农业”的典型成功案例。

1. 利用网络平台销售化肥

云农场利用互联网技术，建立了有效的化肥销售体系。“云农场”的化肥从大厂家直接订购的，不仅价格比市场上卖的每袋便宜20%～40%①，还能保证化肥质量。农民可以通过手机、计算机等客户端上网注册、购买，或用云农场服务站的账户下单。另外，云农场还建立村镇服务站，招募站长指导、帮助农民在网上进行农资买卖。目前，云农场已具备1.6万个村镇服务站，互联网的应用已经全面展开，保持了良好的发展态势，上网买农资日益成为当地农民的常态。

2. 建立“乡间货的”克服交通问题

云农场开发了农村版的“滴滴打车”——“乡间货的”。设计研发了“乡间货的”手机客户端，并不断简化、更新，“乡间货的”的认可度不断提升。云农场组建较具规模的“乡间货的”司机队伍，全面覆盖农村市场。除了配送农资以外，云农场的司机还承揽了京东、宅急送等物流公司的部分快递业务，发挥经济外部性获得更大的收益。从2014年2月上线至今，云农场已拥有数百家知名农资企业、上千个农资品牌入驻，注册用户数更是超过了100万，已经成为我国最大的网上农资商城，展现出了很好的发展潜力。

3. 建立农业互联网高科技综合服务平台

云农场对自身的定位，绝不仅仅是网上农资商城，而是农业互联网高科技综合服务平台。云农场通过开发网络平台，各种增值服务受到农民的热烈欢迎。在卖农资的同时，云农场提供诸多免费的增值服务。例如，云农场联合银行推出小额贷款“云农宝”，上线以来已经为农民提供低息贷款1亿多元②；与农业部农机推广中心合作开发“农技通”，让农业专家在网上实时指导农民；建立县级配肥站，邀请

---

①② 第一农经网．“云农场”给农业带来什么？［EB/OL］．http：//news.1nongjing.com/a/2015/04/10/79849.html，2015-04-10.

农业专家测土配方，为农民提供有针对性的配肥服务；开设网上农产品交易平台“丰收汇”，建立农民与采购商的良好交流渠道，避免了中间环节造成的成本浪费和低效率低下。

（二）本来生活网——褚橙的个性化定制包装营销

本来生活网成立于2012年，致力于与你共同行动，力所能及地改善中国食品安全。褚橙是本来生活网营销的典型成功案例，通过一系列个性化的定制包装，以幽默、娱乐的方式与消费者进行互动，迅速笼络到了大批年轻消费者，树立了极好的品牌口碑。

1. 把产品包装变成营销工具

“把包装变成一种营销工具”是褚橙的核心营销手段。褚橙的个性化表达方式——以幽默、符合网络语境的方式，让年轻人觉得这并不只是橙子，更是一种身份、品位的象征。通过发散式的营销宣传，并通过微博等网络渠道进行互动，褚橙的个性化标语包装一经发出就得到了年轻消费者的热烈追捧。

2. 供应链的全国性布局

除了强调“本来生活网是褚橙唯一授权的网络销售平台”之外，本来生活网还积极借助褚橙的品牌优势，积极在全国范围内进行自身供应链的布局。2012年10月15日，褚橙开始进行网上销售；10月20日，在上海、广州等地，本来生活网同步运营。目前，本来生活网的物流体系已经覆盖22个城市。另外，在全国范围布局食品冷链，也是本来生活网的重大布局战略。

第三节　互联网优化农业经营管理与服务体系

目前，导致我国农业生产率与整体经济效益不高的一个突出制约因素是农业经营管理和服务体系不健全，导致市场信息不畅通，信息资源开发利用率较低。互联网凭借便利、实时、感知、物联、智能等诸多优势，为农业经营、管理体系，以及服务体系，提供精确、科学的信息支持，从而促进我国农业经营管理体系和服务方式的现代化。

一、互联网优化农业管理体系

（一）互联网提升农业生产经营管理水平

现代农业要求以智能化工业设备装备农业，以先进科学技术改造农业，以产业链、价值链、供应链等现代管理方式经营农业。借助互联网，可有效建立包括农资经营单位管理、农产品生产基地管理、农业投入品管理等在内的现代经营管理系统。例如，在农场管理中，借助互联网，可建立农场总部与下属分场的管理网络和农场的企业资源计划系统，通过互联网实现农场总部和下属分场之间的采购、管理、财务和生产计划管理等信息的共享和业务协同。[①] 面向农业企业、农业合作社、农民个体户等经营主体，互联网可提供全面的操作平台与应用接口，通过整合各类农业信息资源，实现农业数据的数字化传输、储存与处理，搭建精准、及时、全程顾问式的经营管理平台，从而显著提升农业生产经营管理水平。

（二）通过社群化运营，构建新型农业生态圈

资金、劳动力、土地、技术是农业生产经营的四大基本要素。互联网将散落在各地的分散需求聚拢在一个平台上，形成新的共同需求，这对农业用户来讲，实际上是形成了一种新的社交关系。通过加入农业经营主体、农资厂商、农技推广人员等其他参与要素，搭建起自己的交流平台和社交圈。将网上高质量农技、资金等服务，通过互联网建立的农业社交平台，嫁接到农业的网络服务中，以服务于农业经营主体的生产经营活动。同时，通过互联网农业社交平台，打通农业上下游及相关服务，并将这种服务嫁接到合作社、种植大户等主体层面，将传统农耕下分散、独立的农民交流方式，转变为整体、系统的平台交流，从而大大扩大了农业管理范围，提升了农业管理效率。例如，农管家 App 建立了农业之间的社交平台，农户可在平台上自由创建讨论群组，建立自己的交流圈子，可在手机上传种植作物的图片，描述其生长情况和病情，几分钟后便获得平台专家的解答。[②]

（三）互联网形成农业合作社新型服务和管理模式

农业合作社已成为我国目前重要的农业经营主体，在农业发展中发挥了重要作用。农业合作社以专业大户和技术能手为骨干，以从事专业生产的农民为主体，对内提供各种生产相关服务，对外推行商业化经营模式，追求整体经济效益，减少市场风险，增加农户收益。在互联网时代，借助互联网与大数据等信息平台，可形成农业合作社的新型服务和管理模式。一是用现代化网络通信、计算机及空间信息技术建设合作社办公系统，实现合作社办公、成员管理及农业经营等的信息化，从而

---

① 人民网．“互联网＋”现代农业的主要模式与措施［EB/OL］. http：//www. qyny. gov. cn/html/main/nyltView/2015/09/32533. html，2015－09－06.

② 中国网．农管家创新农业互联网服务平台 决胜新型农业经营主体成长［EB/OL］. http：//science. china. com. cn/2015/08/07/content_ 8138355. htm，2015－08－07.

提高农业合作社的管理水平；二是通过建设网上农业专家系统，为合作社成员产前、产中、产后提供及时、科学的指导；三是通过建设合作社网站和电子商务平台，通过网站发布农产品价格信息，提供在线销售，大大提升合作社农产品销售效率。例如，截至2014年底，延庆县运营合作社265家，成员总数15001户，辐射带动非成员农户26937户，总收入55406.3万元，成员从合作社获得户均纯收入2.3万元。通过合作社开展网络营销，使得延庆县实现了信息化的农业经营管理，并借助合作社电子商务平台实现了品牌的集中销售，农产品销售效率得到了显著提升，有效增加了农民收入。①

二、互联网创新农业技术与机械服务体系

农业技术与机械服务方式相对落后是制约我国农业经济效率提升的重要因素。借助互联网，可有效改善我国农业技术及农机服务方式，提高农业技术与机械服务效率。

（一）互联网改善农业技术服务体系

借助互联网，可通过以下途径建设更加有效的农业技术服务体系。

第一，依靠互联网建立农技知识库。运用云计算、数据挖掘等技术，收集处理作物苗情、土情、肥情、病虫害、气象、生态、畜牧、水产养殖及各种灾害等方面的大量数据，并通过互联网收集农业专家、生产者和其他人员的智慧和经验，收集整理农业生产规律和相关知识，共同形成农技知识库，为广大农民提供全面的农技知识。

第二，建立农技专家库。基于网络技术开发建设农业专业领域的科技专家库，收录农技专家信息，农民通过专家库查询相关专家，并为其答疑解惑，指导农业生产。例如，农管家App通过设置权威专家、农艺师、一线专家的三层专家体系，以及南北方不同作物的维度，将最先进、最实用的农技课程进行层层渗透和传递，有效指导农民进行生产作业。②

第三，建立互联网农技专家诊断系统。运用互联网及多媒体技术，通过农技专家在线跨区域向农业生产管理提供咨询服务，对农业病虫害实时诊断，指导科学生产。例如，中农问科技（北京）有限公司负责开发的全球首款移动农业远程诊断手

① 北京农经网．关于延庆县农民专业合作社电子商务发展情况的调研［EB/OL］．http：//www. bjnyzx. gov. cn/ywnew/2015/04/23/t20150415_ 349896. html，2015－04－23.

② 中国网．农管家创新农业互联网服务平台 决胜新型农业经营主体成长［EB/OL］．http：//science. china. com. cn/2015/08/07/content_ 8138355. htm，2015－08－07.

机 App——“农医生”，打造农业专家与农民有效的互动模式。在农医生平台中，农业专家、学者等进行充分的交流与争论，贡献丰富的知识和实践经验，农民朋友得到最优的种植解决方案，实现自身种植水平的提升。[①]

（二）互联网创新农业机械服务体系

农业机械制造的现代化水平直接影响农业生产效率。在农机工业总产值方面，从2004年的854亿元增加到2013年的3571亿元，连续10年保持了两位数的增长态势，目前已经位居世界第一，农作物耕种收综合机械化率达到61%[②]。在互联网作用下，特别是随着我国机械制造的智能化、数字化、网络化水平的提高，农业机械智能化水平将得到进一步提高。与此同时，借助互联网、物联网等信息技术的应用，还将大大提升农业机械服务水平。

第一，加强农机监管。依靠互联网建立农机信息系统，完善农机信息上报制度，加强农机管理部门和农机用户、生产者的联系，发布最新的农机科技信息和农机发展动态，管理和规范农机市场。

第二，提供农机远程服务。运用互联网通信技术、定位技术，实现了农机作业定位、远程调度、信息服务、安全管理、呼叫中心和专家咨询等多项功能，构建较为完善的远程农机服务体系。

第三，提供种植、养殖等的机械化服务。通过互联网和物联网，可有效开展农机跨区域作业，提升农机使用效率。例如，“农机通”是“农业机械远程控制管理与农机化信息服务系统”的简称，它是基于现代计算机和信息技术，如中国联通的手机定位技术，能够对农机进行远程定位和调度，并能够提供相关的信息服务，保证农业生产的安全性，且能够建立与农业专家交流、咨询等多项个性化功能，有效地满足了农民的实际需求。[③]

三、互联网改善农业普惠制金融服务体系

（一）互联网提升农业小额信贷服务

2014年4月，国务院办公厅发布《关于金融服务“三农”发展的若干意见》，

---

① 中国农化网．“农医生”：跨界互联网和农业，颠覆传统农技服务［EB/OL］．http：//www. agrochem-net. cn/news/detail-2014/12/05-49911. html，2014-12-05.

② 新华网．中国农作物耕种收综合机械化水平将超过61%［EB/OL］．http：//news. xinhuanet. com/fortune/2014/11/03/c_ 1113097444. htm，2014-11-03.

③ 中国农机网．淮南“农机通”项目推进［EB/OL］．http：//www. nongjx. com/news/Detail/25118. html，2013-03-27.

该意见要求“进一步提升农村金融服务的能力和水平，实现农村金融与‘三农’的共赢发展”。目前，我国农村信贷的主要服务对象多为养殖、餐饮、零售等小规模经营者，因此信贷额度小，资金分散，相对于大额信贷而言，借款人的资金安全更加有保障。随着城镇化的推进以及农村互联网的普及，小额信贷服务将产生巨大的市场需求。把互联网金融引入农村地区解决农村地区资金需求的“贷帮网”，以及把电商、互联网金融直接用于农业项目开发的“耕地宝”等，帮助农业创业者找到所需资金，并帮助投资者实现财富增值。随着低价智能手机的普及、4G 网络的推进以及网络资费的下调等，将直接推动农村金融特别是农村小额信贷的快速发展。例如，深圳农金圈金融服务有限公司旗下的农发贷平台，是目前国内较为领先的农业 P2P 平台。该平台在全国范围内整合优质的农资经销商资源，同时精选大中型优质种植农户，将两者较好地整合在平台中。在平台上募集资金，同时以 P2P 的形式借款给农户，在满足农户农资需求的同时，扩大了自身的品牌影响力，以进一步吸引更多的农资经销商和农户加入。①

（二）互联网推进农业保险服务向广度和深度发展

随着农民生产经营的规模化和资金投入的扩大，农民的风险意识不断增强，农业保险就成为农业发展所必需的金融产品。目前，种植业险种主要是小麦、玉米、棉花三大作物。未来通过互联网技术与农业全产业链的深度融合，运用互联网的信息采集能力以及大数据分析能力，农业保险赔付率高的问题可得到明显改善。例如，2015 年 9 月，农业部信息中心与中航安盟财产保险有限公司共同实施“互联网 + ‘三农’”保险行动计划，将现代信息技术与农业保险融合，共同拓宽农业领域的现代保险服务渠道，改进农业保险的业务流程，提升运行效率和精准程度，加快现代农业的发展步伐。②

（三）互联网促进农业众筹快速发展

2015 年 8 月，国务院印发《关于促进融资担保行业加快发展的意见》，该意见明确指出要通过新型融资担保促进“三农”发展，而农业众筹是重要的方面。目前，依靠互联网推进农业众筹已在我国多个地区展开。较典型的是 2014 年 7 月 30 日，众筹网宣布进军农业众筹领域，与汇源集团、三康安食、沱沱工社等达成战略

① 证券时报网．农业互联网再添新军 诺普信入股 P2P 公司农金圈［EB/OL］．http：//www.p5w.net/stock/news/gsxw/2015/03/20988255.htm，2015－03－20.

② 农资人网．农业部与中航安盟财产保险有限公司共同实施“互联网＋‘三农’”保险行动计划［EB/OL］．http：//www.191.cn/read.php？tid＝455487，2015－08－27.

协议。农业参与众筹能够将众筹业务链条延伸至农业领域，使得农业能够享受到从创意到市场拓展的整条业务链的完整服务，推动传统农业业务发展模式的革新。众筹网进军农业众筹是该领域一件里程碑式的事件，它不仅使得线下农业平台能够利用众筹网的创意营销和融资服务，众筹网也可借助农业平台打开农业众筹领域，打造“互联网＋农业”的众筹业务模式。从整体来看，农业众筹的发展将是一个“双赢”模式，亟待进一步快速支持与完善。

四、典型案例

（一）网酒网：垂直整合的葡萄酒生态系统

网酒网建立于2011年10月，其定位为高端葡萄酒消费，是国内首家该领域的电子商务网站。经过5年的发展，网酒网已经建立了集B2C、O2O、SNS和移动互联为一体的电子商务体系，并与多家世界名庄建立了稳定的战略合作关系，能够为国内市场提供高端的葡萄酒服务。目前，网酒网已经由垂直葡萄酒电商发展为涵盖多项业态和延伸服务的集成企业。

1. 垂直电商整合真正把握自主决定权

垂直整合的葡萄酒生态系统意味着从立体化垂直电商进行升级，并继续围绕葡萄酒相关产业进行深化和系统性运作，最终贯通种植、培育、酿造、加工、流通、销售、服务及衍生产品的整个葡萄酒产业链的自有闭环运作。虽然都是垂直整合，但两者存在显著区别：垂直电商的业务重点在于包装和销售环节以及附加服务的提供，作用在于提升商品的附加价值和升值潜力空间，以及为消费者提供丰富的产品和优质的服务；垂直整合的葡萄酒生态系统囊括的意义更为广泛。首先应具备对整个产业链最不可或缺的产品生产工艺体系的主导，在此基础上才有可能实现后期对酿造加工、包装销售、附加升值服务环节的全程参与把控，拥有真正意义上的自主决定权。[①] 这一转变不仅是业务扩展的必然要求，更是掌控关键环节、争取市场主动权以及定价权的最直接的途径。

2. 垂直整合生态系统涵盖葡萄酒整个产业链

网酒网垂直整合的葡萄酒生态系统，将涉及的农业、工业、贸易、服务等各业态进行垂直整合，以获取更高的产业运作效率，省去大量中间环节和附加成本。在

---

① 比特网．网酒网：从垂直电商到垂直整合的葡萄酒生态系统［EB/OL］．http：//net. chinabyte. com/2014/01/04/12824644. shtml，2014－01－04.

农业领域，网酒网在国内外自有的酒庄基地中，以丰富的经验和专业水准的团队主导葡萄的种植培育、采收管理；在工业领域，利用专业管理人才和最新的酿造工艺体系，自主加工酿制品质优良并具有鲜明特色的葡萄酒，实现对葡萄酒上游环节的自主把控；在贸易采购渠道上，网酒网完备的全球直采体系打通了贸易环节渠道，这让其首先具备了国际一线进口商的特质。

3. 通过线下互动实现互动互通机制

葡萄酒领域更高层次的增值服务在于通过葡萄酒提升人们的生活品位，网酒网将葡萄酒文化的传播与社交活动进行融合，针对高端人群和爱酒人士，不定期举办品酒会、主题沙龙、论坛讲座，提供交流、沟通、分享的深层次社交平台，带来高品质的葡萄酒生活方式。与此同时，凭借对葡萄酒行业的专业深度了解，网酒网为高端客户提供收藏、拍卖等投资管理服务，并包含基金、信托等管理平台业务。期酒的销售和稀缺葡萄酒商品的投资管理，也是葡萄酒相关行业不断细化、优化的有力证明。

（二）大北农：依靠“猪联网”打造智慧养猪生态圈

“猪联网”2.0版本、“猪交易”网络平台由大北农于2015年5月19日同步推出，一经推出便得到了诸多养猪农民的好评。在较好的发展态势下，大北农在2015年下半年推出P2P模式的“农农贷”，进一步深度发掘互联网金融与农业融合的发展潜力。“猪联网”“猪交易”与“农农贷”各有侧重，整体环环相扣，共同构成了大北农的“智慧养猪”战略核心，全力推进大北农的进一步发展。

1. 充分发掘“智慧养猪”

2013年，“猪管网”率先由大北农推出，之后更名为“猪联网”。目前，猪联网已经成为大北农“智慧养猪”战略的核心要素，创造了“互联网+”时代的新型养猪模式。猪联网不仅仅涵盖了针对养殖方面的软件，还具有了“猪友圈”“猪管理”“猪系统”“猪数据”“猪交易”“猪金融”“猪硬件”等诸多相关功能与模块。通过“猪联网”的平台，能够基本将所有与养猪相关的资源汇聚起来，形成了养猪互联网平台的整体生态圈系统。相比1.0版本，猪联网2.0版本不仅在操作上更加简单、便捷，而且功能更加完善、完整，猪场前期生产管理部分得到了显著加强，能够从各个方位全面指导农民养猪，提高养殖的效率，增加养殖的收益，实现利用互联网“智慧养猪”。

2. 深入实践的生猪电商模式

大北农推出的“猪交易”网络交易平台，能够减少流通环节而降低交易成本，帮助养殖户实现收益最大化。从软件的运行来说，利用“猪交易”网络交易平台，养殖户可从电脑、手机等客户端，获得每天生猪的销售状况信息，同时将自身需要出售的生猪信息录入平台中；系统将进行后台处理，分析各方供需状况，形成一定区域内的整体订单信息，求购方基于这些信息能够找到待售农户，直接下订单与农户实现交易，大大简化了销售中间环节，节约了交易成本。大北农推出的网络系统整体解决方案，一经推出就赢得了一些养殖户和经销商的认可，目前也保持了较好的发展态势。

3. 互联网“金融＋养猪”蓄势待发

借助“猪联网”和“猪交易”两大平台，大北农获得了养猪农民的好评，成功打开了专业市场。下一步，大北农将发展方向定位于互联网金融与养猪的结合。目前，大北农依托“猪联网”和“猪交易”平台，已经积累了大量的交易数据，能够结合资信模型对客户群体进行信用评级，这为后期开展小额贷款、支付结算和投资理财等金融服务奠定了良好的基础。初步来看，之后养猪农户可以凭借资信水平，向大北农申请无担保贷款；养猪农合可以利用大北农旗下的“农富宝”，进行付款交易，方便快捷，成本较低。

（三）“农医生”——跨界互联网和农业，颠覆传统农技服务

针对农民在遭遇种植问题时无法及时有效地获得建议，对突发病虫害没有鉴别能力等问题，中农问科技（北京）有限公司开发出一款能帮助农民简便地通过手机与农技专家互相联结，及时获得咨询建议的手机软件——“农医生”。自推出以来，其快速、专业、免费解决作物和花卉种植户在种植过程中遇到的各类难题的模式受到用户的普遍好评，短短3个多月的时间下载体验量突破50万，[①] 成为农业新媒体探索的领军者，得到了企业和技术专家、种植户等用户的肯定。

1. “农医生”改革传统农业服务方式

“农医生”下载免费，界面友好，操作轻便，功能齐全，不受时间、地域限制，农民用“农医生”发一张照片、一句话，就会有相关认证专家快速免费地做出解答。目前，“农医生”已经建立了体系庞大的认证专家团队，不仅包括中国植保学

① 宋修伟．“农医生”推动10万农业专家下乡［N］．农民日报，2015－03－04.

科、植物营养学科的院士、博导、研究员和教授，而且包括实践经验丰富的基层农技专家、种植水平高超的农民。通过“农医生”平台，不仅能够实现专家“下乡”指导农民种植，而且本身也提供了农业专家之间的交流、互动平台，有利于我国农业科研与实践的同步发展。

2. “农医生”极大地提高了农业服务效率

“农医生”极大地提高了解决农业问题的效率，回答、解决一个农业问题仅需15分钟。“农医生”的“15分钟模式”让农民可以快速得到相关问题的权威解决方案，有效解决了传统农技专家下乡的效率低、针对性差、难以应对突发问题等弊端。另外，“农医生”同时开通了免费短信服务，经销商和合作社理事长可以免费给农民发短信，使得基层农技人员得到了有效指导。

第四节　互联网对我国农业影响的未来趋势与展望

一、互联网对我国农业影响的未来趋势

以上分析表明，互联网正对我国农业生产方式、农产品销售模式、农业经营管理体系等产生重要影响。借助便利化、实时化、感知化、物联化、智能化等优势，互联网还将进一步对我国农业生产经营和发展模式创新产生重要影响。

（一）农业数字化、网络化、智能化水平将进一步提升

当前的信息技术发展已达到可以支持农业信息化加速发展的程度，未来农业信息化发展将进一步推进到农业大数据、农业物联网、农业移动互联应用、种植业投入品平台、农业地理信息系统等诸多领域，并将提供以数据分析为基础的产品组合，通过对农业相关数据的分析为其提供有针对性的服务方案。智能农业将实现农业生产全过程的信息感知、智能决策、自动控制和精准管理，农业生产要素的配置将更加合理化，农业从业者的服务也将更有针对性，农业生产经营管理水平将进一步提升。

（二）农业电商平台服务功能将更趋完善

随着互联网技术的进一步发展以及与实体产业的深度融合，农业相关产品生产商现有营销渠道将不断转型升级，运营效率将进一步提高。互联网通过信息聚合模式的创新能够及时获得最新数据信息，改变当前信息更新慢和内容同质化等问题。

无论是消费互联网还是产业互联网，一个明显的发展趋势是线上与线下的高度融合，O2O将成为新型电商。未来的农业电商在实现线上线下结合的基础上，还将和种植大户、家庭农场、农业合作社、专业化的农业公司等农业经营主体实现直接对接，全面提升农业种植效率并保障农产品质量安全，网上支付也将成为农民网购的主流支付方式。此外，随着农业电商市场的不断完善，当前相对分散、规模相对较小的农业电商格局将呈现电商寡头化、行业细分化和仓储集中化的发展趋势。

农资服务平台将迎来新的更大发展。当前，我国农资电商模式主要有第三方电商平台模式、农资企业自营模式等。在欧美发达国家，农资龙头企业大多从事多种农资产品销售，具备较强的一体化服务能力。随着我国农业电商平台的不断完善，农资市场的集中化水平将不断提高，农资企业将呈现专业化、扁平化、一体化发展趋势，综合性农资电商、线上线下农资服务等将越来越发达。

（三）互联网作用下的一二三产业融合将快速推进

2015年2月，中共中央、国务院印发《关于加大改革创新力度加快农业现代化建设的若干意见》，该意见明确提出要“推进农村一二三产业融合发展”。农村一二三产业融合发展，目的是打通延长农业产业链与价值链，实现农业与关联行业间资本、技术、人才、市场、管理方式的交叉渗透和优化重组，从而显著提升农业经营效率。互联网的快速发展与广泛应用，将对我国一二三产业之间的融合渗透和交叉重组提供强有力的技术支持和平台支撑。在互联网作用下，农业产业链不断延伸，农业多功能开发不断推进，农业经营的门类范围将得到进一步拓展，这些都将为城乡一二三产业融合的“六次产业”新业态的出现提供有力保障。借助于制造业数字化、网络化、智能化发展优势，可更加有效地反哺农业发展，丰富农业发展内涵，实现农业与制造业的对接与融合。借助服务业电商及互联网的广泛应用，对接、融合农业生产经营，促进农业与服务业的融合发展。

（四）互联网将拓展农业“大众创业、万众创新”的新空间

随着我国“大众创业、万众创新”的不断推进，大批农民包括外出打工、重回农村创业的农民也步入创新创业的队伍，成为我国“大众创业、万众创新”的重要主体。互联网凭借其智能化、网络化和个性化等优势，为广大农民的创新创业提供了有利的平台和工具，特别是基于“互联网+”的“生态协同式”农业科技推广服务平台，将农业科研人才、技术推广人员、农业经营主体等有机结合起来，助力农村“大众创业、万众创新”热潮的出现。

二、展望

习近平总书记在有关讲话中曾指出，如果没有农业、农民、农村的现代化，就没有中国的现代化；没有农民的小康，就不可能全面建成小康社会。在我国工业化、信息化、城镇化、农业现代化“四化”发展过程中，农业现代化发展相对滞后，已成为现代化建设中最薄弱的环节和短板。实现农业现代化，是用现代的科学技术，配合以科学的生产手段，结合先进的科学管理方法，全面提高农民文化、技术素质，把传统农业改造成现代农业，使之具备高度的生产力水平和可持续发展能力的过程。当前和今后的一段时期，加快推进我国农业现代化的根本途径是转变农业发展方式，而正在迅速发展的互联网革命，则为我国农业发展方式的转变提供了难得的历史机遇。

通过互联网技术的广泛应用，有利于培育发展网络化、智能化、精细化现代农业，提升我国农业生产、经营、管理和服务水平，完善我国新型农业生产经营体系，培育互联网支撑的农业管理服务模式，建立农副产品等方面的全程安全追溯体系，促进农业与二三产业的深度融合，从而加快促进我国农业发展方式的转变，开辟我国农业现代化发展的更加广阔的前景。

（撰稿人：杜传忠　南开大学经济与社会发展研究院教授
杨志坤　南开大学经济学院博士研究生）

第十二章　发达国家互联网革命的战略与启示

美国、德国、日韩、欧盟等发达国家和地区，在全球互联网发展中始终发挥着引领作用。这些国家和地区的互联网产业起步早，发展各具特色。这些国家和地区的政府机构高度关注互联网革命的战略性作用，先后颁布和实施了一系列与本国（地区）经济产业紧密结合的具有前瞻性的互联网发展战略，有效推动了本国（地区）的互联网发展进程。本章首先总结了这些国家和地区的互联网发展特征及主要的互联网发展战略，其次分析了互联网对各国和地区传统产业的影响，最后在此基础上探讨了其互联网发展经验对我国的启示。

第一节　美国互联网的发展特征、战略及对传统产业的影响

美国既是全球互联网的发源地，又是全球互联网发展的领导者。美国政府在互联网革命以及大数据技术发展的每一个关键节点，均率先预见到其中蕴含的战略意义，并迅速制定和实施了相应的国家层面发展战略。在产学研界及政府多年的共同努力下，美国在互联网产业、互联网应用与商业模式创新等方面构筑了显著的全球领先优势，互联网革命已对美国传统产业产生了广泛而深刻的影响。

一、美国互联网的发展特征

（一）全球互联网的发源地与控制中心

互联网发源于美国，其前身是美国国防部高级研究计划局 1969 年组建的计算机网——阿帕网。20 世纪 70 年代至 90 年代中期，互联网陆续从美国向其他国家扩散，但其使用范围一直局限于学术研究领域。1994 年，美国政府允许商业资本介入互联网，开启了互联网的商用化发展浪潮，此后互联网在全球得到迅猛发展，并对各国经济社会发展产生了巨大影响。

作为互联网的发源地以及世界头号经济强国，美国的互联网普及率以及网络基

础设施的整体发展水平一直处于全球前列。截至2014年6月，美国的互联网使用人数已达2.77亿，占总人口的86.9%，远高于全球42.3%的平均水平，也明显高于欧洲70.5%的水平。[①] 2014年第四季度美国网络基础设施的发展状况如表12－1所示。除此之外，美国还是全球互联网的绝对控制中心。目前全球互联网共有13台域名根服务器，[②] 其中唯一的1个主根服务器以及12个辅根服务器中的9个均放置在美国。所有根服务器均由美国政府授权的互联网域名与号码分配机构ICANN统一管理。

表12－1 2014年第四季度美国网络基础设施发展状况

指标	美国	全球平均	美国的全球排名
固定宽带普及率	74%	59%	40
高速宽带普及率	39%	24%	17
固定宽带平均网速	11.1 Mbps	4.6 Mbps	16
移动平均网速	3.2 Mbps	—	—
移动宽带普及率	17%	—	—

注：固定和移动宽带均指下载速度大于4Mbps，高速宽带指下载速度大于10Mbps，以下同。

资料来源：全球最大CDN服务商Akamai发布的《2014年第四季度互联网发展状况报告》，http：//www.akamai.com/stateoftheinternet/？WT.mc_ id = soti_ banner.

（二）网络信息技术产业在全球具有显著的领先优势

网络信息技术产业提供与互联网交互的各种必不可少的硬件和软件，是互联网产业的核心组成部分。美国网络信息技术产业实力十分雄厚，自互联网诞生以来始终主导着全球网络信息技术的发展进程。英特尔、IBM、高通、思科、苹果、微软、甲骨文、谷歌等一批IT巨头控制着全球网络信息产业链的主干，在半导体（集成电路）、通信网络、操作系统、办公系统、数据库、搜索引擎、云计算、大数据技术等关键技术领域均占据明显的先发优势，[③] 为美国牢牢掌控全球互联网发展制高点奠定了坚实的基础。根据经合组织发布的《互联网经济展望》（2012），按2010年度总收入排名，全球前250家信息通信产业公司中美国占82家，排名第二的日本仅为49家。前50家互联网公司中，美国占30家，日本和中国分别只占6家和4家。这些美国网络信息技术公司在全球占据着举足轻重的地位，2011年微软的全球市场

① 数据来源于互联网数据统计机构Miniwatts Marketing Group发布的数字，http：//www.internetworldstats.com/stats.htm.

② 根服务器是互联网域名解析系统（DNS）中最高级别的域名服务器，也是架构因特网所必需的基础设施。根服务器通过指挥Web浏览器和电子邮件程序控制互联网通信，负责将用户访问的域名转化后到达目的地。

③ 惠志斌．美国网络信息产业发展经验及对我国网络强国建设的启示［J］．信息安全与通信保密，2015（2）：23－25.

份额市场高达50%，谷歌的全球市场份额高达60%。

（三）以移动和工业互联网为标志的新一轮互联网发展高潮已经兴起

在互联网进入商用发展的前10余年期间，美国互联网的发展重点主要集中在PC互联网和消费互联网方面。个人和企业用户通过台式机、笔记本等桌面PC端口接入互联网。互联网服务提供商中，除IBM、思科、甲骨文等少数公司主要面向企业用户市场外，雅虎、亚马逊、eBay、谷歌、Facebook、YouTube、Twitter等一大批互联网巨头集中服务于个人用户市场，为消费者提供资讯、购物、娱乐、社交服务等。

自2007年以来，随着智能手机、平板电脑等移动终端在美国出现并快速普及，多项移动互联网关键技术取得突破，以及云计算与大数据技术的兴起，移动互联网在美国开始呈现迅速发展态势，并带动互联网进入新一轮发展高潮。2011年6月，美国移动用户的数量突破3.27亿，首次超过3.15亿的全国人口数量。截至2014年6月，美国4G用户已达9000万，占总人口的35%。[①] 截至2014年第四季度，美国移动网速平均为3.2Mps，移动宽带普及率为17%。[②] 同时，基于移动互联网和大数据技术的创新应用与商业模式，如Pinterest、Uber、Airbnb等也开始大量涌现。

另外，大数据技术的出现以及美国政府大力推行再工业化战略，使美国企业看到了将互联网与先进制造技术结合的巨大潜力与商业机会。一些大型企业积极投身这一领域，利用美国在互联网领域的巨大优势，向未来制造业进化，开启了美国的工业互联网时代。2012年，通用电气在全球率先提出工业互联网（Industrial Internet）概念，即将带有内置感应器的机器和复杂的软件与其他机器连接起来，应用大数据技术进行分析，升级关键的工业领域，提升机器的工作效率。2014年，IBM、思科、通用电气和AT&T联手组建了工业互联网联盟（IIC），通过建立一个打破科技壁垒的团体，以更好地推动大数据在现实物理世界和数字世界间的整合。2015年4月，IBM还宣布将在今后4年中向物联网业务投资30亿美元。此外，思科和微软等也正在加强拓展物联网业务。

（四）持续引领全球互联网与大数据应用创新

美国创新传统浓厚，创新体系完善，自互联网诞生以来一直是全球重大突破性互

---

① 曾航.4G发展不如预期阻碍了手游市场爆发［EB/OL］. http：//tech. sina. com. cn/zl/post/detail/i/2014－09－21/pid_ 8461560. htm.

② Akamai发布的《2014年第四季度互联网发展状况报告》，http：//www. akamai. com/stateoftheinternet/？WT. mc_ id＝soti_ banner.

联网创新的源头，目前具有全球影响的创新性互联网应用与商业模式基本都源自美国。PC 互联网时代，雅虎、谷歌、亚马逊、eBay、YouTube、Facebook、Twitter 等公司分别开创了网络搜索、网络零售、在线拍卖、网络视频、网络社交等多种互联网创新应用与商业模式。移动互联网兴起以来，基于移动互联网和大数据技术的创新也层出不穷，涌现了苹果 Appstore、WhatsApp 即时通信、Uber 互联网打车服务、Airbnb 互联网家庭旅馆服务、Groupon 团购、Pinterest 图片社交等一大批移动创新应用与商业模式，率先研发出苹果智能手机、谷歌无人驾驶汽车等一批开创性互联网智能产品。

（五）风险投资成为互联网与大数据产业发展的强大助推器

自商用化以来，美国互联网一直是风险投资关注的核心领域之一。20 世纪 90 年代，大量风险投资涌入美国互联网产业，据美国风险投资协会统计，仅 1995—2000 年期间就有 1476 亿美元风险投资资金投入与互联网有关的高科技行业，从而使美国互联网产业得到飞速发展。2000—2012 年，风险投资对美国软件业的投资也高达 745 亿美元，许多著名的网络信息技术企业如微软、苹果、英特尔、谷歌等都曾得到风险投资的大力支持。2013 年以来，随着移动互联网以及大数据技术的发展，美国互联网领域又迎来风险投资高潮。例如，2014 年第二季度美国风险投资额高达 130 亿美元，创 2001 年以来最高水平，其中融资数额最大的 5 家公司中除一家生物科技公司外，其余 4 家均为互联网或大数据技术领域的相关公司，具体为租车公司 Uber 和 Lyft，闪存公司 Pure Storage 和在线图片社交网站 Pinterest，并且 Uber 一家就获得了 12 亿美元投资。

（六）政府高度重视互联网与大数据技术的创新与发展

自互联网诞生以来，美国政府一直从国家核心竞争力的来源以及保持美国全球领先地位的高度，来认识和对互联网和大数据技术发展进行定位，积极推动互联网和大数据技术的创新与发展。例如，美国政府早在 1991 年就设立了专项年度计划《网络与信息技术研发计划》，每年投入数十亿美元公共资金，用于先进计算机和网络前沿基础技术的研究。美国政府还先后推出“国家信息基础设施行动动议”“国家宽带计划”“大数据的研究和发展计划”等国家战略，引导和支持互联网基础设施以及互联网关键技术的发展。

另外，美国政府还大力实施电信反垄断、网络中立等政策，制定科学合理的市场竞争规则，注重知识产权保护，大力推动政府数据公开，加强教育投入等，为互联网和大数据行业提供良好的发展环境，推动美国互联网创新源源不断地涌现。

此外，美国政府还立足于国家安全战略的高度，针对网络信息关键技术和核心产业发展进行管理干预，助力美国网络信息产业发展壮大。如限制和阻挠国外企业并购具有核心和敏感安全技术的美国企业，限制一些核心的安全技术厂商对外进行技术转移，积极支持美国的信息安全企业对外进行并购，消灭可能的竞争对手等。①

二、美国的互联网与大数据发展战略

（一）国家信息基础设施行动动议

“国家信息基础设施行动动议”（National Information Infrastructure：Agenda for Action），也被称为“信息高速公路”计划，由美国政府于 1993 年 9 月提出。该计划是克林顿政府在“冷战”结束以后，将国家信息基础设施作为美国未来新型社会资本的核心，保持和夺回美国在重大关键技术领域曾一度被削弱的国际领先地位，使美国继续掌控未来世界竞争先机的重大战略部署。

该计划的主要内容是不迟于 2015 年，投资 4000 亿美元，建立一个联结全美所有家庭和社会机构的光纤通信网络，服务范围包括教育、卫生、娱乐、商业、金融和科研等，并采取双向交流形式，使信息消费者同时成为信息的积极提供者。该计划的政府行动原则和目标主要包括：鼓励民间企业对信息基础设施投资；将电话普遍服务的概念扩展到信息服务，给全体美国人提供方便和负担得起的先进电信和信息服务；政府通过合作研究和其他途径，资助与国家信息基础设施相关的研究和技术开发；构建完备的、交互式的、用户驱动的网络运行方式，政府通过参与民间标准制定团体的工作，来推动技术标准的统一；保证信息安全和网络可靠性；保护知识产权；协调各州的政策与国际行动；向公众提供政府的行政与社会信息，为了提高公民获取政府信息的能力，联邦机构在向公众传递信息时，只收取同传递信息有关的费用，不收取产生和搜集信息的费用。

该计划的实施，完成了美国从工业时代向信息时代的过渡，并为美国创造了巨大的经济和社会效益。得益于该计划，美国目前已成为全球信息技术最大的生产者和消费者，美国的金融、商业、能源、交通、制造业的日常业务均通过先进的计算机系统和通信网络来完成。

---

①　惠志斌. 美国网络信息产业发展经验及对我国网络强国建设的启示［J］. 信息安全与通信保密，2015（2）：23－25.

（二）国家宽带计划

虽然“信息高速公路”计划的实施使美国实现了较高的宽带普及率，但至2009年仍有近1亿的美国人家中没有接入宽带，美国宽带的速率只居于发达国家中等水平，无线频谱短缺现象将影响美国在新一代无线移动宽带服务领域的创新和领导地位，国家还没有借助宽带去改革政府服务、健康、教育、公共安全、节能、经济发展以及其他的国家重要事务的能力。为此，2010年3月，美国联邦通信委员会（FCC）公布了“连接美国：国家宽带计划”（Connecting America：The National Broadband Plan）。该计划以提高网速为重心，强调扩大网络普及范围，并计划腾出更多波段用于移动服务。该计划的发展目标为：通过市场激励、资源保障、普遍服务和应用促进等几方面的努力，用10年左右的时间，使至少1亿美国家庭应能使用平价宽带，享受至少100Mbps的接入和至少50Mbps的下载速度；美国在移动创新方面领先世界，拥有比任何国家更快和更广泛的无线网络；每个美国人都应能获得负担得起的强大宽带服务，并拥有相应的方法和技能；每个社区应该有能力享受至少与重要机构的1000Mbps宽带服务接入，包括学校、医疗机构和政府大楼；为了确保美国社区安全，第一线人员应该拥有全国性的无线、可互操作的宽带公共安全网络。

（三）联邦云计算战略

2011年，美国联邦政府发布了《联邦云计算战略》（*Federal Cloud Computing Strategy*）。该战略虽然旨在解决美国联邦政府电子政务基础设施使用率低、资源需求分散、系统重复建设严重等问题，但从战略高度上正式拉开了将云计算发展纳入国家整体发展战略的序幕。

该战略明确了云计算的概念、发展模式以及标准制定，全面勾画了美国政府推进云计算发展的路线图以及管理架构，给出了典型的政府机构云计算技术应用案例。战略的目标是明确度量云计算产生的效益、注意事项和选择条件；提供决策框架和应用案例，指导政府各部门向云平台迁移；进一步加强云计算设施的部署力度；制订联邦政府的行动计划，确定相关部门的职责，推动云计算的部署。

该战略的颁布，使美国政府在云计算发展的关键节点率先确立了本国在云计算发展中的领军地位，展现了美国云计算产业发展的先导地位和强劲的竞争力。

（四）大数据的研究和发展倡议

为应对大数据革命带来的机遇与挑战，2012年3月，奥巴马政府宣布了《大数据的研究和发展倡议》（*Big Data Research and Development Initiative*）。该倡议提出，美国国家科学基金、美国能源部、美国国防部等 6 个联邦政府部门将提供超过 2 亿美元的科研经费，用于大数据相关工具与技术的开发，以改善科学研究、环境保护、生物医药研究、教育以及国家安全等领域从海量数据信息中获取知识所必需的工具和技能。

该倡议主要内容包括：美国国家科学基金和美国国家卫生研究院主要负责推进大数据科学和工程的核心方法及技术研究，项目包括大数据的管理、分析、可视化，以及从大量的多样化数据中集中提取有用信息的核心科学技术。美国能源部尝试通过先进的计算进行科学发现，建立可扩展的数据管理、分析和可视化研究所。国防部高级研究局项目主要推进大数据辅助决策，集中在情报、侦查、网络间谍等方面，汇集传感器、感知能力和决策支持建立真正的自治系统，实现操作和决策的自动化。美国地质勘探局通过给科学家提供深入分析的场所和时间、最高水平的计算能力和理解大数据集的协作工具等，催化地理系统科学的创新思维。

该倡议的颁布，使美国不仅成为全球首个将大数据从商业行为上升到国家意志和国家战略的国家，也成为最早启动数据科学家和大数据人才储备的国家。

三、互联网对美国传统产业的影响

（一）互联网已对美国众多传统服务业产生广泛影响

美国传统服务行业是受互联网影响最早和最为广泛的行业。最先受到互联网明显冲击的是传统出版行业。2000 年以来，雅虎、AOL、Facebook、You Tube、Twitter 等互联网新媒体凭借时效优势、丰富的内容和互动性，迅速成为民众获得新闻的主要渠道，目前仅有不到 30% 的美国人通过报纸来获取大部分新闻信息，纸媒的发行量和广告收入已经剧减。

零售业也是较早受到互联网影响的服务行业。在互联网发展之初的 1995 年，美国就出现了新型的网络零售公司亚马逊以及线上拍卖及购物网站 eBay。亚马逊最早只经营在线书籍销售业务，经过 20 年的发展，现已成为全球商品品种最多的网上零售商和全球第二大互联网企业。2014 年，亚马逊的净销售额达 889.9 亿美元。eBay 目前已成为全球最大的在线电子集市之一，在全球拥有 1.49 亿名活跃买家。[①] 此外，2008 年以来，美国网络零售领域还出现了 Groupon 网络团购、Facebook 社交购

① eBay 官网［EB/OL］. http：//www. ebay. com/.

物、Pinterest 导购等创新商业模式。2014 年，美国在线零售额超过 3000 亿美元，是有史以来的最高水平，占美国零售业年销售额的 6%。

互联网已对美国旅游业产生全面影响。首先，互联网作为一种技术工具已进入美国旅游业的方方面面。美国互联网用户普遍利用网络获取旅游信息，几乎所有的旅游公司或饭店都设立了自己的网站，一批知名网络服务商如 TripAdvisor、Orbitz、Expedia、Priceline 等提供从旅游信息查询到机票、酒店预订等诸多服务，不但使旅游者获得了空前的快捷服务，也有利于旅游业者提高服务质量和降低成本。另外，基于移动互联网的 Airbnb 等公司还为旅游业带来了新的商业模式，该模式使消费者得到了新型个性化旅游体验，但对传统旅游酒店行业开始产生重大冲击。

互联网对美国金融业也产生了较为明显的影响。互联网作为技术工具已在美国金融业得到广泛应用。例如，20 世纪 90 年代成立的美国洲际交易所（Inter Continental Exchange，ICE）是主要运用互联网技术建立的能源交易市场，目前已将纽交所合并而成为世界最大交易所之一。在交易市场上互联网还促生了 Ameritrade 和 etrade 等基于互联网的股票交易平台，对传统的券商交易平台产生很大冲击。[①] 另外，美国互联网与金融业的融合也催生了很多新型的互联网金融商业模式，如 1995 年出现了美国和全球第一家互联网银行 Security First Network Bank SFNB 以及网络保险电子商务公司 InsWEB，1998 年互联网支付子公司 Paypal 成立，2006 年出现了 P2P 网络借贷公司 Lending Club，2009 年出现了众筹模式的 Kickstarter 等。[②]

互联网对美国教育行业的影响也越来越大。2000 年以来，互联网的高速发展推动了在线教育的快速增长，美国多个州发布政策提倡完全在线教学和部分课程在线教学。2006 年密歇根州开始将在线课程学习计入学分，2013—2014 学年美国已有 25 个州拥有州立虚拟网络学校，[③] 2014 年开设慕课的美国高校比例达到了 8.0%[④]。

此外，随着移动互联网的快速发展，美国传统电信业开始受到新的冲击。电信运营商的语音、短信等核心基础业务正在快速被互联网公司的各种即时通信产品所替代，运营商被管道化的趋势越来越明显。移动应用下载和应用的使用，使电信运营商面临着很大的网络承载压力，但网络消耗与流量收入并不成正比。不仅如此，

---

① 戴险峰．互联网金融真伪［J］．财经，2014（7）．http：//magazine. caijing. com. cn/20140302/3335756. shtml.

② 投中研究院．2014 年互联网金融模式现状专题研究［EB/OL］．http：//finance. sina. com. cn/money/fund/2014/05/23/173019209520. shtml，2014－05－23.

③ 从美国在线教育进程看中国在线基础教育［EB/OL］．http：//www. 199it. com/archives/223986. html.

④ 郭英剑．2014：美国网络教育现状［N］．中国科学报，2015－02－12.

一些新兴互联网公司还开始涉足基础网络领域，例如谷歌公司已在美国堪萨斯城、普洛夫、奥斯汀等地区推出谷歌光纤服务，谷歌光纤的互联网接入速度比传统的美国有线电视及电子通信公司的服务快100倍。

（二）互联网对不同服务业的影响深度存在很大差异

互联网虽然已对美国诸多服务行业产生了影响，但对不同行业的影响深度存在很大差异。互联网已经颠覆了一些行业，如美国新闻出版行业。美国纸媒正在面临印刷广告收入大幅下降和发行量持续走低的困境。2007年，美国纸媒广告营业收入达到顶峰，随后一路下滑。据美国报业协会数据，2007—2012年，纸质报纸的广告收入下滑55%[①]。与此同时，互联网媒体的广告收入却在不断增长，谷歌2013年的广告营业收入已经超过所有的美国报纸和杂志的广告营收之和[②]。随着广告的大幅下滑，越来越多的报纸裁减采编人员，提高订阅费，甚至采取隔日出版的方式。美国新闻出版行业的从业人员总数已从2001年的41.4万人下降到了2011年的24.6万人，10年下降了40.6%[③]。

但对于零售业和金融业，虽然零售业和金融业的互联网创新在美国互联网发展初期已经出现，但至今网络零售公司和互联网金融公司在两个行业中的占比仍然不高。传统零售商Wal－Mart、Target、JCPenny、Best Buy、Home Depot等依然牢牢占据着美国零售业的主流地位。Wal－Mart作为全球最大的零售商，其2013年整体营业额为5000亿美元，亚马逊的7倍。[④] 互联网金融新模式与新企业虽然提高了美国金融市场的流动性，加剧了金融非中介化，但并未从根本上颠覆传统的金融模式与业态。

究其原因，除了行业特性外，另一个原因可能与互联网兴起之前，美国传统零售行业和金融业已相当成熟有关。美国传统零售业在20世纪七八十年代已经过充分整合，在规模、广度和密度等方面已形成强大竞争优势。1997年，30家最大的连锁店已控制约94%的美国总店数。美国金融业十分发达，很早就建立起了一个高效、稳定、安全的支付系统，如信用卡支付系统，大大降低了消费者对新支付方式（如PayPal这样的网络支付系统）的需求。另外，美国银行数量众多，网点遍及社区，

---

① 凯文．纸媒多渠道寻求转型［N］．深圳特区报，2013－09－07.

② 搜狐IT．数字广告营收首超广播电视总营收428亿美元［EB/OL］．http：//it.sohu.com/2014/04/11/n398062915.shtml，2014－04－11.

③ 张涛甫．美国新闻出版从业者锐减意味着什么［J］．青年记者，2012（10）：94.

④ 新浪科技．美国传统零售商反击电商：价格看齐亚马逊［EB/OL］．http：//tech.sina.com.cn/i/2014/12/22/doc－iccznvun3958659.shtml.

各种针对个人和家庭的投资理财计划琳琅满目，消费者在实体渠道就可获得便利高效的服务，降低了对互联网金融机构的需求。

（三）互联网和大数据技术推动美国传统制造业升级

美国制造业正在借助新一轮兴起的移动互联网和大数据技术实现产业升级和再制造化，主要体现在个性化与定制化产品制造、智能产品的研发、智能生产以及产品售后服务等方面。

在个性化与定制化产品制造方面，互联网与3D打印技术的结合使个性化和定制化产品的制造“门槛”大为降低，创客[①]经济兴起。美国的创客们通过互联网进行设计合作，通过网络众筹方式筹集资金，然后用3D打印技术生产产品原型。2012年奥巴马政府上台伊始，就提出在1000所院校中建立创客空间。目前美国已拥有数以百计的各种创客空间，为创客们提供工具、资源和交流场所。美国众筹网站Kickstarter自2009年成立以来，已为大约900万人8.5万个创意项目提供服务，筹集了将近20亿美元资金[②]。

在智能产品研发方面，一些大型互联网科技公司正在积极研发智能产品，如苹果公司早在2006年就与耐克公司合作推出Nike + iPod产品，将放置在鞋中的传感器与iPod进行连接，监测运动状况。2007年，首创了智能手机；2012年，推出可监测身体数据的EarPod耳机；2013年，在iPhone 5S中增加了可持续监测各种传感器数据的M7芯片；2015年，推出智能可穿戴产品iwatch。另外，谷歌公司已开发出谷歌眼镜和无人驾驶汽车，微软公司也推出了Microsoft Band智能手环和HoloLens全息眼镜。特斯拉公司使用大量的传感器和软件，以及大数据分析，实时测试每个电池组的电压，开发出了新型电动汽车。谷歌、苹果和微软均在开发汽车版操作系统，可让驾驶员通过仪表板直接使用应用软件、浏览地图、接打电话、收发短信等。这些新兴科技公司的跨界行为已引起美国传统制造企业的极大关注。

在智能生产方面，据美国机器人工业协会估计，全美已有大约23万台机器人投入工厂生产，特斯拉打造的机器人全自动化超级工厂5天内就可以实现一辆电动车从模型到成型的生产过程。依托大数据、物联网等新一代信息技术的智能系统平台相继推出，如罗克韦尔的开放式智能制造平台、通用的Predix软件平台，都是依托

---

① 创客（maker）是指那些热衷于自己动手搞发明、创新、制作、改造的人。

② 站长之家. 众筹平台Kickstarter不做沉默者发力欧洲市场［EB/OL］. http://www.chinaz.com/start/2015/05/21/408161.shtml，2015-05-21.

数据采集实现工况监测管理的典范。

在产品售后服务方面，卡特彼勒公司通过大数据分析，帮助公司最终用户对其设备进行追踪和优化，并管理燃料和维护成本。卡特彼勒还把分析结果提供给经销商，使其提前发现问题，制定预防性的、可预见性的维护日程，帮助最终用户更加有效地对其设备进行管理。

（四）移动互联网和大数据技术提升美国农业管理效率

美国农业十分强大，规模化运营程度以及农业科技水平都很高。新一轮互联网革命兴起后，美国开始加快将尖端的信息技术应用到现代农业领域，通过为农业生产提供精准化种植、可视化管理、智能化决策，来进一步提高农业的管理效率和挖掘农业生产潜力。

例如，2006 年成立的 The Climate Corporation 公司利用大数据分析技术，为农民提供与天气有关的农场服务和作物保险。该公司通过对海量公开的国家气象服务数据以及美国农业部积累的 60 年农作物产量数据进行分析，预测玉米、大豆、小麦等农作物生长，同时通过实时气象观察与跟踪，在线上向农民销售天气保险产品。当公司通过气象站、雷达、卫星等监测到天气变化对农作物的负面影响，农场主将自动获得赔偿，无须申报、裁决和等待。

2013 年，种子生产商杜邦先锋联合农场机械制造商约翰迪尔，为农民提供种子和化肥方面的指导。农民上传数据到杜邦提供的服务器，服务器直接发送种子和化肥处方到农场中的约翰迪尔拖拉机上，农民在驾驶室即可连接平板电脑到种子监视器并下载信息，此举帮助种植者更高效地将数据转化为管理决策。杜邦先锋还在 2013 年推出了一款手机应用 Pioneer Field 360。该应用结合了强大的分析工具和实时数据，种植者只需在使用之初输入方位、开始日期以及相对成熟度，就能预测作物的生长进度，查看降水预报，并据此计算出其发育成熟程度，了解作物的生长关键期。

2013 年成立的 FarmLogs 公司开发出了信息化农场管理平台。中小种植业者可以在 FarmLogs 平台上计划、管理和分析他们的农业生产，合理安排农作物种植。例如，一个 3000 英亩的中型农场可以划分出 60 块独立的田地，FarmLogs 会追踪每块田地的耕种、施肥、浇水、种植、喷洒和收割情况，让农业管理更轻松。FarmLogs 管理平台不仅可以管理农场的内部情况，还整合了农场的外部数据，如发布每小时的天气预报，提醒农民何时下地，何时离开。提供各个地区农作物的收购价、芝加哥商品交易所农作物的报价，方便用户实时比对价格。

（五）传统产业积极实施互联网转型

目前，向互联网转型，积极实施互联网化已成为美国传统产业的共识。例如，美国纸媒体的主要应对之策是在坚持“内容为王”的基础上，积极进行数字化尝试和探索新的经营模式。目前，美国所有知名纸媒均建立了自己的独立网站，几乎100%的报纸都推出了在线或者移动出版的版本，包括App、网站等数字广告收入已约占美国报纸广告收入总额的11%。[①] 大型出版传媒集团Times、Hearst、Condé Nast近两年来纷纷将旗下的数十个品牌转向线上，并且将线上定为公司的重要战略转型。同时，记者开始为纸质版和网页版提供不同的内容，在报道手法和呈现方式上也在寻求创新，努力增加多媒体在报道中的应用。一些出版社开始应用数据辅助决策，大力开发电子书。2013年，美国图书业已有1/5～1/3的收入来源于电子书[②]。

传统零售业自2007年以来开始重视来自网络零售商的竞争。传统零售商大举投资各自的电商部门，发展网络销售业务。如沃尔玛收购了营销软件公司Adchemy，并组建沃尔玛实验室研发大数据，通过深度挖掘消费者在社交网站上产生的峰值数据预测商品和消费需求，将这些数据转为有助于决策的信息，通过移动终端向用户进行精准推送。2014年，沃尔玛网上销售额为120亿美元，是2011年的3倍[③]。

美国传统金融企业积极开发基于互联网的创新型金融产品与服务。例如，目前美国几乎所有的银行和多数保险公司都已开展网上经营，美林证券（Merrill Lynch）、嘉信理财（Charles Schwab）等已开展网络证券交易。[④] 花旗、富国等金融企业也在积极采用大数据技术改进客户征信评价，通过整合客户的资产负债、交易支付、流动性状况、纳税和信用记录等大数据资源，对客户行为进行全方位评价，计算动态违约概率和损失率，提高了贷款决策的可靠性。

在传统业务市场日益饱和的情况下，美国电信运营商积极探索新的收入增长点，其中加快构建工业互联网领域的竞争能力，已成为电信运营商业务布局的重要方向。

---

① 张旭．美国传统纸媒通过与新媒体的融合实现自我救赎［EB/OL］．http：//gb. cri. cn/42071/2013/12/28/7311s4372429. htm，2013－12－28.

② 杰瑞米·格林菲尔德．2014美国电子书和数字出版十大预测［EB/OL］．http：//www. ppm. cn/Html/Article/7008/.

③ 财新网．沃尔玛急转身［EB/OL］．http：//companies. caixin. com/2015/06/19/100820939. html，2015－06－19.

④ 王达．美国互联网金融的发展及中美互联网金融的比较——基于网络经济学视角的研究与思考［J］．国际金融研究，2014（12）：47－57.

例如，AT&T 推出物联网认证体系，以适应复杂的物联网技术和多样的服务领域。统一的标准允许不同平台和服务互联互通，为开展大数据分析和发掘奠定了基础。Sprint 和 IBM 合作推出新的智能车联网系统——Sprint Velocity Service Bus。该系统将 IBM 的数据管理技术引入 Sprint 的汽车联网平台，从而极大地增强了数据传输及存储功能。AT&T 为供水行业推出的产业互联网解决方案，能够根据当地当月降雨量和河流水库水位等动态数据，实时控制多条输水管道的水流量。这一方案不仅使干旱地区的供水浪费减少 25%，而且让客户能够准确评估来年在各个区域的基础设施投入规模。①

传统制造业也在积极利用互联网进行产品设计，以及研发智能产品。如耐克公司利用互联网合作设计平台，让消费者提供产品设计方案，然后为其生产定制化产品。宝洁通过互联网众包方式征集薯片的设计创意。在智能产品设计方面，耐克公司除积极研发智能运动鞋、健康手环等产品外，还与苹果公司合作研发其他智能可穿戴产品。通用汽车、福特等加紧研发智能汽车。

第二节 德国互联网的发展特征、战略及对传统产业的影响

德国是全球制造业中最具竞争力的国家之一。在新一轮互联网和大数据革命爆发之际，德国积极实施制造业与互联网的融合，大力推行“工业 4.0”战略，意图借力新一轮信息革命继续占据未来全球工业的制高点。

一、德国互联网的发展特征

（一）互联网基础设施较为发达

德国是世界主要经济强国之一，以及欧洲经济规模最大和人口最多的国家。德国同时也是欧盟国家中重视信息化建设，以及信息化程度较高的国家之一。德国自 20 世纪末开始大力进行互联网基础设施建设，并取得了显著成效。2000 年，德国在 DSL 发展方面已远远领先于欧洲其他国家。2005 年前后，新兴运营商的加入为德国固定宽带市场注入了新的活力，网络运营商投入了 1000 多亿欧元用于网络扩建。近几年，在市场需求以及政府政策的大力推动下，德国移动互联网的发展也十分迅速。

① 王晓玲．从财报看全球电信运营商转型新动作［N］．人民邮电报，2015－05－20.

德国联邦经济技术部等机构发布的《数字德国监控报告》显示，截至2012年底，德国已在100个城市建设了4G移动通信网络，大大提高了居民的上网速度。另外，据德国联邦统计局数据显示，2013年，德国大约售出2600万部智能手机，同比增长23%。约有2970万人，近51%的10岁以上德国互联网用户使用移动设备上网，移动互联网用户数同比激增43%。2014年第四季度德国互联网基础设施发展状况如表12－2所示。

表12－2　2014年第四季度德国互联网基础设施发展状况

指标	德国	全球平均	全球排名	欧洲排名
固定宽带普及率	80%	59%	31	15
高速宽带普及率	24%	24%	32	18
固定宽带平均网速	8.8Mbps	4.6 Mbps	29	15
移动平均网速	5.4 Mbps	—	—	12
移动宽带普及率	35%	—	—	18

资料来源：Akamai公布的《2014年第四季度互联网发展状况报告》，http://www.akamai.com/stateoftheinternet/?WT.mc_id=soti_banner.

从世界范围来看，虽然德国的互联网基础设施处于全球较高发展水平，各项主要指标均高于美国，但与韩国、日本等亚洲国家，以及欧盟内部的瑞典、丹麦等国相比，还存在较大差距。例如，截至2014年第四季度，韩国的固定宽带普及率已达96%，比德国高16个百分点；丹麦为92%，比德国高12个百分点。韩国平均网速为22.2Mbps，比德国高13.4Mbps；瑞典为14.6Mbps，比德国高5.8Mbps。日本和丹麦的移动网速分别为8.2Mbps和8.8Mbps，分别比德国高2.8Mbps和3.4Mbps。此外，德国的移动宽带普及率在欧盟也处于较为落后的位置。

（二）积极抢占全球工业互联网发展制高点

德国是全球制造业中最具竞争力的国家之一，拥有世界一流的机器设备和装备制造业，尤其在嵌入式系统和自动化工程领域更是处于领军地位。在新一轮信息化浪潮爆发之际，德国紧跟数字革命潮流，基于自身强大的制造业基础，积极与互联网实施融合，大力实施德国2020高技术战略和“工业4.0”战略，意图借力新一轮信息革命抢占未来工业制造的发展先机，成为全球先进智能制造技术的创造者和供应者，保持自身在高端制造领域的领先地位。

德国确定的工业互联网的发展重点是智能工厂和智能制造。智能工厂是未来智能基础设施的关键组成部分，重点研究智能化生产系统及过程以及网络化分布生产设施的实现，升级生产设备。智能生产的侧重点在于将人机互动、智能物流管理、

3D 打印等先进技术应用于整个工业生产过程，从而形成高度灵活、个性化、网络化的产业链。①

（三）强大的 ICT 产业为工业互联网发展提供有力支撑

德国信息通信产业（Information and Communication Technology，ICT）实力十分雄厚，在德国经济中占有非常重要的地位。德国联邦经济技术部发布的《数字经济监测报告 2012》显示，2011 年，德国信息和通信技术产业年产值达 2220 亿欧元，占德国 GDP 的 9.5%。在当年德国注册的公司中，ICT 领域的公司占据了 3.85%，超过 50% 的德国工业生产和超过 80% 的出口都依赖 ICT 产业的发展。

ICT 产业为德国工业互联网的发展提供了有力支撑。德国 ICT 产业的长项是嵌入式系统和工业软件。在嵌入式系统方面，德国拥有众多高质量以及技术领先的 ICT 产品与服务，例如，德累斯顿有欧洲最大的微电子集束产业，生产半导体芯片。工业软件企业不仅有 SAP、西门子工业软件等龙头企业，还有 abas、MPDV 等多家中型软件企业。SAP 是欧洲第一大软件开发商，在企业应用软件领域始终处于全球领先地位，规模仅次于微软和甲骨文，2012 年该公司首次超过西门子成为德国市值最高的企业。大数据技术兴起以来，SAP 公司一直在改变业务结构，已将发展重点从盒装软件转向云计算模式。该公司与微软公司开展合作，使多款 SAP 商业应用获得微软 Azure 云计算平台支持。二者还将瞄准移动设备市场，计划面向 Windows 和 Windows Phone 8.1 共同开发和推广 SAP 移动应用。德国中型软件公司注重深耕细分领域。如 MPDV 从做数据采集终端，专注于 MES（制造执行系统），在可视化排产、数据采集与追溯等方面功能很强，实现了集成应用，树立了很多样板客户。②

（四）全球领先的本土大型互联网公司偏少

受产业传统、语言限制、本土市场狭小、法律等因素的影响，德国在全球占有领先地位的本土大型互联网公司数量偏少。根据经合组织发布的《互联网经济展望》（2012），2011 年，全球互联网上市公司 50 强中，只有两家德国公司，分别为 United Internet AG 和 Buch De Internetstores AG，排名分别为第 8 位和第 49 位。而 50 强中的美国公司有 31 家，日本公司有 6 家。标准普尔公司 Capital IQ 数据显示，

---

① 罗文．德国工业 4.0 战略对我国推进工业转型升级的启示［N］．中国电子报，2014－08－01.

② 黄培．西行漫记——德国工业 4.0 之旅考察［EB/OL］．http：//blog. e－works. net. cn/6399/articles/1305207. html.

2015 年 5 月，全球市值最高的前 15 家互联网上市公司由 11 家美国公司和 4 家中国公司占据，没有德国公司。

目前，德国境内的搜索服务等基本依赖美国谷歌公司，据网络数据门户 Statista 统计，谷歌目前处理 95% 的德国互联网搜索。德国担心谷歌无处不在的影响力，可能对德国工业企业试图利用互联网建立更加注重服务的商业模式构成威胁。在消费领域，德国最大的网上商城是美国的亚马逊公司。2012 年，亚马逊在德国销售了 87 亿美元（约合 65 亿欧元）的产品，比 2011 年的 72 亿美元增长了 21%，几乎控制了德国超过 20% 甚至 25% 的网购业务。

二、德国的互联网与大数据发展战略

（一）联邦政府宽带战略

为了提高德国的互联网基础设施水平，2009 年，德国政府宣布实施《联邦政府宽带战略》。其目标是到 2010 年，将德国家庭宽带覆盖率提高到 100%；到 2014 年，为 75% 的德国家庭提供至少 50Mbps 的宽带接入，2018 年再将这一比例提高到 100%。在 2020 年之前，将 50% 家庭的宽带接入速度提高到至少 100Mbps。该战略坚持“市场驱动、技术中立、政府联动”的原则，提出了加强协调推动，促进共享共建，保障宽带频率，解决资金“瓶颈”，管理服务增长，着力信息透明六个方面的措施。

（二）德国 2020 高技术战略

2010 年，德国联邦政府通过《思路・创新・增长——德国 2020 高技术战略》。该战略是 2006 年《德国高技术战略》的延续，目的是根据国家重大任务制定研究和创新政策，有针对性地激发科研与经济领域的巨大潜力，为德国和全球面对的重大挑战找到面向未来的解决方案。新战略重点关注五大领域，即气候/能源、健康/营养、交通、安全和通信，并着眼于应对各个需求领域的最重要挑战来确定“未来项目”，以开发和引领世界新的未来市场，确保德国未来物质、文化与社会的繁荣。① 其中，与互联网发展有关的内容主要集中在五大领域之一的通信领域的行动计划和未来规划之中，重点内容如表 12－3 所示。

---

① 陆颖等. 德国 2020 高技术战略——思路・创新・增长［EB/OL］. http: //www. istis. sh. cn/list/list. aspx? id =6869.

表 12－3 通信领域的行动计划与未来计划

计划名称	主要内容
行动计划	2010 年将拟定新的德国数字化未来信息通信战略。目标在于集中信息通信技术的投入和使用力量，加快落实灯塔项目和若干行动计划，如超快速网络、数字化数据保护，以及教育、能源、交通智能网络等
	IT 峰会：探讨不断更新的重点课题（当下的课题有智能电网、云计算、新的可视技术以及数字化社会中的安全和保护）
	IT 安全研究计划：推出新版 IT 安全研究计划，增加 IT 安全领域的资金支持
	信息通信技术活动方案“云计算”：应在与科学的共同协作中推进云计算信任模型、保护机制及标准的研究、开发和认证
	智能电网：尤其要建立和扩大能源与信息通信技术经济之间的跨领域合作新形式。其中一项重点便是将智能电网与电动车辆和智能家居相联结
	智能化事物：继续深化对自动化研发的支持。自动化事物包括用于工业（生产、物流）用途、卫生事业（对人们的生活提供支撑）乃至消费品行业的智能机器人
	电子身份：为电子媒体中的认证和身份管理建立安全化流程以助于机械化处理商业和行政事务。灵活可靠的基础设施可供使用，并且互相之间要形成协同效应
	嵌入式系统国家路线图：德国作为高技术基地的经济产能主要取决于德国在嵌入系统领域的实力和物联网（Internet of Things）的发展程度。嵌入式系统的不断复杂化并互联成网要求提供跨领域且标准化的解决方案。为此，需要建立嵌入式系统国家路线图
	通信基础设施：由联邦政府负责的通信基础设施必须采用最先进的技术，并且是高效、安全的。在现代化基础设施的基础上，设计并落实电子政务（E－Government）领域的指导性方案和现代化网络政策。联邦政府的目标是争取到 2012 年实现无缝跨级管理
	卫星通信：天基技术为实现摆脱陆地基础设施限制的全球联络提供可能，如宽带数据联结。该类型的联络首先在少数发达地区实现。德国将加强在光学卫星通信方面的能力，使部分技术成为国际标准
	信息通信技术的专业人员：为了满足信息和通信技术对新生力量和专业人员的需求，联邦政府将为中小型企业制定具有针对性的信息通信技术专业人员政策，延长德国信息通信技术新生科学家的海外居留时间，按照需要更新职业进修项目，增加在高等专业学院获取职业资格的研修机会
未来计划	能源供给的智能化改造：至 2020 年德国电能总需求的 30% 以上为可再生能源。实现向可持续性能源供给过渡，需要智能电网和巨大的电能存储能力
	更多地使用低能耗的网络。2007 年，信息与通信技术的电力消耗占全国的 10.5%。倘若没有对策，到 2020 年，预计比例会上升到 20% 以上。德国的目标是，让信息与通信技术的发展摆脱能耗的增加。为此，必须开发新的计算机体系结构，新的节能芯片和高效的软件程序，并将其推向市场
	数字化且便利地获取知识。自由获取信息的途径、为使用者进行适当的信息整理以及数字化通信的新机遇构成现代知识社会的核心基础。它们是未来新方法、新平台、新服务和社会新模式的出发点。将通过构建云计算来获得全新的有待发掘的研究机会。云计算为在服务网络内的知识资源和软件的对外使用创造可能。此外，必须反思这种发展所带来的文化和社会影响

资料来源：陆颖等．德国 2020 高技术战略——思路·创新·增长［EB/OL］．http：//www.istis.sh.cn/list/list.aspx？id＝6869.

（三）“工业4.0”战略

“工业4.0”战略是德国在新一轮互联网和大数据革命爆发之际，为保证德国工业在新时代继续保持强大竞争力，而提出的制造业发展新战略。德国认为，未来10年，基于信息物理系统（Cyber－Physical System，CPS）的智能化，将使人类步入以智能制造为主导的第四次工业革命，即4.0阶段。2013年，由多领域专家组成的德国工业4.0工作组发布了专门报告——《保障德国制造业的未来：关于实施“工业4.0”战略的建议》。

“工业4.0”战略旨在通过依托信息技术、互联网和物联网技术将资源、信息、物品和人进行互联，以建立起高度灵活的个性化、数字化产品与服务生产模式，推动制造业向智能化转型。战略的要点可以概括为：建设一个网络、研究两大主题、实现三项集成、实施八项计划，如表12－4所示。

表12－4　德国“工业4.0”战略的要点

要点	主要内容
建设一个网络：信息物理系统网络	将物理设备连接到互联网上，让物理设备具有计算、通信、精确控制、远程协调和自治五大功能，从而实现虚拟网络世界与现实物理世界的融合。该网络是实现“工业4.0”的基础
研究两大主题：智能工厂和智能生产	智能工厂是未来智能基础设施的关键组成部分，重点研究智能化生产系统及过程以及网络化分布生产设施的实现。智能生产的侧重点在于将人机互动、智能物流管理、3D打印等先进技术应用于整个工业生产过程，从而形成高度灵活、个性化、网络化的产业链。生产流程智能化是实现“工业4.0”战略的关键
实现三项集成：横向集成、纵向集成与端对端的集成	横向集成是企业间通过价值链以及信息网络所实现的一种资源整合，是为了实现各企业间的无缝合作，提供实时产品与服务；纵向集成是基于未来智能工厂中网络化的制造体系，实现个性化定制生产，替代传统的固定式生产流程；端对端集成是指贯穿整个价值链的工程化数字集成，是在所有终端数字化的前提下实现的基于价值链与不同公司之间的一种整合，最大限度地实现个性化定制
实施八项计划	八项计划是“工业4.0”得以实现的基本保障。一是标准化和参考架构；二是管理复杂系统；三是综合的工业宽带基础设施；四是安全和保障；五是工作的组织和设计；六是培训和持续的职业发展；七是监管框架；八是资源利用效率

资料来源：罗文．德国工业4.0战略对我国推进工业转型升级的启示［N］．中国电子报，2014－08－01.

总的来看，德国“工业4.0”战略的核心就是通过CPS网络实现人、设备与产品的实时连通、相互识别和有效交流，从而构建一个高度灵活的个性化和数字化的智能制造模式。在这种模式下，生产由集中向分散转变，规模效应不再是工业生产的关键因素；产品由趋同向个性转变，未来产品都将完全按照个人意愿进行生产，在极端情况下将成为自动化、个性化的单件制造；用户由部分参与向全程参与转变，用户不仅出现在生产流程的两端，而且广泛、实时参与生产和价值创造的全过程。①

（四）“数字议程（2014—2017）”

2014 年 8 月，德国联邦政府出台“数字议程（2014—2017）”。“数字议程”是德国继“工业 4.0”战略之后，为确保未来发展和竞争力的又一重要举措。该战略一方面，旨在短期内通过挖掘数字化创新潜力促进经济增长和就业，为“工业 4.0”体系建设提供长久动力；另一方面，旨在打造一个数字化的未来社会，以迎接信息社会的新挑战，确保德国在大数据时代的领先地位，在未来数字化竞争中保障德国持久的竞争力。②

该议程提出从五个方面大力发展数字化经济，以打造德国的欧洲数字经济龙头地位：一是从推进自动化、3D、大数据、云计算和微电子等新兴数字技术市场化，以及推动“智能家居”、电动汽车、远程医疗等重要市场领域数字化两条途径，大力发展数字化经济。二是支持初创的数字化企业发展。三是面向数字经济改革政府管理框架。四是探索数字环境下的工作模式。五是推动能源革命和绿色信息技术。

该议程还提出打造未来数字化社会，培育数字创新的需求市场。具体举措包括加强各年龄段民众对数字媒体的掌握能力，实现数字化民主参与，构建数字化生活方式等。开展数字化研发，以解决数字创新的动力问题。教育、研究、科技、文化和媒体既是新型数字化技术应用核心领域，也是数字化未来持续发展的推动器和保障。具体举措包括推动科技界的数字化转型，加强数字化知识社会教育，挖掘数字化创新潜力，以研究推动数字化转型，打造数字文化大国等。此外，议程还提出加强数字化基础设施建设，提高政府数字创新服务能力，保障经济和社会的信息安全，加强与欧洲和国际的开放合作等保障措施。

三、互联网对德国传统产业的影响

（一）制造业积极抢占工业互联网发展制高点

目前，虽然集合大数据与物联网技术的智能制造在全球还处于探索阶段，但德

---

① 罗文．德国工业 4.0 战略对我国推进工业转型升级的启示［N］．中国电子报，2014 - 08 - 01.

② 上海科技发展研究中心．德国《数字议程（2014—2017）》解读［EB/OL］．http：//www.199it.com/archives/295512.html.

国企业已开始积极率先试行和应用，以抢占工业互联网发展制高点。据德国信息、通信和新媒体协会发布的调查结果显示，2014 年，40% 的德国企业已经开始“工业 4.0”应用，德国人工智能研究中心联合德国工业公司已经掌握了该领域最先进的一些技术。

在智能工厂方面已有多个案例。例如，西门子的安贝格工厂是德国政府、企业、大学以及研究机构合力研发全自动、基于互联网的智能工厂典型案例。该工厂占地面积 10 万平方英尺，主要为巴斯夫、拜耳集团、戴姆勒、宝马公司等德国工业巨头，以及它们众多海外竞争对手的工厂生产自动化机器。目前，该工厂的自动化运作程度已经达到 75% 左右，其 1150 名员工主要从事计算机运行和生产流程监控工作。[①] 化工巨头巴斯夫（BASF SE）位于凯泽斯劳滕的试点智能工厂，已经全面生产定制化洗发水和洗手液。随着网上测试订单的下达，其生产流水线上的空洗手液瓶贴着的射频识别标签会自动和生产机器进行通信，告知后者它需要何种肥皂、香料、瓶盖颜色和标记。

在智能制造方面，萨尔钢铁积极参与政府组织的“iPRODICT”计划，该计划的目标是借由萨尔钢铁的传感器网络将生产过程监控与企业运营联系起来，尽早发现萨尔钢铁在钢材生产及后续加工过程中可能存在的质量波动，并通过生产和企业运作的匹配尽早做出反应。德国 Zeiss 集团 2013 年在欧洲机床展上展示了一套名为 Pi-Web 的系统。该系统能够实现跨国公司分布在不同地区工厂的机器测量数据的网络共享，实现全球不同工厂数据的同步监测。德国的博世、奔驰和大众等公司已经开始使用这套系统。[②]

此外，德国制造企业也在大力开发智能产品。如全球最重要的传动系统产品专业制造厂家之一德国采埃孚（ZF）集团，其 2014 年推出的新产品将变速器和 GPS 数据及数字地图产品联系起来，可以实现智能换挡，帮助车辆减少油耗。

（二）传统服务业的互联网化基本完成

目前德国网上购物的发展已非常普遍。德国联邦统计局的数据显示，2012 年，德国共有 4230 万人通过互联网购买商品或服务，占全部互联网用户的 74% 和德国总人口数的 50% 以上，使用的网络平台主要包括 eBay、Amazon 等。2013 年，德国

① 网易科技报道．为维持制造技术优势，德国发力“智能工厂”［EB/OL］．http：//tech. 163. com/14/1027/16/A9J01SP5000915BF. html.

② 罗文．德国工业 4. 0 战略对我国推进工业转型升级的启示［N］．中国电子报，2014 - 08 - 01.

企业销售额的 14% 来自网络销售。

目前，使用网络银行的德国消费者有 2800 多万人，16～74 周岁的德国人中有超过 45% 的人在使用网络银行。据经合组织的统计，德国网络银行的使用率在经合组织成员国范围内处于中等水平。制约德国网络银行使用率的原因有两个：一是德国的银行营业网点分布比国际平均水平更加密集；二是德国消费者对网络银行安全性方面的顾虑较多，25% 的德国人出于安全方面的考虑，放弃使用网络银行。

德国其他传统生活服务业的服务也十分完善，并基本完成互联网化。例如，德国的加油站均可提供洗车服务，另外，城市还配备很多大型洗车站且都是自动化洗车流水线，大多数洗车公司建有网站，无须排队，既方便又便宜。所有的出租车公司都有自己的 App 和预订电话，而且车辆配置合理。所有的机场和航空公司都有自己的 App 和移动网站，而且飞机很少受航空管制。所有的银行早已开发应用网络营销和 App 移动产品，而且金融监管严密一视同仁。

（三）大型汽车制造企业积极开发车联网应用

2015 年，西门子推出了一个集合大数据和车联网概念的雷达停车系统，帮助司机寻找停车位。西门子公司在德国柏林街头的路灯上装置了停车位搜索雷达传感器，每一个探测器能扫描 30 米范围内的路面状况。扫描结果数据将通过智能手机 App 传输给用户，通知用户哪里有符合他们车辆尺寸的潜在空位，然后导航仪自动将用户的目的地到达区域指向附近的这个空位。

戴姆勒汽车公司针对城市用车一族，推出了一款灵活方便的租车模式——Car2Go。客户只需在手机应用上查看离他最近的可用车，用会员卡打开车门，驾驶到自己的目的地，靠边停好车就可以了。其计费方式既可按里程计，也可按天付，但总费用低于出租车；与传统租车公司相比，该模式还省去了客户还车的麻烦。

德国大众汽车借助 SAP 公司的 HANA 云平台，与壳牌服务站之间建立了全新的连接模式。当用户汽车汽油不足时，系统将通知用户并将其导航至最近的壳牌服务站。系统还可以根据用户汽车的型号，自动分配相应的加油泵。

第三节　日韩互联网的发展特征、战略及对传统产业的影响

日本和韩国既是全球互联网基础设施最为完善的国家，也是全球移动互联网及其应用率先发展的国家。两国政府的互联网发展战略在提升全国网络基础设施及信

息化应用水平方面发挥了关键作用。新一轮互联网和大数据革命出现之后，两国政府又结合本国的产业特点，迅速推出了与德国4.0战略类似的制造业发展战略，以保持本国制造业的全球竞争力。

一、日韩互联网的发展特征

（一）互联网基础设施水平全球领先

日本是全球率先发展移动互联网的国家，移动互联网先于PC互联网发展是日本的独特特点。早在2001年10月，日本最大的电信运营商NTT DoCoMo就开通了全球第一个WCDMA商用3G网络。2010年，日本又开始大规模普及4G网络，是全球部署4G最快的国家之一。目前，日本移动互联网的发展水平在全球居于领先地位。截至2014年6月，日本4G用户数已达4000万人，占总人口的45%。[①] 截至2014年第四季度，日本移动互联网的平均网速为8.3Mbps，仅次于英国，居全球第2位；移动宽带的普及率为81%，也处于全球领先地位。[②] 日本之所以出现移动互联网先于PC互联网发展的独特特点，原因一是日本PC互联网的上网费用一度非常昂贵，二是日本人上班以地铁和公交系统为主，且途中平均花费的时间约70分钟，这给移动互联网提供了巨大的发展空间。[③] 另外，目前日本的固定宽带也已十分发达。截至2014年第四季度，日本固定宽带普及率为88%，居全球第10位；平均网速为15.2Mbps，居全球第3位；高速宽带使用率为56%，居全球第4位。[④]

韩国政府自20世纪末开始明显加大互联网支持与发展力度。经过多年的持续投入建设，目前韩国已成为全球公认的互联网基础设施最为完善的国家。在固定宽带方面，韩国已先后投入数十亿美元建设光纤主干线网络，并向网络运营商提供财政补贴和政策扶持，鼓励其将宽带接入每一个家庭、学校、政府办公室。2005年，韩国100Mbps宽带入户就已基本普及。截至2014年第四季度，韩国固定宽带普及率已高达95%，居全球第2位；高速宽带使用率高达79%，居全球第1位；宽带平均网速为22.2Mbps，居全球第1位。[⑤]在移动网络方面，韩国早在2011年下半年正式进

---

① 曾航.4G发展不如预期阻碍了手游市场爆发［EB/OL］.http：//tech. sina. com. cn/zl/post/detail/i/2014-09-21/pid_ 8461560. htm.

②④⑤ 数据来源于Akamai公布的《2014年四季度互联网发展状况报告》，http：//www. akamai. com/stateoftheinternet/？WT. mc_ id = soti_ banner.

③ 曾航．移动的帝国：日本移动互联网兴衰启示录［M］．杭州：浙江大学出版社，2014（1）.

入移动4G时代。截至2014年6月，韩国4G用户数已达3000万，占总人口的60%，居于全球领先地位[①]。此外，韩国政府还宣布2020年之前将把全国的无线网络升级改造成5G网络，届时下载速度将是目前的1000倍左右。[②]

表12-5 2014年第四季度日本和韩国的网络基础设施发展状况

指标	全球平均	日本		韩国	
		数值	全球排名	数值	全球排名
固定宽带普及率	59%	88%	10	95	2
高速宽带普及率	24%	56%	4	79	1
固定宽带平均网速	4.6Mbps	15.2Mbps	3	22.2	1
移动平均网速	—	8.3Mbps	2	18.2Mbps	1
移动宽带普及率	—	81%	—	—	—

注：韩国移动平均网速数据为2014年第三季度数据。

资料来源：Akamai公布的《2014年第三季度互联网发展状况报告》，http://www.akamai.com/dl/akamai/akamai-soti-q314-exec-summary.pdf；《2014年第四季度互联网发展状况报告》，http://www.akamai.com/stateoftheinternet/?WT.mc_id=soti_banner.

（二）日本移动互联网应用产业走在世界前列

日本既是全球移动互联网应用发展最早的国家，也是目前全球移动互联网运营经验最丰富的国家，移动互联网产业一直走在世界的前列。在功能手机时代，日本构筑了以通信运营商为核心的基于手机定制、手机的内容平台和网络服务的移动互联网生态系统，首创了SP模式、二维码、手机钱包等多项移动互联网服务，在移动广告、手机游戏等许多细分领域遥遥领先于包括美国在内的其他国家，还开发出了手机电视、手机漫画、移动医疗、地震灾害防治符合日本国民需求的特色服务。

2008年之后，日本进入智能机时代，移动互联网产业经过快速转型后，在手机游戏、手机社交等许多方面又出现快速发展，且发展速度远快于其他国家。2012年全世界收入最高的15家手机游戏公司中，有4家来自日本。从2012年底开始，日本超过美国成为Google Play收入排名第1的国家，Google Play在日本收入的88%都来自游戏。有着“日本版微信”之称的Line也在日本发展迅猛，用户已经超过了

① 曾航.4G发展不如预期阻碍了手游市场爆发［EB/OL］.http://tech.sina.com.cn/zl/post/detail/i/2014/09/21/pid_8461560.htm.

② 杨明.培育信息消费政府各国有看点［N］.经济日报，2013-04-03.

1.5亿人，并且比我国的微信更早开始商业化，收入主要来自游戏和应用内收费表情。①

不足的是，由于日本移动互联网产业链较为封闭，技术标准与国际不兼容，使得日本很多移动互联服务只能在本土发展，在国际市场上的推广都未取得成功。

（三）反垄断政策助推韩国互联网发展

韩国宽带建设虽然起步很早，但却没有形成过度的垄断，上网费用也非常低廉。这得益于韩国政府在互联网行业实施的反垄断政策。韩国政府始终专注于监督韩国电信市场的竞争，规定三大电信运营商——SK电讯、KTF和LGT的用户占有比例必须基本维持5∶3∶2的固定比值，并强制大的电信公司与小公司共享他们的网络。2010年，韩国政府还引入移动虚拟运营商制度，为30多家企业发放牌照。此外，韩国方面还允许本国或者跨国公司在韩国经营与互联网有关的业务，并出台了很多优惠政策，鼓励这些企业开展竞争，满足民众多样化的消费需求。

这些反垄断政策的实施，保证了韩国互联网领域的充分竞争。激烈的市场也促使运营商们广辟思路，推动互联网向商业、金融、娱乐、教育、交通、医疗等行业广泛渗透，这样韩国运营商不仅仅依赖向用户提供网络服务创收，还可以通过大量的增值服务，来获得新的盈利来源。

（四）政府积极推动公共大数据开放

2012年6月，日本IT战略本部发布电子政务开放数据战略草案，迈出了政府数据公开的关键性一步。2014年，日本国土交通省又开始构建在商业上积极利用“大数据”的环境。国土交通省计划在2020年之前，将日本政府和汽车厂商拥有的汽车相关信息集中上传至互联网，其中政府拥有的信息包括日本4900万辆汽车保有者的信息以及车检信息，民间信息包括汽车厂商可利用全球定位系统（GPS）掌握的汽车位置和行驶状况，以及维修公司拥有的汽车修理记录。然后政府在确认使用目的之后，允许被授予访问权限的运营商阅览。此举将促进汽车保险等新商品和服务的开发。

韩国政府于2014年底公布了由韩国民众选出的36个希望政府开放资料的项目，并宣布自2015年起率先开放不动产等10大领域的资料，剩余的26项资料也将陆续放置于公共平台让民众查询和使用，最迟于2017年底前全面开放。政府开放的资料

① 曾航．移动的帝国：日本移动互联网兴衰启示录［M］．杭州：浙江大学出版社，2014（1）．

除了希望能提供民众更加便利的生活之外，还希望能借此刺激国内创业活力，建立一个从启发想法开始到商用化为止的创业支援体系。

二、日韩的互联网和大数据发展战略

（一）日本的“e－Japan”战略和韩国的“e－Korea”战略

日、韩两国政府均很早就认识到发展互联网基础设施和构建本国信息化社会的重要性，并在宽带技术刚刚出现的21世纪初，就先后发布并实施了内容相近的，旨在建设和提升全国网络基础设施和信息化应用的“e－Japan”（电子日本）战略和“e－Korea”（电子韩国）战略。

2001年，日本IT战略本部在政府前一年颁布的《IT基本法》的基础上，提出了“e－Japan”战略。“e－Japan”战略着眼于建设和发展全国的信息基础设施，提升各级网络的硬件水平。该战略的目标是使日本在5年内成为世界上最先进的信息化国家，于2005年在全日本建成3000万家庭宽带上网及1000万家庭超宽带（30～100Mbps）上网的环境。该战略还提出四大举措，具体包括建立超高速互联网，提供最先进的数据业务和互联网接入；完善电子商务交易规则；实现电子政务；为新时代培育高素质IT人才。“e－Japan”战略使2001年成为日本宽带市场转折的一年，NTT“DoCoMo”、KDDI等运营商看准时机，纷纷进入宽带接入市场，带动全国宽带用户实现大规模的增长，并使“e－Japan”战略目标在2003年提前实现。

2002年4月，韩国提出了相近的“e－Korea”（e－KoreaVision 2006：Building e－Korea as a Global Leader）战略，其关注的重点主要包括开展全国性信息化战役，加强信息化教育、提升工业和政府部门的信息化水平；持续升级网络基础设施；与国际信息社会加强合作等。“e－Korea”战略实施后，韩国信息通信基础设施水平和信息化应用水平得到了大幅提升。

（二）日本“u－Japan”战略和韩国的“u－Korea”战略

日本和韩国在分别完成“e－Japan”战略和“e－Korea”战略后，在两国已夯实的信息产业硬件的基础上，又结合全球物联网发展新趋势，开始启动新一轮国家信息化战略，同时在2004年推出分别称作“u－Japan”和“u－Korea”的新战略。

日本政府的“u－Japan”计划着力发展泛在网络（Ubiquitous Network）和相关产业，希望由此催生新一代信息科技革命，在2010年实现“无所不在的日本”（ubiquitous Japan），即将日本建成一个“任何时间，任何地点，任何物品，任何人”

都可以上网的环境。"u - Japan"战略主要围绕泛在社会网络的基础建设、ICT的高度化应用、ICT安心安全21战略等三大方面展开。与"e - Japan"战略相比,"u - Japan"把社会问题作为技术发展的导向,从社会的各类应用需求出发去考虑未来信息社会的构架。例如,在宽带方面,"u - Japan"不仅推动宽带设施的建设,同时还要使宽带技术成为生活和工作中的有用工具,要营造一种可无缝使用有线和无线方式上网的环境。

韩国情报通信部提出的"u - Korea"战略,是一种以无线传感网络为基础,把韩国的所有资源数字化、网络化、可视化、智能化,以此促进韩国经济发展和社会变革的国家战略。该战略从"BEST u基础设施"和"FIRST u社会"两方面入手,旨在建立信息技术无所不在的社会,即通过布建智能网络、推广最新信息技术应用等信息基础环境建设,让韩国民众可以随时随地享有科技智能服务。战略的最终目的,除了运用IT科技为民众创造食、衣、住、行、体育、娱乐等各方面无所不在的便利生活服务之外,也希望通过扶植韩国IT产业发展新兴应用技术,强化产业优势和国家竞争力。

(三)日本的"智能云战略"和"创建最尖端IT国家宣言"

"智能云战略"和"创建最尖端IT国家宣言"是日本迎接移动互联网和大数据时代的机遇与挑战,为保持自身全球领先优势而颁布的互联网战略。

2010年5月,日本总务省发布了"智能云战略",目的在于借助云服务,推动整体社会系统实现海量信息和知识的集成与共享。该战略包括三部分内容:应用战略、技术战略和国际战略。应用战略包括四方面内容:促进ICT的全面应用;打造适合云服务普及的环境;支持创建新的云服务;通过高附加值的产品和服务及典型项目,向全球推广云服务,并促进行政、医疗、教育、农业和NPO(非营利团体)等领域云服务的标准化。技术战略主要有两项内容:促进下一代云计算技术的研发;推进标准化活动。国际战略包括通过官产学合作积极参与以云服务普及和开放式互联网为主题的国际研讨,尽快就制定云服务国际规则达成共识。

2013年6月,安倍内阁正式公布了新IT战略——《创建最尖端IT国家宣言》。该宣言全面阐述了2013—2020年,以发展开放公共数据和大数据为核心的日本新IT国家战略,要把日本建设成一个具有"世界最高水准的广泛运用信息产业技术的社会"。该宣言还提出五项要点,具体包括向民间开放公共数据;促进大数据的广泛活用;活用IT技术,实现农业及其周边相关产业的高水平化;活用IT技术,对社会基础设施进行维护管理;改革国家及地方的行政信息系统。

（四）日本的"机器人新战略"

在世界快速进入物联网时代的今天，日本政府为继续保持自身以产业机器人为主的机器人大国的优势地位，于 2015 年 2 月发布了《机器人新战略》（*New Robot Strategy*）。

该战略希望将机器人与 IT 技术、大数据、网络、人工智能等深度融合，在日本积极建立世界机器人技术创新高地，营造世界一流的机器人应用社会，继续引领物联网时代机器人的发展。该战略的三大核心目标包括"世界机器人创新基地"、"世界第一的机器人应用国家"、"迈向世界领先的机器人新时代"。为实现这些目标，该战略还制订了详细的五年行动计划，将围绕制造业、服务业、农林水产业、医疗护理业、基础设施建设及防灾等主要应用领域，展开机器人技术开发、标准化、示范考核、人才培养和法规调整等具体行动。

该战略与德国的"工业 4.0"战略有异曲同工之妙。该战略预测，通过在各个领域推进机器人化，将大幅度提高作业效率和质量，增强日本制造业、服务业等的国际竞争力，并将帮助日本解决少子化和老龄化带来的一系列问题。

（五）韩国的《制造业创新 3.0 战略实施方案》

制造业同样占据国民经济重要地位的韩国，在 2014 年 6 月正式推出了被誉为韩国版"工业 4.0"的《制造业创新 3.0 战略》。2015 年 3 月，韩国政府又公布了经过进一步补充和完善后的《制造业创新 3.0 战略实施方案》，标志着韩国版"工业 4.0"战略正式确立。

韩国是全球制造业较为发达的国家之一，造船、汽车、电子、化工、钢铁等产业在全球具有重要地位。但近年来，随着国际分工体系的变化，尤其是在来自不断崛起的中国制造业以及逐渐复苏的日本制造业的夹击下，韩国制造业增长乏力，面临着竞争力下滑的挑战，迫切需要新的发展战略。

韩国"制造业创新 3.0"战略在整体上参考了德国"工业 4.0"战略的基本理念。该战略的主要政策方向是将 IT、软件、服务与制造业相融合，培育新产业；发展 3D 打印和智能工厂等新的生产方式，提高制造业创新能力。该战略还包括三大战略和六大课题。三大战略为培育融合型新产业、提高骨干产业的核心力量、强化制造业创新基础。六大课题为 IT、软件创新性应用；推动 IT、软件与制造业融合性，培育增长点；确保骨干产业的材料、配件生产的主导权；强化制造业的软实力；有针对性地培养人才，提供产业用地；打造东北亚研发中心。

三、互联网对日韩传统产业的影响

（一）互联网已经重塑日韩电信业

日韩电信运营商牢牢把握住了本国大力发展宽带网络带来的商业机会，通过大力开发数字增值以及电子商务等业务，在全球率先由传统的语音通信服务商转变为数字内容服务商和电子商务平台企业。

日本电信运营商 NTT DoCoMo 公司早在 1999 年就推出了全球移动互联网的 i - mode 服务模式，让用户能够在手机中享受各种丰富的手机上网服务，包括收发邮件、收看新闻资讯、接受气象信息、转账查询、订火车票机票服务、网上购物等，这些服务以手机上网数据流量结算。从 2010 年开始，NTT DoCoMo 还利用手中掌握的用户行为数据，向金融及结算业务、多媒体业务、商业服务、医疗与健康服务、物联网、集成与平台化业务、环保服务、安全安保八大领域扩张。[①]

韩国最大的电信运营商 SK 电信于 2000 年左右开始大力开发互联网服务，目前旗下已拥有三大核心数字业务。一是电商业务 11th Street，11th Street 是韩国最大的电子商务平台和最大的移动商务平台，2013 年交易额达到 4. 9 万亿韩元；二是 App 平台 TStore，该平台是韩国最大的移动 App 平台，在韩国的业务量已超过 Google Play；三是韩国主流数字音乐服务 Melon。此外，SK 电信还在 2011 年成立了独立业务部门 SK Planet，通过该部门进入了大数据领域。

（二）制造业加强智能生产和智能产品开发

由于政府政策支持，日本采用智能化生产线的企业越来越多。例如，丰田公司通过采取机器人、无人搬运机、无人工厂等先进技术和产品，加之采用新技术减少喷漆次数、减少热处理工序等措施把生产线缩短了 40%，并通过改变车身结构设计把焊接生产线由 18 道工序减少为 9 道，建成了世界最短的高端车型生产线。2015 年，日立公司宣布计划将 2016 年之后的研发费用较 2015 年增加约 30%，增至每年 5000 亿日元左右。资金规模将与在世界市场上竞争的美国通用（GM）和德国西门子相匹敌，集中投向传感器、人工智能和机器人领域。日本国内主要 35 家企业 2015 年的研发费用将达到雷曼危机前的 2007 年的水平。[②] ZMP 是一家开发机器人和

---

① 曾航．日本最大电信运营商拒绝引入 iPhone 的伤与痛［N］．21 世纪经济报道，2013 - 05 - 20.

② 日经中文网．日立 5000 亿日元研发费投向人工智能和机器人［EB/OL］．http：//cn. nikkei. com/industry/management - strategy/14284 - 20150508. html.

自动驾驶汽车的创业企业，作为试验用汽车，已在销售以丰田混合动力车普锐斯为样板的自动驾驶汽车。索尼也启动了汽车自动驾驶技术的开发，计划出资 ZMP，以融合索尼的图像传感器技术和 ZMP 的人工智能技术，将向日本国内外汽车厂商推销共同开发的摄像头复合零部件。

韩国方面，三星电子已开始将发展重点从智能手机转向物联网领域。2014 年，三星电子先后收购了美国软件企业“Smart Things”和美国系统空调流通企业“Quietside”、加拿大云印刷企业“Printer On”，还宣布与德国 SAP 进行战略合作，在产业全方位提供“企业用移动商务解决方案”。三星电子的战略是将 SAP 所拥有的实时数据分析商务解决方案搭载在三星电子的多种移动机器上，向使用这个方案的企业提供对口型移动商务解决方案。双方的合作领域包括流通、石油、天然气、金融和保健等产业。2015 年 4 月，三星电子对外公开了一系列利用物联网技术、针对企业的全新服务内容，涵盖物流、教育和医疗等 6 个领域。LG 电子 2014 年初针对智能家电领域做出了新的尝试——创新 Home Chat 技术。该技术通过采用 NLP 和 LINE 两款流行手机社交应用软件，让用户能够通过手机与 LG 最新的家电产品进行语音交流互动，控制并监控 LG 高级智能家电。

（三）工商企业积极开发大数据应用

日本和韩国的多家工商企业，开始利用大数据技术，深入挖掘消费者的消费特点，以帮助企业制定更为有效的市场营销策略和产品开发策略。

2014 年，日本富士通公司建立了由 30 名核心业务人员以及 800 多人数据专家和咨询顾问组成的“大数据主导中心”来强化社交网络服务（SNS）上的数据分析服务，及时发现社交网络上可用的信息，以便企业能够实时地开展市场营销活动，并加强商品规划和顾客支持。

2015 年，日本雅虎和办公用品网购公司 ASKUL 公司与联合利华日本、花王、大王制纸、日清食品和 Calbee 等主要食品、日用品厂商展开合作，日本雅虎和 ASKUL 把消费者在其运营的网购网站“LOHACO”的购买记录和同时购买多件产品的信息等合计 40 余种数据，与各食品、日用品厂商之前拥有的购买者特征、购买店铺、意见和期望等数据结合起来进行分析，以帮助厂商开发符合特定顾客喜好和生活场所的新商品。

日立公司 2015 年 2 月宣布收购美国大数据分析公司 Pentaho。Pentaho 公司拥有高效收集信息且相对简单展示的技术，可对铁路运行情况、工厂运作的生产设备及卖场的销售动向等数百种数据进行收集分析。日立通过收购 Pentaho，可向铁路公司提出最佳运行方案等和便于客户企业使用大数据。此外，日立还计划把Pentaho的软件嵌入日立的服务器等产品，使客户企业采用获得数据后能够立即开始分析。

2014年，大韩商工会议一项针对全韩国500家企业大数据应用现状的调查结果显示，韩国已有7.5%的企业正在应用大数据技术，10.9%的企业表示今后有应用的计划。大数据被应用的领域大部分为营销（47.3%）和经营管理（41.9%），而战略规划（24.7%）、研究开发（20.4%）的应用率还相对较低。韩国大数据领域的顶尖企业LG CNS 2012年开发出了社交媒体分析解决方案，可以轻松、快速地搜集和分析社交媒体上的庞大信息，同时按照不同行业提供"一站式"的定制化咨询服务，其分析结果可直接应用到市场营销、宣传、产品研发等业务上。除占领本土市场之外，LG CNS还进军了中国社交媒体分析市场。

第四节 欧盟的互联网发展特征及战略

欧盟的互联网基础设施整体发展水平，以及企业的互联网应用水平较高，但欧盟统一数字市场尚未形成。为此，欧盟先后颁布了"欧洲数字议程"计划和欧盟单一数字市场战略，以推动统一数字市场，加快形成和释放数字经济潜力，拉动欧洲经济增长。

一、欧盟的互联网发展特征

（一）互联网基础设施整体发展水平高

欧盟拥有诸多经济发达国家，互联网基础设施整体发展水平较高，特别是移动宽带整体普及率全球领先。根据国际电信联盟公布的数据，2014年，欧洲平均ICT发展指数（IDI）[①] 值为7.14，遥遥领先于排名第2的区域独联体国家（IDI值为5.33）。其中，丹麦居全球IDI排行榜榜首。2014年，欧盟的4G普及率为59%[②]。截至2014年第四季度部分欧盟国家的网络基础设施发展情况如表12－6和表12－7所示。

---

① IDI是一种根据各国ICT接入、使用和技能水平，对166个国家进行排名的综合性衡量方法。

② 欧盟．为什么我们需要一个统一的数字市场［EB/OL］．http：//ec. europa. eu/priorities/digital－single－market/docs/dsm－factsheet_ en. pdf.

表 12－6　2014 年第四季度部分欧盟国家固定宽带发展情况

国家	固定宽带平均网速		高速宽带普及率		固定宽带普及率	
	数值（Mbps）	全球排名	数值（%）	全球排名	数值（%）	全球排名
瑞典	14.6	4	47	7	87	11
瑞士	14.5	5	56	3	92	3
荷兰	14.2	6	56	5	91	6
爱尔兰	12.7	8	33	22	68	46
捷克	12.3	9	41	13	84	20
芬兰	12.1	10	40	16	83	23
丹麦	11.9	11	47	7	92	4
罗马尼亚	11.6	14	55	6	89	8
挪威	11.4	15	35	21	80	32
英国	10.9	18	38	19	83	24
比利时	10.8	19	44	10	87	13
奥地利	9.8	24	26	29	87	14
德国	8.8	29	24	32	80	31
波兰	8.8	30	26	30	83	22
匈牙利	8.7	32	28	27	82	26
西班牙	8.2	36	22	33	78	34
斯洛文尼亚	8.2	37	20	38	68	45
葡萄牙	8.0	38	25	31	75	38
法国	7.1	44	15	42	70	43
意大利	5.6	54	5.7	55	61	52

资料来源：Akamai 公布的《2014 年第四季度互联网发展状况报告》，http://www.akamai.com/stateoftheinternet/?WT.mc_id=soti_banner.

表 12－7　2014 年第四季度部分欧盟国家移动网络发展情况

国家	移动平均网速（Mbps）	移动宽带普及率（%）
英国	16.0	88
丹麦	8.8	97
瑞典	8.2	97
法国	7.7	72
斯洛伐克	7.3	72
爱尔兰	7.1	66
挪威	6.9	88

续表

国家	移动平均网速（Mbps）	移动宽带普及率（%）
比利时	6.4	81
荷兰	6.3	70
奥地利	5.7	70
德国	5.4	35
意大利	5.2	58
捷克	5.1	60
波兰	5.1	65
西班牙	4.4	38
立陶宛	4.2	36
匈牙利	3.3	19

资料来源：Akamai 公布的《2014 年第四季度互联网发展状况报告》，http：//www. akamai. com/stateoftheinternet/？WT. mc_ id = soti_ banner.

（二）企业互联网接入率高

根据经合组织《互联网经济展望（2012）》提供的数据，2011 年末，在经合组织范围内的欧洲国家中，几乎所有的公司都接入了互联网，同时各类企业还是最早采用互联网接入的用户，以及升级到高速网络的领军者。2009 年，欧盟 15 国接入宽带的公司比例高达 90%。很多欧洲公司将互联网作为提升效率的手段，大量公司建立了自己的公司网站，通过互联网与客户和供应商沟通并共享信息，开展采购、销售等电子商务活动，通过互联网接受与发送电子发票等，极大地降低了远程交易、组织和协调的成本，提高了效率。

（三）欧盟统一数字市场尚未形成

虽然欧盟互联网整体发展水平较高，但欧盟内部各成员国互联网发展水平存在很大差异，成员国市场之间也存在诸多壁垒，统一数字市场尚未形成。目前各国电信市场以国家为界运营，造成欧盟电信市场高度分散，骨干网等基础设施难以共享、高效跨境运营受限制。2014 年，仅有 15% 的消费者在网上从其他成员国购物，44% 的人选择本国的服务，只有 7% 的中小企业提供跨境服务。[①] 另外，欧洲各国在监管法规方面有差异，部分成员国在分配带宽方面步伐缓慢，显著拖慢了欧盟范围内的 4G 网络建设；各成员国对国家宽带项目的投资力度有很大差异；在不同成员国内获

① 欧盟．为什么我们需要一个统一的数字市场［EB/OL］．http：//ec. europa. eu/priorities/digital - single - market/docs/dsm - factsheet_ en. pdf.

得新建网络许可的时间从数天到数年；各成员国在携号转网收费方面也存在较大差异。

二、欧盟的互联网与大数据发展战略

（一）欧洲数字议程计划

“欧洲数字议程”计划是欧盟2010年3月推出的“欧洲2020战略”中的七项旗舰计划之一。“欧洲2020战略”（*Europe 2020: A Strategy for Smart, Sustainable and Inclusive Growth*）是国际金融危机之后，欧盟为摆脱危机和应对全球化、资源压力、老龄化等长期挑战，把欧盟发展成一个智能、可持续及包容性经济体，实现高水平的就业、生产力及社会凝聚力，而推出的一项十年规划。

“欧洲数字议程”计划集中体现了欧盟2010—2020年的互联网战略观点。该计划的细则于2010年5月颁布，主要关注七大领域，即创建统一的数字市场，改善信息技术标准和兼容性，互联网信任与安全，提高宽带覆盖，增加研发投资，提高全民数字素养，使用ICT技术应对气候变化。发展目标是到2020年，欧盟将在整个欧洲提供不低于30Mbps的网速，为至少50%的欧洲家庭提供超过100Mbps的网速。

为实现计划目标，欧盟将鼓励宽带基础设施投资，制定高效的频谱政策，同时为宽带发展提供结构化资金。欧洲委员会将建立在线内容和服务的单一市场，发布版权作品的跨境许可，树立欧洲在全球互联网治理中的地位，让欧洲文化遗产进一步数字化。另外，欧盟还将改革研究和创新基金，加大对关键战略领域的ICT部门的扶持，支持快速增长的中小企业，激励各个商业领域的ICT创新，努力推动欧洲人使用互联网，提高欧洲人的数字素养。

（二）欧盟单一数字市场战略

2015年5月，欧盟委员会发布了数字化单一市场战略。该战略是未来几年欧盟委员会的工作重点，旨在打破欧盟境内的数字市场壁垒，为28个欧盟成员国打造一个单一的数字商品、资本、内容和服务的市场，确保互联网时代的欧洲不落后于其他国家。该战略确定了三大支柱，并给出了相关支持措施。

第一大支柱是为个人和企业提供更好的数字产品和服务。支持措施包括促进跨境电子商务发展；保障消费者权益；提供速度更快、价格更实惠的包裹递送服务；打破地域界限，改变同种商品不同成员国不同价的现状；改革版权保护法；推动提供跨境电视服务。

第二大支柱是创造有利于数字网络和服务繁荣发展的环境。措施包括全面改革欧盟的电信领域规章制度；重新审查视听媒体组织框架以适应时代需求；全方位分析评估搜索引擎、社交媒体、应用商店等在线平台的作用；加强数字化服务领域的安全管理，尤其是个人数据等。

第三大支柱是最大化实现数字经济的增长潜力。具体措施包括提出“欧洲数据自由流动计划”，推动欧盟范围的数据资源自由流动；在电子医疗、交通规划等对单一数字市场发展至关重要的领域，推动建立统一标准和互通功能；建成一个包容性的数字化社会，使民众能抓住互联网发展带来的机遇和就业机会。

第五节　发达国家互联网发展经验对我国的启示

美国、德国、日韩、欧盟等国家和地区，通过系统性地制定具有战略性和前瞻性的互联网发展的政策、战略和计划，有效地促进了互联网在这些国家和地区的发展，形成了对传统业态的颠覆、渗透和重构，带动了经济结构的转型升级。充分吸收和借鉴这些国家的经验，对于目前正处于“新常态”下转型升级关键阶段的中国具有重要意义。

一、高度重视国家互联网发展战略的顶层设计

纵观美、德、日韩、欧盟等发达国家和地区的互联网发展历程，可以发现，这些国家和地区的政府均密切关注互联网领域的每一次革命性变化，并在关键节点迅速出台具有前瞻性的互联网发展战略，积极抢占互联网经济发展的制高点，这些举措对保持各自国家和地区在全球互联网中的领先地位发挥了重要作用。例如，在互联网刚刚兴起时，美国就出台了信息高速公路计划。在移动互联网和大数据技术出现以后，各国又纷纷迅速推出新一轮宽带发展战略、大数据与云计算战略，并结合本国制造业发展特点，制定出各具特色的“工业 4. 0”战略、机器人新战略、“制造业 3. 0”战略等。

反观我国，直到 2013 年才推出“宽带中国”战略，2015 年刚刚推出“中国制造 2025”战略和“促进大数据发展行动纲要”，各战略推出时间均比前述发达国家落后几年。因此，我国政府应积极学习发达国家，高度重视互联网领域的顶层设计，紧密追踪和及时把握重大的互联网发展趋势，不断制定和完善具有全局性和前瞻性的国家互联网发展战略。

二、大幅推进互联网基础设施体系建设

各国发展经验表明，高速稳定的网络基础设施是互联网经济发展至关重要的基础支撑和前提，属于战略性基础设施。为此，宽带建设无一例外成为各国政府互联网战略的核心重点，美国、德国、日韩等在内的各个国家均先后出台多个国家层面的宽带发展战略，并投入大量政府资金，打造全国性的高水平宽带基础设施，扩展宽带连接范围，为全体国民和企业提供普遍和负担得起的接入。

目前，我国宽带整体发展水平在全球还处于相对落后的水平。根据 Akamai 发布的《2014 年第四季度全球互联网发展状况报告》，我国固定宽带普及率为 27%，仅略高于 24% 的世界平均水平，全球排名第 79 位；固定宽带平均网速为 3. 4Mbps，低于全球 4. 5Mbps 的平均水平，居全球第 82 位；高速宽带使用率只有 1. 1%，列全球第 64 位。在移动网络方面，截至 2014 年 6 月，中国 4G 普及率只有 5%。另外，我国城乡互联网覆盖水平还存在很大的不均衡性。

因此，我国政府必须大幅度加快网络基础设施建设，扎实落实“宽带中国”战略，加快全光纤网络城市和第四代移动通信网建设，积极实施光纤到户和宽带乡村工程。同时，积极完善投融资政策，鼓励电信运营商以及社会资本加大互联网基础设施建设力度，加强宽带接入服务和资费监管。只有尽快实现高速宽带和无线网络的普及，下一代互联网、物联网、云计算等信息通信基础产业才能得到迅猛发展，“互联网 +”的战略行动计划才能得以实现。

三、培育强大的本土信息产业和良好的创新创业环境

发达国家的经验表明，一国互联网经济的发展以及网络安全的保障，需要由一批掌握互联网关键技术的强大本土网络信息技术产业作支撑。因此，各发达国家均高度重视本国网络信息产业的发展，为这些产业的发展提供各种扶植和引导政策，有效推动了本国网络信息产业的发展。

目前，我国的网络信息产业虽已有一定的发展基础，涌现出华为、中兴、浪潮、阿里巴巴、百度、腾讯等大型企业，但总体上我国网络信息产业与美国、日本等国还存在巨大差距，国内市场被国外大公司垄断的程度也很高。为此，我国应积极借鉴发达国家经验，大力强化网络信息产业政策，制定国家层面的网络信息产业发展战略，建立统一的政府管理体制，加大网络信息领域关键技术的研发投入，快速推进 ICT 技术相关政策和跨行业标准的制定，由政府牵头成立 ICT 产业联盟，在并购、

技术保护等方面给予国内企业倾斜等，多方推动我国网络信息产业的健康快速发展，培育一批世界级企业。

创新既是互联网的灵魂与精神，也是互联网持续发展的基础和源泉。在很多国家，互联网与各传统产业相互渗透与融合，成为创新最活跃领域，涌现出层出不穷的新技术、新产品、新模式、新服务。在这一创新发展过程中，很多发达国家充分认识到政府在培育互联网创新中的重要作用，积极扮演互联网创新引领者、推动者和监管者的角色，从多个方面积极营造良好的互联网创新环境，以促进互联网创新的发展。

例如，美国政府积极推动各公共部门向云平台迁移，做新技术的引领者和带动者。美、德等国针对互联网领域所具有的明显的大众协作创新特点，积极扶持小型初创企业、个人创客等创新主体，为中小创新者提供孵化空间和孵化指导。构建风险投资与商业信贷、股票与债券、知识产权质押融资相互补充、相互支持的投融资政策环境，为中小创新企业提供多元化融资渠道。美国以及日、韩等国还积极实施网络中立、电信领域反垄断政策，营造有利于科技初创公司发展的公平竞争环境，免于它们受到大型网络巨头的不公平竞争。此外，美国、德国、欧盟还十分重视强化中小初创公司的知识产权保护，出面组织构建创新产业联盟，加强数字化知识社会教育和人才培养等。

我国互联网的整体创新环境较发达国家还存在很多不足，我国政府应积极学习国外的成功经验，对创新企业，特别是对刚起步的创业者或者中小企业应该给予更多引导和支持，为创新创业搭建技术转移、创业孵化、公共服务等平台，构建新型融资渠道，加强知识产权保护，加大财税政策扶持力度，加快形成我国宽松完善的互联网创新环境。

四、加大公共数据建设和开放力度

从各国发展经验可以看出，大数据已成为新一轮互联网革命的核心生产要素，获得大量数据既是大数据价值实现和最大化的前提，也是推行大数据战略的前提。政府作为公共服务的提供者，掌握着大量关键性的公共信息数据。社会对数据开放的强烈需求，使得掌握重要数据资源的政府必须成为开放信息资源的带头人。政府主动开放数据，对增加数据资源，加速数据信息的自由流动，构建开放透明政府，推动大数据产业发展，鼓励创新和创造新就业等起着非常重要的作用。因此，美国、日本、韩国等的大数据战略都从政府部门开始推动，均制定了专门的开放政府数据的政策，积极推动政府数据开放。

目前，我国国内各级地方政府在政府数据管理方面，主要是在国务院《政府信息公开条例》的基础上推行政府信息公开，政府数据开放尚处于初步探索阶段，广东、上海等地政府刚刚开始率先尝试。从整体来看，政府公开数据的程度还很低，覆盖面较小，分散在政府各个部门中的数据不成体系，且部门壁垒森严，存在数据打通难、数据开放不足等诸多问题，政府目前的数据公开远远无法满足企业的实际需求。

因此，我国还需要大力加强政府公共数据的建设和开放。政府数据建设和开放要远比政府信息公开复杂，需要一整套的完善规划、顶层设计和系统建设。政府数据信息管理应贯穿信息收集、整理、贮存、发布、服务等全过程，内容包括信息网络、应用系统、信息的采集和发布及相关的管理体制、程序、实施模式和项目管理等。以确保社会公众获取及再利用大数据的权利，通过释放形成数据扩散，为创新与数据再利用提供资本。

五、积极调整和提升互联网治理水平

互联网和大数据技术的快速发展，一方面，催生了大量的互联网创新模式，企业和消费者对互联网的依赖也越来越深，数字化生存已成为基本生活方式。另一方面也明显带来了诸多监管新问题，对各国监管机构提出了挑战。例如，Uber、Airbnb 等新兴商业模式改变了现有出租车行业监管运作的基本规范和基础条件，引发了地区经济保护、税收、安全等新问题；即时通信业务的出现，在移动互联网服务商与传统运营商之间引发了竞争冲突；大数据产业的发展带来了数据安全、隐私保护等问题。

从各国发展经验来看，美国、德国、欧盟等都非常重视互联网发展带来的新问题，它们主要通过不断调整和完善法律法规，对现有的 ICT 政策和监管框架继续审查等，使之适应迅速变化的数字环境，保持市场的公平竞争与有效保护消费者。如美国 2012 年宣布推动《消费者隐私权利法案》的立法程序，法案中明确且全面地规定了数据的所有权属于用户，并规定在数据的使用上需对用户有安全性保护。德国制定了世界上第一部专门规范互联网管理的法律《多媒体法》，还出台了《电信服务法》《数据保护法》等。德国数据保护法严格限制从智能工厂中获取的数据外包给欧盟以外的企业进行分析，以及严格限制披露包含员工个人信息的企业数据。与之相配套，还对《刑法法典》《治安条例法》等进行修改和完善，并及时制定和完善了其他相关的法律法规，始终保持对网络的有效监管。

目前，我国对互联网产业的监管和治理还存在诸多滞后和不足之处。Uber、Airbnb 等模式已经进入我国，另外，我国本土也出现了诸多独有的互联网创新形式。对此，监管机构自身也应不断提升与创新，不断丰富手段，创新监管方式。既要防范风险，也要支持和鼓励创新，努力实现新兴产业与传统产业的公平竞争，维护消费者权益，为互联网发展提供宽松的治理环境。

六、鼓励和引导传统业态与互联网融合式发展

（一）鼓励传统产业积极拥抱互联网

从各国发展经验来看，互联网自诞生以来已经成为推动全球发展的强大驱动力。移动互联网和大数据技术的发展，进一步凸显了互联网作为一种新型基础设施的作用和能力。互联网改造传统产业已是大势所趋，互联网在给传统产业带来巨大挑战的同时也带来巨大机遇。很多传统行业中的企业通过积极与互联网融合，研发出新技术、新产品和新服务，企业生产方式、商业模式、管理方式等发生巨大变化，市场反应能力更加迅速，运营效率明显提升，决策水平得到很大提高，竞争力反而得到进一步增强，市场空间得到进一步扩大。相反，那些反应迟缓的传统企业则正在遭到淘汰。

我国市场经济只有几十年的发展历史，传统产业的运营水平与效率与欧美等发达国家还存在相当差距，产业转型升级的任务还十分艰巨。目前全球产业互联网化大潮均处于发展初期，我国很多传统产业与国外竞争者的差距较小，如果能够抓住这次机遇，则很可能实现“弯道超车”，在面对新兴互联网企业以及国内外竞争者中占据主导地位，否则很可能面临市场败北的境地。因此，我国政府应积极鼓励和引导传统产业拥抱互联网，将互联网作为推动产业转型升级的重要渠道。

（二）鼓励传统产业充分发挥积累优势

目前，各国传统产业都面临新兴互联网公司带来的跨界竞争，并受到不同程度的冲击。从发达国家不同传统行业的表现来看，那些具有深厚的行业积累和专业性的行业所受冲击较小，传统行业的领导企业依然在本行业占据主导地位。如美国的零售业和金融业、德国的高端制造业。

究其原因，无论是在 PC 互联网还是移动互联网时代，大量基于互联网的商业模式创新，其本质上提供的都是平台服务。这些互联网平台把线下某一种传统行业

的主要厂商、服务商或者商家吸引到这个平台上来，使传统从业者在依靠平台获得客户的同时，也使它们同时面对消费者选择，加剧了彼此之间的竞争。传统企业要想在竞争中取胜，依靠的还是线下时代自身在细分行业中的传统竞争实力。另外，各行各业都有很深的产业基础和专业性，互联网在很多方面不能替代，新兴互联网公司也缺乏这些行业的深入理解和积累，所以一旦传统行业以它们对这个行业的了解和深厚的行业积累为基础，再加上互联网的理念与技术，就可以重新开始获得巨大竞争优势，新兴互联网公司则很难与传统企业在竞争市场中获得主导地位。

这对我国政府和传统行业具有重要启示。我国互联网发展的热点与发达国家存在一些差异，引人瞩目的网络零售、互联网金融、生活服务 O2O 在发达国家都没有成为热点，主要原因是发达国家在这些领域发展都十分成熟，我国则由于传统产业在这些领域的低效率给了互联网公司很大的发展机遇。因此，我国政府应鼓励传统行业围绕行业特点，积极利用自身的行业经验，通过不断提升专业水准实现产业升级，同时积极拥抱互联网，以在互联网革命浪潮中赢得竞争，获得持续发展。

（三）推动传统产业与互联网公司的跨界合作

从各国经验可以发现，传统产业在互联网化的过程中，与互联网公司进行跨界合作十分普遍，并取得了很好的效果。例如，美国报业与搜索巨头的合作、耐克与苹果公司的合作、电信运营商 Sprint 和 IBM 的合作、日本零售业与雅虎公司的合作等。

与互联网公司相比，传统产业在互联网思维、互联网创新产品开发、技术维护、互联网专业人才等方面都存在很大不足。因此，政府应鼓励传统企业秉持开放、共赢的理念，通过与互联网公司的互补合作，借助互联网公司之力，快速弥补自身的缺陷，这样互联网转型之路才会更顺畅。目前，我国大型互联网企业已在构建开放合作产业链上达成共识，例如，以百度、阿里巴巴和腾讯为首的互联网公司均选择了平台模式，在硬件和服务上敞开怀抱和所有创业者和合作伙伴合作，这为传统企业开展与互联网公司的跨界合作奠定了良好基础。

（撰稿人：蒋笑梅　天津师范大学讲师）

第十三章　互联网革命与中国战略选择

第一节　总体思路

“十三五”时期既是我国由互联网大国迈向互联网强国的关键时期，也是我国全面进入信息社会的战略机遇期，互联网作为我国战略性、基础性和先导性支柱产业和经济社会运行的基础性平台，坚持围绕产业定位、服务国家战略；全面整合资源、实现国际领先；夯实发展基础、强化创新驱动；营造宽松环境、拓展海外合作；加强智力建设、加大引导支撑的发展思路，着力打造新一代互联网基础设施，推动公共服务均等化，牢牢把握网络和信息安全，健全国际互联网治理体系，抢占网络空间制网权，重构互联网社会治理新体系，缩小数字鸿沟，发展壮大平台经济和分享经济等新经济形态，打造新动能、壮大新经济、引领“新常态”，将互联网打造成中国又一张新的国家名片。

第二节　战略选择

第一，将互联网打造成中国在国际舞台上新的国家名片。总结我国和全球互联网发展成功经验，打造更多世界级的互联网企业，让中国互联网公司真正成为服务全球的互联网企业，树立中国经济成功典型，讲好中国故事，扩大中国国际影响力，为全球经济复苏提出中国解决方案。同时，夯实国内互联网基础设施，提高互联网渗透力，营造更加开放的互联网发展环境，培育高素质的网民，将中国打造成全球互联网发展最具吸引力的沃土。力争将互联网打造成国家又一张新名片，通过建设互联网强国，推动越来越多的中国企业“走出去”，让越来越多的外国人和企业更好地了解真实的中国，传递中国开放、创新、包容、自信的国际声音。

第二，将互联网作为未来国家和社会发展基本的公共基础设施。互联网将成为像铁路、公路、航空等交通基础设施，像水、电、气等公用基础设施一样，成为国家、企业和社会发展最基本的基础设施。互联网作为通用技术，能有效地应用到社会治理、企业生产和人民生活等方方面面，将显著提升国家治理能力现代化水平、企业生产效率、社会公共服务均等化水平，并能有效减少社会贫困，传播社会主义先进文化和节能减排，减少社会运行成本，提升经济发展质量。

第三，将互联网作为产业转型升级的先导力量。互联网具有通用性、交互性、开放性和共享性四大基本属性，依托便捷优势、扁平优势、规模优势、聚集优势和普惠优势五大优势，加速与各产业融合，不断催生新产品、新业务、新模式、新业态，改变着传统的生产方式、商业模式和管理模式。应利用好互联网的优势推动传统产业转型升级、培育壮大新兴产业。互联网能实现机器、车间、工厂、信息系统、劳动者乃至产业链与价值链各环节的全面深度融合，推动制造业转型升级。以互联网为载体，线上线下互动的新兴消费带动了以网络化、平台化和智能化的现代服务业发展，能激发传媒、娱乐、餐饮、零售、批发、金融等领域的消费潜力。

第四，将互联网作为创新驱动发展的基础创新平台。实施创新驱动发展战略是党中央国务院在经济“新常态”下的重大战略部署，是实现“两个一百年”奋斗目标的历史任务和要求的关键所在。互联网不仅是创新的主战场，更是驱动社会治理和经济发展全面创新的最重要技术手段。我国发展互联网，要在互联网领域持续创新，营造更加公平的市场竞争环境，改善大数据、云计算、互联网金融、跨境电子商务等新兴业态的监管，争取在下一代互联网规则、地址资源分配、网络空间等国际竞争中掌握主动权。此外，更要注重互联网与其他领域的全面融合，即实施好“互联网+”行动计划，加快实施“中国制造2025”计划，大力发展基于互联网的现代服务业，推动“大众创新、万众创业”。

第五，将互联网作为社会基本公共服务均等化的重要渠道。公共服务不均是当前我国经济社会发展面临的主要矛盾，医疗资源过于集中在大医院，教育资源过于集中在大城市，城乡间、东西部之间，大小城市之间社会公共服务发展不均衡现象严重。互联网作为一种通用技术，能有效缩短物理距离，突破区域限制，通过远程教育、远程医疗等智慧解决方案将城市优质教育和医疗资源与全社会共享，偏远落后和农村地区也可以通过互联网手段，获得优质的教育资源和医疗资源，推动全社会基本公共服务均等化。

第六，将互联网作为提升国家国际竞争力的战略基石。互联网使得全球成为“地球村”，网络空间日益成为公民友好往来、文化传播、经济贸易、国际交往、国家角逐的重要空间，网络空间已经成为继大陆、海洋、天空、太空之后的人类社会第五大疆域，网络空间同样包含政治、经济、军事、文化、社会、生态等诸多维度，正发展成一个与物理世界平行的新世界，我国应抓住新一代信息技术发展的重大机遇，掌握下一代互联网资源分配主动权，构建和平、安全、开放、合作的网络空间，建立多边、民主、透明的国际互联网治理体系①。

第三节　发展目标

到“十三五”期末，安全可靠、泛在高速、绿色健康的下一代互联网基础设施基本建成，公平竞争、诚实守信、创新活跃的市场环境基本形成，产业互联网成为经济增长的新动力，互联网普及率大幅提高，数字鸿沟大幅缩小，关键领域核心技术自主可控，互联网已经成为经济转型升级、公共服务均等化和政府治理能力提升重要的手段。

具体而言，到2020年，我国互联网发展目标是：

——高速互联基础设施基本建成。到2020年，固定宽带全面覆盖城乡，宽带网络将基本覆盖所有行政村，打通网络基础设施“最后一公里”。光纤到户家庭数将达3.5亿，4G用户超过9亿，用户普及率达到85%。5G开始大规模商用，5G用户数大规模增长。城市和农村家庭宽带接入能力分别达到50Mbps和12Mbps，50%的城市家庭用户达到100Mbps，发达城市部分家庭用户可达1Gbps。IPv6地址数保持年均12%的增长速度。② 对互联网产业以及整体经济发展提供必要的物质支持。

——互联网应用服务全面普及。互联网网民规模达到11亿，宽带应用服务水平和应用能力大幅提升，基于云计算、大数据的互联网第三方平台成为市场主流。互联网与社会治理、企业生产和人民生活息息相关。互联网将成为政府治理的重要手段；互联网与企业的研发、生产、管理、服务等全面融合，传统业态被冲击，基于互联网的新业态大量涌现；远程教育、远程医疗、智慧交通等应用大量普及，一批智慧城市将建成。

——对经济社会贡献持续提高。一是信息产业对国民经济的贡献显著增强。信息产业总收入超过20万亿元，增加值占GDP的比重提高到8%以上，互联网直接带

---

① 2014年，国家主席习近平在首届世界互联网大会上的致辞。

② 国务院《宽带中国》所设定的目标。

动就业 350 万人。[①] 二是信息产业对国民经济拉动作用巨大，信息产业对国民经济的间接贡献超过 20%。三是我国将成为全球电子商务第一大经济体，电子商务规模（包括 B2B 在线交易）将达到 30 万亿，其中，网络零售交易额将达到 10 万亿[②]。2020 年信息消费规模达到 5 万亿元，信息消费成为国民经济增长的重要动力。

——互联网产业国际影响力增强。"十三五"期间，涌现出一批互联网产业龙头企业，形成一批掌握核心技术、具有国际影响力的互联网骨干企业，产生了良好的产业集聚效应，起到了较好的引领示范作用。互联网服务业快速增长，年均增长超过 15%。互联网中小企业创新活跃，"大众创业、万众创新"示范作用明显。智能终端操作系统、核心芯片、基础软件、电池、显示等核心技术实现突破，互联网自主发展能力显著提高，下一代互联网全面普及。

——互联网发展环境明显改善。束缚互联网和互联网融合发展的体制机制障碍有效破除，基于互联网的社会治理体系雏形基本确立。社会诚信体系全面覆盖自然人和法人，相关法律法规健全，用户隐私得到有效保护。互联网企业诚信经营、行业自律，协作共赢、良性竞争、规范有序的互联网市场体系基本形成。互联网监管环境宽松、科学、公平，国际合作活跃，和平、安全、开放、合作的网络空间和多边、民主、透明的国际互联网治理体系取得明显进展。

2025 年发展愿景：互联网已经成为我国经济社会发展的基本公共基础设施，泛在、高速的互联网基础设施全面普及；互联网已经成为产业转型升级的先导力量，基于互联网的新业态大量涌现，互联网成为我国经济增长的新动力；基于互联网技术的教育、医疗、交通、城市管理等公共服务全面普及。网络经济与实体经济协同互动的发展格局基本形成，互联网经济成为拉动 GDP 增长的主要力量。[③] 我国基本成功迈入互联网强国。

第四节　重点任务

一、建设泛在、高速、安全、稳定的下一代互联网基础设施

一是建设高速、宽带与泛在的网络基础设施。加大宽带网络等信息基础设施投

① 波士顿咨询公司预测［EB/OL］. http：//qytech. baijia. baidu. com/article/137564.
② 阿里预测数据。
③ 《关于积极推进"互联网+"行动的指导意见》发展目标。

入和建设力度，彻底解决电信“最后一公里”，实现宽带网络全覆盖。综合利用相关各类专项资金、国有资本收益金等财政资金，加大对农村和老少边穷地区宽带接入网络建设与运行维护的补贴。利用战略性新兴产业发展基金、技术改造资金等各项政策手段，提升4G网络建设服务水平，降低4G资费。推动电信市场向国内民营资本开放，鼓励新技术新业务创新发展。扩大城市Wi－Fi覆盖范围，实现公交、车站、飞机场、酒店等公共场所全覆盖。推动企业加快5G标准的研究与推广应用，抢占未来互联网基础设施制高点。推动互联网由IPv4向IPv6演进过渡，重点推动IPv6应用，全面部署IPv6商用。

二是建设云计算等新型互联网基础设施。分领域建设好一批云计算、大数据中心，制定数据中心能耗标准，推动传统数据中心优化升级成弹性可扩展、高效节能、分布式的云数据中心。着力推进专业领域大数据中心建设，推动大数据采集、加工、处理、整合和深加工。利用卫星遥感、物联网、视频监控等信息技术，对土地资源、海洋岛屿、河流湖泊、山林等自然环境资源开展实时监测，加大物联网部署，对城市部件广泛部署自动感知终端，并接入互联网，形成遍布全国的基础设施物联网络。

三是大力普及智能终端及应用。严厉打击芯片和智能终端操作系统市场垄断，降低芯片和操作系统许可使用费，整体上降低智能终端成本。继续推动通信运营商降低通信资费，提升网络运行速度，减少消费者智能终端连接网络的使用成本。综合使用节能和消费补贴政策，在农村普及智能终端。

二、抢占全球互联网产业发展和网络空间竞争制高点

一是加快制定网络空间战略。世界主要国家纷纷制定了网络空间战略，德国制定了《德国网络安全战略》，英国也发布了《国家网络安全战略》。当前，网络空间的主动权被美国掌握，美国把持了全球互联网域名的解析权和IP地址分配，负责全球互联网域名的管理、分配与解析；全球共有1个主根服务器和12个辅根服务器。一个主根服务器和9个辅根服务器均放置在美国，并由美国控制。其他3个辅根服务器分别由英国、瑞典和日本掌控。此外，美国拥有一批像微软、思科等软件和网络设备公司，掌握着全球网络空间话语权。随着我国网民人数快速增长，我国已经成为网络大国，亟须构建中长期国家网络空间战略，包括建立健全国家网络安全体系，加快部署由我国主导的IPv6域名根服务器，建立符合国情的网络空间制度体系和立法框架等。

二是打造面向全球的互联网大产业。挖掘新增用户潜力，继续扩大我国互联网

用户、手机用户、电脑用户规模，保持我国全球移动互联网市场优势，把我国打造成手机用户和网民数规模全球第一，市场应用最活跃，网民素质较高的全球移动互联网大市场。繁荣移动互联应用市场。规范市场竞争行为，促进市场良性竞争，降低4G资费和互联网宽带接入费，降低移动互联应用门槛，推动我国移动互联网应用市场繁荣。积极培育数字出版、数字视听、游戏动漫等新兴产业和新市场。提高网民素质和信息应用技能。通过制定、贯彻法律法规及媒体的宣传，加强我国网民道德及文化修养，以应用促进网民信息技能的提高，培养网民较好的信息应用技能。营造企业诚信经营、互联网内容健康、网民素质良好的移动互联网生态环境。

三是培育互联网优势龙头企业。贯彻落实《国务院关于实施〈国家中长期科学和技术发展规划纲要〉的若干配套政策》，通过市场准入、研发投入、工程带动、政府采购、标准制定、投融资支持等综合措施，建立以企业为主体的自主创新体系，促使资金、人才、市场向优势龙头企业倾斜，形成一批拥有自主知识产权和知名品牌、国际竞争力较强的优势互联网企业。利用国内市场巨大的规模优势，加强对国内电信运营商、服务提供商的扶植力度，支持具备较好业务、用户、技术基础的企业对移动互联网数据进行深度加工、大力开展应用服务，培养具有全球影响力的移动互联网企业。通过打造具有行业影响力、产业控制力与技术带动力的本土服务运营主体，在移动互联网领域做到数据自主、应用可控，提升对跨国企业的话语权。鼓励终端制造商、软件提供商、网络运营商与互联网服务商之间在操作系统研发优化、通信运营推广、应用生态建设、软硬件匹配等各个环节加强合作，推动由芯片制造、终端制造、操作系统、应用软件、通信运营、内容服务的产业链垂直整合。

四是完善我国移动互联网产业链。建立由智能操作系统开发商、通信网络运营服务商、应用软件开发商、终端设备制造商、数字内容分发商、内容服务提供商等多方主体组成的产业联盟，促进芯片设计、软件开发、数字内容与智能终端、互联网服务的融合发展，实现移动互联网产业链协同创新，打造我国完善的移动互联网产业链。

三、将发展互联网作为节能减排和传播先进文化的重要手段

互联网是人类的伟大发明，它缩短了人与人的距离，减少了社会运行成本，使得人民生活更加便捷，政府服务更加便利。中国政府一直将互联网作为先进的生产方式和生活方式，推动中国互联网的普及与产业发展。过去20多年，我国互联网从无到有，产业从弱到强，我国互联网发展取得了举世瞩目的成就，截止到2015年

12月，我国网民规模达6.88亿，互联网普及率为50.3%。中国百度、腾讯、阿里等互联网企业跻身全球前10家互联网技术服务公司，中国致力于将互联网作为绿色发展、先进文化传播、公共服务均等化的重要手段。

一是将互联网作为减少碳排放的重要手段。中国政府承诺，2020年碳排放强度比2005年下降40%～45%。我国应加快互联网技术在交通和能源领域的应用。中国的单位GDP能耗是世界平均水平的2倍，日本的4.4倍；中国的石油对外依存度近60%，天然气对外依存度超过30%，煤炭对外依存度超过8%，而环境形势更令人担忧。如果能源能与互联网很好地结合，不仅可以大大减少能源消耗，还可以提高能源利用效率，提升能源生产效率，减少我国的碳排放，为全球减少碳排放做出应有贡献。

二是利用互联网作为先进文化的传播主渠道。强调任何个人能够自由、平等地接入互联网，坚持互联网是先进文化传播的主渠道。开展网上文化便民、文化下乡、文化进社区、文化移动课堂，逐渐把网络空间打造成文化服务人民的主渠道。加快建设数字图书馆、数字档案馆、数字文化馆等公益文化信息基础设施，通过互联网实现文化资源传播均等化。重点发展一批优秀的网络文化领军企业，鼓励以优秀的社会主义文化为题材创作，营造互联网文化产业良好发展环境，抢占网络文化传播的话语权。打造一支代表先进网络文化的先锋队，占领网络舆论的主阵地，尤其是将互联网作为推介中国实力、讲好中国故事，发出中国声音的强有力平台。

三是利用互联网推动公共服务均等化。完善“全国医疗卫生管理系统”，推进数字化医疗服务，解决老百姓看病难，降低医疗成本。深化医疗信息资源开发共享，着力构建城乡一体的医疗服务体系、公共卫生服务体系、医疗保障体系和药品供应保障体系。加快中心城区综合性医院、特色专科医院和卫生服务中心（站）等医疗机构信息化，规范各级各类医疗机构信息系统建设。加快推广应用跨医院的电子病历，完善市民健康管理体系。加快建立功能完善、高效快捷的区域卫生信息资源共享平台，促进卫监、急救、血库、医疗资源等信息的整合共享。创新远程医疗、移动医疗等医疗服务模式，促进优质医疗资源均衡配置和医疗服务普惠化。围绕深化教育领域综合改革，以促进教育公平和提高教育质量为重点，加快完善教育信息基础设施，构建无所不在的网络学习环境。推进公共服务平台规模化应用，汇集优质数字教育资源和应用服务，建立适应教学模式变革的网络学习空间。鼓励推广大型开放式网络课程（MOOC），使优质教育资源低成本地向社会开放，营造全民学习、终身学习的氛围。

四、将互联网作为推动经济发展方式转变和产业结构转型升级的突破口

一是推进“互联网＋工业发展”。推动制造业与互联网的深度融合，是我国产业结构转型升级、经济发展方式转变的必由之路。

鼓励传统制造业企业与互联网的融合，利用互联网技术实现消费终端与生产厂商互联互通，极大地改善产品性能和用户体验，推动生产方式由大规模生产向个性化定制转变，有效缓解我国产能过剩，推动我国工业生产转型升级。鼓励企业以利用物联网、云计算、大数据创新研发设计、生产制造、市场营销、物流配送和售后服务等全流程，提升产品的附加值。鼓励企业网上交易结算、远程故障诊断，加快推进生产型制造向服务型制造转变。大力发展“网络众包＋工业”，通过互联网实现工业产品研发设计、销售、用户反馈，提升我国工业制造的研发设计水平。

二是大力发展电子商务。未来，我国电子商务仍然有巨大的发展空间，阿里巴巴预计到2020年，公司电子商务交易额突破10万亿元规模，届时中国电子商务交易总规模将达到30万亿元规模。下一步应该重点发展跨境电子商务和农村电子商务。在跨境电子商务领域，政府要加快数据开发共享、业务协同，实现出口商品通关、支付、交易、检疫一体化服务。鼓励企业建立跨境电子商务服务平台，帮助中国企业“走出去”，让更多的中国消费者实现全球购买。在农村电子商务领域，政府要着力解决通信基础设施“最后一公里”问题，发展高速移动通信网络，实现“村村通”网络，在农村大力普及计算机知识，鼓励电子商务企业拓展农村电子商务业务，提升农村特色产品附加值，让农民低价享受工业产品。

三是积极提升中小企业互联网应用水平。大力发展中小企业公共服务平台，包括研发工具和智能装备租赁，提供管理信息软件，帮助中小企业提高研发设计能力和信息化水平。鼓励中小企业参与以行业骨干企业为核心的产业链协作，提高网络环境下协作配套能力。发展和完善面向产业集群、中小企业集聚区的信息化服务平台，提供研发设计、经营管理、质量检验检测等服务，重点支持面向中小企业提供云计算服务的公共服务平台发展。

五、以世界互联网大会举办为契机，掌握下一代互联网发展与治理主导权

第一，提高我国信息通信技术领域专利的国际话语权。总体上我国与发达国家

相比在核心技术方面的差距仍然很大，需要引导创新资源集聚，促进专利由数量速度型向质量效益型转变。一方面，要鼓励企业原始创新，支持中国信息通信技术企业主导国际技术标准的制定，推动中国企业更多的技术标准成为国际标准，提高我国企业在信息通信技术行业的地位和影响力；另一方面，在加大知识产权保护力度，鼓励相关企业创新的同时，组织相关国内企业与科研院所建立专利联盟，交叉授权，互相促进，并汇集相关专利形成联合专利池，从而在国内实现相关专利的共享，并提高应对专利纠纷时的谈判地位。

第二，加快下一代互联网技术（IPv6）研发与推广。争取由我方主导，积极推动国际互联网名称与数字地址分配机构（ICANN）、互联网域名工程中心（ZDNS）等多方机构共同参与，着手对新的网络协议标准、互联网域名管理和运行等研究。抓紧制定我国 IPv6 商用推广的时间表、路线图和重点任务，积极部署下一代互联网。积极参与全球根服务器的竞争，制定更完善的下一代互联网根服务器运营规则，旨在打破现有国际互联网根服务器对我国互联网资源的限制和控制，为在全球部署下一代互联网根服务器做准备。

第三，加大核心关键技术研发。充分发挥市场决定性作用，通过产业基金，创新集成电路、高端通用芯片、基础软件等核心关键技术的支持方式，实现我国信息通信技术“核高基”的突破。支持企业在智能终端操作系统、平台软件、大数据技术、未来互联网、平板显示等领域的研发与应用推广，着力构建更加完善的产业生态链，形成我国自主可靠的信息产业核心技术和产品体系。重点支持我国自主可控的信息安全技术研发，着力突破基于大数据的网络攻击追踪方法、工具，保障国家信息安全。建设国家网络空间战略预警和积极防御平台，精确预警、准确溯源、有效反制，提升对国家级、有组织网络攻击威胁的发现能力。

第四，强化移动互联网安全技术研究。联合通信运营商、互联网运营商、智能终端制造商、手机安全软件开发商等不同经济主体构建完善的移动互联网产业链，密切合作，加强研发，推动政府主导下的信息安全技术创新，统一不同技术制式下的安全技术标准。着重研究“移动云服务”所带来的信息安全问题，加强对云服务商的监管，强化云存储信息安全。进一步扶持和发展我国的信息安全应用产业，加强移动互联网中的网络、终端和应用软件的安全技术研究，开发和推广在移动互联网条件下的信息安全应用体系和产品。

第五，构建和平、安全、开放、合作的网络空间，建立多边、民主、透明的国际互联网治理体系。以世界互联网大会的举办为契机，主导和参与全球互联网治理联盟的组建和管理，积极参与互联网政策和标准的制定，推动国际互联网基础资源的公平管理和分配，确保国际互联网治理决策和实施的充分透明。努力缩小数字鸿沟，打破信息壁垒，倡导信息共享的网络空间秩序，推动信息在互联网上自由、安全、跨境和有序流动，让信息更好地造福全球人民。与各国一道，参与全球打击网络黑客和网络恐怖主义，保护个人隐私和信息安全，构建和平、安全、开发、合作的网络空间。

六、将互联网作为“大众创业、万众创新”的重点领域和支撑

一是建设一批创业创新公共服务平台。政府引导建设一批公共科技创新平台、网络服务平台、互联网融资中介服务平台、工业设计供需对接服务平台，为企业和个人创业提供公共服务。围绕融资、创业设计、商业推广、工商税务等创业上下游服务搭建服务平台，聚集社会各方资源，营造“大众创业、万众创新”的良好环境。大力发展O2O创业服务平台，将分散在全国乃至全球的拥有创意、设计、研发、生产、销售等优势的大中小企业和创客资源汇聚在一起，建立产业创新创业生态圈。打造返乡农民工创业培训服务平台，为返乡农民工提供电子商务、计算机应用技能、家政服务、“农家乐旅游”创业、农业实用技术等实用的技能和知识培训，鼓励返乡农民工、农村剩余劳动力和农村能手创业。

二是发展一批企业创业创新孵化平台。通过财税支撑、财政补贴等方式，发展一批由企业创设和主导的创新孵化平台，平台企业通过共享内部技术、用户、专家、资金等优势资源，向社会开放，吸引有创新和创业想法的创业者、机构入驻企业创业创新孵化平台，真正降低有创新想法创业者的创业“门槛”。

三是完善创业创新政策扶持体系。引导社会资金加大对互联网领域创新创业的投入，激发企业创新创业活力。建立“互联网+”协调推进机制，破除阻碍互联网创新的体制机制，建立与互联网发展相适应的互联网治理体系。引导设立“互联网+”创新创业投资子基金，推动“互联网+”众创空间试点示范。依法管理互联网，对网上销售假冒伪劣商品、恶性竞争、网络侵权、窃密等违法行为严厉打击，完善互联网法律法规。鼓励跨行业的技术联盟和产业联盟，引导政府、企业、科研机构合作交流，共建创业创新生态圈。创新政府资助方式，通过购买服务，以奖代补等方式支持创业孵化平台，为创业者提供工作场所、网络、法律、人力资源等专业化服务，助推创新创业型企业成长。

第五节　保障措施

一、创新互联网治理体系

破除各种互联网发展制度性障碍，打破工商、税务等以属地管理为特征的行政机构设置，按照互联网全国大市场思路，研究设立新的扁平化政府管理和服务机构。继续简政放权、减少行政审批，全面梳理政府职能，修改各行业、各领域在标准、监管等方面不适应的法律法规，破除各行业创新发展的障碍。制定实施各行业互联网准入负面清单，允许各类主体依法平等进入未纳入负面清单管理的领域。最大限度地减少事前准入限制，加强事中事后监管，确立"先发展、后管理、在发展中逐步规范"的原则发展新兴服务业。逐步放开自然垄断行业竞争性业务，鼓励传统行业与互联网创新融合发展，支持传统行业服务创新，建立统一规范、透明民主的行业发展环境。建立有利于创新驱动发展的税制、法制、体制机制，抓紧研究制约科技创新的各类制度性障碍，提出有针对性的制度设计和改革举措，推动制度全面创新。推动政府治理多元化，通过政府与私人机构、社会组织和企业主体互动的方式，形成多方主体参与的密切合作机制，推动政府治理现代化。

二、加快数据开放与共享

一是健全数据管理体制，设立专门管理机构。从国家层面做好顶层设计，以国家统计局为主，设立专门的负责全国有关政府数据收集、共享、开发利用权力机构，负责数据开放、使用和保护工作，以及研究制定数据开放及保护与政绩考核挂钩的措施。各部门应设立首席信息官（CIO），主要负责数据更新维护、交换共享、开发利用和安全保护，完善我国政府部门的数据管理制度。

二是加快政务数据资源公开共享，推动数据资源开发利用。应尽快制定出台《公共信息资源开放共享管理办法》。在国家层面做好统筹规划，明确数据开放政府部门、研究机构、应用厂商、个人用户、平台方等各方角色权利和责任。建立政府数据开放、开发利用机制、全面梳理和评估政府数据开放风险，明确各部门数据开放的边界、原则，鼓励社会企业利用政府公共数据。制定数据交换目录，以数据目录为抓手，推进部门和各级政府加快数据共享，构建基于互联网区域性集中统一的公共信息资源开放共享网站。加快市场监管部门与市场主体自有数据的对接与共享。

在保护国家安全和维护个人隐私的情况下，有条件地将市场监管部门掌握的法人基本信息与互联网企业进行共享与开发利用，市场监管部门利用互联网企业强大的信息技术优势和丰富的互联网数据资源，开展大数据市场监管，推动数据资源开发利用，提升政府监管效能。推动国家经济户籍数据库与相关部门数据协同共享，建立国家统一的经济户籍数据库，实现市场主体准入、行政审批、协同监管等部门在线联动，为开展跨区域、跨部门、跨业务的信息资源利用提供保障。

三、构建完善的信用体系

一是推进信用标准化建设和建设全国统一的信用信息平台。以人民银行征信体系为基础，依托全国法人和人口数据库，建立覆盖全部企业和个人的全国统一信用信息网络平台，包括金融、工商登记、税收缴纳、社保缴费、交通违章等所有信用信息类别。建立以居民身份证号码和组织机构代码为基础的统一社会信用代码制度，完善信用信息征集、存储、共享与应用等环节的制度，推动地方、行业信用信息系统建设及互联互通。

二是建立失信惩戒机制。建立健全经营异常名录制度，对违背市场竞争原则和侵犯消费者、劳动者合法权益的市场主体建立“黑名单”制度，构建市场主体信用信息公示系统，强化对市场主体的信用监管。对严重违法失信主体实行市场禁入制度，并根据市场主体的信用状况在经营、投融资、取得政府供应土地、进出口、出入境、工程招投标、政府采购、安全许可、生产许可、资质审核等方面制定不同级别的惩罚措施。逐步建立企业从业人员特别是高级管理人员的信用档案，将其经营行为和个人信用有机结合。

四、加强互联网人才培养

加快传统行业互联网人才的培养和引进力度，培养一批既熟悉行业知识，又懂互联网技术的跨界人才，加快传统产业与互联网的融合发展，推动传统产业转型升级。通过国家“863”计划、“973”计划、自然科学基金等重大人才和科研计划，重点支持网络基础理论和关键技术研究，培育一批高、精、尖的高端互联网人才；鼓励海外互联网技术人才回国创业，建立长期有效的中美互联网中小企业交流机制，加强中美两国企业间和企业家的了解与学习；鼓励企业与高校和科研机构联合培养创新适用的互联网技术和管理人才。

五、制定和完善法律法规

一是完善互联网相关法律法规。推动《电信法》落地实施，将《政府信息公开条例》上升为《政府信息公开法》，规范政府信息公开。尽快启动《个人信息保护法》和《电子商务法》立法，规范网上交易，保护个人隐私，明确相关法律责任，加强智能终端 App 个人信息保护。

二是加强信息安全审查和保护。应进一步完善和严格执行信息安全审查制度，对进入我国市场的重要信息产品及重要信息系统要进行信息产品的安全审查，确保关键信息系统、网络基础设施及基础软件的安全可控。对国家机关、金融、电信、铁路等关系国民经济命脉的部门和行业进行信息安全风险评估，制定信息安全泄露应急预案。

三是修改和完善现有法律法规。在大数据市场条件下，需要不断修改和完善现有的法律法规，包括《网络交易管理办法》《网络交易平台合同格式条款规范指引》《网络交易平台经营者履行社会责任指引》《消费者权益保护法》《产品质量法》《反不正当竞争法》《合同法》《商标法》《广告法》《侵权责任法》和《电子签名法》等，规范网络交易行为，做到网络交易有法可依，为市场监管提供有力的法律支撑。

六、强化互联网领域研究

互联网对我国或人类发展而言仍是新事物，尤其互联网引发的革命将会带来人类政治、经济、社会、文化、技术等全面变革，而当前理论远远落后于实践。加快总结我国先进地区互联网发展成功经验，形成落后地区可复制、可推广的互联网发展经验。要充分发挥研究机构和智库作用，加强互联网技术、理论、产业等领域的基础性研究，尤其要全面评估互联网对我国政治、经济、社会、文化等全方面影响，总结互联网发展规律，研究互联网社会的新的治理体系，更好地认识互联网发展规律，通过建立新的互联网社会治理体系，更好地促进新兴产业发展，实现技术、社会、产业、环境和谐共处。同时，随着互联网在全球的广泛使用与渗透，互联网治理将是人类面临的共同课题，要紧紧围绕网络空间治理体系概念、规则、法律体系、运行规律，探索构建符合互联网发展规律和我国国情的国际互联网治理体系。

第十四章　案例分析：阿里平台对商业生态的影响

阿里巴巴集团是中国互联网革命进程中具有教科书意义的案例。其旗下互联网产品已经从电子商务扩展到贸易、金融、物流等上下游相关行业，并逐步形成各类电子商务体系共生发展的商业生态。本章以阿里巴巴集团的商业体系为例，讨论互联网对传统经济业态的影响。

第一节　阿里电商平台引领了中国传统流通产业转型

电子商务是互联网影响商业流通和拉动居民消费需求的重要途径。在互联网革命的引领下，中国消费市场和消费模式正在升级，这种影响的具体表现包括：第一，电商刺激中国消费需求，拉动消费增长；第二，电商推动生产和消费的品牌化；第三，电商重塑国际贸易，推动买全球、卖全球的全球化贸易发展；第四，移动电商平台改变传统消费行为的时空属性；第五，电商激发消费个性，提升消费定制化水平。以下通过阿里巴巴的相关案例进行具体分析。

一、案例一：淘宝天猫网络零售平台刺激消费需求，拉动消费增长

2015 年“双十一”再次创造了中国电商发展的新纪录，引得全球瞩目。“双十一”的成果，再一次震动了世界，向世界展示了中国消费的巨大潜力，展示了中国电商业的无限潜力。

2015 年美国的“黑色星期五”刚刚结束，根据 Adobe 的数据显示，从感恩节到网络星期一（感恩节 + 黑色星期五 + 感恩节周末 + 网络星期一共 5 天），美国人在网购上的花费达到了 110 亿美元（约 703 亿元人民币），比 2014 年增长了 15%。对比 2015 年中国的“双十一”，仅阿里零售平台一家就实现了 912 亿元人民币的交易额。这一数额甚至超过了美国感恩节期间的消费总额，成为中国互联网电子商务发展史上的又一座里程碑。

美国的实体零售业经历了将近200年的发展，形成成熟的零售流通体系，即便在美国乡村，购物也是非常方便的。但中国不同，实体零售业才经历了20多年的发展历程（见图14－1），并未形成成熟、高效的全国零售体系。在中国的五六线城市及农村地区，商品种类少、价格高司空见惯。同样，中国的制造业也未跟上消费者消费升级的步伐，致使中国游客到国外扫货的现象屡见不鲜。

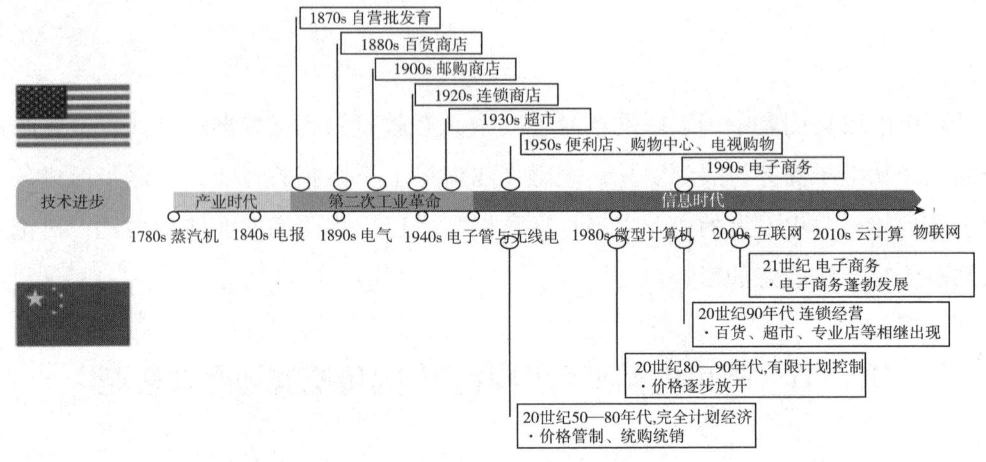

图14－1　商业演化过程

麦肯锡研究发现，网络零售中39%属于新增消费，三四线城市的新增消费比例更达到57%。据保守预测，到2020年网络零售能给中国个人消费带来了7%的增长。

另外，阿里研究院从数据分析中还观察到另一个具有中国特色的现象。股市波动对居民消费的负面影响不明显。中国股市自6月下旬达到高点后，大幅下跌至今，市场一片唏嘘，不免让人担忧，股市波动是否会让居民减少消费支出？

阿里大数据与宏观经济研究课题组分析网民的网购行为发现，目前没有证据表明“股市波动对居民消费产生影响”，也就是说，资本市场所形成的财富效应在中国不明显。这一现象可能与以下几方面因素有关：一是与其他国家相比，中国股票市场的规模较小，据公开数据显示，1995年至2015年6月中国的年平均资本化率约为48.6%，而美国1995—2014年约为128%、英国1995—2013年约为137%；二是中国股票收益率较低，1995年至2015年6月平均每股收益约为0.33元；三是中国股市波动较大，股民对股市未形成稳定的预期。

从中美消费购物节的对比分析中我们发现，中国经济虽然面临下行压力，但居民消费意愿保持乐观稳定，而其中以电子商务力量推动的新供给已然成为释放消费潜力的新动力。必须继续积极利用互联网推动供给端的商品和服务创新，释放需求端的消费潜力，为实体经济发展注入新活力，实现需求与供给的正循环，助力中国经济平稳健康发展。

二、案例二：淘宝天猫网络零售平台推动生产和消费的品牌化

早期中国的电子商务消费者更加关注价格，导致无论线上线下非品牌化态势明显。随着线上市场和消费者的升级，消费者的品牌意识明显提升，产品品质已经成为网购影响首要因素。在消费者品牌化消费升级的过程中，电子商务直接助力了这些品牌的成长。

国际咨询机构贝恩最新发布的《2015 年中国电子商务市场研究报告》显示（具体见图 14－2），过去 3 年（2011—2014 年）阿里巴巴零售平台上的线上品牌化率提高了 7 个百分点，达到 65%，形成了 1 万亿元人民币的新增品牌销售额，折合为人均新增约 750 元的品牌支出。其中，大品牌是指在全国范围有分销网络，具有较高知名度的国际品牌和国内品牌，如优衣库、诺优能。区域品牌是指在特定省份内有分销网络和知名度的品牌，如百草味、丹姿。淘品牌是指诞生于互联网，并且具有一定知名度的纯线上品牌，如韩都衣舍、“三只松鼠”。非知名品牌是指有注册商标，分销网络和知名度通常仅限于特定原产地城市范围内，品牌建设投入较少，如可媚。无品牌是指无注册商标，或品牌属性不强（如图书音像、农产品、收藏品、创意礼品、手工艺品、DIY 产品、宠物用品、宗教用品、定制家具、五金工具、二手物品等），或根据当前品牌库尚无法识别的新品牌。

其中，区域品牌和淘品牌、非知名品牌过去 3 年复合增长率分别为 74% 和 69%，超过大品牌的 53%，市场占有率分别增加了 6% 和 4%。中小长尾品牌在线上获得了更快速的成长，不再如同线下受限于渠道和资本牵制，而是通过评论等低成本途径传播和塑造品牌。2015 年“双十一”，众多互联网品牌也取得了不俗的战绩，小米的销售额突破 10 亿元，林氏木业销售额达 5.1 亿元，韩都衣舍集团销售额达到 2.844 亿元，“三只松鼠”的销售额为 2.51 亿元。

三、案例三：天猫国际、速卖通平台推动中国全球化贸易发展

（一）天猫国际助力买全球：流程优化与便利化

中国消费者长期以来难以买到海外高质量的品牌商品，只能依赖海外旅游购物、代购等满足需求。中国消费者希望“买全球”，更希望能买到海外有质量保障的品

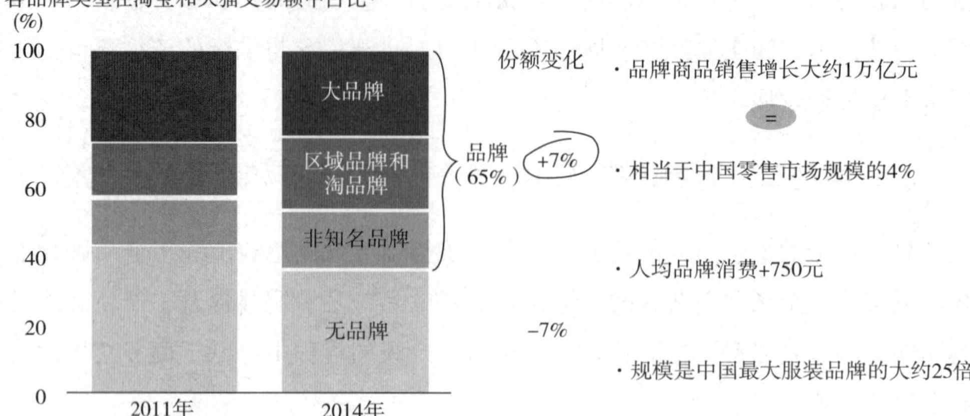

图 14－2　阿里巴巴零售平台线上品牌化率提升

＊不包括虚拟产品、充值和服务。

＊＊2011—2014 年品牌商品销售额的增长总量。

注：大品牌是指在全国范围有分销网络和较高知名度的国际品牌和国内品牌；区域品牌是指在特定省份内有分销网络和知名度的品牌；淘品牌是指诞生于互联网，并且具有一定知名度的纯线上品牌；非知名品牌是指有合法品牌 logo 和注册商标，分销网络和知名度通常仅限于特定原产地城市范围内，品牌建设投入较少；无品牌是指无注册商标，或品牌属性不强（如图书音像、农产品、收藏品、创意礼品、手工艺品、DIY 产品、宠物用品、宗教用品、定制家具、五金工具、二手物品等），或根据当前品牌库尚无法识别的新品牌。

资料来源：阿里巴巴资料（贝恩分析）。

牌商品。

2012 年 12 月 19 日，海关总署选择上海、重庆、杭州、宁波、郑州 5 个城市作为试点，标志着跨境贸易电子商务服务试点工作的全面启动。2014 年新成立的“天猫国际”是面向中国消费者进行海外商品直供的平台。天猫国际运用高效、便捷、阳光的模式，绕过了中间的贸易商、进出口商以及国内层层渠道的盘剥，让商家直接面对消费者，大大节约了成本，降低了价格。

天猫国际加快了试运行的探索，与各个试点城市一起探索保税模式，打通了“保税进、行邮出”模式，让商家提前把商品用集装箱海运的低成本模式备放在海关的保税区中，等相应的营销活动上线后产生订单，保税区仓内分单清关配送。这使得送达全国的时效基本控制在 5 个工作日内。在保税备货进口模式下，大宗货物的集装箱海运又比单个包裹直邮的运输降低了 90% 的物流成本。

解决“买全球”问题，就一定要让进口流程满足中国消费者的本地化购物习惯，“买全球”与“买全国”有类似的便捷体验。天猫国际通过“事前监管、事中监控、事后追溯”的方式，实现“信息流、资金流、物流”三流合一。跨境网购商品在交易、支付、物流过程中，为国内用户带来透明、阳光和便捷的跨境购物体验。围绕保税进口平台的供应链服务（保税区运输、保税仓储、快递发货、监管对接）也在蓬勃发展中。

天猫国际与政府海关等部门积极沟通，共同摸索出了一条新形势下行之有效的路径。天猫国际利用大数据把支付宝消费者的实名信息、天猫国际的订单交易信息和菜鸟的物流信息三单合一，并与海关电子口岸对接，商检等部门也能从这个系统中获取全量信息。这改变了监管局面，做到了“管得住、通得快”。

2015 年“双十一”，上亿的中国人在天猫平台购买了商品，其中，超过 3000 万名消费者购买了进口品牌，接近 2014 年全国出境人次的 1/3。跨境电商不仅在有效拉动一二线城市主导的境外消费回流，同时有效激发三四线城市的进口消费升级。在天猫国际购买金额最高的前 10 大省、自治区分别是浙江、江苏、广东、山东、湖北、福建、四川、安徽、海南、新疆。

根据近几年消费趋势分析，跨境进口将成为重要爆发点，“买全球”的时代即将到来。据一些机构统计，批发零售企业进口规模 3 万亿元，海淘规模达数千亿元至万亿元。除了代购模式、直邮模式之外，B2B 、B2C 保税进口模式已经逐步成为当前进口的主流。保税备货进口在上海、重庆、宁波、郑州、杭州、广州 6 个试点城市展开。在海关总署相关文件的规范下，保税进口模式依托政府的保税进口政策，灵活利用保税区的仓储、检验、信息对接等功能，加快了通关速度，降低了物流成本，改善了进口商品的客户服务水平。

（二）全球速卖通推动卖全球：重塑贸易格局

随着互联网在全球的不断渗透，全球网民增加，以及各国电子商务的兴起，消费者在国际贸易中的作用与日俱增。近两年，中国零售 B2C 出口的市场增速迅猛。俄罗斯、美国、巴西、以色列、西班牙等的消费者开始大量网购中国商品。阿里全球速卖通已经成为巴西第一大电商，仅仅用了 5 年就成为俄罗斯市场占有率第一的购物网站。近几年，阿里全球速卖通始终保持数倍的增长态势，年交易额在数十亿美元。

在 B2C 零售电商模式下，国外消费者可以直接向电商平台下单，跨境购买商品。速卖通是俄罗斯最受欢迎的电商网站之一。俄罗斯姑娘 Nadezhda Orlova 喜欢在速卖通上买各类衣服和首饰，现在她父母、丈夫、孩子的衣服都是在网上买，已经有一个衣柜。速卖通在俄罗斯促销时，由于购买量暴增，全国性的网上集中抢购导致了大量快递积压在莫斯科的一个仓库里。

巴西的商业基础设施较为落后，跨国网购刚逐步兴起。2012 年之前，巴西当地人在速卖通上下单后，要拿着订单号到类似取款机的终端，输入订单号，存入现金，再经过 7 天，才能把钱打到卖家的支付宝账号。在这之后，货物还要平均 65 天后才能到达，这意味着母亲给儿子买的尿不湿在寄达后可能已经太小了，这种情况一直持续到 2013 年才有所改变。即便如此，巴西的网上消费也以每年 6 ~ 7 倍的速度增长着。

一些更为不发达的国家，甚至地球上更为偏僻的角落，比如塞拉利昂也能从速卖通上买到中国货。Stephanie 是一个生活在塞拉利昂的英国人，在网上搜索时发现了速卖通，她发现这些来自中国的货物非常便宜，先是自己购买，很快自己成为一个卖家。

在塞拉利昂埃博拉疫情蔓延开后，更多居民在网上从中国订购全家的日用品，只要快递员还在工作。当乌克兰宣布全国处于军事戒备状态后，速卖通的销售立即直线上升，当地人都在为即将到来的战乱储备消费品。

根据商务部统计，2014 年我国跨境电商企业已经超过 20 万家，平台企业超过 5000 家。近几年，我国跨境电商年均增长约 30%，并且持续保持高速增长。2014 年我国跨境电商交易额达到 3.75 万亿元，同比增长 39%。可以对比的是，近年来我国外贸平均增长仅为 6% ~7%，而 2015 年更是出现了负增长。为什么中国传统的外贸出口受阻，但在互联网上却呈现相反的景象呢？笔者认为，互联网正在重塑贸易格局，让消费者直接下单从源头商家购买中国制造的商品，这大大缩短了贸易链条，绕过了中间环节，有效增加了厂商与消费者的直接互动。

四、案例四：手机淘宝等移动电商平台改变传统消费行为的时空属性

（一）跨越时间：无时无刻不网购

随着移动互联网的发展和智能手机的普及，中国手机网民规模迅速超过 PC，占比已经接近 90%。根据中国互联网络信息中心（CNNIC）《第 36 次中国互联网络发展状况统计报告》显示，截至 2015 年 6 月中国网民规模达 6.68 亿人，其中，手机网民规模 5.94 亿人，网民中使用手机上网人群占比由 2014 年底的 85.8% 提升至 88.9%。随之而来的是中国网民手机商务应用发展大爆发，手机网购、手机支付、手机银行等手机商务应用用户年增长达到 60% 以上，远超其他手机应用增长幅度。

来自阿里巴巴的最新数据亦显示，手机网购已经成为主流。这可以体现在，

2015 年天猫“双十一”全球狂欢节开场之后，消费者在无线端的交易热情超出预期，无线端交易占比峰值超过 90%，无线电商发展迎来里程碑时刻。又如，“双十一”开场仅 17 分 58 秒，无线交易额就超过了 100 亿元。天猫“双十一”全天，无线交易额达到 626.42 亿元人民币，无线交易占比为 68.67%。阿里巴巴零售平台全球最大无线电商及生活平台的地位不可撼动。此外，阿里巴巴集团公布的第三季度财报数据显示，阿里移动月度活跃用户 3.46 亿。

以往购物网络购物较集中于 19：00－22：00 点，随着移动互联网的发展，更多零散的时间被消费者利用起来，比如上下班路上、中午休息时间、晚上入睡之前，消费者拿起手机随时随地网购，这种便利性大大促进和释放了消费潜力。

（二）跨越空间：移动互联网催生农民网购热

农村网民正成为中国互联网发展的重要增长动力。据 CNNIC 统计，截至 2015 年 6 月，我国网民中农村网民占比 27.9%，规模达 1.86 亿人，较 2014 年底增加 800 万人。自 2012 年以来，农村网民的增速超越了城镇网民，成为新增网民的主力。

农村网民比城市网民更移动化。农村网民使用手机上网的比例高于城镇网民，而使用其他设备的比例则低于城镇网民。截至 2014 年 12 月，农村网民使用手机上网的比例已达到 84.6%，高出城镇 5 个百分点。手机上网成本低、易操作，使农村地区居民上网成为可能，成为农村居民上网的主流设备。因此，在农村，手机终端作为上网设备的使用率远高于台式电脑、笔记本电脑和平板电脑。

地区经济发展的不平衡，城乡之间巨大的数字鸿沟，使得农村地区宽带普及率并不高。然而，移动互联网的发展有望打破这一壁垒，加速农村地区互联网普及率的提升，帮助农村居民跨越空间限制，享受全国统一大市场数以亿计的丰富商品。

网络零售平台弥补了欠发达地区的实体商业零售不足。如淘宝平台的交易绝大部分是跨省交易，在阿里研究院 2013 年的一份研究报告中显示，2012 年跨省交易占比该比例达到 82%（见图 14－3）。

对中国互联网来说，农村是一块既陌生又熟悉的“新大陆”。一个共识是，未来中国农村的互联网市场十分广阔，是一块亟待开发的“蓝海”。阿里研究院预测，2016 年全国农村网购市场总量有可能突破 4600 亿元，将持续缩小与城市网购规模间的差距。

从外省购进（%）		向外省销售（%）
100%	西藏	100%
100%	澳门	100%
100%	台湾	94%
100%	青海	93%
99%	甘肃	90%
99%	内蒙古	88%
99%	贵州	83%
98%	海南	92%
98%	新疆	88%
98%	山西	84%

图 14－3　淘宝平台跨省交易比例（2012 年）

五、案例五：多样化的平台构筑多样化商业模式，激发个性化消费

阿里巴巴公司布局了商业流通链条的多个环节，形成依托互联网电子商务的全链条服务体系。其中包括批发环节（1688 平台）、C2C 或小型 B2C 零售（淘宝平台）、品牌 B2C 零售（天猫平台）、团购零售（聚划算平台）、抢单送餐销售（口碑网）、跨境进出口平台（天猫国际、全球速卖通）、生鲜产品零售（喵鲜生、汇吃、挑食和生鲜超市）等。多样化的平台形成了满足不同消费需求的多样化商业模式，加速了中国商业消费个性化、定制化的进程。

《商业周刊》的一篇报道讲述："在 20 世纪 50 年代和 60 年代，整个美国都是一幅千篇一律的景象，不仅种族背景大同小异（大规模的西班牙移民潮还没开始），人们的愿望也大同小异。美国人最大的理想就是向同一层次的人看齐：不仅仅是赶上同层次的人，还要与同层次的人一模一样——拥有同样的汽车、同样的洗碗机、同样的割草机。而在 20 世纪 70 年代和 80 年代产品丰裕度显著上升后，情况彻底发生了改变。从'我想做正常人'转向了'我想与众不同'。"

这种个性化消费的浪潮，近年来在基本解决了温饱问题的中国也已经开始出现，互联网正是这种变革的引爆点。在东部城市的青少年人群中，"80 后"，尤其是"90 后"，自幼就在数字化环境中生活、学习和娱乐，他们对互联网的熟悉程度和依赖

程度明显高于上一代人。“80 后”“90 后”已经占我国网民的很大比例，他们更倾向追求和表达自己的个性，更乐意参与和分享。随着他们逐渐成为消费主力军，他们很可能带动整个社会进一步走向个性化消费。

阿里巴巴的各类电商平台不仅降低了企业间的协作成本，也降低了企业与消费者之间以及消费者与消费者之间的协作成本，买卖双方似乎从未如此容易地实现对接。这种协同成本的普遍下降，使得互联网和电子商务可以更容易地汇集、分类、呈现零散分布的个性化需求，实现与企业的有效对接，并使其成为对企业而言可观的业务。这使得原本受制于市场规模的个性化小生意越来越成为可能。

当福特充满信心地宣布只生产黑色 T 型车时，他面对的是一个均匀的、无差异的，也是普遍匮乏的大众市场；当通用把汽车区分为高、中、低不同档次时，他们看到了一个金字塔式的市场；当电视频道从十几个裂变为数百个时，市场变成了一个蜂窝状的、碎片化的市场；而现在，淘宝网上的“小而美网店”也正在快速发育，这已经是一个散点分布的市场了，对应的需求也更加个性化、定制化。

网民的个性化需求会催生相关的网络应用，以阿里丰富而多样的网络应用也可以刺激网民的个性化需求。互联网呼唤、激发、聚合起了更多的个性化需求，互联网自身也变成了展现个性化的巨大平台。

第二节　阿里电商生态体系改变传统商业服务业态

在各类型电子商务平台的周边，阿里巴巴集团也布局了相关的配套服务体系和平台，从而形成了系统全面的电子商务生态体系，构筑了逐步侵蚀传统流通模式市场份额的电子商务市场体系。这些周边服务平台既是传统商业服务依托互联网形成的新服务业态，也是新兴电子商务流通模式必备的新型配套服务。阿里系主要的电商配套服务模块，包括以支付宝为代表的支付体系，以阿里云为代表的云服务平台以达摩盘为代表的大数据服务平台，以菜鸟为代表的物流服务平台，以蚂蚁金服为代表的金融服务平台等。

一、案例一：“支付宝”重塑了消费者支付行为

支付宝是阿里网络零售电子商务领域实现资金流安全、便捷流转的重要平台和工具，也在线上线下不断重塑顾客消费支付行为。在线上，支付宝一方面可以实现电子商务零售的便捷支付、付款、转账等行为，另一方面也便利了不满意顾客的退

款服务，形成网络交易诚信的保障机制；在线下，很多实体零售支持支付宝支付，推进了社会无现金化流通的发展，提升了交易效率。

阿里支付宝的技术和应用水平都达到了较高水平。2015年天猫“双十一”创下了每秒14万笔的创建订单峰值和每秒8.6万笔的在线支付峰值，这一数字大幅超越了Visa和MasterCard的实际处理能力，甚至比二者的实验室数据都要高出许多。2015年天猫“双十一”的移动支付占比达到68.7%，而美国感恩节网购季的移动支付占比在40%左右。云计算、物联网在电商领域的应用水平，中国已经超越了美国，在全球具有领先地位。

在改变线上线下支付习惯方面，阿里支付宝不仅帮助消费者实现了线上购物即时支付，也同时将扫码付款、转账、发红包、水电煤生活缴费、加油、手机充值、余额宝理财等功能嵌入其中，使消费者实现了在互联网上能够完成很多日常活动，培养了用户线上支付的习惯。此外，支付宝还在很多实体店开通付款服务，方便了消费者的“一站式”购物。总体上，可以看到支付宝正在逐步取代消费者钱包的功能，成为整合服务的消费支付平台。

二、案例二：“阿里云”成为互联网平台的便利基础设施

创立于2009年的阿里云服务是阿里巴巴集团的云计算品牌，目前在杭州、北京、硅谷等地设有研发中心和运营机构。主要为用户提供获取海量计算、存储资源和大数据处理能力的平台。很多企业的系统都是根植在阿里云之上，并通过互联网方式实现远程维护、迭代更新、用户使用等。截至2014年6月，阿里云服务的客户数超过140万，用户范围包括互联网、移动App、音视频、游戏、电商等各个领域，甚至包括对安全性要求较高的银行、保险公司、券商等金融云服务。按照IDC调研报告显示，阿里云已经成为中国国内最大的公共云计算服务提供商。

阿里云服务目前是互联网公司、程序开发者和移动互联网初创企业的首选云服务商，也逐步成为很多政府机构、央企、大型民营企业云计算和大数据功能开发的重要载体和基础设施。基于阿里云平台提供的计算服务、网络存储服务，各类企业的信息平台硬件基础设施得以聚集、优化，不仅节约了全社会的计算资源和基础建设投资，也在全社会信息安全、运算效率提升、企业创新提速等方面提供了基础设施保障。

三、案例三：“达摩盘”提升了中小企业大数据营销分析水平

达摩盘是阿里旗下“阿里妈妈”平台基于商业化场景提供的数据合作分析平

台。可以帮助入驻淘宝的卖家提供消费行为分析的全平台数据，从而让卖家更方便地了解和分析自己在整个平台中的销售情况，并帮助卖家获得潜在消费的兴趣偏好、地理位置、购买行为等顾客标签，从而更加精准地实现各类平台用户人群的洞察，快速圈定目标用户，建立自己店铺个性化的用户细分，实现精准营销。

这种消费者行为分析数据在百货店、连锁店、卖场等传统实体商业条件下是无法获得的，商家只能通过商品销售数据进行推算。但在互联网条件下，每一笔客户的消费记录都保存在系统中，可以帮助商家对消费者行为进行精准分析判断。对于阿里巴巴旗下的淘宝、天猫等销售平台，各个卖家、店铺的数据都可以汇总、分类，并进行精细加工，形成类似“达摩盘”这样的产品，从而允许商家更全面地分析自身的销售、产品、人群定位等信息，形成基于大数据的商业决策，提升商业运行效率。

四、案例四：“菜鸟”形成了电子商务物流的平台化解决方案

2013 年 5 月 28 日，阿里巴巴联合银泰集团、复星集团、富春集团、顺丰集团、“三通一达”（申通、圆通、中通、韵达）以及相关金融机构共同启动“中国智能物流骨干网”项目，并共同组建“菜鸟网络科技有限公司”。菜鸟公司通过自建、共建、改造等多种模式在全中国主要物流节点城市拓展仓储设施，并采用开放平台的形式，充分集成互联网技术，先期以前端淘宝、天猫的订单作为物流需求，给入驻的快递企业提供面单，后期进一步开放其他平台的订单，为更多的物流、快递企业提供仓储等物流供求对接服务。力争成为电商企业、物流企业、仓储企业、第三方物流、供应链服务商等各类企业的平台服务商。

菜鸟的商业模式是试验一种平台型的电商物流解决方案，以“智能物流骨干网”为依托，支持电子商务物流的供求高效对接，并推动各个电商物流细分服务商向高附加值领域深耕发展，提升全行业的资源协同能力，进而推动电商物流服务效率和品质提升。

（本案例由阿里巴巴研究院提供）

参考文献

[1]2020 年全球数据总量将超 40ZB 大数据落地成焦点[EB/OL]. http://net. chinabyte. com/139/12703139. shtml,2013 -08 -29.

[2]GUNNAR ELIASSON. The Internet as a Global Production Reorganizer: The Old Industry in the New Economy[J]. Long Term Economic Development Economic Complexity and Evolution, 2013: 243 -271.

[3]James M. . TIEN. Big Data: Unleashing Information[J]. Journal of Systems Science and Systems Engineering, 2013(6): 127 -151.

[4] Michael Bond. 社交网络如何改变我们的友谊[EB/OL]. http://www. guokr. com/article/438754/,2014 -07 -07.

[5]William E. Halal. Business Strategy for the Technology Revolution: Competing at the Edge of Creative Destruction[J]. Journal of the Knowledge Economy, 2015(3): 31 -47.

[6]ZDNet. 物联网与工业 4.0:"互联网 +"竞变中的新机遇[EB/OL]. http://www. eepw. com. cn/article/273922_2. htm,2015 -05 -11.

[7]曾航. 移动的帝国:日本移动互联网兴衰启示录[M]. 杭州:浙江大学出版社,2014(1).

[8]陈秋衡. 互联网给农业带来更多可能[J]. 农经,2015(5):22 -24.

[9]程凯. 制造业升级不止"互联网 +"[N]. 华夏时报,2015 -03 -25.

[10] 大数据的三重内涵[EB/OL]. http://www. ciotimes. com/bi/sjck/81456. html,2013 -07 -01.

[11]代成斌,黄玉珊. 互联网 +农业:以信息化促进农业现代化[J]. 世界电信,2015(5):64 -65.

[12]邓章源. 互联网农业发展探讨[J]. 中国集体经济,2015(7):39 -40.

[13]杜斌. OAO 模式,实体商业的未来[EB/OL]. http://column. iresearch. cn/u/

dubin_1983/624554. shtml,2012 - 11 - 27.

[14]付云. 互联网对农业的五大改造[J]. 经理人,2014(3):8 - 9.

[15]高伟. 当“农业”站在“互联网 +”风口[J]. 种子科技,2015(6):57 - 58.

[16]郭鹏程 . SNS 的大潮　互联网时代的社区化及其意义[EB/OL]. http://news. mydrivers. com/1/168/168954. htm? fr = m,2010 - 07 - 07.

[17]郭英剑 . 2014:美国网络教育现状[N]. 中国科学报,2015 - 02 - 12.

[18]国务院. 促进大数据发展行动纲要[EB/OL]. 中国政府网,http://www. gov. cn/zhengce/content/2015/09/05/content_10137. htm.

[19]胡志兵. 互联网生产和消费三个模式的微观研究[D]. 北京邮电大学博士学位论文,2008.

[20]胡志兵. 互联网生产和消费三个模式的微观研究[D]. 北京邮电大学博士学位论文,2008.

[21]黄秋华. 以互联网思维引领互联网金融创新发展——以中国农业银行为例[J]. 农村金融研究,2014(1):37 - 40.

[22]黄震. 互联网金融在农业现代化中大有可为[J]. 中国农村科技,2015(4):31 - 33.

[23]惠志斌. 美国网络信息产业发展经验及对我国网络强国建设的启示[J]. 信息安全与通信保密,2015(2):23 - 25.

[24]季焜. 新时期国家粮食安全的战略和政策思考[J]. 农业经济问题,2012(3):4 - 8.

[25]姜巍 . “工业 4. 0”时代的中国制造业升级[J]. 中国发展观察,2015(3):52 - 55.

[26]杨军. 日韩粮食消费结构变化特征及对我国未来农产品需求的启示[J]. 中国软科学,2013(1):24 - 31.

[27]张军. 现代农业的基本特征与发展重点[J]. 农村经济,2011(8):3 - 5.

[28]俊慧,耿楠,聂艳明. 农业物联网场景模拟仿真系统的研究与实现[J]. 农机化研究,2014(4):34 - 35.

[29]凯文. 纸媒多渠道寻求转型[N]. 深圳特区报,2013 - 09 - 07.

[30]李海舰,田跃新,李文杰. 互联网思维与传统制造企业再造[J]. 中国工业经济,2014(10):135 - 146.

[31]李航,陈后金. 物联网的关键技术及其应用前景[J]. 中国科技论坛,2011

(1):49-56.

[32]李兰冰. 区域产业结构优化升级研究[M]. 北京:经济科学出版社,2014.

[33]李颖新,敬石开,李向前,等. 云制造环境下基于用户行为感知的个性化知识服务技术[J]. 计算机集成制造系统,2015(3):67-72.

[34]李子蓉,真丽倩. 移动互联网技术应用于创意农业之探讨[J]. 福建农业科技,2013(10):63-65.

[35]刘吉超,李钢. 信息化的挑战、机遇与中国制造业的应对之路[J]. 经济研究参考,2014(11):47-56.

[36]刘林森. 制造业的互联网思维[J]. 信息化建设,2014(11):31-33.

[37]刘萍萍,钟秋波. 我国农村普惠金融发展的困境及转型路径探析[J]. 四川师范大学学报(社会科学版),2014(6):63-65.

[38]刘玮,王丽宏. 云计算应用及其安全问题研究[J]. 计算机研究与发展,2012(12):19-22.

[39]刘振友. 互联网+:助推传统行业弯道超车[M]. 北京:中国财政经济出版社,2015.

[40]柳华芳. 云农场的联想[N]. 中国产经新闻报,2015-04-01.

[41]陆颖等. 德国2020高技术战略——思路·创新·增长[EB/OL]. 上海情报服务平台,http://www.istis.sh.cn/list/list.aspx? id=6869.

[42]罗超. BAT三巨头开挖大数据[EB/OL]. http://www.huxiu.com/article/15251/1.html,2013-05-31.

[43]罗文. 德国工业4.0战略对我国推进工业转型升级的启示[N]. 中国电子报,2014-08-01.

[44]马园妍. 利用互联网从制造业变身"智造业"[J]. 互联网周刊,2015(3):66-68.

[45]美舒. 物联网在农产品电子商务中的应用[J]. 现代情报,2011(2):43-45.

[46]倪洪兴. 我国重要农产品产需与进口战略平衡研究[J]. 农业经济问题,2014(12):18-24.

[47]彭华东. 互联网背景下制造业转型绩效管理研究——以海尔战略损益表为例[J]. 财会通信,2015(2):107-109.

[48]彭兰. 网络传播概论[M]. 北京:中国人民大学出版社,2001:289.

[49]钱志鸿,王义君. 物联网技术与应用研究[J]. 电子学报,2012(5):9-13.

[50]权斌,郭如良,钟诚. 农业发展如何借力互联网时代[J]. 经营管理者,2015(4):52-53.

[51]任明杰."互联网+"重塑大农业[N]. 中国证券报,2015-03-18.

[52]芮明杰. 新工业革命推动全球制造业变革[N]. 中国社会科学报,2013-11-01[A06] http://www.csstoday.net/xueshuzixun/guoneixinwen/85659.html.

[53]赛迪智库"两化"融合走势判断课题组. 制造业加速融入互联网[J]. 中国经济和信息化,2014(5):87-88.

[54]童有好. 互联网+制造业的路径与机遇[J]. 制造企业管理,2015(6):125.

[55]王辰越. 互联网重塑农业产销模式[J]. 决策探索(上半月),2014(5):25-27.

[56]王达. 美国互联网金融的发展及中美互联网金融的比较——基于网络经济学视角的研究与思考[J]. 国际金融研究,2014(12):47-57.

[57]王花蕾. 论制造业的网络化转型[J]. 开放导报,2014(2):47-50.

[58]王吉斌,彭盾. 互联网+:传统制造企业的自我颠覆、组织重构、管理进化与互联网转型[M]. 北京:机械工业出版社,2015.

[59]王维国. 移动互联网时代的专利特点及其应用模式[J]. 无线互联科技,2013(1):67-68.

[60]王喜文. 工业4.0、互联网+、中国制造2025中国制造业转型升级的未来方向[J]. 国家治理,2015(23):12-19.

[61]王颖梅. 大北农:互联网农业的领潮者[J]. 农经,2014(Z2):26-27.

[62]魏延安. 对互联网农业的四点建议[J]. 新农业,2014(10):11-13.

[63]文其洪. 互联网金融背景下金穗惠农通工程创新升级思考[J]. 西南金融,2015(5):42-44.

[64]五年内农业互联网将成为中国经济支柱产业[EB/OL]. http://www.nongcun5.com/news/2015/03/25/34104.html,2015-03-25..

[65]夏青. 农业走进互联网时代[J]. 农经,2014(Z2):43-44.

[66]夏青. 用互联网思维做农业[J]. 农经,2015(Z2):16-17.

[67]信息产业部电信研究院. 互联网技术发展研究:发展脉络与体系架构[J]. 现代电信科技,2007(7):1-6.

[68]秀敏. 涉农电子商务的主要形态及对农村社会转型的意义[J]. 中国党政干

部论坛,2014(5):43 -47.

[69]阎康年. 三次技术革命和两次产业革命的历史经验[J]. 世界历史,1985(5):1 -9.

[70]杨光. 联想控股战略投资云农场布局农业互联网[J]. 农药市场信息,2015(8):33 -34.

[71]杨华. 制造企业的互联网机会[J]. 制造企业管理,2014(12):43 -44.

[72]杨璐,穆向丽. "互联网 + "休闲农业的营销模式创新——安徽绩溪"聚土地"项目实施的经验[J]. 休闲农业与美丽乡村,2015(5):18 -21.

[73]杨深. 互联网创新的精髓在于交互性[EB/OL]. http://study. ccln. gov. cn/fenke/xinwenchuanboxue/xwxmt/53799. shtml,2014 -02 -08.

[74]杨颖. 大数据时代 何处掘金[EB/OL]. 经济日报,2013 -01 -08,http://paper. ce. cn/jjrb/html/2013/01/08/content_140225. htm.

[75]姚锡凡,练肇通,杨屹,张毅,金鸿. 智慧制造——面向未来互联网的人机物协同制造新模式[J]. 计算机集成制造系统,2014(6):87 -93.

[76]殷剑峰. 数字革命、数据资产和数据资本[EB/OL]. 第一财经日报,2014 -12 -23,http://www. yicai. com/news/2014/12/23/4055212. html.

[77]应怀樵. 云智慧技术引领高端制造业革命——第三次工业革命正在到来[J]. 测控技术,2013(3):18 -19.

[78]袁熙. 互联网 +:传统行业融合发展之道(工业 4. 0 版本的互联网 + 落地实战指南)[M]. 北京:人民邮电出版社,2015.

[79]翟冀. 农业银行应对互联网金融挑战的策略探讨[J]. 农村金融研究,2013(8):75 -79.

[80]张涛甫. 美国新闻出版从业者锐减意味着什么[J]. 青年记者,2012(10):94.

[81]张叶. 智慧农业:"互联网 + "下的新农业模式[J]. 浙江经济,2015(10):26 -27.

[82]张引,陈敏,廖小飞. 大数据应用的现状与展望[J]. 计算机研究与发展,2013(8):41 -45.

[83]张于喆. 互联网新变革与制造业发展[J]. 中国国情国力,2013(12):39 -40.

[84]长利,沈维政. 物联网在农业中的应用[J]. 东北农业大学学报,2011(5):

36 - 37.

[85]仉伟,郭洪远. 云计算的特点和应用展望[J]. 数字技术与应用,2011(4):88 - 90.

[86]赵大伟. 互联网思维独孤九剑[M]. 北京:机械工业出版社,2014.

[87]郑贤玲. 互联网经济对传统机械制造业的启示[J]. 今日工程机械,2014(1):64 - 65.

[88]中国报告大厅. 互联网行业定义及特点分析[EB/OL]. http://www.chinabgao.com/k/hulianwang/14801.html,2015 - 01 - 04.

[89]周振兴. 基于互联网思维的农业科技创新与推广新探索——以江苏园艺产业为例[J]. 江苏农村经济,2015(2):46 - 49.

[90]朱洪波,杨龙祥,于全. 物联网的技术思想与应用策略研究[J]. 通信学报,2010(11):64 - 67.

后　记

当前我国正在党中央国务院的领导下有序推进“互联网+”行动计划，相关部门、地方政府和企业都在积极制定拥抱互联网的政策和发展战略，亟须相关专业理论知识的指导。尽管目前关于互联网方面的书籍、文章和报告如汗牛充栋，但大多是从市场、企业角度对互联网现状、模式的描述和分析，从理论层面和国家战略层面和政策层面对互联网与中国经济社会发展关系的系统阐释较少，对国家互联网战略进行总体战略设计的也很少见。本课题从关于互联网对中国影响的判断，亟待从其作用的根源和本质入手，对其进行理论上的重构与创新，在理论的指导下去认识、分析和总结，把握产业发展规律，进而更加科学地制定我国的互联网发展战略，使互联网成为提升国家核心竞争力的重要战略资源。

本课题是中国国际经济交流中心2015年重大基金课题，由中国国际经济交流中心与南开大学经济与社会发展研究院的专家学者跨领域、跨学科携手研究，经过一年多的反复研酌，深入企业调研，请教各方面专家学者并进行大量文案研究形成的重要研究成果。中国国际经济交流中心总经济师、执行局副主任陈文玲教授，南开大学校长助理、经济与社会发展研究院院长刘秉镰教授提出研究框架、总体思路和重要观点，并组织课题组研究人员进行反复讨论和修改。在认为课题基本达到要求后组织了高水平的专家论证会，得到了高度评价。在此基础上，在中国国际交流中心第76期“经济每月谈”上发布了课题研究成果，得到了同行和社会的高度评价。本课题阶段性成果提交中央有关部门决策参考，转化为国家重要战略和重要规划的重要参考。课题还转化为一批高水平的内参和重要报纸杂志的论文，产生了广泛的社会影响。

本课题总报告由陈文玲、刘秉镰、刘维林撰写。各章研究撰写的具体分工为：第一章由李兰冰副教授主笔，第二章由徐长春副研究员主笔，第三章由胡玉莹副教授主笔，第四章由刘维林副教授主笔，第五章由刘向东副研究员主笔，第六章至第九章由焦志伦博士主笔，第十章和第十一章由杜传忠教授主笔，第十二章由蒋笑梅博士主笔，第十三章由张影强副研究员主笔。第十四章由阿里研究院主笔。文稿总纂和修改由陈文玲、刘秉镰和刘维林承担。课题研究期间得到中国国际经济交流中心常务副理事长执行局主任张晓强，工信部政策研究室主任李国斌，阿里巴巴研究院院长教授高红冰，资深专家游五洋，腾讯研究院、京东集团、百度、大唐集团、北京演出总公司董事长文化专家张海君，零售互联网业态专家颜艳春等领导、专家学者和企业家的指导、支持和帮助，对提高课题研究质量起到至关重要的作用。本课题出版得到中国经济出版社的大力支持，为本报告的出版付出了辛勤的劳动。在此，对上述为本课题做出贡献的领导专家学者和朋友致以诚挚的谢意。

由于互联网与业态的颠覆、融合、衍生仍处于不断尝试和探索的阶段，很多问题有待于进一步探索，不足之处在所难免，欢迎读者给予批评指正。